会计专业硕士(MPAcc)
教学案例集(Ⅳ)

徐宗宇 主编

上海大学管理学院 MPAcc 案例编写委员会 编著

上海大学出版社
·上海·

图书在版编目(CIP)数据

会计专业硕士(MPAcc)教学案例集.Ⅳ/徐宗宇主编;上海大学管理学院 MPAcc 案例编写委员会编著.—上海:上海大学出版社,2019.9
ISBN 978-7-5671-3706-6

Ⅰ.①会… Ⅱ.①徐… ②上… Ⅲ.①会计学-研究生-教学参考资料 Ⅳ.①F230

中国版本图书馆 CIP 数据核字(2019)第 202973 号

策　　划	农雪玲
责任编辑	农雪玲
助理编辑	邹亚楠
封面设计	缪炎栩
技术编辑	金　鑫　钱宇坤

会计专业硕士(MPAcc)教学案例集(Ⅳ)

徐宗宇　主编

上海大学管理学院 MPAcc 案例编写委员会　编著

上海大学出版社出版发行
(上海市上大路 99 号　邮政编码 200444)
(http://www.shupress.cn　发行热线 021-66135112)
出版人　戴骏豪

*

南京展望文化发展有限公司排版
上海华业装璜印刷厂有限公司印刷　各地新华书店经销
开本 787mm×1092mm　1/16　印张 34.5　字数 596 千字
2019 年 9 月第 1 版　2019 年 9 月第 1 次印刷
ISBN 978-7-5671-3706-6/F·188　定价 85.00 元

上海大学管理学院 MPAcc 案例编写委员会

主　编：徐宗宇

编委会名单（按姓名拼音排列）：

　　　　陈　溪　戴书松　李寿喜　娄祝坤
　　　　吕怀立　毛丽娟　任永平　邵建军
　　　　宋　彬　王则灵　邬烈岚　徐宗宇
　　　　许金叶

前　言

时光荏苒，《会计专业硕士(MPAcc)教学案例集(Ⅳ)》付梓之际，正是2017级MPAcc学员毕业之时。本书也是给他们的毕业礼物。

MPAcc学员的案例开发工作是上海大学管理学院会计系进行会计专业硕士培养的重要内容，这项工作从2015年开始，迄今为止历经2014级、2015级、2016级和2017级等4个年级，共形成了数百篇案例。其中，部分案例获得了全国MBA百优案例、MPAcc优秀教学案例、2017年中国工商管理国际最佳案例奖提名奖等荣誉，更多的案例入选中国管理案例共享中心、中国工商管理国际案例库和中国专业学位教学案例中心，还有部分案例结集出版形成了会计专业硕士(MPAcc)教学型案例系列案例集，本书即为案例集系列的第四辑。这些成绩的取得与各位导师和同学长期以来的努力是分不开的。

本书是上海大学管理学院会计系MPAcc教学案例集出版工作的延续，是对案例开发工作的又一次检阅。本书收录的案例共41篇，主要是从2017级MPAcc学员与他们的导师合作开发的100多篇案例中遴选出来的，涉及"财务管理理论与实务""财务会计理论与实务""管理会计理论与实务""财务报表分析""企业并购""审计理论与实务"等课程，可作为MPAcc案例课程教材或配套辅助教材，也可作为高年级本科生相关课程的辅助教材。

案例教学正日益受到国内教育界的重视，好的案例教学首先需要优秀的教学案例，上海大学管理学院会计系近年来非常重视教学案例开发工作，也希望能够借助案例集与国内同行进行交流，非常期待各位同行的反馈。

徐宗宇
2019年7月10日于上海大学宝山校区

目 录

财务管理理论与实务

高低的较量：云南白药可持续率与实际增长率间的焦灼 3

中弘股份"高送转"之财务透视 19

"一代枭雄"的陨落——雅虎之路 29

吊诡的非经常性损益——基于新都酒店的案例研究 46

爱康国宾私有化曲折退市之路 60

3个月就分手的合作——贾跃亭和他的FF赌对了吗？ 78

交给市场的"电子病历"：科大讯飞的利润猫腻 88

皇台酒业成品酒库亏空 105

一戳就破的业绩泡沫：尔康制药财务造假案例 115

财务会计理论与实务

从科大讯飞和恒生电子看研发支出：饕餮盛宴还是无味鸡肋？ 127

商誉带来的是与非——思美传媒背后的秘密 138

芯片企业跨境并购交易结构设计及财务风险分析——以长电科技并购
　　星科金朋为例 148

尔康制药木薯淀粉项目造假案 164

金卡智能并购协同效应分析 177

枫盛阳的控股股东股权质押之殇 190

万科轻资产运营模式转型 205

管理会计理论与实务

跟投机制下企业绩效评价与激励方式的选择——以万科为例 ········ 219
从企业经营角度看平安好医生上市翌日破发事件 ················ 229
言必信，行必果：约健的信用健身之路 ························ 239
基于社交网络的商业模式对企业价值的影响——以拼多多为例 ······ 251
构建质量成本管控体系的路径与机制——以碧桂园为例 ············ 263
价值链下的企业成本控制——以联想集团为例 ···················· 270
基于虚拟价值链视角的O2O盈利模式创新——以滴滴出行为例 ······ 279
上海电气财务共享与财务管理创新 ······························ 296
海尔的破茧前行之路 ·· 308

财务报表分析

控股股东股权质押对公司价值的影响 ···························· 335
恒瑞医药的高额研发投入来自哪里？ ···························· 342
看我七十二变：从财务风险角度探索熊猫金控战略转型 ············ 353
昔日"明珠"昆明机床的陨落 ···································· 371
"猪"事不易：从安佑生物首发被否看生物资产要点 ················ 385
"业绩王"还是"造假王"——尔康制药财务造假风波始末 ·········· 400

企业并购

天翔环境海外创新并购融资之路 ································ 423
IDG助力华灿光电跨境并购MEMSIC ······························ 435
沃森生物业绩变脸风波 ·· 447
背后的故事：方正电机的"爆雷谜团" ···························· 457
科恒股份重组转型之路 ·· 473

审计理论与实务

第一份否定意见内控审计报告"花落"新华制药 ………………………… 487
盈方微违规案例研究 ………………………………………………………… 501
追踪中毅达财务舞弊的蛛丝马迹 …………………………………………… 510
雏鹰农牧为什么饿死"佩奇"? ……………………………………………… 521
欣泰电气红牌出局:一场由内控失效而引发的"惨案" …………………… 530

后　记 ……………………………………………………………………… 538

财务管理理论与实务

CAIWU GUANLI LILUN YU SHIWU

高低的较量：云南白药可持续率与实际增长率间的焦灼

适用课程： 财务管理理论与实务

编写目的： 本案例旨在引导学生关注企业可持续增长率与实际增长率之间的关系，判断是否存在企业增长过快或过慢问题。

知 识 点： 企业的可持续增长率

关 键 词： 可持续增长率　实际增长率　企业成长

案例摘要： 本案例主要探索云南白药实际增长率和可持续增长率进入 21 世纪以来的变化以及两者之间的高低关系对公司的影响。云南白药是我国的百年药企，21 世纪开始，公司为了应对内忧外患走上了"稳中心，突两翼"的道路，带来了实际增长率的极速增长。进入 2010 年之后公司开始"新白药，大健康"的战略，由于产品接续问题，实际增长率极速下降。而近 10 年来，云南白药由于品牌优势以及产品优势可持续增长率一直稳步上升，最终形成了在 2010 年以前实际增长率高于可持续增长率而 2010 年以后实际增长率低于可持续增长率的现象。

引言

进入 2000 年以来，传统的医药企业遭受到了西方药企的打击，竞争变得激烈起来。而此时的云南白药还面对着企业内产品单一的问题，销售增长异常缓慢。公司通过实施"稳中心，突两翼"的战略打破了产品的单一局面，加大了研发力度、销售力度，稳稳抓住品牌的力量，最终提升了企业的销售增长率。之后进入"新白药，大健康"时期,由于没有出现惊艳的产品,公司的销售增长率再次陷入了低谷。

代表着企业成长力量的可持续增长率[1]因为云南白药的高品牌价值和产品的不断传承实现了稳步增长。但由于后续产品接续的乏力,可持续增长率是否能够持续上升也打上了一个问号。对比公司的销售增长率和可持续增长率来看,在2010年之前,销售增长率明显高于可持续增长率,之后却低于可持续增长率。

云南白药过山车一样的销售增长率是怎么形成的?可持续增长率又如何利用品牌的价值保持稳步上升?综合销售增长率和可持续增长率来看,2010年之前公司是否存在增长过快的问题?之后又是否增长过于缓慢?

一、历史的沉淀——百年药企的前世今生

神秘而传奇的云南白药由云南当地名医曲焕章于1902年成功研制,1955年秘方被献给政府,由昆明制药厂生产,1971年云南白药厂正式成立。1993年企业进行股份化改组,将原厂4 000万元净资产折为4 000万股国家股,将联江公司、富滇公司投资的1 600万元折为万股发起人法人股,另向社会法人发售400万股;同年首次发行公众股1 800万股,职工股200万股。1993年公司在深圳证券交易所上市交易,是云南省的第一家上市公司,目前,注册资本已达48 405万元。[2]

经过百年的发展,目前云南白药已经不仅仅只做白药,而成为一个多元化的企业。它集药品研发、生产、销售为一体,主要包括化学原料药、化学药制剂、中成药、中药材、生物制品、保健食品、化妆品、医疗器械、饮料、食品、日化用品的研制、生产及销售。在公司不断壮大的过程中,其主要产品云南白药系列和田七系列也走向了国外,走进了东南亚、日本、欧美等市场。

二、新世纪新篇章——云南白药实际增长率高涨

21世纪的钟声敲响,在万家迎接新世纪的欢笑声中,云南白药的高层却依然紧锁眉头。云南白药的实际销售增长率一直低迷,如何扭转颓势、如何让实际增长率提升成了云南白药下一步要做的重点。

---

[1] SGR=b*ROE
[2] 彭澎.基于核心竞争力的企业多元化研究——以云南白药集团为例[D].广州:暨南大学,2015.

（一）雪上加霜——云南白药内忧外患

20世纪90年代末，中国经济飞速发展，国内的巨大市场吸引了国外企业纷纷进入。医药行业著名的跨国公司也接连进入中国，开拓中国市场。此时的医药行业中西医碰撞，推进着医药行业的蓬勃发展，然而中药在与西药的竞争中处于下风，西药以其精确、方便在国内市场上迅速增长，大行其道。

此时的云南白药遭遇了来自公司内外的双重冲击。一方面公司产品单一，销售增长缓慢。云南白药长期以来以散剂的形式存在，品牌形象老化。然而，当卖方市场逐渐演变成买方市场、市场竞争日益激烈，云南白药公司却未能洞察消费者需求的变化，没有通过产品创新来赢得消费者的青睐。另一方面邦迪创可贴在1992年进入中国后，不断在小创伤止血市场上扩大份额，而这一市场是云南白药主要的目标市场和收入来源。邦迪创可贴市场占有率一度达到60%—70%。根据一家调研公司对创可贴知名度与使用情况的调研，云南白药和邦迪的差距巨大（见附录1）。

（二）另辟蹊径——差异化道路提升销售

云南白药在艰难的时刻抓住了行业重视品种的趋势，走上差异化道路，提出了"稳中心，突两翼"的战略。

差异化道路主要体现在两个方面。第一是公司的产品差异化。公司以传统的白药药剂作为中心业务，研发了云南白药创可贴、喷雾、牙膏等产品作为两翼业务，几年内迅速拥有多元化产品，而这离不开强大的研发团队。因此，产品能否做到差异化归根结底在于研发能力是否强大。云南白药的研发能力从它的产品中侧面表现了出来。如附录2所示，在2000—2010年的10年中，云南白药一共开发出了7款营收过亿的产品，在2004—2006年的3年中更是集中开发了4款营收过亿的产品，新产品开发密度之大、销量之好，足以证明其强大的研发能力。

第二是品牌差异化。云南白药的品牌是百年品牌，但在西药的冲击下，很多年轻人逐渐淡忘了云南白药品牌。为了使老品牌焕发新活力，云南白药进行品牌形象差异化运作，在广告、销售渠道等方面的销售费用投入加大，占营业收入比重变大（见附录3）。

云南白药的市场维护费用和广告费用之和在2006年一举突破亿元，占营业收入的比重在2003—2010年大体保持增长态势，尤其在2008年之后飞速增长，2010年广告和市场维护费所占营业收入的比重已经比2003年增长了10%。销售费用总体在2006年有一个大的增长，之后到2010年一直保持高速增长状态，占营业收入的比重也由最初的接近13%达到17%左右。由此可见云南白药在21世纪初到2010年间的品牌差异化策略(见附录3)。最终,云南白药通过新产品的研发和销售费用的增加,实际销售增长率一直处于很高的水平,基本稳定在30%以上(见附录4)。

(三)"新白药,大健康"——增长乏力期

时间飞逝,转眼间云南白药距离新世纪初的窘境已经过去了10年。在2001—2010年这10年中,云南白药通过"稳中心,突两翼"的战略,成功提升公司的实际销售增长率。可是风云变幻,新的10年中云南白药遭遇了新的销售增长困境。这次,云南白药的高层采用了"新白药,大健康"战略,期望通过资源的整合突破困境。

新的战略一出,整个公司一片热火朝天的景象。云南白药率先完成了药品事业部与透皮产品事业的整合,重建组织结构,牢抓新医改带来的市场扩容机遇,努力提升管理水平。具体表现为:推进全面绩效管理,推动全面质量管理,鼓励工艺创新、技术创新和模式创新,推进产能释放。2013年公司资源整合初见成效,确立了四大业务板块发展战略:药品板块、健康品板块、商业物流板块、中药资源板块,并形成了四大事业部(见附录5)。

四大事业部中健康事业部和药品事业部是公司核心盈利部门,在2012—2017年间营业收入中一直占比较大的比重(见附录6)[①]。这两个部门也是公司毛利率的重要来源,在2017年健康事业部毛利率占比高达43%,紧随其后的是药品事业部占比36%(见附录7)。

新战略实施后看起来云南白药又焕发了新的生机,从2011年起的7年中每年销售收入都在稳定增长,殊不知危机正在慢慢地酝酿。云南白药牙膏作为公司唯一的爆款产品独自支撑占利润重头戏的健康事业部发展,但牙膏的增长率已经开始明显放缓了,又没有新的"接班人"继续制造爆款现象。健康事业部的销售收入增长率在2014年达到高峰32.66%后不断下滑,在2016年达到最低点时只有12%左右的增长率,2017年虽有微小上浮,但比2013年还要低(见附录8)。

牙膏这个爆款产品增长乏力,不仅拖缓了健康事业部的增长速度,也拖缓了整个公司的销售增长速度。2011年云南白药的实际增长率比2010年有了断崖式下跌,相比2010年40%的增长率,2011年仅有12%的增长率。后续增长率也越来越不乐观,2014年开始更是一路下跌,截至2017年增长率已经下跌到了8%(见附录9)。

另一方面药品事业部在2017年营业收入同比增长只有2.56%,增长状况不容乐观。药品板块主要是云南白药的传统产品(如云南白药气雾剂、云南白药膏等)。这

[①] 银通智略.国企混改案例之云南白药[EB/OL].(2017-02-14).http://www.sohu.com/a/126242948_481495.

些中央型产品受困于渠道,因此库存问题比较严重,最终销售增长缓慢。

公司的高层此时仿佛热锅上的蚂蚁,每天思考最多的都是如何才能提升公司的销售增长,新提出的混改方案能成功解决增长难题吗?一切都成了未知数……

三、品牌的魔力——可持续增长率稳步上升

对于云南白药来说,这近20年以来的发展也并不全是令人忧愁的。与实际增长率近些年的低迷相比,高层们更为可持续增长率保持稳步上升的态势感到高兴。21世纪以来,高层们就非常关注百年品牌的可持续发展。

（一）隐蔽的核心资产——品牌价值

云南白药的核心资产相对于制造业的核心资产充满了神秘感,资产负债表并不能显示出它真正的资产价值,真正的核心资产是报表没有显示的品牌价值。云南白药的高层在抓住这点之后,20年间努力经营公司的品牌价值。

从21世纪开始,云南白药的领导人对于品牌的腾飞充满了信心,也成功拓宽了云南白药在人们心中的定位。在以前,人们一想到云南白药就想到了疗伤神药,现在至少2亿人(牙膏、创可贴等产品的用户)会把它和止血化瘀联系在一起。[1]

为了拓宽品牌印象,公司在1998—2017年这些年大概共投入207亿元品牌建设费用[2],并且这么多年来建设费用一直呈递增趋势(见附录10),公司凭借这一点让很多竞争对手望而却步。并且公司高层似乎并不需要担心品牌的折旧问题,其品牌折旧在改革开放前就已经完成——许多古老的名方现在已经消失,在改革开放前云南白药的品牌也并不比片仔癀和同仁堂等有优势[3]。

根据胡润品牌榜显示,云南白药的品牌价值2017年为300亿元,而2010年只有38亿元。医药板块最具代表性的品牌中药:云南白药、东阿阿胶、片仔癀,它们在2017年胡润品牌榜上的价值分别为300亿元、124亿元和61亿元。这足以看出云南白药品牌价值的领先地位。[4]

品牌估值的方法与股票估值方法十分相似,有3种方法:成本评估法、行业标杆

---

[1] 闫天一,杜舟.云南白药——品牌建设回报率研究,转型多元化医疗集团猜想[R].上海:申万宏源证券研究所,2018.
[2] 从现金流量表入手:品牌建设费用≈支付其他与经营活动有关的现金−运杂费。
[3] 闫天一,杜舟.云南白药——品牌建设回报率研究,转型多元化医疗集团猜想[R].上海:申万宏源证券研究所,2018.
[4] 闫天一,杜舟.云南白药——品牌建设回报率研究,转型多元化医疗集团猜想[R].上海:申万宏源证券研究所,2018.

法和收入法。利用成本估值法对云南白药做出的估值和胡润榜的价值相似。假设公司当年品牌建设支出＝支付其他与经营活动有关的现金－运输费用支出。由于这些年来云南白药运输费用占比比较低，因此可以对运输费用忽略不计。用10％、8％和5％作为折现率来分别测算云南白药的品牌价值，可以看到云南白药的品牌价值在263.3亿—364.9亿元之间(见附录11)。

这些年云南白药的品牌价值一路飙升，能够为公司带来强大的增长能力，可以说是让云南白药人最骄傲的事情了。

(二)连锁反应——品牌价值变现增长力

只是品牌的高价值并不能直接变为云南白药的可持续增长力，更需要合适的产品来充当载体。云南白药通过大量投入广告和渠道费用来打造品牌，品牌再通过云南白药牙膏和气雾剂等产品作为载体变现为可持续的增长力，产品产生的收益又可以成为广告、渠道费用，形成了完整的闭环。在这个循环流动的过程中，作为载体的产品是至关重要的。如果没有好的新产品，整个闭环还可以通过旧的产品继续流动，但是就失去了增长力(见附录12)。

(三)增长的关键——产品

品牌带来的公司可持续增长率，最终聚焦在了创造价值过程中最关键的产品身上。云南白药的产品基本可以分为3个阶段，其中有两个分水岭：第一个分水岭是1993年公司在深圳证券交易所上市，第二个分水岭是2009年沐浴露千草堂上市。

第一个分水岭，云南白药由传统中药转型为新型大健康产品，实现"疗伤圣药"到"止血化瘀"的蜕变；第二个分水岭，云南白药大胆抛弃"止血"概念，研发上市了沐浴露、洗发水等生活类产品。

云南白药公司发展的3个阶段中，前两个阶段都是"止血"概念的传承。第一阶段，即第一个分水岭之前，云南白药的主要产品多是中药独家产品，如云南白药散剂、宫血宁胶囊等，但这些药也有别家品牌类似功能的药可以替代。云南白药气雾剂在1996年高调上市，成为公司历史上最重要的品种，因为它奠定了之后产品庞大的用户基础。当时上市的气雾剂属于市场领先的产品，基本没有竞争对手。

之后的第二阶段，1999年白药膏上线，2002年推出了云南白药创可贴，2003年推行云南白药牙膏，全部属于"止血"概念下的产品。由于喷雾剂奠定了用户基础(约2 000万用户)，大约有1 500万人自动成为白药膏的用户；白药散剂的用户自动变成创可贴的用户(约8 000万人)。虽然应用这些产品的患者总数比较大，但创可贴单价低,于是云南白药开始继续寻找更好的"止血"概念产品,即用户更多、单价更高的云南白药牙膏。截至此处,"止血"概念发挥到了巅峰。

第三阶段从第二个分水岭养元青洗发水推出开始。养元青洗发水是公司第一个跳出"止血"概念的产品,是初次涉猎大健康的尝试。养元青洗发水属于快消类产品,而当时的快消市场并不景气,因此养元青的销量并没有使其成为牙膏一样的爆款产品。2010年之后公司继续推出新产品,如卫生巾、面膜、中药资源等,可这些产品依然表现不佳,都没能成为5亿元销售额以上的大品种。至此,产品层面上牙膏并没有其他的爆款"接班人",产品接续的问题使得公司品牌价值或许还在,但是在将来可持续增长却要画上一个大大的问号。

公司依托新产品的不断推出,最终推动了这些年公司可持续增长率的增长,可持续增长率从2000年的0.08波动增高到2017年的0.17,翻了2倍多。不过可持续增长率在将来还能保持如此良好的增长态势吗?(见附录13)

四、持续的焦灼——可持续增长率和实际增长率之间的高低较量

过去的这些年,市场、公司的一系列变化带来的实际增长率跳水以及可持续增长率的稳步上涨使得公司的可持续增长率线和实际增长率线之间产生了有趣的交织。

以2010年为分界线,在此之前公司的实际增长率远远高于可持续增长率,但在此之后,实际增长率在大多数年份甚至都没有可持续增长率高,只有两年实际增长率也只是略高于或者是持平于可持续增长率。那么在2010年以前公司是否出现了增长过快的情况?在2010年以后是否又出现了增长过慢的情况?(见附录14)

五、尾声

时光荏苒,岁月如梭,新的一年又要到来了,云南白药的混改方案正在热火朝天地进行着,改革后的百年企业是否又能迸发新的活力?一个混改方案是否能拯救下滑的销售,保持住可持续增长?让我们拭目以待!

六、问题讨论

(1) 云南白药的实际增长率为什么会下降?有哪些办法有可能提高销售增长率?

（2）什么叫作可持续增长率？云南白药如何继续维持或提高可持续增长率？

（3）云南白药是否存在发展过慢或过快的现象？现阶段的发展如存在过快或过慢现象如何解决？

参考文献

[1] Heffes Ellen M.，Snnett William M. Private Companies：in Pursuit of Sustainable Growth[J]. Finance executive，2006(12).

[2] Williamson O. E. The Economic Institutions of Capitalism[M]. New York：Simon and Schuster，1985.

[3] Petburikul K. The Impact of Corporate Re-branding on Brand Equity and Firm Performance[J]. Royal University of Ireland Journal，2009(1).

[4] Eitzen C. Strategies for sustainable growth in JSE-listed companies[J]. S. Afr. J. Bus. Manage，2012(3).

[5] Burger J H，Hamman W D. The relationship between the accounting sustainable growth rate and the cash flow sustainable growth rate[J]. S. Afr. Bus. Manage，1999(5).

[6] James C，Van Home. Sustainable growth modeling[J]. Journal of Corporate Finance，1998(1).

[7] Patton M. Q. How to Use Qualitative Methods in Evaluation[M]. Newbury Park：CA Sage publications，1987.

[8] Geus A D. Living Company：Habits for Survival in a Turbulent Business Environment[J]. Bloomsbury Business Library Management Library，2007(3).

[9] Higgins. Sustainable Growth Under Inflation[J]. Financial Management，1981(4).

[10] Petburikul K. The Impact of Corporate Re-branding on Brand Equity and Firm Performance[J]. Royal University of Ireland Journal，2009(1).

[11] 孙全.万科可持续增长案例研究[D].蚌埠：安徽财经大学，2017.

[12] 谢莉娟,王晓东,张昊.产业链视角下的国有企业效率实现机制——基于消费品行业的多案例诠释[J].管理世界,2016(4).

[13] 曹玉珊,潘孟,冉彬双.管理层权力、市场竞争程度与企业可持续增长——基于国有上市企业的经验研究[J].会计之友,2018(1).

[14] 温素彬,袁梦,邵胜华.管理会计工具及应用案例——基于五要素杜邦系统的可持续增长模型及应用[J].会计之友,2016(11).

[15] 许乐媛,张健瑞.基于财务风险的企业可持续增长分析——来自房地产上市公司的经验证据[J].财会通讯,2017(26).

[16] 刘仲凯.基于财务视角的现代制药可持续增长问题研究[D].兰州:兰州财经大学,2017.

[17] 孟光兴.基于熵值法的中药企业可持续增长能力追踪研究——以粤苏浙鲁上市公司为例[J].中国医药工业杂志,2016(47).

[18] 程新生,孙毅,刘翰.控股股东行为、资产专用性与企业成长性——来自云南白药的案例研究[J].经济与管理研究,2012(2).

[19] 许晖,邓伟升,冯永春,雷晓凌.品牌生态圈成长路径及其机理研究——云南白药1999—2015年纵向案例研究[J].管理世界,2017(6).

[20] 曹玉珊,张天西.企业可持续增长的财务战略研究——来自中国上市公司的证据[J].经济管理,2006(8).

[21] 樊行健,郭晓燚.企业可持续增长模型的重构研究及启示[J].会计研究,2007(5).

[22] 韩俊华,干胜道.企业可持续增长模型的重构与应用[J].华东经济管理,2013(27).

[23] 闫华红,李政辉,邱昕.企业可持续增长下的财务战略模式研究——以A文化产业上市公司为例[J].财会月刊,2015(12).

[24] 何飞.企业可持续增长财务策略研究[D].成都:西南财经大学,2007.

[25] 杨志刚.云南白药集团股份有限公司发展战略研究[D].上海:复旦大学,2008.

[26] 杨洋.云南白药集团核心竞争力分析[D].昆明:昆明理工大学,2004.

[27] 杨洋.云南白药通过资本运作增强核心竞争力的实证分析[J].昆明理工大学学报(社会科学版),2004(4).

[28] 刘建华,周林.中华老字号企业可持续增长研究[J].辽宁大学学报(哲学社会科学版),2017(45).

[29] 代雯,姚艺.云南白药新活力新征程[R].上海:华泰证券研究所,2017.

[30] 贺菊颖.混改落地,再度腾飞[R].上海:中信建投证券研究所,2017.

[31] 闫天一,杜舟.云南白药——品牌建设回报率研究,转型多元化医疗集团猜想[R].上海:申万宏源证券研究所,2018.

附录1 创可贴知名度与使用情况分析①

单位:%

品牌	脱口而出	无帮助下的认知度	帮助下的认知度	曾经使用过	前一年曾经使用过	前一年经常使用
邦迪	87	95	97	93	90	84
云南白药	11	51	81	41	29	14
其他品牌	2	7	22	8	5	2

附录2 云南白药历年营收过亿的产品发展历程

年份	营收过亿的产品	演变历程
1999		建立电子商务公司,向现代销售方式模式跨越式转变
2000	白药胶囊	白药胶囊、散剂、宫血宁稳定增长,推出白药气雾剂,一举成为公司利润发动机
2001		
2002	白药散剂	
2003		
2004	白药气雾剂、宫血宁	
2005	白药透皮剂	推出白药透皮剂与白药牙膏
2006	白药牙膏	
2007		
2008		白药透皮剂与白药牙膏销量迅速增长
2009	白药急救包	
2010		受医改扩容,白药透皮剂与白药急救包将成为业绩的主要催化器
2011		

---

① 无名.创可贴浅析[EB/OL].(2015-06-17).https://wenku.baidu.com/view/178932ca2b160b4e777fcf5b.html?from:search.

附录3 云南白药2003—2010年营销费用投入状况表

年份 项目	2010	2009	2008	2007	2006	2005	2004	2003
市场维护费(百万元)	860.06	624.11	91.13	41.37	6.93	23.33	11.35	9.25
广告宣传费(百万元)	412.15	300.9	327.58	160.67	109.15	66.82	37.94	26.11
广告费用总额(百万元)	1 272.21	925.01	418.71	202.04	116.08	90.15	49.29	35.36
销售费用(百万元)	1 702.53	1 237.37	983.48	643.84	409.40	277.04	250.88	169.30
营业收入(百万元)	10 075.40	7 171.78	5 723.20	4 263.30	3 204.40	2 448.40	1 832.30	1 344.80
销售费用占营业收入比(10%)	16.90	17.25	17.18	15.10	12.78	11.32	13.69	12.59
市场广告费用占营业收入比(10%)	12.63	12.90	7.32	4.74	3.62	3.68	2.69	2.63

附录4 云南白药2001—2010年实际增长率

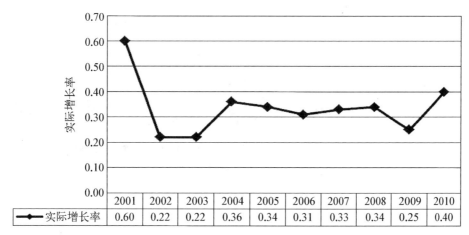

资料来源:云南白药年报

附录5　云南白药四大事业部主要产品①

事　业　部	定　　　位	主　要　产　品
药品事业部	提供稳定现金流	云南白药气雾剂、酊剂、胶囊剂、散剂等品种、云南白药创可贴、急救包、普药
健康事业部	业绩稳健增长的基础（牙膏）	云南白药牙膏、养元清洗发水、日子卫生巾
中药资源事业部	地道药材，解决上游资源供给限制	原生药材、豹七三七、冬虫夏草等
省医药	云南最早最大的医药流通企业	医药商业业务

附录6　云南白药四大事业部门2012—2017年营业收入

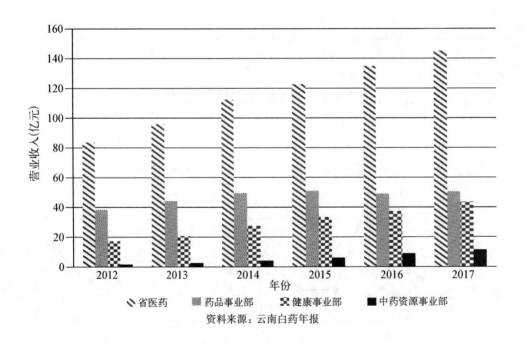

资料来源：云南白药年报

---

①　一石双击.云南白药[EB/OL]. https://mp.weixin.qq.com/s?__biz=MzUyMDUzNTQyNw%3D%3D&idx=1&mid=100001155&sn=bcec1cc329cd50aca48379c18e12edeb.

附录 7　2017 年四大事业部门毛利率占比

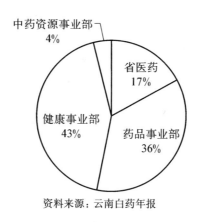

资料来源：云南白药年报

附录 8　健康事业部销售收入增长率

资料来源：云南白药年报

附录9　云南白药2011—2017年实际增长率

资料来源：云南白药年报

附录10　云南白药1998—2017年品牌建设费用

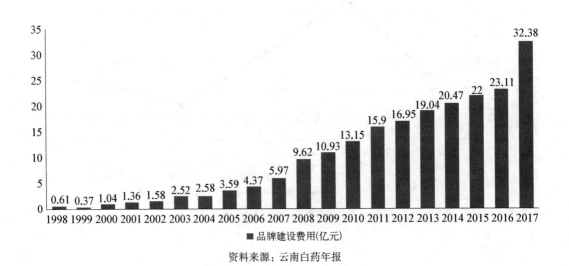

资料来源：云南白药年报

附录11　成本法下的云南白药品牌价值表

单位：亿元

项目 年份	其他支付与经营相关的现金（扣除运杂费）	10%折现	8%折现 （累计319亿元）	5%折现 （累计264亿元）
1998	0.6	4.1	2.8	1.6
1999	0.4	2.3	1.6	0.9
2000	1.0	5.8	4.2	2.5
2001	1.4	6.9	5.0	3.1
2002	1.6	7.3	5.4	3.4
2003	2.5	10.5	8.0	5.2
2004	2.6	9.8	7.6	5.1
2005	3.6	12.4	9.8	6.8
2006	4.4	13.7	11.0	7.8
2007	5.7	16.3	13.3	9.8
2008	9.1	23.5	19.6	14.8
2009	10.8	25.4	21.5	16.7
2010	12.4	26.5	22.9	18.2
2011	15.1	29.4	25.8	21.2
2012	16.1	28.5	25.6	21.6
2013	17.5	28.2	25.7	22.4
2014	18.6	27.3	25.3	22.6
2015	19.7	26.3	24.9	22.8
2016	20.7	25.1	24.2	22.8
2017	32.4	35.6	35.0	34.0
品牌价值（以2018年为基准折现）	196.1	364.9	319.2	263.3

附录12　云南白药品牌变现模式图

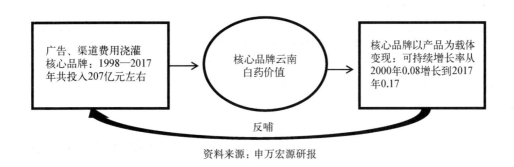

资料来源：申万宏源研报

附录13　云南白药2000—2017年可持续增长率

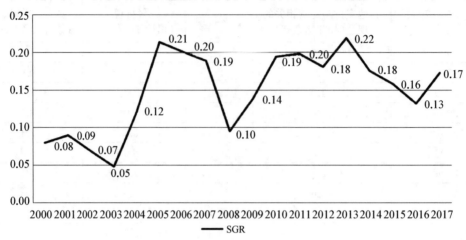

资料来源：云南白药年报

附录14　云南白药可持续增长率、实际增长率对比图

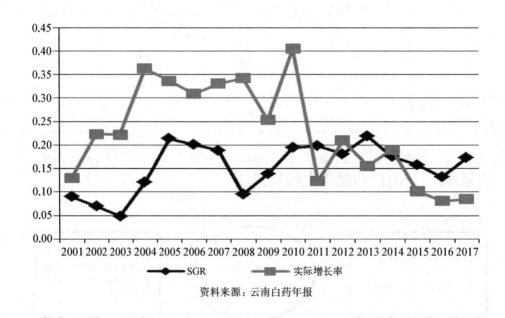

资料来源：云南白药年报

（执笔人：仲佳月；指导老师：戴书松）

中弘股份"高送转"之财务透视

适用课程： 财务管理理论与实务

编写目的： 上市公司的利润分配方式除了直接派发现金股利外,还有另外两种方式。一种是企业盈利后将净利润以股份的形式赠与股东,另一种则是将企业的资本公积转增股本,这两种方式并不要求企业对外支付现金。如果企业大比例地采用了后者这种送红股的方式,则就可以被定义为"高送转"。中弘股份在2010年借壳上市后频繁实施"高送转",最后因股价长时间低于面值被迫退市。本案例希望引导学生掌握股利政策相关原理,辨析"高送转"的特点；引发学生思考我国上市公司热衷于"高送转"的经济动因；帮助学生进一步思考"高送转"行为的后果,进而探讨如何规范企业的股利分配行为。

知识点： 股利支付方式 "高送转"的特点 退市制度

关 键 词： "高送转" 股票股利 退市

案例摘要： 深交所的上市规则中,存在着一系列上市企业应被终止退市的规则,如果企业触发了这些规则,则很有可能被强制退市。其中有一条"面值退市"规则虽然早已编入,但始终没有施行过,直到中弘股份于2018年在这条规则的运作下走向了退市的结局。2018年10月,中弘股份成为自该条规定设立以来,第一家退市的上市公司。中弘股份何以沦落到如此地步？一方面,公司自上市后业绩表现堪忧；另一方面,公司又在缺乏业绩支撑的情况下多次"高送转"扩张股本,摊薄股价。过度"高送转"被认为是把中弘股份一步步送上退市路的内因之一。本案例以该事件为主线,基于对中弘股份财务状况及其所处行业发展情况的分析,结合"高送转"的会计处理和财务影响,引导学生正确认识"高送转"行为。此外,本案例还联系我国资本市场退市制度,引发学生思考"高送转"行为和上市公司退市之间的关系。

2018年11月8日，根据深交所股价低于面值退市的上市规则以及经过了专业部门人员的讨论评估后，深交所最终作出中弘控股股份有限公司（以下称为"中弘股份"）退市的决定。中弘股份因为其股价多日跌破了一元的价格底线，从而成为A股史上首家体验到面值退市规则的上市公司。众多媒体和投资者都开始疑惑：为什么中弘股份的股价会变得这么低？公司经营不良财务状况恶化、大规模举债债务压身都是个中缘由。此外，中弘股份上市后合计经历了4次"高送转"和2次增发，总股本从2010年底的5.6亿股猛增到如今的80多亿股，股本高度膨胀的后果是：高负债的中弘股份需要殚精竭虑来努力撑起其越来越大的市值。正是其盲目"高送转"，最终导致其股价低于其面值，被迫退市。

一、背景简介

中弘股份是一家通过借壳上市的公司。2010年，公司成功借壳科苑集团（000979.SZ）上市，科苑集团的前身是安徽省应用技术研究所，1995年该研究所创办了安徽省宿州科苑集团有限责任公司。到了2000年5月，证监会通过了科苑集团的IPO申请，科苑集团在深交所挂牌上市，以4 000万股A股股票打入了股票市场。那时，科苑集团的经营范围和中弘股份完全不同，尚未关注到房地产开发方面的业务，反而和高新技术有关，像是生物工程、精细化工等。IPO时公司表示，募集到的资金将投入7个高新技术项目，这些项目预期未来会有很好的发展前景。然而，公司上市后不久，因为市场环境变化，7个承诺投资项目，有3个项目泡汤，已实施的4个所谓高科技项目，投资金额也大幅缩水。公司主营业务为生化，占所有业务的近7成，但其创造的毛利率却不足9%。为了提升公司业绩，公司高管开始违规挪用公司的资金，进行炒股。科苑集团于2000年8月成立上海坤源，作为公司的投资平台，由科苑集团时任董事长汪德荣统一指挥，由公司时任财务总监孙连峰在上海进行操盘。科苑集团通过上海坤源投入股市的资金最多时达到3.7亿元，此外，上海坤源还向其他单位提供配资炒股，借出的金额总共达2亿元之多。2001年，股票市场步入了低谷期，公司进行的股票投资因此遭遇了大幅度亏损。到了隔年6月，其投入股市中的资金亏损达到1.8亿元。为了弥补炒股亏空，科苑集团从2001年起开始向银行大量贷款。截至2006年11月，公司银行贷款本息合计超过5亿元。公司用于技术开发的房屋、大楼等固定资产，被法院一一拍卖。2005年8月，公司由于违规操作最终被证监会立案调查,从而发现该公司违规挪用募集资金炒股、为掩盖挪用资金炒股行为虚构在建工程和固定资产、隐瞒巨额银行贷款等一系列违规行为,并于2010年4月对相关高管人员作出处罚。

由于中国政府对房地产市场的宏观调控,2010年初国内房地产企业首发上市和借壳上市一度被全面叫停。早在2008年1月,中弘股份控股股东中弘卓业集团就通过收购科苑集团(000979.SZ)大股东股份等手段提前锁定了借壳上市的目标公司,随后迅速在2008年9月通过司法拍卖等手段进一步增持而控制了科苑集团。但2009年1月22日首次借壳上市方案因资产估值偏高被证监会否决,中弘地产立马重新评估资产,从最初35亿元的资产估值重新评估为19亿元,并最终于2009年12月25日获得证监会批准。

2010年中弘股份在北京五环内收入了两个新的商业房地产项目,这两个项目借助北京房地产业务的利好行情创下了不错的收益,不到半年公司迅速扭亏增盈,上市公司由原来的"科苑集团"更名为"中弘地产"。后来公司又开始投资能源、矿产、基金等项目,2011年公司从名字中除掉地产两字,改名为"中弘控股股份有限公司"。虽然不再以"地产"二字作为公司名的一部分,但公司的主营业务仍以商业房地产的经营开发为主。

在产业布局上,公司不再局限于北京,而是开始深入开发海南、吉林长白山、山东济南、浙江安吉、云南西双版纳等旅游资源丰富的区域。北京市、海南省、浙江省、云南省等地均是全国有名的旅游胜地,公司在旅游地产开发定位方面,首先选取这些省市作为目标区域,能有效利用当地已搭建好的旅游产业链和基础设施。但跟行业内的大地产商相比,中弘股份仍是一个规模不大的公司,就主营业务收入而言,在房地产行业中,公司仍相对落后。2017年起,由于政府的宏观调控,中弘股份四面出击的地产开发策略遭受重创,公司开始出现收入萎缩和债务危机等,中弘股份业绩大幅下滑,其股价开始"跌跌不休"。中弘股份在2012年砸下30亿元取得的海南如意岛项目开发因非法填海而遭海口市海洋和渔业局罚款3 700万元,2017年底又被海南省政府实施"双暂停"(暂停施工、暂停营业);公司重点打造的旅游地产项目"北京御马坊",一度以月销604套的成绩,名列北京商住项目榜首。2017年3月北京市针对商办市场出台严格规定:商业项目不得转住宅,销售对象应当是法人单位,银行暂停此类购房贷款,等等。中弘股份开发的"北京御马坊"商住楼一下子从备受追捧的楼盘变成烂尾楼。2018年10月15日,中弘股份债务危机爆发,据悉公司以及其子公司总共逾期的债务本金和利息合计达到56.12亿元之多。2017年年报显示,公司营业收入为10.16亿元,同比下降高达77.18%,企业亏损25.11亿元,到了2018年上半年,公司依然没有扭亏为盈,负14亿元的净利润红艳艳地挂在财务报表中。

2018年9月13日—10月18日,中弘股份因连续20个交易日的每日收盘价均低于股票面值被终止上市[①],成为首个"面值退市"的上市公司。目前,中弘股份资金链岌岌可危,其正在建设的房地产项目许多都遭遇了停工的尴尬状态,并且大量的债务本息逾期和诉讼(仲裁)事项迎面而来,公司陷入了严重的困境。

二、案例概况

(一)"4次送转+2次定增"的扩张之路

2010年1月,中弘股份借壳安徽科苑集团成功上市,为了快速做大企业规模,中弘股份开启了4次送转和2次定增的股本扩张之路。2011年1月,中弘股份发布了公司2010年度报告。年报中公布了一则"高送转"方案,一下子吸引住了投资者注视的目光,这也成为中弘股份借壳上市后"高送转"事件的开端。该利润分配方案定于2011年2月实施,由于企业2010年依然亏损,自然没有钱送红股,但资本转增股份还是做得到的,亏损的中弘股份推出了其每"10股转增8股"的分配方案,从而导致公司每股股价迅速降低。

从第一次"高送转"后,仅仅过了两年,到了2013年8月,中弘股份在其公布的2013年半年度报告中推出了其第二次"高送转"方案。但这次不再是资本公积转增股份,而变成了高比例送股,不过送股的力度比第一次还强,中弘股份以2013年6月底的股本为基数,向投资者每"10股送9股"。这次公司成功扭亏为盈,而且公司还表现出了其"财大气粗"的一面,拿出了一部分利润派发现金股利给投资者,投资者每10股可以获得派发的现金红利2.25元,这次获得了实打实的现金回报,还有高比例送股,给投资者留下公司未来无限美好的印象。

同样是经过了两年,中弘股份再次推出了其第三次"高送转"的方案。5年内推出了3次"高送转",中弘股份即使是在A股也是难得敢如此高频率用"高送转"扩大股本的上市企业。2015年5月时,中弘股份推出了公司2014年度利润分配方案,其中

---

① 《深圳证券交易所股票上市规则(2018年修订)》第14.4.1条。

提出了对投资者分配现金股利以及资本公积转增股份。这次的方案相比2013年时没有那么激进，但也成功地再度扩大了公司股本。具体来说，投资者每10股股票可以获得0.11元的现金分红，并且还有每"10股转增6股"的福利。也许是公司考虑到要留存部分利润来用于未来的投资发展，这次的现金红利并没有很多。

中弘股份每两年"高送转"的脚步仍没有停止，继2015年后，到了2017年7月，中弘股份实施了公司2016年度的利润分配方案。第四次"高送转"就在这次方案中一展身姿。和2015年采用的方案差不多，也是现金红利加上转股，其中，投资者每10股股票可以获得0.1元的现金分红，资本公司转增股本的方式则为每"10股转增4股"。联系前三次"高送转"，投资者不得不疑虑公司的股本扩张之路是不是走得快了些。

作为没有增加公司资产或权益价值的"高送转"，其实只是股东权益在内部的调整变动，最终导致公司股本规模急剧扩大，但没有根本提升公司的盈利和营运能力，对企业价值自然也没有实质性贡献。此外，中弘股份不仅每两年进行"高送转"，公司顺道在其中还进行过两次定增募资，定增也会起到扩张股本的效果。2014年3月，中弘股份发布了定增预案，以募集30亿元资金为目标，公司非公开发行股票的数量为9.595亿股；到了第二年3月时，公司再接再厉，又打算定增8.647亿股来募集39亿元资金，不过该计划最终搁浅；但到了第三年，即2016年4月，中弘股份一鼓作气推出了第三次定增的预案，想发行高达14亿股的股票，为公司募集36亿元资金。

通过这4次"高送转"和2次定增，中弘股份的股本从2010年底的5.6亿股猛增到如今的80多亿股，股本膨胀超14倍，可见中弘股份多年来一直热衷于利用送转、定增等手段扩大股本。那么中弘股份多次"高送转"的原因是什么？股本快速扩张，不仅稀释了公司的盈利，也稀释了公司股价，对上市公司经营的要求和压力也就更大，中弘股份财务和经营状况是否和"高送转"的行为匹配？公司4次送转和2次定增扩大股本的行为是否与其最终面值退市的结局有着内在联系？作为面值退市第一股，中弘股份"高送转"的选择以及其面值退市的传奇经历值得反思。

（二）中弘股份"面值退市"进程描述

2018年以来，中弘股份陆续披露业绩巨额亏损、多项债务逾期、主要项目停工等重大风险事项。2018年8月15日，中弘股份的股票收盘价首次低于面值（1元）。2018年9月13日—10月18日，公司股票的收盘价创下了连续20个交易日都跌至1元以下的记录。这种股价长期被投资者看跌的现象属于《深圳证券交易所股票上市规则（2018年修订）》第14.4.1条规定的股票终止上市情形。如果公司发生了上述情形,公司不一定会被要求退市,因为通常还需要深交所委员会的专家结合具体情况开展分析做出审核的结论,在此之前还没有公司因为这条规则被踢出股票市场。但中弘股份却成为这条规定下的第一个"牺牲者"。2018年11月8日,深圳证券交易所最终给中弘股份送上了终止上市的判决书,中弘股份成为首家因股价连续低于面值而被强制终止上市的企业(公司收盘价低于面值的几次情况可参见图1)。中弘股份股票自2018年11月16日起进入退市整理期,以"中弘退"作为公司新的股票简称,等待期间届满后被摘牌。至此,投资者们终于见证了中弘股份股票由兴起走向没落的历程,中弘股份未来会如何,我们尚且未知。

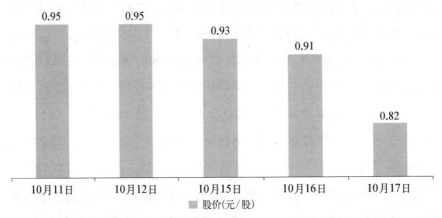

图1 中弘股份2018年10月11—17日收盘价

股价低于面值的退市规则是沪深交易所在2012年修订退市相关规则时,借鉴国外股票市场出台的规则而新增的条款。该新规则意义重大,投资者可通过用脚投票的方式对上市公司的股票价值作出理性判断,以市场化选择的方式决定公司的上市地位。但这条规则一直处于有名无实的地位。2001—2017年,A股93家退市公司中,基本上都是因为欺诈上市、亏损、财务造假等问题而退市。A股虽然在交易方面已经设立了一些强制退市的规定,像是如果上市公司的收盘价、成交量,或者股东人数低于某一数值时,将触发强制退市,但一直没有出现因面值过低而退市的案例。此番A股首次出现了因触发"1元退市制度"而摘牌的个股——中弘股份,这对于中国的资本市场具有巨大的标杆和示范意义,值得上市公司和投资者深思。

(三)中弘股份的四面楚歌

"高送转"一直是A股股民追捧的炒作题材,然而上市公司使用"高送转"扩大总股本是有代价的,即使一时股价能受到股民追捧而炒高,但股本越大对上市公司经营的要求和压力也就越大。中弘股份多年来一直热衷于利用送转、定增等手段扩大股本,然而公司在股本膨胀的同时,经营利润的增长却没有同步跟上,使得中弘股份市值不断"蒸发",也就必然导致公司股价不断走低。如图2所示,中弘股份的净利润从2014年起逐渐下滑,至2017年骤然跌至净亏损25亿元之多。中弘股份的资金链也没有跟上"高送转"的步伐。2013—2017年的年报显示(见图3),中弘股份的经营活动现金流一直为负,"高送转"配合定向增发帮助公司获取到了低成本的资金,但公司似乎并没有有效地利用募集资金开展业务获得内生增长,自身创造现金流的能力不尽如人意。

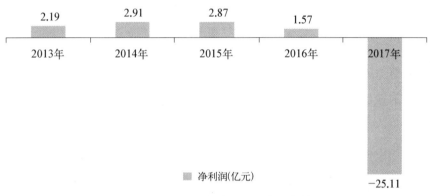

图2 2013—2017年中弘股份净利润情况

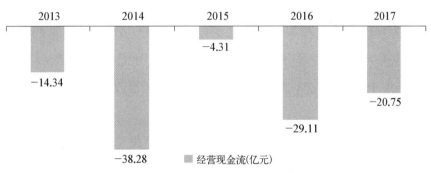

图3 2013—2017年中弘股份经营现金流情况

中弘股份业绩大幅亏损的同时,还面临着巨额债务压身。近年来,公司债务犹如滚雪球般不断增长(见图4)。截至2017年底,公司负债合计逾367亿元,资产负债率高达81%。2018年11月,中弘股份在未能清偿到期债务的公告中称,截至2018年10月29日,公司以及其子公司总共逾期的债务本金和利息合计达到了805 236.76万元,全部为各类借款,公司目前正在与相关债权人协商如何更好地处理该债务问题,并且

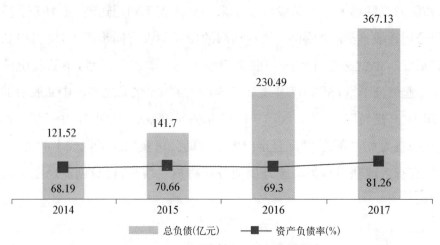

图4　2014—2017年中弘股份负债情况

在尽最大的努力筹集资金用于偿还上述债务。一连串庞大的债务逾期,导致中弘股份公司及其下属控股子公司面临众多的诉讼、仲裁、银行账户被冻结、资产被冻结等事项。

楼市调控全面启动之后,中弘股份的业务受宏观政策的影响越来越恶化。2017年,国家在金融政策和房屋买卖等方面出台诸多政策,以抑制房地产行业的投资性需求,防止房价的暴涨。对于那些热点城市住宅商品房购买、贷款、销售这三方面,政府都采取一系列措施,打击哄抬房地产价格的各种违法行为。中弘股份2017年的房地产业务在国家房地产调控政策以及北京商办项目(商住房)调控政策的影响下,御马坊项目和夏各庄项目(商业部分)销售停滞,且2016年度已销售的御马坊项目在2017年和2018年一季度遭到大量退房,其他区域项目的销售收入和上年度相比也大幅度下降,最终导致公司2017年房产销售收入大幅下降。

2017年,中弘股份的19个房产项目可供出售面积总计为130.31万平方米,签约面积为2.44万平方米,仅为2016年签约面积(40.9万平方米)的1/17。而2016年,中弘股份在房地产上创造了41.35亿元的营业收入,占营业收入的92.88%。到了2017年,公司来自房地产开发的收入骤减至−3.48亿元,从而导致中弘股份2017年巨额亏损。中弘股份高管对外表示,受国家房地产调控政策的影响,公司房地产项目销售陷入困境,尤其是位于北京的由山由谷二期项目以及御马坊项目,由于受到北京出台的"3·17"商办政策影响,该项目不仅销售停滞,并且已销售部分还出现大量退房。北京御马坊项目过去一直是中弘股份的主要收入来源,如今却成为公司的烫手山芋。御马坊项目的大量退房还导致公司无法按时偿还银行的巨额债务。

中弘股份的海南板块也陷入亏损的泥潭。2012年，中弘股份将目光投向了中国海滨旅游度假城市，于是砸下了足足30亿元取得了地处海口市海甸岛的海南如意岛项目。在该投资项目中，公司打算通过填海造岛来打造一个文化旅游胜地。这个项目是中弘股份转型文旅地产的转折点，按照中弘股份此前的计划，公司打算在这个海岛上投入129亿元的巨额资金。截至2017年底，中弘股份实际投入的资金已经达到44.9亿元。

然而如意岛填岛EPC总包中铁港航局集团有限公司以及中交集团，在合同实施过程中，分别提出涨价超20%的要求，造成合同被迫终止，工程停工。经过中弘股份和施工单位的反复协商与沟通，对方正准备复工，却迎来了海南省政府下发的"双暂停"通知。南海项目的搁置，导致公司投入的近45亿元资金无法收回。

2017年10月1日，中弘股份收购了A&K公司（Abercrombie&Kent Group of Companies）90.5%的股权，股权取得成本为27.84亿元。A&K公司的主要业务为旅游业，2017年共为中弘股份带来了扣非后净利润9 364万元。但是，这离其承诺的2.1亿元净利润相差甚远。

（四）尾声

中弘股份公司一度是股市的明星股。其股价在2006—2015年期间上涨了超27倍，最高股价达到60.04元/股。近年来由于房地产市场受到严格的调控，中弘股份投入巨额资金的北京商住房明星项目御马坊变"烂尾"，海南旅游地产项目也陷入巨额亏损。中弘股份2016年业绩猛降超过40%，2017年更是巨亏逾25亿元，2018年三季报继续亏损18.85亿元，背负巨额亏损和债务，股价也连续下跌，大大低于1元面值。2018年10月18日，中弘股份公司股票收盘价连续20个交易日都低于面值，这正触发了面值退市的条件，经过审评后，公司最终被告知了退市的定局。中弘股份及下属控股子公司累计逾期债务本息合计金额为114.64亿元，全部为各类借款，投资者纷纷看空该公司。2018年12月26日，中弘股份以下跌8.7%收盘，股价跌至每股0.21元。12月28日中弘股份正式被终止上市。

学生通过上述案例描述可以大致了解本案例的情况，如果想要再深入了解具体的情况和有关本案例的参考资料，可参考表1所提供的目录：

表 1　其他主要参考资料目录

资料序号	资料名称
1	中弘控股股份有限公司第六届董事会第三次会议决议公告
2	中弘控股股份有限公司 2014 年年度股东大会决议公告
3	中弘控股股份有限公司 2013 半年度报告
4	中弘控股股份有限公司 2014 年年度报告
5	中弘控股股份有限公司 2016 年年度报告
6	中弘控股股份有限公司 2017 年年度报告
7	中弘控股股份有限公司未能清偿到期债务的公告
8	深圳证券交易所股票上市规则(2018 年 11 月修订)

三、问题讨论

(1) 中弘股份 2016 年度的利润分配方案为每 10 股向投资者送红利 0.1 元以及"10 转 4"的资本公积转增股本方案。从不同的股利分配方式角度思考,上述方案中包含了哪几种分配方式？在这几种分配方案以外,是否还有其他的股利分配方式？这些股利分配方式的概念、特点是什么？这些股利分配方式对中弘股份的影响有什么不同？

(2) 中弘股份 4 次"高送转"的内在动因是什么？

(3) 中弘股份退市的原因是什么？中弘股份退市结局和其"高送转"行为是否有所联系？

(4) 如何评价本案例中证监会出台的退市规则(即股价连续 20 个交易日低于 1 元触发终止上市情形)？

(执笔人：潘佳雯；指导老师：李寿喜)

"一代枭雄"的陨落
——雅虎之路

适用课程： 财务管理理论与实务

编写目的： 本案例希望引导学生关注美国雅虎在上市以来短短 20 年间频繁更换 CEO 的事件，分析这些 CEO 由于一系列错误决策导致公司最终被威瑞森收购的惨淡结果，由此意识到正确的战略管理以及公司治理的重要性。

知 识 点： 制定相应的战略目标　战略决策　利益一致性　公司治理理论

关 键 词： 雅虎公司　公司治理　并购决策

案例摘要： 对于雅虎而言，机会一直是存在的。可作为曾经"全球访问量第一"的最大网站，雅虎却一次又一次地把送上门来的机会拒之千里。当公司由于战略失误受挫时，正确的做法应当是为了避免类似情况的发生，进行自我分析与思考，然而面对这一次又一次的重大失误，雅虎并没有反省自身找出原因，进而重整旗鼓，不再重蹈覆辙，反而一错再错，并未吸取历史的教训。本案例主要讲述了雅虎成立之日起频繁更换 CEO 从而导致一系列错误决策，最终从互联网巨头走向衰败的事实，并从其历任 CEO 做出的错误决策方面入手，探讨了雅虎存在的公司治理以及战略管理问题。

2016 年 7 月 25 日是一个值得雅虎以及其他互联网公司特别铭记的日子，这天美国电信营运商威瑞森，以 48.3 亿美元的报价正式收购雅虎公司互联网核心资产，相比雅虎最高市值 1 300 亿美元几乎不到其零头。1994 年，雅虎还未成立前就已经获得了百万的点击量，本应成为互联网龙头老大，最终却以低价被卖出。到如今，影响一代人的雅虎传奇结束了属于它的舞台表演。究竟发生了什么，从而导致昔日的门户巨头插标贱卖?

一、分歧的开始

（一）需要联盟吗

2000年1月7日,雅虎股价刚刚创下了历史新高——237.5美元/股。在这个值得铭记的日子里,雅虎总部处处洋溢着轻松快乐的气氛,时任雅虎CEO的Tim Koogle正坐在他的办公室中,壮志豪情地筹划着雅虎的未来蓝图……

一阵电话铃声将这位CEO从梦中拉回现实,而接下来的消息足以使他从兴奋的云端跌落,他怎么也不会想到这也是雅虎命运衰落的开始。消息称美国在线要与时代华纳合并了！一旦这两家公司合并成功,网络、杂志、电影电视以及图书出版等领域都会成为这两家公司的囊中之物,雅虎只能望洋兴叹,分不到一杯羹。而雅虎仅仅依靠在线广告的单独营运模式,又如何继续在弱肉强食的互联网领域生存下去? 这位焦急的CEO立即召集当时雅虎的总裁Jeffrey Mallett和其创始人杨致远,3人召开了紧急研讨会:是否效仿美国在线,找一个战略同盟? Koogle主张独立运营,博众家之长;而Malllett和杨致远却更倾向于收购媒体公司,组成战略同盟。最终Koogle占据上风,3人决定不收购其他公司,继续保持独立运营风格,捍卫自己在门户领域的老大地位。

正处于鼎盛时期的雅虎难免有些自视甚高,美国在线与时代华纳的合并在它看来只是其成功道路上一块微不足道的小石子。然而我们常说骄兵必败,2000年的美国互联网泡沫的破灭给雅虎带来的几乎是灭顶之灾。美国在线与时代华纳的成功合并为其公司业绩增添了不少色彩,其2001年的第一季度财务报表显示:该时期的广告与商务收入同比增加了10%,公司市值也成功突破了2 200亿美元。然而雅虎公司的财务状况却让高层愁云惨淡,不光是第一季度的销售额比上年下降42%——只有1.8亿美元,同时其公司市值也比巅峰状态减少了92%——严重缩水至110亿美元,仅是美国在线时代华纳公司市值的1/10。

（二）要接住eBay的橄榄枝吗

继上次决策的失误后,雅虎并没有由此倒下。2000年4月,美国著名拍卖网站eBay提出想要与雅虎合并,唯一的条件就是eBay的CEO Whitman要直接对雅虎CEO Koogle负责。或许是想要极力挽回上次决策带来的损失,Koogle这次强烈表达想要合并 eBay 的意愿。然而总裁 Mallett 却因为两家公司的企业文化不同而拒绝合并，同时他也不满于 Whitman 想越过他总裁的地位直接对 Koogle 负责，他认为这是挑战他的权威、忽略他地位的做法。

两家公司谈判进展举步维艰，雅虎内部矛盾也到了白热化阶段。Mallett 为了阻止 Koogle 合并 eBay，说服公司的创始人杨致远和 David Filo 一致反对 Koogle，从而加入自己的战队阵营。不仅如此，Filo 还向 Koogle 发了一份邮件坚持表明自己的意愿，甚有威胁之意。在几位高层的压力下，Koogle 无奈放弃合并 eBay。然而之后 eBay 如一头沉睡的狮子觉醒般迅猛发展，如表 1 所示。

表 1　2000—2001 年 eBay 经营状况　　　　　　　　　　单位：千美元

年份	净收入	营业利润	净利润
2000	432 424	34 994	48 294
2001	748 821	140 426	90 448

资料来源：eBay 2001 年年报

（三）明争暗斗的公司高层

接连做出失误决策的雅虎很快意识到自己内部的问题：高层之间的权力纷争。是否收购媒体公司的决策可以说是 Koogle 独揽大权最终拍板；与 eBay 的合并决策又因 Mallett 不满大权旁落，进而争权夺利而搞砸。当年有着雅虎"三剑客"称号的 Koogle、Mallett、杨致远在雅虎创立初期一直合作默契，成功使雅虎成为互联网的龙头老大。然而由于 Mallett 与 Koogle 经营决策理念不同，导致两人之间矛盾愈演愈烈。杨致远在其中一直扮演着一个和事佬的角色，他并不参与两人之间的争权之战，但其实对外一直与日本软银公司[①]的 CEO 孙正义保持着良好关系。

可以说，雅虎高层之间的战争已经是硝烟弥漫。不仅如此，其中间管理层其实也面临着同样的危机。雅虎自创立以来，大权一直牢牢把握在少数高管手中，这种独裁专制的手段让其他中高层管理人员苦不堪言。结果导致这些中高层人员失望地离开雅虎，只为了获得更好的发展机会。

2001 年 2 月 15 日雅虎宣布：雅虎欧洲分部的总经理 Fabiola Arredondo 向总部提出了辞职。"Fabiola 突然想起要经营一个私有企业，于是在去年 12 月底和今年 1 月初向公司的高级管理层提出了辞职的要求。"欧洲雅虎的一位发言人如是说。

---

① 2001 年，日本软银公司持有雅虎 21% 的股权。

2001年2月16日,又有一位雅虎高层——周胜南,宣布离职。其作为雅虎亚洲分公司总经理接受采访时,明确指出雅虎目前面临的困难很多,而且还提到只纯粹涉及互联网的公司难以长远发展下去,暗示雅虎未来堪忧;同时也表示他自身将来的职业之路不会再继续加盟纯粹的互联网公司。

或许是周胜南如此直白的说法触动了其他高层,雅虎韩国分公司经理Jin Youm和加拿大分公司总经理Mark Rubenstein也接连辞去了高管职务,离开雅虎。令人震惊的是在2001年3月5日,雅虎CEO Koogle宣布离职!这位曾经将雅虎一步步打造成"网络明星"的CEO竟然也要离开雅虎!

雅虎高层的纷纷离职表明雅虎的全球化发展面临巨大困难,同时也表明他们对雅虎的经营模式失去了信心。这种单纯靠搜索引擎发展成互联网顶级传播平台的模式真的可以永远屹立不倒吗?这种过度依赖广告的互联网网站的成长前途会一片光明吗?或许这些问题会继续困扰着雅虎的下一任CEO……

二、道路且长,迷雾重重

(一) 新任掌门遭质疑

在一系列高层离职的同时,雅虎也面临着最大的危机与挑战:改变原有的经营模式与策略是首要解决的问题。

由于受美国互联网泡沫破裂的影响,雅虎公司的财务业绩又难以达到高层预期,其新任CEO的人选问题尤其备受关注。如同一盘散沙的雅虎急需一位"德才兼备"的掌舵人接手,但是谁才是最合适的人选呢?雅虎总裁Mallett对CEO一职早就虎视眈眈,在Koogle离开公司后,Mallett本想着可以接任CEO的位置,然而令人没有想到的是,杨致远和董事会的另一名董事、风险投资家Michael Moritz并没有考虑Mallett,而是直接从外面聘请了Terry Semel——杨致远的挚友,出任雅虎新一任CEO。

2001年4月17日,雅虎宣布了其CEO的人选:曾在华纳兄弟公司(以下称为"华纳兄弟")担任联合CEO的Terry Semel出任雅虎的CEO和董事长。消息一出,华尔街大吃一惊,虽然Semel确实经验很丰富,但他的工作经验毕竟和互联网不太对口。之前外界都认为Koogle会继续担任雅虎的董事长,现如今,不仅Koogle退位辞职,而且Semel还同时继任了董事长的位置,既是CEO又是董事长。雅虎选择了一个毫无广告背景的人来担其重任,这一做法更是激起了业界人士的好奇疑惑之心:"Semel 的工作经验似乎与互联网并不沾边,他的背景确实不匹配。"美国在线的高级管理人员 Barkley 明确表示:"雅虎之所以聘请 Semel,很有可能是想要借其所熟悉的娱乐模式成功转型,这不失为一个好的机会。但在外界人士看来,这仍属于一次很大的冒险,聘请 Semel 实在是有点牵强。"

几乎所有人都不看好 Semel,而 Semel 自身所背负的使命也绝不轻松。对于一家技术公司来讲,雅虎根本就没有自己实在的内容,这与 Semel 当初在华纳兄弟面临的情况大相径庭:华纳兄弟是一家拍摄并拥有很多电影版权的大型娱乐公司,Semel 的主要使命就是将这些版权进一步扩展以及发现新的特许渠道。Semel 之所以被称为电影业的成功大佬是靠着拓展音像制品这一主要途径实现自身价值、提升自身名气的。而这种娱乐模式的经验如何能照搬到一个用技术吸引众多用户并且收入来自网络广告的公司呢?本就没有交集的两方如何共进退?电影娱乐业大佬进军互联网是否能够旗开得胜?接踵而来的团团疑问开始慢慢浮出水面……

(二)曙光是否在前方

在接受采访时,面对媒体的质疑,Semel 对自身所做的准备工作夸夸其谈:在温莎媒体公司的 14 个月里,为了更好地适应互联网公司,他成为一名苦心钻研互联网行业的好学生。在这期间他研读了 200 多份业务计划书,其中就包括很多的网络项目。他表示任何公司都会有面临困境的时候,华纳兄弟在 1980 年与雅虎如今的局面很类似:收入来源单一,财务陷入困境,还面临被兼并的威胁。但 Semel 将其公司业务多样化,还开辟了多种收入渠道,公司成功渡过难关。Semel 郑重表示:"雅虎公司真正需要的和我个人背景有着完美的结合。"同时他还强调,接受一份不一样的且充满挑战的工作对他来说非常具有诱惑力。

"新官上任三把火。"Semel 首要解决的问题就是改变雅虎单一的经营模式和收入来源,从仅靠页面广告收入转移到探索多业务增长点,形成以广告为基础,付费业务和宽带接入为主要驱动力的多元化经营模式。

1. 稳定广告业务收入

由于互联网泡沫破灭,网络公司纷纷倒闭,在线广告来源日益枯竭,传统型企业的在线广告开支与此前相比还不到 50%,这一切都使雅虎依靠广告收入而生存的经营模式遇到了空前的挑战。雅虎想要稳定自己在网站的人气,就必须设法提高其点击率。于是雅虎启动改版网站页面,以各地对雅虎不同的需求为第一考虑要素,结合个人用户体验与企业客户营销需求,充分发挥其网络产品优势。同时在它最有人气的电子邮件方面承诺永远免费,并启动最新垃圾邮件过滤机制。

2. 推出付费业务

Semel 意识到单纯靠广告无法抢占市场,特别是美国在线和时代华纳合并后。因此 Semel 决定采取多元化战略,推出付费业务。2003 年 3 月 17 日,雅虎公司推出了第一种付费订购视频娱乐服务——"Yahoo Platinum"白金服务,这项视频服务包括新闻、娱乐和体育赛事现场直播三大块。

3. 拓展宽带业务

由于雅虎在视频付费这一业务服务中取得了不错的成就,下一步战略又投向了另一潜在的巨大市场:宽带业务。Semel 决定和美国电信公司 SBC 通信公司①建立合作关系,同时宣布与英国电信集团(BT Group)②联手推出一项高速互联网接入服务。这是雅虎首次进军欧洲宽带网络市场。这项名为"Yahoo UK Plus"的高速宽带服务将使得 BT Group 的宽带用户拥有更好的智能服务体验:用户可以享受到更好的电子邮件传输、数字照片存储、反病毒软件以及防火墙安全等服务。

Semel 于 2001 年接管雅虎的时候,外界人士曾表达了对这一决定的疑惑与不信任,Semel 还因自身个人背景被当作互联网科技新人菜鸟遭到了业界的嘲笑,而此时 Semel 这个新官,上任的"三把火"以一份成绩优异的试卷向外界证明了自己。在这期间,他优化了公司的管理构架——流线型管理架构,独具慧眼的并购使得公司形象提升、财务利润增长、股价持续上涨。雅虎在他的杰出领导下,似乎渐渐恢复了元气。

然而,此时的繁荣景象能否一直持续下去呢?等待雅虎的是一片光明前途,还是隐藏在繁荣景象下充满危机的道路……

(三) 养虎为患,终为他人作嫁衣

2002 年 10 月雅虎公布其第三季度财报,在连续 6 个季度的亏损后终于迎来了盈利 2 890 万美元的好消息,这份出乎意料的盈利报告报出后,雅虎再次成为华尔街的宠儿(见附录1 2001—2002 年雅虎季度财务相关数据)。

随着股价的持续上升,相关证券公司也把对雅虎的评估从"持仓"调高至"买进"。它们纷纷提道:虽然在之前的两年内,雅虎总是让我们一次次失望,但是如今,它已经

---

① SBC 通信公司,原名西南贝尔,是美国 DSL 高速因特网服务第一供应商,全美领先的因特网服务提供商之一,在全美拥有近 6 000 万条访问专线。

② 英国电信集团是世界顶尖的电信运营商。

重新恢复了元气,其潜力远远超乎我们的想象。

但同样是这一年,由于 Semel 战略决策失误导致的危机正悄悄袭来:2002 年,雅虎欲收购谷歌未果;更让人难以接受的是,谷歌一步步的壮大可以说完全是雅虎"养大"的。

1. 第一次错失谷歌

早在 1997 年,谷歌还是其创始人 Larry Page 的一个叫作网络爬虫(BackRub)的小小的研究项目。当时,Larry Page 想以 100 万美元把它卖给雅虎,以继续自己的博士学业,然后当一名教授。为此,Larry Page 找到雅虎创始人杨致远与 David Filo,表达了自己想出售"BackRub"项目的意愿,但是雅虎方面并没有收购的意思。

1997 年拒绝收购"BackRub"项目,是雅虎错失谷歌的开始,也是谷歌向雅虎收费的开始。1998 年 9 月 7 日,Larry Page 和 Sergey Brin 在加利福尼亚以私有股份公司的形式创立了 Google 公司。此时的 Google 只有一项唯一的服务——搜索引擎。

而 2000 年雅虎的市值就已经达到 1 280 亿美元,但此时雅虎只有 6 个人做搜索业务。为了拓展搜索业务,雅虎决定与谷歌合作,雅虎付钱给谷歌,谷歌为雅虎提供搜索服务。在雅虎和谷歌达成这个合作意向之前,谷歌的销售负责人 Cindy McCaffrey 打电话给雅虎的业务人员,希望雅虎创始人 David Filo 和杨致远到谷歌露个面,发表一个讲话。然而,接电话的女士被上司告知,要坚定地拒绝 McCaffrey 的要求。雅虎又一次拒绝了谷歌。在这次拒绝后,谷歌走上了快速发展的轨道。

2000 年 9 月 12 日,雅虎又失去了收购谷歌的一次机会;这天,Google 开始为全球中文用户提供搜索服务,同时在搜索网站增加简体及繁体两种中文版本。

2. Semel 欲收购谷歌终退缩

其实在 2001 年,刚成为雅虎 CEO 的 Semel 也曾有机会收购谷歌。

当时 Semel 和 Larry Page 和 Sergey Brin 曾一起共进晚餐,餐桌上还讨论彼此公司合作的话题。Larry Page 和 Sergey Brin 称其公司价值已达到 10 亿美元,但还没有明确的营利计划,而 Semel 依旧对谷歌表现出浓厚的兴趣。不久,双方再一次见面,Larry Page 和 Sergey Brin 表示谷歌价值目前增至 30 亿美元,Semel 此时却打了退堂鼓:因为他认为谷歌的业务和之前并没有什么不同,为什么价值却上涨 3 倍呢?随即他便放弃了收购的想法。

然而就谷歌的发展势头和前景而言,一周内价值翻 3 倍实在算不了什么。Semel

又错过了一次绝好的机会。又或许谷歌已经有了自己的市场,根本就不会出售自己。自 1997 年雅虎拒绝收购"BackRub"项目开始,就已经失去收购谷歌的机会了。

3. 收购不成反守护

更为惊讶的是,雅虎于 2000 年竟然把搜索引擎业务外包给谷歌公司,这一外包业务每年的费用高达 720 万美元,同时雅虎还对外称赞谷歌是"互联网上最好用的搜索引擎"。而雅虎每年支付给谷歌的费用更是成为谷歌的第一笔资金。雅虎这一举动无异于是自断其臂而惠及他人。事实证明,在成为雅虎合作伙伴的第一天,谷歌的搜索流量就翻了两番,这对谷歌无疑是锦上添花的好事。谷歌也由此业务成功搭上了雅虎这一飞速列车。

但是,我们都知道,雅虎是以搜索起步获得成功的,结果竟放弃了继续对这一领域的研究,还将它交给了未来的竞争对手!不仅如此,在雅虎与谷歌合作的 4 年中,雅虎一直都在充当谷歌的守护者。2002 年,由于涉嫌专利问题,谷歌被 Overture 公司起诉,当时谷歌面临着节节失利的状况。而就在这时,雅虎向起诉谷歌的公司发出要约,决定收购 Overture 以解决谷歌专利侵占问题。若该公司拒绝被雅虎收购,雅虎就会加强与谷歌的合作,这一做法将使 Overture 股价下跌,结果就是雅虎用远低于它的实际价值把它买下来。最后,身不由己的 Overture 被迫与雅虎签订了屈服合约,同意以 16.3 亿美元卖给雅虎。收购之后雅虎立即将 Overture 所拥有专利的永久许可权给予谷歌,而谷歌为了"报答"雅虎这一举动将 270 万股谷歌股票支付给雅虎,约为谷歌公司股份的 1%。

直至 2004 年,雅虎才幡然醒悟,意识到搜索技术的重要性,便结束了和谷歌的合作协议,痛定思痛想要推出自己的搜索技术。可惜它醒悟得太晚,此时的谷歌已经将雅虎甩在身后,雅虎想要在搜索引擎上做出显著成就已然不可能了(见附录 2 2006 年谷歌与雅虎财务指标对比)。

(四)雪上加霜,步履艰难

然而,降临在雅虎身上的厄运并没有消散。在 2006 年,又一次巨大的机会摆在了雅虎的面前——脸书。2006 年的脸书正处于初创阶段,雅虎认为其有巨大的发展前途,Semel 欲以 10 亿美元收购脸书。但脸书的创始人 Mark Elliot Zuckerberg 认为公司的价值不止于此,而且他也从来没有想过要把脸书卖出去。

而 Semel 却不甘放弃,他想要从脸书内部寻找机会,并同时向外界宣布他要收购脸书的决心。这种双管齐下的方式确实给脸书带来了影响。就在这关键时刻,脸书却做出了向外界开放注册的决定,而且还推出了动态新闻的功能。但是这项决定却引发了广大用户的强烈抵制,Semel借此机会乘人之危又将收购价格降到了8.5亿美元。这一举措使得脸书难掩气愤,果断拒绝了雅虎。

错过了谷歌与脸书的雅虎在这一时期为了维持可观的利润,开始以低于市价的价格变卖谷歌的股票。或许它不知道这些股票在日后是一笔多么巨大的财富(见附录3 Semel在位期间,雅虎与谷歌股价走势图)。

三、"花"有终落时

(一)"一意孤行"的雅虎

1. 死守阵地的杨致远

在接连做出一系列失误的战略决策后,特别是随着雅虎与谷歌之间的差距日益增大,雅虎股东已经开始对Semel不满,认为他现有的能力已无法再带领雅虎走下去,于是顶着巨大压力的Semel于2007年6月辞去雅虎CEO一职。而新任雅虎CEO的是该公司的创始人之一——杨致远。为了雅虎的发展,这位创始人重新出山。

Semel认为杨致远是非常具有远见的人才,由他来担任雅虎新任CEO再适合不过。Semel在评价Sue Decker时则说,Decker作为雅虎的老牌员工,在执行雅虎的战略决策时起到了很大的作用。Semel对于杨致远和Sue Decker的组合很有信心。然而,被Semel高度赞扬的杨致远真的有"魔力"使雅虎重整旗鼓吗?

在"泥泞"中艰难前行的雅虎急需一位战略合作伙伴来对抗谷歌在搜索和在线广告市场的垄断地位。这时,也确实有这么一位合作伙伴出现。然而由于杨致远的坚持,导致本应是"天作之合"的并购没了音讯:2008年2月,微软CEO Steve Ballmer认为雅虎在搜索引擎方向有着巨大的前景,想要以合理的价格收购雅虎。杨致远却以估值过低的理由拒绝了收购请求;他还提到雅虎对自己的重要性,不想就这么卖掉它。然而这一举动再次换来了雅虎股东的强烈不满,杨致远也成为他们口诛笔伐的对象。

持有100万股雅虎股票的股东、Firsthand资本管理公司的首席投资官Kevin Landis就表示:"如果我们处于牛市之中,那么我当然也希望雅虎继续等待更高的收购报价,甚至是让雅虎的股价达到每股40美元至50美元。但是,事实上我们目前并未处于牛市,以微软的出价每股30美元或40美元,完全可以收购多家非常优秀的科技公司,因此,我希望这一交易能够达成。"

2008年这一年对雅虎来说就是一场灾难。年初,雅虎的市值为340亿美元,年底跌到了175亿美元,从微软提出收购的那一周到12月,雅虎缩水了55%。几乎在2008年整个上半年,雅虎都可以446亿美元的价钱卖掉公司,甚至一度可以卖得更高。然而由于杨致远的错误决策,雅虎又一次错失良机。

在雅虎股价的大幅回落(见附录4 杨致远在位期间,雅虎股价走势图)以及股东的巨大压力下,杨致远于2009年宣布辞职。

2. 千疮百孔的"病虎"遭抛弃

已是千疮百孔的雅虎又迎来了下一任CEO：Carol Bartz。

2005年8月,雅虎花费10亿美元和中国雅虎这两项资产高价投资阿里巴巴,换取后者约40%的股权。这项成功的投资给雅虎带来了巨大的回报,同时也成为雅虎重要的盈利来源。可以说,是阿里巴巴的股份使雅虎撑到2016年才被收购。

我们可以看几个数据：仅在2008年一年的时间里,雅虎净利润4.24亿美元,而来自阿里巴巴的净利润已经高达4.01亿美元[①]。可以说,后期的雅虎完全在依靠阿里巴巴的股份生存着。而就是靠着阿里巴巴股份生存的雅虎,竟在Carol Bartz任职期间与阿里巴巴搞砸了关系。可想而知,原本就步履维艰的雅虎更是在夹缝中生存。

2009年3月,Bartz和马云在雅虎总部第一次见面,经过杨致远的互相介绍,两人开始交谈中国雅虎的经营状态。然而,Bartz因不满马云对中国雅虎的运作情况,面对阿里巴巴整个高管团队,她严厉斥责马云没有把中国雅虎做好。尽管如此,马云并没有在意这件事情,他还霸气地回应道：他认为雅虎对于阿里巴巴确实是一个可有可无的存在,阿里巴巴现在根本不缺少投资,作为股东的雅虎可以自行选择去留。然而,事态却愈演愈烈……

2009年9月,当阿里巴巴集团忙于庆贺十周年的时候,雅虎出人意料地抛售了阿里巴巴1%的股权,套现约达1.5亿美元,以缓解雅虎的经营困境。

2010年5月阿里巴巴股东大会上,阿里巴巴CFO蔡崇信讲道："对于雅虎抛售阿里巴巴股票的做法无可厚非,同时阿里巴巴非常愿意回收其所持有的全部阿里巴巴

---

① 数据来源于雅虎年报。

的股份,若是雅虎同意的话。我们并不缺钱。"

2010年9月,雅虎香港总经理蔡宝德表示,雅虎目前正在考虑吸引大陆用户,进军大陆业务。这一举动似乎在暗示着雅虎要与阿里巴巴分庭抗礼,火药味儿渐渐开始弥漫……对此,阿里巴巴也积极回应道:"就争抢中国客户方面来说,若雅虎想要和阿里巴巴竞争,我们将根据该举动及其隐含的意图重新评估与雅虎的合作关系。"这回应无处不透露着阿里巴巴随时要中断与雅虎的一切合作事宜的打算。而时任阿里巴巴CEO的卫哲气愤不已:"雅虎这一举动简直就是以卵击石!它已经不再拥有搜索引擎技术,已不复当年风光,而我们阿里巴巴也不再需要它了。"卫哲还把雅虎和阿里巴巴的关系,比作一对即将分别的爷孙:"爷爷已经够老了,而且它终归是要死的。"两方互以激烈的言辞表达对对方的不满——这是阿里巴巴首次公开表达对其最大股东的嫌弃。

由于搞砸了与阿里巴巴的关系,2011年9月初,Bartz被雅虎董事长亲自解雇。

(二)一代雅虎终落幕

已经苟延残喘的雅虎依然不放弃继续寻求新的CEO,抱着一种不服输的态度,以期可以找到拯救其命运的传奇人物。既然创始人杨致远不行,硅谷女王Bartz也不行,那就找竞争对手——谷歌,去那里挖人来继续雅虎的复兴之路。

于是,雅虎找到了谷歌的元老和第一名女工程师——Marissa Mayer。Mayer作为谷歌负责搜索产品和用户体验的副总裁,被视为谷歌的公共形象代言人。

Meyer上任后的变革,让雅虎确实有了些许改观的迹象。一些长期亏损的业务被Meyer剥离了出去,她还裁员15%以改善雅虎的成本结构。Meyer堪称是最重视科研创新的雅虎CEO之一。在把雅虎重新定位为一家科技公司后,她主导了对52家公司的共计超过20亿美元的收购。雅虎的股价在Meyer一系列的措施后有所攀升,并在最高时超过了50美元/股。但这一涨势在2015年后急转直下,雅虎股价一度重新低于30美元/股(见附录5 Meyer在位期间,雅虎股价走势图)。雅虎重金收购的许多资产,都遭到了不同程度的贬值,比如2013年雅虎以10亿美元收购的Tumblr公司,其价值就被减记至3亿美元。

Meyer与时任雅虎CFO的Morse之间还发生了不可化解的矛盾。致力于谨慎削减开支的Morse,其工作方式和理念与Meyer完全不同。比如说,Meyer会给员工发放免费的苹果手机以及提供免费的食物,但这些措施对于当时的雅虎来说,只是加速雅虎的衰落罢了。除此之外,Meyer还要每年举行聚会,但这与雅虎历年在12月举办的节俭聚会时间冲突。于是她改变了雅虎聚会的时间,同时还将聚会地点改到了花费更加昂贵的旧金山,聚会费用也由10万美元涨到300万美元。

最重要的是,Meyer对于雅虎困境所采取的措施是一些毫无价值的收购计划。根据有关数据显示,在2012年一年的时间里,就收购方面雅虎已经消耗23亿美元,总计53家公司。而这53家公司被收购后就被雅虎搁置一旁,不再关注,导致这53家公司在任何方面都无所成就。Meyer大手大脚的作风和Morse谨慎节俭的个性产生了巨大的分歧,尤其是在收购方面,最终导致Morse辞职离开雅虎。

CFO Morse作为雅虎的一名尽职尽责的老员工,工作能力与其职位相匹配。但是,现实却是不管Morse是否准备辞职,不管Meyer如何经营管理,当时的雅虎已经早早被互联网巨头第一集团军甩出"决胜圈",再无奇迹般反超现象的出现(见附录6雅虎与谷歌营业利润、净利润对比图)。

(三)屋漏偏逢连夜雨,雅虎祸不单行

2016年7月威瑞森原定以48.3亿美元收购雅虎,最终却以44.8亿美元于2017年6月13日完成收购。发生了什么导致收购雅虎的价格一低再低?

2016年9月,雅虎公司称黑客于2013年8月盗走其至少5亿用户的账户信息。当年还发生一起诉讼:纽约一名用户向法庭提交诉状,指控雅虎公司由于忽略安全问题导致个人信息泄露。同时这位原告打算联合其他与他有相同遭遇的用户向雅虎公司提出集体诉讼。他希望法庭能够支持他的诉求,要求雅虎作出赔偿。同时要求雅虎公司采取适当措施,识别和保护受侵害账户。

当年12月,雅虎又表示,被盗账户数量约10亿个。该消息发出后,雅虎公司立刻被受害用户告上法庭,指责雅虎公司身为互联网公司并没有能够保护客户资料以及数据安全性的能力,数据安全方面存在很大的漏洞。当年12月,陪审团合并了5起同类型的集体诉讼,原告方声称其代表电子邮件、密码以及其他敏感信息被泄露的账户持有人。雅虎曾试图不理会这些诉讼,称受害者没有法律资格提起法律诉讼。不过美国地方法院的法官驳回了雅虎的诉求,并给予了原告方修改诉状的机会,认为除了丢失有价值的个人身份信息之外,所有原告均面临潜在的身份盗窃威胁。

而据2017年10月3日发布的信息,雅虎公司证实,其所有30亿个用户账号应该都受到了黑客攻击的影响。雅虎因账户被盗事件面临至少41个联邦或地方法庭的诉讼,失窃账户数量增加将导致诉讼数量的增加。

美国证监会于 2016 年 12 月对雅虎进行调查,并提交了相关文件及请求。调查主要围绕雅虎向投资者披露公司的网络攻击事件是否符合美国证券民事法律规定。根据美国证监会要求,一旦公司的网络安全风险将对投资者产生影响,那么应该立即向投资者进行披露。此次调查是首次探究上市公司是否应该披露公司被黑客攻击信息。

四、尾声

曾经的互联网巨头,如今却惨淡落幕,这样的结局让我们唏嘘不已。

俗话说得好:打江山难,守江山更难。雅虎的成立是两个大学生在一间小屋里日夜钻研出的成果。难吗?难!但更难的是成立之后如何去发展,如何去稳定,如何在千千万万家公司中脱颖而出……显然,雅虎并没有做到这点,一系列失误的战略决策将雅虎一步一步带入深渊,越痛苦挣扎,越深陷其中,历任 CEO 的努力如同填进了永远看不见底的深井。

一家公司的决策者,究竟该如何正确做出决策?陷入沉思的,不仅仅是雅虎,还有数以万计的公司……

五、问题讨论

(1) 面对时代华纳和美国在线的合并,CEO Koogle 说服了总裁 Jeffrey Mallett 和创始人杨致远;面对 eBay 的收购,总裁 Jeffrey Mallett 联合创始人杨致远和 David Filo 一起说服了 CEO Koogle:决策都是以一种劝说的方式形成的。这种劝说式决策有什么问题存在吗?

(2) 2001 年雅虎高层纷纷离职的主要原因是什么?在离职的背后,雅虎暗藏着哪些治理问题?

(3) Semel 任职雅虎 CEO 期间,接连错过谷歌与脸书的收购的原因有哪些?

(4) 面对雅虎岌岌可危的状况,Meyer 的一系列战略决策与其个人作风适用于当时的雅虎吗?

(5) 讨论雅虎高层的频繁更换对公司的治理和战略决策方面有哪些影响。

附录1 2001—2002年雅虎季度财务相关数据

科目	March 31, 2002	June 30, 2002	September 30, 2002	December 31, 2002	March 31, 2001	June 30, 2001	September 30, 2001	December 31, 2001
Net revenues	$192 665	$225 792	$248 823	$285 787	$180 215	$182 165	$166 131	$188 911
Net income (loss) before cumulative effect of accounting change	$10 475	$21 394	$28 857	$46 209	—$11 486	—$48 524	—$24 119	—$8 659
Cumulative effect of accounting change	—$64 120	—	—	—	—	—	—	—
Net income (loss)	($53 645)	$21 394	$28 857	$46 209	($11 486)	($48 524)	($24 119)	($8 659)
Net income (loss) per share before cumulative effect of accounting change-basic	$0.02	$0.04	$0.05	$0.08	($0.02)	($0.09)	($0.04)	($0.02)
Cumulative effect of accounting change per share-basic	—0.11	—	—	—	—	—	—	—
Net income (loss) per share-basic	($0.09)	$0.04	$0.05	$0.08	($0.02)	($0.09)	($0.04)	($0.02)
Net income (loss) per share before cumulative effect of accounting change-diluted	($0.02)	$0.03	$0.05	$0.08	($0.02)	($0.09)	($0.04)	($0.02)
Net income (loss) per share-diluted	—0.11	—	—	—	—	—	—	—
Net income (loss) per share-diluted	($0.09)	$0.03	$0.05	$0.08	($0.02)	($0.09)	($0.04)	($0.02)

资料来源：根据雅虎年报数据整理

附录2 2006年谷歌与雅虎财务指标对比

截至2006年,谷歌与雅虎各自的营收与盈利情况如下:

公司	总收入 (百万美元)	毛利率 (%)	营业收入 (百万美元)	营业利润率 (%)	净利润 (百万美元)	每股收益 (美元)
谷歌	10 605	60.20	3 550	33.50	3 077	4.97
雅虎	6 426	58.40	941	14.60	751	0.52

资料来源:根据公开资料整理

附录3 Semel在位期间,雅虎与谷歌股价走势图

雅虎股价走势图

谷歌股价走势图

资料来源:雪球网

附录4　杨致远在位期间，雅虎股价走势图

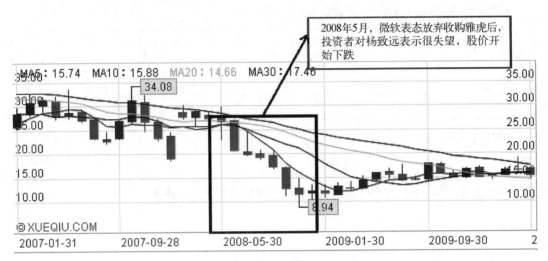

资料来源：雪球网

附录5　Meyer在位期间，雅虎股价走势图

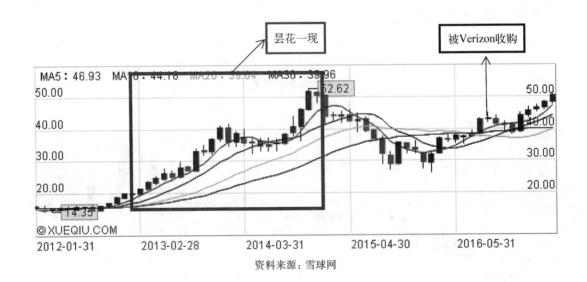

资料来源：雪球网

附录6 雅虎与谷歌营业利润、净利润对比图

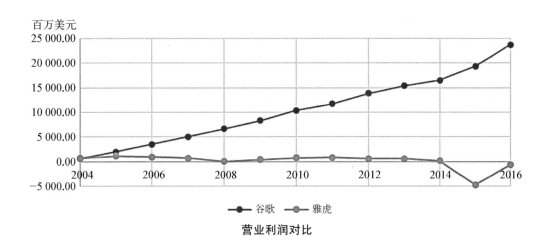

营业利润对比

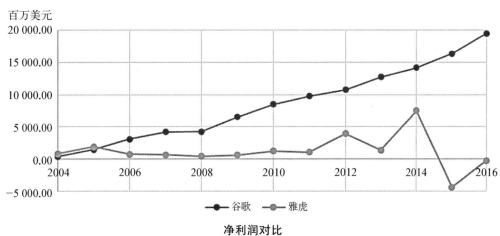

净利润对比

资料来源：根据公开资料整理

（执笔人：冯尧；指导老师：李寿喜）

吊诡的非经常性损益
——基于新都酒店的案例研究

适用课程： 财务管理理论与实务

编写目的： 本案例希望丰富学生在盈余管理方面的相关知识，从而对我国部分上市公司实行此行为以求不被资本市场淘汰的情况进行了解；帮助学生掌握盈余管理的动机及其操作方式，启发学生从委托代理问题、盈余管理理论的视角揭示上市公司进行盈余管理的操作手段以及监管机构中介机构在其中扮演的角色。

知 识 点： 关联交易　盈余管理　退市监管机制

关 键 词： 关联交易　非经常性损益　盈余管理

案例摘要： 新都酒店在2013年度、2014年度连续两个会计年度的财务报告均被出具无法表示意见的审计报告后，2015年5月21日，收到了深交所勒令退市的噩耗。在恢复上市之路上蹒跚行走两年后，因非经常性损益项目的确认存在争议，导致业绩表现仍旧不尽如人意，没有满足预定要求，所以，2017年5月17日深交所决定依法终止新都酒店的股票上市。至此，新都酒店成为当年被证监会勒令退市第一股。本案例以该事件为主线，基于新都酒店的经营状况及深交所对上市公司的利润要求，对新都酒店盈余管理的操纵手段和中介机构的行为进行讨论，由此引导学生对我国上市公司盈余管理以及退市监管制度的深度思考。

2013年立信会计师事务所（以下称为"立信"）对深圳新都酒店股份有限公司（以下称为"新都酒店"）的财务报告进行了审计。在详细而又周密的审计工作之后，2014年4月28日，年报公布的倒数第二天，一份"无法表示意见"的审计报告给了新都酒店当头一棒。基于此，深交所也立即做出反应，按照《深圳证券交易所股票上市规则》的相关规定，对新都酒店发出"退市风险警示",以此警示投资者高度关注投资风险。但新都酒店没有对此做出相应调整,因此在第二个会计年度,立信出具的审计意见也未有任何变化。受此影响,在 2015 年 5 月 21 日,公司股票的上市之路戛然而止。接下来的两年中,新都酒店仍旧没有做出实质性改变,调整后的业绩让众位投资者和证交所大失所望。在这种情况下,深交所只能提前结束了新都酒店的上市之路,最终在 2017 年 5 月 17 日,发出了终止上市的公告。新都酒店作为一家在 A 股市场驰骋多年的老牌公司,在连续两年拿出不尽如人意的审计报告被深交所警示后,试图利用非经常性损益项目对公司利润进行盈余管理,期望达到重新上市的目的,然而最终还是难以逃脱退市的命运。那么在此事件中,除了国家对资本市场监管力度逐渐增大以外,是否还有其他隐藏的原因?本案例将带着这些疑问去深入思考新都酒店的盈余管理及被迫退市之路。

一、公司简介

1984 年 1 月,在中国第一次创业热潮和深圳经济改革的刺激下,深圳新都酒店股份有限公司诞生了。变革之前,它是一家中外合资公司。在历经 10 年的艰苦经营之后,新都酒店发行公众股 3 500 万股,职工股 700 万股,华丽变身,改换了公司性质。1994 年 1 月 3 日,为了实现长足发展打造酒店业领头者的宏伟目标,新都酒店正式上市,开启了资本市场的博弈之旅,经营范围也在不断向上下游延伸扩大。

新都酒店内部装修豪华大气,不仅设有多个特色鲜明的宴会厅,而且致力于向顾客提供最高标准的服务。其一度成为深圳地区酒店业的领军企业,也是当地唯一一家上市的酒店。其股权结构如图 1 所示。

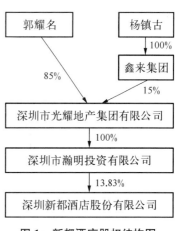

图 1 新都酒店股权结构图

从近几年的发展来看,新都酒店的竞争实力的确不尽如人意,在当今社会高星级酒店呈现井喷的状态,随着硬件、软件的逐渐老化,它的竞争力大不如前,也没有占据地理优势,取得较好的业绩。再加上全球经济萧条的影响,使得酒店经营状况每况愈下。2000 年以后,新都酒店的业绩便开始走下坡路,扣除非经常性损益后的净利润在 2006—2014 年间持续为负。2011 年,对进军资本市场翘首企足多年的光耀地产决定倚靠新都酒店来实现自己的梦想,之后短短 3

年,斥资 10 亿元,向新都酒店源源不断地"输血"。付出如此大的投资的光耀地产,本想以此作为其借壳上市的锦囊妙计,可谁知世事难料,新都酒店一场戏剧性的退市大戏就此拉开帷幕。

二、关联交易一波三折

新都酒店成为"2017 年中国 A 股退市第一股"还得追溯到 2013 年发生的一场关联交易。当时,惠州高尔夫球场有限公司(以下称为"惠州高尔夫")将旗下的一处球场(以下称为"高尔夫球场")转卖给了新都酒店。2013 年 6 月 26 日三方正式签订了《房屋转让协议》。此次交易协议的主要内容为:

第一,标的转让价款约为 1 亿元;

第二,自 2012 年 7 月 1 日起,新都酒店承接租赁合同,首年需支付 2 000 万元租金,此后的 10 年,按照每 3 年增加 10% 的比例支付;

第三,附有解除条款和回购条款,约定与承租方惠州怡海房地产开发有限公司(以下称为"惠州怡海")的租约失效时,新都酒店有权要求原出售方回购房产。

值得一提的是,惠州高尔夫的实际控制人是郭耀名,而他本人很多年前就成为新都酒店的掌舵人。我们再看承租方——惠州怡海,经过调查后发现郭耀名与惠州怡海的董事之一郭赞楼是兄弟关系。我们利用图 2 来展示此次交易关联方之间的关系:

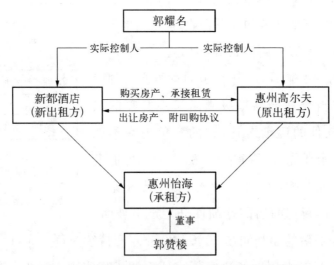

图 2 《房屋转让协议》中三方法律关系及控股关系

在查阅了新都酒店 2013 年的年报后,此次关联交易浮现出一些端倪。首先,高尔夫球场的租售比高达 20%,每 3 年租金还会额外增加 10 个百分点,而且一旦这个获利颇丰的租约失效,新都酒店有权要求原出售方回购房产,如此"诱人"的合约条款,难免让人怀疑此次交易有向上市公司输送利益之嫌。

表 1　新都酒店 2013 年利润表　　　　　单位:元

项　　　目	本 期 金 额
一、营业总收入	80 283 349.19
其中:营业收入	80 283 349.19
利息收入	
已赚保费	
手续费及佣金收入	
二、营业总成本	82 266 337.71
其中:营业成本	40 189 024.39
利息支出	
手续费及佣金支出	
退保金	
赔付支出净额	
提取保险合同准备金净额	
保单红利支出	
分保费用	
营业税金及附加	4 693 040.37
销售费用	3 679 066.00
管理费用	28 837 866.48
财务费用	17 301 478.58
资产减值损失	－12 434 138.11
加:公允价值变动收益(损失以"－"号填列)	
投资收益(损失以"－"号填列)	4 218 637.01
其中:对联营企业和合营企业的投资收益	
汇兑收益(损失以"－"号填列)	
三、营业利润(亏损以"－"号填列)	2 235 648.49
加:营业外收入	3 088 883.98
减:营业外支出	1 838 325.83

(续表)

项　　目	本 期 金 额
其中：非流动资产处置损失	914 573.15
四、利润总额（亏损总额以"—"号填列）	3 486 206.64
减：所得税费用	2 679 471.81
五、净利润（净亏损以"—"号填列）	3 486 206.64
其中：被合并方在合并前实现的净利润	
归属于母公司所有者的净利润	3 486 206.64
少数股东损益	
六、每股收益：	—
（一）基本每股收益	0.010 6
（二）稀释每股收益	0.010 6
七、其他综合收益	
八、综合收益总额	3 486 206.64
归属于母公司所有者的综合收益总额	3 486 206.64

如表1所示，从新都酒店2013年利润表可以看出，当年在收到高尔夫球场产生的1 000万元租金后，新都酒店的年度净利润也只有348.62万元。也就是说，要是当年没有投资这个房地产，就没有这1 000万元的租金入账，那么新都酒店在2013年的净利润就会变为负数，这也就解释了为什么当年深交所会发出"退市风险警示"。

按道理来说，如果承租方能够按期交租金，那么这场交易便能帮助新都酒店达到证券交易所的上市规定。但是，一切并没有想象中的顺利，这场交易从一开始就风波不断。惠州怡海仅在刚承租时如期支付了2013年下半年租金，之后便再也没有付过租金。2014年8月1日，惠州怡海未能履行租赁协议支付租金，逾期6个月后触发了租赁协议中的合同解除条款，同时触发了新都酒店与惠州高尔夫签订的回购条款。因此，交易三方又达成回购协议，回购价款约为1.1亿元。新都酒店于当年年底收到回购款600万元。由于触发了回购条款，新都酒店在2014年度对高尔夫球场项目按50%计提减值准备约5 200万元。

一波未平一波又起，2015年12月17日，由于"惠州高尔夫又无力履行回购协议"，回购被终止（如图3所示）。在几次三番的协调沟通之后，新的付款计划产生了，在本次计划中，2014年上半年的租金1 000万元由惠州高尔夫负责，下半年的650万元租金以及第二年1 300万元的租金则全部交予惠州怡海承担，并且约定所有的付款必须在 2015 年年底前完成。

一拖再拖的租金肯定没有这么容易收回，果然，重新签订的协议并未得到履行。就在 2015 年 12 月 17 日，也就是签订《租赁合同》的当天，新都酒店便与重整人泓睿天阗签订了《资产转让协议》，约定以 1.4 亿元的价格将惠州高尔夫房产转让给泓睿天阗。这个价格由三部分组成，第一部分是协议转让中的房屋价，这一资产的价格大约为 1 亿元；第二部分是代付扣除 600 万元回购款后，剩余的 2014 年前半年租金 400 万元；最后一部分是代为支付的 2014 年后半年及第二年的租金，分别为 650 万元和 1 300 万元。

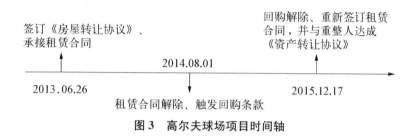

图 3　高尔夫球场项目时间轴

令人费解的是，早在 2015 年 9 月 15 日，法院就收到了新都酒店提交的破产重组申请。并且在 3 个月以后，也就是 12 月 15 日《重整计划》也被裁决批准。在这种情况下，重整人大可直接购买此资产，并代付"回购款"；或者也可以直接承接惠州高尔夫和惠州怡海的债权债务。为什么非要在 2015 年 12 月 17 日再签订一份《租赁合同》呢？新都酒店这么"多此一举"的理由又是什么呢？

三、租金收入争议不断

从新都酒店后面的处理来看，这个《租赁合同》可能就是为了合理地将 2014、2015 年高尔夫球场租金收入归为 2015 年新都酒店的营业收入，以此达到公司盈余管理的目的。接下来，让我们深入剖析新都酒店进行盈余管理的具体实施方案。

从新都酒店的角度来说，除了第一笔租金收入按时收回，后面的租金均被拖欠，而且又发生了回购事项，能否顺利收回 2014 年的 1 650 万元租金确实难以确定。因此新都酒店当时认为无法将其计入 2014 年的营业收入。但是随着 2015 年回购事项解除，以及三方新租赁协议的签订，重整人同意代付 2014 年度的租金 1 050 万元，重整协议中还约定新都酒店 2014 年收到的 600 万元"回购款"抵扣 2014 年租金。至此，新都酒店确定高尔夫球场 2014 年产生的租金在 2015 年可以完全收回。由于租赁业务属于新都酒店正常经营范围,所以将这笔租金计入了2015年度的营业收入。与此同时,新都酒店将重整人代为支付的在2015年实际发生、在2015年确认收回的2015年的租金收入也作为2015年营业收入计入经常性损益。对于2015年这笔租金的处理方式看起来并无不妥,但是2014年租金收入的会计处理是否合理值得商榷。

如果换一种会计处理方式,那么最终的结果就完全不同。若将2014年的1 650万的租金收入确认为2015年的营业收入,则在核算"扣除非经常性损益后的净利润"时无需将上述损益减除,即"扣非净利润"为正。反之,若将这1 650万元确认为非经常性损益,那么计算"扣除非经常性损益后的净利润"项目时则需要扣除这部分损益,将该笔收入扣除后"扣非净利润"为负,无法满足恢复上市对扣非净利润的要求。表2、表3、表4可以看出两种不同会计处理方式下的结果差异。

表2 新都酒店2015年非经常性损益相关数据

项目	总金额(元)	占净利润比重(%)
净利润	69 712 636.99	100%
扣除非经常性损益后的净利润	12 556 057.78	18.01%
非经常性损益	57 156 579.21	81.99%

表3 新都酒店2015年非经常性损益相关数据

项目	总金额(元)	占净利润比重(%)
净利润	69 712 636.99	100%
扣除非经常性损益后的净利润(包含高尔夫球场租金收入)	−1 039 942.22	−1.49%
非经常性损益(包含高尔夫球场租金收入)	70 752 579.21	101.49%

表4 关于2015年租金收入不同会计处理方式及其结果

项目 \ 结果	扣非净利润	是否满足证监会要求
经常性损益	正	是
非经常性损益	负	否

新都酒店的问题在于对于经常性损益和非经常性损益的区分太过模糊有歧义,那么我们再来看看相关的法规到底是如何区分的。根据《公开发行证券的公司信息披露解释性公告第1号——非经常性损益(2008)》(以下称为"非经常性损益(2008)")

的定义,一般来说与公司日常经营活动没有直接关联的可归类为非经常性损益,但是在对报表使用时可能产生误判公司经营绩效的特殊情况下,即便是与日常经营密切相关的,也可归入此类。

从我们日常的会计处理工作来看,由于营业外收入的偶发特性,其会被归类为非经常性损益。"非经常性损益(2008)"的公告中详细地列举了符合定义的多种情况,并且对一些极为特殊的情况也进行了补充和单独说明。在对这些条目研读之后,我们可以将非经常性损益的特点进行简单的概述。以下分为三点对非经常性损益进行解读:

第一,无关于公司正常经营业务;

第二,虽然有关于公司正常经营业务,但是发生概率极不频繁;

第三,从使用财务报告的人员角度考虑,如果不归入此类会造成不良影响,甚至影响最终分析结果。

由此可见,在对某项损益的性质进行判断时,要将分析的范围拓宽,把企业所有的活动均囊括在内。比如,以公司内某一业务为例,在分析它的发生是否属于日常经营活动的范畴时,可以将它与公司的投资、生产、筹资等活动都结合起来。这样的目的是全方位分析,避免漏掉某项业务导致判断出现偏差。从新都酒店自身来说,在投资了高尔夫球场内的地产之后,租赁业务已成为企业日常经营活动的一部分。这样看来,企业大额投资后续又从中获利的项目收入,将其视作经常性损益也并无任何不妥之处。通过之前的计算也可以看出,这1 650万元的租金收入可以直接影响新都酒店年度"扣非净利润"的正负,对于使用报表的人来说已经产生了实质性的影响,因此满足第三条的规定。那么,争议的焦点就在于这项租金收入的性质是否"特殊和具有偶发性",这也成为决定新都酒店的会计处理是否恰当的依据。

目前普遍认为,由于确认非经常性损益具体项目具有不确定性,所以凭此特性以达到盈余管理目的的行为可被定义为非经常性损益盈余管理。虽然可归为非经常性损益的项目难以人为控制,但是在账目处理时却很容易被操控,因此有一些上市公司会利用这个特点来达到企业盈余管理的目的。

四、中介机构阵前倒戈

在新都酒店恢复上市整个过程中,中介机构的角色举足轻重,可以说新都酒店最终的结局变成这样很大程度都是被中介机构影响的。中介机构的意见是基于上市公司的表现所提出的。那么,我们先来看看这几年来新都酒店的审计报告表现如何。

新都酒店从2013年起,连续两年的审计报告均是"不完美"的审计报告。立信之所以在2013年出具无法表示意见的审计报告,其主要原因有3个:

第一,涉嫌违规担保。在没有按照公司法相关规定和流程的情况下,新都酒店实际控制人郭耀名就对外提供大额担保。

第二,新都酒店关联方交易相关记录的合理性及完整性无法确定。

第三,无法判断是否还存在其他诉讼、担保情况。

在2014年的审计报告当中,立信表示新都酒店前一年暴露出违规担保、关联交易的问题依然存在。2014年,由于新都酒店对其重大资产——"高尔夫物业"计提了约5 200万元的减值准备,对违规担保预计负债约3.5亿元,对于这两项处理,会计师事务所没有取得合理有效的证据,据此,新都酒店当年又得到了一份无法表示意见的审计报告。

2015年5月21日,在接连两年都收到无法表示意见的审计报告后,新都酒店的股票被暂停上市。

根据证交所的规定,公司在暂停上市后的第二年,必须改善亏损问题,在净利润及扣除非经常性损益后的净利润均为正的前提下方可提出再次上市的请求。也就是说,新都酒店想要申请恢复上市,必须在2015年实现盈利,所以,2015年的年报及审计报告的结果至关重要。

基于重新上市的决定,新都酒店于2015年9月18日将委托方更换为天健会计师事务所(以下称为"天健")来完成自身审计任务。经过2015年度审计和其他相关部门的审核之后,天健发表了一份具有强调性事项的审计报告,其中指出新都酒店当年的财务状况以及达到重新上市的标准。2016年4月27日,新都酒店发布了2015年的年度报告,公布了公司当年的业绩。根据该年报,当年新都酒店的净利润与"扣非净利润"分别为6 971万元和1 256万元,净资产为962万元,营业收入为11 717万元。至此深交所定下的恢复上市的3个条件新都酒店均能够满足,见表5、表6。

表5 深圳证券交易所对于恢复上市的规定条件

深交所对于恢复上市的规定条件	经审计的净利润及扣除非经常性损益后的净利润均为正值
	经审计的期末净资产为正值
	经审计的营业收入不低于1 000万元

表6　新都酒店2015年财务报告数据与恢复上市条件适配情况

恢复上市财务指标要求	净利润为正	扣除非经常性损益后的净利润为正	期末净资产为正	营业收入不低于1 000万元
财务报告数据	6 971万元	1 256万元	962万元	11 717万元
是否满足要求	√	√	√	√

2016年5月初,新都酒店就回归股票市场事项提出了申请。同日,新都酒店恢复上市的保荐书也通过广发证券机构出具,认为该公司已经同重新上市的要求相吻合。并且,北京金杜律师事务所也认同广发证券机构的保荐书,并出具了法律意见书。

同月9日,深圳交易所对于新都酒店提出的诉求开始审理,并且在1个月内给予准确答复。次日,在受理恢复上市申请的第二天,深交所要求新都酒店针对疑问提供一些解释材料。其中要求回复的问题就包括高尔夫球场的减值处理及租金的会计处理问题。

2016年6月28日,新都酒店按期提交了由天健认定后的相关证明材料。该认定材料中,对惹出争议的租金收入进行了明确的划分。

从图4可以看到这份说明上不仅有天健的公章,还有会计师的签字。

图4　天健会计师事务所说明材料

2016年7月11日，根据流程，新都酒店开始接受深交所指派机构的调查，如果经过调查满足条件，那么就可以重新上市。

为了确保重新上市之路万无一失，新都酒店聘请事务所专项复核，给自己和各位投资者吃下一颗"定心丸"。同年12月15日，大信会计师事务所长沙分所的复核说明中认可了天健之前的租金收入划分方式。

就在所有人都以为有两家会计师事务所保驾护航的新都酒店可以顺利恢复上市之际，事情却出现了反转。2017年4月25日，天健湖南分所发函认为之前确认为经常性损益的租金确认方式有误，应该将其确认为非经常性损益。深交所在收到这份报告之后，立刻行动起来，严格审核新都酒店恢复上市移交的各项材料。

2017年4月28日，大信会计师事务所总所发出《通知函》（如图5所示），也推翻了之前长沙分所下的复核结论。

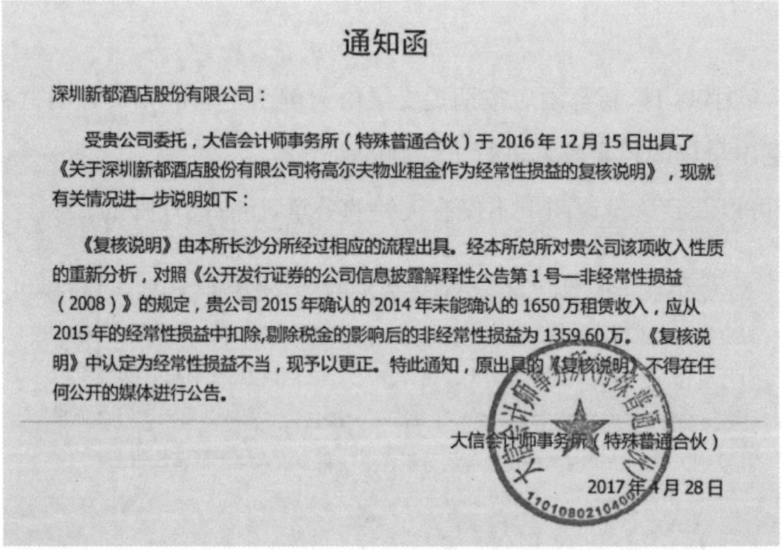

通知函

深圳新都酒店股份有限公司：

受贵公司委托，大信会计师事务所（特殊普通合伙）于2016年12月15日出具了《关于深圳新都酒店股份有限公司将高尔夫物业租金作为经常性损益的复核说明》，现就有关情况进一步说明如下：

《复核说明》由本所长沙分所经过相应的流程出具。经本所总所对贵公司该项收入性质的重新分析，对照《公开发行证券的公司信息披露解释性公告第1号—非经常性损益（2008）》的规定，贵公司2015年确认的2014年未能确认的1650万租赁收入，应从2015年的经常性损益中扣除，剔除税金的影响后的非经常性损益为1359.60万。《复核说明》中认定为经常性损益不当，现予以更正。特此通知，原出具的《复核说明》不得在任何公开的媒体进行公告。

大信会计师事务所（特殊普通合伙）
2017年4月28日

图5 大信会计师事务所通知函

没想到的是，广发证券让新都酒店的情况雪上加霜。他们在剔除税费影响和考虑了两家会计师事务所的结论之后，认为新都酒店存在大量与经营业务无直接相关的收支，虽然财务状况尚且良好，但在扣除了非经常性损益之后其净利润竟然达到负100多万元，这远远达不到重新上市的标准。

至此，3家中介机构全部倒戈，均对高尔夫物业2014年的租金收入项目进行了调整，直接导致新都酒店2015年财务指标与深交所的要求相去甚远。随后，新都酒店在其 2017 年 4 月 28 日的董事会决议中否定了天健湖南分所的询证函。在这场阵前倒戈的大战中很有意思的一点是，2017 年出具的《调整函》和《通知函》的签章主体与最初"打包票"的签章主体都略有不同（如表 7 所示），倒戈后的文件也均没有注册会计师为其签字，而且在整个过程中金杜律师事务所始终保持沉默。

表 7　审计机构倒戈前后出具文件名称及签章主体情况

	时　间	相　关　文　件	签　章　主　体
倒戈前	2016 年 4 月 25 日	《2015 年度审计报告》	天健会计师事务所总所
	2016 年 12 月 15 日	《深圳新都酒店股份有限公司高尔夫物业租金收入作为经常性损益的复核说明》	大信会计师事务所长沙分所
倒戈后	2017 年 4 月 25 日	《关于提请深圳新都酒店股份有限公司调整 2015 年度非经常性损益及相关信息披露的函》	天健会计师事务所湖南分所
	2017 年 4 月 28 日	《通知函》	大信会计师事务所总所

2017 年 5 月 16 日，深交所发文认可各中介机构的认定，由于"扣非净利润"不满足要求，终止了新都酒店的上市。至此，新都酒店的恢复上市之路画上了一个遗憾的句号。由于对一项业务的会计处理不当，在经过更换审计机构、聘请复核单位等一系列措施后，耗光力气的新都酒店仍旧被资本市场所淘汰。

五、退市闹剧落下帷幕

新都酒店的上市之路虽然在经历诸多坎坷后失败了，但是它的故事仍未结束。在这场"失算"的退市败局中，中介机构对结果的影响不言而喻。从早先信誓旦旦的担保，到后期的集体倒戈，让新都酒店一度成为 A 股市场的笑柄。对于这样的结局，怒火中烧的新都酒店显然难以接受。于是，在 2017 年 5 月 12 日，新都酒店一纸诉状，诉讼复核会计师事务所大信并且对审计事务所天健申请了民事仲裁，提出了大信归还其 12 万元的审计费用，以及天健赔偿其经济损失 300 余万元并且退还审计费 240 万元的要求。由于中介机构的行为给新都酒店及其股东造成极大损失，因此新都酒店要求法院判决两家机构在报纸上公开道歉。同时，新都酒店在要求广发证券登报致歉的基础上，要求其一并退还 200 万元的上市推荐费用加上违约金共 350 万元。除了怒告 3 家中介机构外，让人瞠目结舌的是，新都酒店于 2017 年 9 月 19 日一纸公文将深交所一并告上法庭！不仅如此,还希望深圳市中级人民法院能够撤销对其的《退市决定》。

在整场"上市—退市"的闹剧中,虽然新都酒店存在利用会计政策进行盈余管理的行为,但是除了新都酒店的会计处理存在一定的问题外,中介机构前后不一的做法也值得深思。由于中介机构的倒戈,导致一家老牌上市公司走上了被迫退市的道路,那么中介机构是否对此应该承担一定的责任呢？我们以往只是基于对投资者利益的保护,关注中介机构是否存在虚假陈述等情况而损害投资者的利益,并没有考虑到上市公司也可能受到侵害。另外,审计机构倒戈的文件至少存在两个问题：第一,更换了签章机构；第二,无法确定背书的注册会计师,抑或根本没有注册会计师对其背书。这导致倒戈文件的效力存在瑕疵。而在这种情况下,深交所直接认定了倒戈文件结论的行为就有待考究。

六、结语

走过20余年岁月的老牌酒店就此退市,新都酒店的经历难免让人唏嘘,与此同时,光耀地产借壳上市的美梦也就此破灭。监管紧缩让中介机构如履薄冰,在会计准则完全没有改变的情况下,几家中介机构不惜面临被市场"诟病"的下场和上市公司对其的诉讼、仲裁,仍然要更改其出具的意见以求自保。由于自己聘用的中介机构在关键时刻倒戈,导致走向退市的结局,让大家不由怀疑相关中介机构的"靠谱程度"。强制退市的制度、中介机构的角色冲突、上市公司的利润困境,最终演化为一场充满戏剧性的退市大戏,虽然这场大戏已经闭幕,但带给投资者、中介机构以及整个股票市场监管的思考还在继续。

七、问题讨论

(1) 结合新都酒店的案例,探讨审计机构、保荐机构以及证券交易所在此案例中应该承担怎样的责任。

(2) 从权责发生制的角度看,新都酒店的租金收入该如何进行会计处理？

(3) 上市公司进行盈余管理的手段有哪些？新都酒店的盈余管理是否侵害了二级市场投资者的利益？

(4) 防范上市公司非经常性损益盈余管理的对策有哪些？

参考文献

[1] 新都酒店.深圳新都酒店股份有限公司 2013 年度报告[EB/OL].(2014-04-28).http://pdf.dfcfw.com/pdf/H2_AN201404290005602024_1.pdf.

[2] 新都酒店.深圳新都酒店股份有限公司 2014 年年度报告[EB/OL].(2015-04-29).http://pdf.dfcfw.com/pdf/H2_AN201504290009435581_1.pdf.

[3] 新都酒店.深圳新都酒店股份有限公司 2015 年年度报告[EB/OL].(2016-04-25).http://pdf.dfcfw.com/pdf/H2_AN201604260014552456_1.pdf.

[4] 新都酒店.深圳新都酒店股份有限公司 2016 年年度报告[EB/OL].(2017-04-28).http://pdf.dfcfw.com/pdf/H2_AN201704280540131095_01.pdf.

[5] 证监会.公开发行证券的公司信息披露解释性公告第 1 号——非经常性损益(2008)[EB/OL].(2015-10-12).http://www.csrc.gov.cn/pub/newsite/flb/flfg/bmgf/xxpl/xxpljsgg/201510/t20151012_284963.html.

[6] 天健会计师事务所(特殊普通合伙)湖南分所.调整 2015 年度非经常性损益及相关信息披露的函.

[7] 大信会计师事务所.通知函.

[8] 中华人民共和国财政部.财政部关于注册会计师在审计报告上签名盖章有关问题的通知(财会[2001]103 号).

[9] 新都酒店.深圳新都酒店股份有限公司重大诉讼公告[EB/OL].(2015-04-21).http://quotes.money.163.com/f10/ggmx_000033_1734046.html.

(执笔人：范毓；指导老师：吕怀立)

爱康国宾私有化曲折退市之路

适用课程：财务管理理论与实务 企业并购

编写目的：良好的私有化退市制度是资本市场稳定、成熟的体现。但在实务中,高价值公司的私有化退市往往会引来别有用心的猎人们的垂涎。本案例聚焦我国赴美上市"体检第一股"爱康国宾私有化回归风波,通过梳理爱康国宾私有化的全过程,帮助学生理解企业私有化的目的和动因,认识私有化过程中将面临何种风险,以及更深入地理解特殊的反并购手段,如"毒丸计划""ROLLOVER(上翻式)股权设计"的作用机理和适用环节,进而拓宽学生对企业私有化战略抉择的研究和应用的理解。

知 识 点：企业私有化的动机和后果 反并购的手段、内容、运行机制

关 键 词：私有化 反并购 毒丸计划 白衣骑士 ROLLOVER股权设计

案例摘要：本案例以爱康国宾私有化退市进程中反击同行竞争对手的恶意兼并为主线,详细讨论了上市企业私有化的动机,在反兼并重组中如何使用反并购策略,以及私有化所带来的经济后果和公司治理结果。本案例认为,爱康国宾私有化的根本动因是中国资本市场能够为"龙头企业"带来够高的估值和流动性,纾解企业扩张阶段"融资难"等问题。但是私有化进程遭到同行竞争对手美年大健康的利用,对方同样组成买方团公开要约收购爱康国宾股票。为此爱康国宾先后使出毒丸计划和白衣骑士战略引入新的投资者参与竞价。最终,在阿里云峰基金入局之后,张黎刚和美年大健康先后撤回要约,云峰基金成为唯一买家买下爱康国宾。

退市制度是完善资本市场的必要组成部分。通常,大多数退市案例都是上市企业严重违反了监管规定和法律法规,或是盈利能力连续不达底线标准而"被迫退市"。

但也有少部分企业会在健康经营的途中,出于战略决策的考量,通过买回自己发行在外的流通股,将企业由公众公司变回私人公司而使得自身"被除牌"以完成退市,此种方式即是"私有化退市"。

2015年8月,国内赴美上市的"体检第一股"爱康国宾健康管理(集团)有限公司(iKang Healthcare Group,Inc.,以下称为"爱康国宾"),宣布从纳斯达克私有化退市,并开始组建特殊委员会,审议公司创始人张黎刚连同方源资本提出的35.6美元/股私有化要约方案。自2011年中概股在美遭到美资方狙击后,逐渐恶劣的资本环境使得越来越多曾经赴美上市的中国企业踏上了重返A股的道路。表面上,爱康国宾的退市私有化似乎并不值得吸引媒体的目光,但是谁又能想到,爱康国宾最大的竞争对手,同年借壳江苏三友在中小板上市的美年大健康成了半途杀出的"程咬金",报出44美元/股高溢价,并全部以现金支付的方式通过二级市场全面要约收购爱康国宾:超过800亿元规模的中国体检市场,正上演着两大民营体检巨头二进一的生死对决!面对美年大健康来势汹汹的鲸吞之势,爱康国宾的管理层和创始人张黎刚该如何应对才能平稳退市?资本市场也期待着,远在海外的中国企业,又能祭出何种良方以应对国内同行的恶意并购呢?

一、爱康国宾简介

爱康国宾前身是2004年创立的爱康网。2007年,创始人张黎刚顺应线上联合线下的互联网发展思路,与当时中国领先的健康体检机构上海国宾体检合并,成立了爱康国宾健康管理集团。之后,借助多伦风险投资和外部融资,爱康国宾开始在全国范围内布局自己的健康体检中心,先后成立了爱康国宾、爱康君安、爱康齿科、爱康健维四大品牌。2011年,爱康健康管理集团(当前的上市公司)在开曼群岛注册成立,2014年3月通过股权转让完成了对爱康国宾健康管理集团的收购,并于2014年4月登陆纳斯达克,成为国内体检行业第一家上市公司。其主要参股结构如图1所示,公司第一大股东是创始人张黎刚(13.6%),第二大股东是联合创始人何伯权(12.5%),两人都是公司董事。

爱康国宾的主要业务是依托旗下自有的健康医疗体检中心,以及有合作协议的第三方医疗机构(主要是各类医院)为个人客户和公司团体客户提供基于体检的一系列个性化、定制化的个人健康管理服务,同时为保险公司和医疗机构提供第三方健康管理服务以及客户关系管理解决方案,2015—2017财年公司分别实现营业收入37 081万、43 571万、56 393万美元。

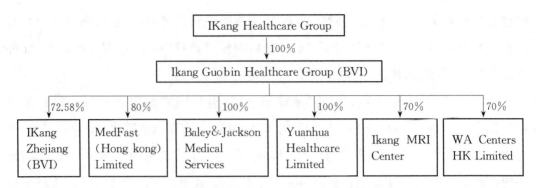

图 1　爱康健康管理集团主要参控股结构

截至2018年3月,爱康国宾共有超过110家自有体检中心,大约41 100家企业客户,每年为超过650万国人提供相关体检和健康管理服务。从线上转到线下后,爱康国宾又推出了体检宝、爱康APP,进入移动医疗领域;再引入IBM的认知计算解决方案、大数据云、图像识别等人工智能技术,探索"人工智能+医疗"发展方向,逐步成长为平台式的医疗服务提供商。

二、爱康国宾私有化始末

(一)私有化背景

民营体检行业是一个飞速发展的新兴市场。依据《中国卫生和计划生育统计年鉴》的数据显示,2017年全国体检人数增长到4.56亿人次,约占全国人口的1/3。而在2009年,中国大约只有2.3亿人参加过体检。驱动体检人次增长的背后因素主要有二:我国人口老龄化不可逆的发展态势和国家鼓励民间资本进入医疗行业。一方面老龄化人口的比例持续攀升,预计到2020年老龄人口比重将高达17.71%,另一方面,政府鼓励民营资本进入医疗领域。自2009年以来国务院连续出台了一系列指导意见:《中共中央国务院关于深化医药卫生体制改革的意见》《国务院关于鼓励和引导民间投资健康发展的若干意见》《关于进一步鼓励和引导社会资本举办医疗机构的意见》《关于促进健康服务业发展的若干意见》等政策法规。

现阶段我国体检行业的特征是以公立医院为代表的各类医疗机构居于主导地位,民营专业体检机构处于补充地位,市场占有率较低。但是在上述两要素刺激下,2015年我国健康体检市场规模为940亿元,2016年增长到1 120亿元,年复合增长率为25%;从收入规模来看,民营体检占全国市场份额大约为20%,达到200亿元;从服务人数规模来看,民营体检占全国市场份额大约10%,服务超4 000万人,过去5年间市场份额增长了近4倍。综合而言,民营体检力量的发展速度远高于公立医疗机构。而由于我国医疗体制的固有限制,公立医院缺乏动力推动体检业务的发展,因此可预见的未来必然是民营体检替代部分公立医疗机构,逐步成为我国健康体检行业的主要力量,如图2所示。

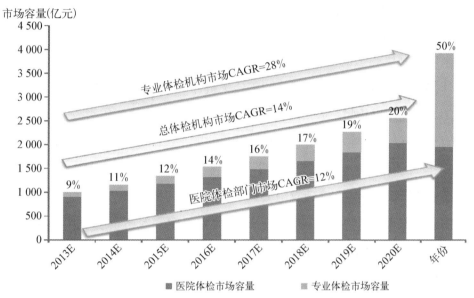

图2 专业体检机构 vs.公立医疗机构①

在这样一个行业,决定企业发展速度的就是融资能力、并购整合能力,谁能更高效地消化公立医疗让出的市场份额,谁就能成为未来行业的龙头企业。所以,持续地融资,开立新的体检门店,跑马圈地抢占一、二、三、四线城市,这几乎是当前所有民营体检企业共通的发展模式。在这一模式下,融资的成功与否可以说是企业能否发展的生命线。曾经民营体检三巨头之一的慈铭体检就是因为连续多年冲击IPO失败,融资能力下滑,最后被扩充资本能力更强的美年大健康所兼并。此番行业背景下,2015年上半年之前的那段时间,回到融资能力更强、能给予企业更高估值的A股市场,可以说是爱康国宾自然而然的战略选择。此外,美国市场高昂的审计、律师、顾问费用,严格的披露和监管要求,以及来自美方做空机构甚至中小股东集体诉讼的压力都可能是促使中概股回归的驱动因素。

---

① 李敬雷.健康体检业,孕育千亿机会[EB/OL].(2015-05-14). http://stock.stockstar.com/JC2015051400001581.shtml.

2015年8月,爱康国宾董事会主席、公司创始人张黎刚宣布开启公司私有化进程。张黎刚及其关联实体,联合 FV 投资控股有限公司(FV Investment Holdings)一同组成了买方团,向董事会提交了一份不具约束力的要约方案,张黎刚和他的买方团提议全部以现金的方式,以 17.80 美元/ADS 或 35.60 美元/股的价格收购爱康所有已发行的 A 类普通股。同年 9 月,爱康国宾联合 J. P. Morgan Securities 和 Simpson Thacher & Bartlett,成立了一个特别委员会(由 3 名独立董事出任),专门审议拟议的私有化交易。

(二)半路杀出的"程咬金"

本来应该顺风顺水的爱康国宾私有化进程,却遭到了同行强有力的阻击。2015 年 8 月,同为中国体检龙头企业之一的美年大健康,为了并购慈铭体检,借壳江苏三友成功在 A 股上市。刚刚尝到资本并购带来快速扩张甜头的美年大健康,听闻另一有力竞争对手爱康国宾主动发起私有化进程之后,立即毫不犹豫地加入了竞价行列;2015 年 11 月底,美年大健康联合平安德成投资有限公司、太平国发(苏州)资本管理有限公司、华泰瑞联基金管理有限公司、北京红杉坤德投资管理中心(有限合伙)和凯辉私募股权投资基金等公司组建买方团,向爱康国宾董事会提交了一份不具约束力的要约方案,买方团提议全部以现金方式,22 美元/ADS 或 44 美元/股的价格收购爱康国宾所有已发行的 A 类普通股。这一报价比张黎刚的方案溢价 23%,对于中小股东具有更强的吸引力。因此,如果张黎刚方不采取措施,美年大健康极有可能在吞并了慈铭体检之后又继续吞并爱康国宾,真正实现垄断全国市场的壮举。

(三)反并购的毒丸计划

2015 年 12 月 2 日,为了防止美年大健康通过二级市场兼并掉私有化进程中的爱康国宾,张黎刚主导董事会通过了《爱康健康医疗集团股份有限公司采取股东权益计划》,也就是资本市场上迄今为止最有效的反向重组策略——律师马丁·利普顿(Martin Lipton)发明的毒丸计划(poison pill)。

毒丸计划实际是一种买方期权或认股权证。此种股东权利由董事会决议通过即可施行[①]。一项标准的毒丸计划有 4 个基本层面的设计:认股权的发放;激活条件的确认;行权条件以及"毒丸"如何赎回。为了应对美年大健康的收购,如表 1 所示,爱康国宾的毒丸计划大致为:

(1)如果爱康国宾发布公告表明有机构或个人获 10%及以上的股份,或任何机构

---

① 根据美国特拉华公司法,股票认购权的发行不需要通过股东大会表决,只需要董事会同意即可。

获得超过 50% 的股份,爱康国宾的毒丸计划就会启动。

(2) 如果任何机构或个人准备实行要约收购,以获取超过 10% 的股份,毒丸计划也会启动。

(3) 毒丸计划启动,则每个爱康国宾已发行在外的普通股会获得一份相应的认股权,每份认股权的持有人有权以 80 美元的价格购买一份 A 类普通股。爱康国宾的一份 ADS 为 0.5 股普通股,所以每 ADS 认购价为 40 美元。

(4) 一旦启动,每份认股权(但不包括收购人获得的认股权)将可以以 80 美元价格购买 2 倍价格的普通股。即认股权证持有人可以花 80 美元买到实际价值为 160 美元的股票。

表 1 爱康国宾毒丸计划

毒丸计划简况	
触 发 条 件	触 发 效 果
有机构或个人已获爱康国宾≥10%股份,或任何机构获得>50%股份	爱康国宾发行在外每一普通股股东自动获得一份认股权
任何机构或个人准备通过要约收购获得爱康国宾>10%的股份	每份认股权(但不包括收购人获得的认股权)将可以以 80 美元价格购买 2 倍价格的普通股

显然,只要美年大健康实施其要约方案,就必然会触发爱康国宾的毒丸计划,而美年大健康为了避免被毒丸计划所伤,不仅要收购爱康国宾已发行在外的全部 A 类普通股或 ADS,还要收购认股权证,这将大大加重美年大健康的收购成本,尤其是美年大健康给出的收购方案的支付对价全部是现金,这对于其现金流而言更是一个沉重的负担。爱康国宾 2015 年报数据显示,爱康国宾发行在外的海外流通股大概有 3 350 万股,以要约收购价计算,至少需要 14.74 亿美元才能实现兼并(不考虑收购触发毒丸计划的认股权证)。

表 2 爱康历年股本结构(2014-04—2017-03) 单位:股

变动日期	2017-03	2015-03	2014-04
已发行普通股	34 721 539.00	34 361 539.00	32 166 983.00
其中:海外流通股	33 916 439.00	33 556 439.00	31 382 557.00
非流通股	805 100.00	805 100.00	784 426.00
股本变动原因	购股权行使	公开发售、优先股转换	新股上市

表3 美年大健康现金流量状况(2015-12—2016-12) 单位：亿元

披露日期	2016-12	2015-12
经营活动现金流净额	7.07	3.3
期末现金及现金等价物余额	11.05	11.01

或许是美年大健康买方团实力雄厚，亦或许是美年大健康看到了垄断行业后巨大的潜在回报，在爱康国宾祭出毒丸计划的一周后，美年大健康将报价提高到了23.5美元/ADS或47美元/普通股。2016年1月6日，美年大健康再次提高报价：美年大健康买方团向爱康国宾特别委员会呈递进一步优化的无约束力收购要约，提高要约收购价格至25美元/ADS或50美元/普通股。至此，美年大健康的报价溢出张黎刚方报价40.5%，从结果来看，如果张黎刚方不能更新报价，仅靠毒丸计划似乎难以遏制美年大健康的并购决心。不仅如此，张黎刚方还面临着严峻的法律风险：因为一旦爱康国宾无法提高报价，而又拒绝赎回"毒丸"的话，将会侵害到少数股东利益，尤其是广大中小股东为了维护利益，很有可能集体诉讼爱康国宾集团。此外，设立的特别委员会的工作就是为了保证在私有化进程中中小股东能够得到最大的利益。如此也是美年大健康不断提高要约价格的赢面所在。

（四）"白衣骑士"阿里巴巴

2016年元旦刚过，爱康国宾发布公告称，包括阿里巴巴投资有限公司、中国人寿投资控股有限公司在内的8家公司与张黎刚等签订了重述联合体协议，加入爱康国宾私有化进程。众所周知，阿里的"互联网+医疗"是公司发展的既定宏观战略，医药电商、智慧医疗、健康保险全平台的体系化服务是阿里"未来健康医疗世界"规划的蓝图。因此阿里系参与中国两大民营体检巨头的争夺战只是时间问题。

同年6月，爱康国宾收到阿里的云峰基金提供的私有化要约，报价40—50美元/普通股，全部以现金收购。次日，张黎刚撤回其私有化要约方案。一日后，美年大健康买方团也撤回其私有化要约方案。云峰基金成为唯一的买家。特别委员会开始审议云峰基金的提案。

2018年3月12日，爱康国宾发布公告宣布接受云峰基金和阿里巴巴的要约，最终收购价为20.6美元/ADS或41.2美元/普通股。合并成功后，爱康国宾将作为一家私人公司退市，而董事长及CEO张黎刚和副董事长何伯权持有的公司股份将继续保留。至此，历时两年半的爱康国宾私有化"争夺战"终于落下大幕。张黎刚不仅成功实现了退市，也保住了爱康国宾的控制权，继续留在管理层和董事会。

三、爱康国宾私有化及反并购案例分析

在本案例中,面对美年大健康的强势要约并购,张黎刚为了保证私有化的成功以及自身对于爱康国宾的控制权,采取了两种反并购策略:一是毒丸计划,二是引入新的更合理的战略投资方("白衣骑士")。从事后效益来看,真正起到了决定作用的是阿里云峰基金的入场,而毒丸计划却不甚理想。

(一)毒丸失败:一着不慎,满盘皆输

1. 毒丸的毒性及其可行的法理依据

毒丸计划作为迄今为止欧美资本市场中成功的反重组策略之一,一直是控股人抵御恶意收购的有效手段。J. C. Peeny、Lenox、Household 等企业均有成功运用毒丸计划的经验。而在 2005 年,新浪通过毒丸计划彻底破坏了盛大的收购企图。

毒丸计划本质是一种股东权利方案(Shareholder rights plan),收购事件中被收购方的股东依据该方案将会拥有一份买方期权或是认股权证,标的对象就是公司的股票。"毒丸"的毒性体现在设计的第三层(一项标准毒丸的 4 层设计见前文)——行权。因为根据美国特拉华公司法,一旦收购完成,收购后的存续方将继承被收购公司的所有权利与义务,自然包括对其股东的各种合同义务,所以由于原公司被收购方合并了,收购方的股票就成为毒丸计划中认股权证所对应的标的股票。而行权的条件通常都是以一个较低的价格收购较高市值的标的股票,因此拥有该认股权证的人可以通过行权取得收购方股票进而反向稀释掉收购方的控制权。根据爱康国宾董事会通过的毒丸计划可知,一旦要约收购触发"毒丸"启动标准(获得 10%以上的股票),那么除了收购方之外所有股东将自动获得认股权证(两份 ADS 对应一份认股权),认股权证行权将会自动增发大约 3 000 万股普通股。如果并购方完成对爱康国宾的收购的话,增发的标的股票就是并购方的股权,而权证持有人可以半价购入对应增发的股票,从而使得兼并爱康国宾的公司蒙受巨大的市值损失和控制权损失。

那么这种明显歧视收购方的做法是否合法呢?特拉华公司法以及美国的司法实践认为被收购方董事会有权采取防御措施抵御要约收购,并且只要满足双叉测试(two-prong test)的条件①,那么董事会的决策就将受"商业判断规则"(business

---

① 双叉测试:第一,被收购方董事会要证明采取的防御措施的目的不是为了保住自己的职位和实际权力,而是出于保护全体股东的利益,是经过严格论证的审慎的决策;第二,所采取的防御措施与实际威胁是对等的。参见张巍. 美国的上市公司收购防御及其对中国的启示[J].证券法苑,2017(1).

judgment rule)的保护,而法院不会判断决策的实质内容合理与否。因此只要能证明收购是恶意的、带有胁迫性质或是有失公允的,那么毒丸计划就是合法且有效的。

2."毒丸"难奏效

张黎刚祭出的"毒丸"之所以难以奏效,是因为在法理上难以证明美年大健康的收购是恶意且带有胁迫性质的。第一,张黎刚联合 FV 资本组成买方团在先,其行动实质上将被视为张黎刚已经打算出售公司,因此"毒丸"的激活条件对张黎刚同样适用,张黎刚要完成收购必须先赎回毒丸计划,那么美年大健康组成的买方团自然能依靠更高的报价轻松将爱康国宾并入囊中。

第二,为了审议私有化交易而依照美国法律设立的特别委员会的任务是为了保障在私有化交易中,广大中小股东的合法权益,因此特别委员会应该支持更合理的潜在买家。如果委员会不支持美年大健康的高溢价方案(拒绝赎回毒丸计划),反而认可张黎刚的低报价方案,那么很难在法理上证明设置"毒丸"的目的是"为了保护全体股东的利益而非保住董事会某些成员的具体职位和实际权力",这样就违背了双叉测试的第一叉,进而"毒丸"的合法性将会受到挑战。所以于情于理,特别委员会都应该寻求更高报价的买家。

美年大健康在张祭出毒丸计划后的两周内,将报价从 40 美元/股提高到 50 美元/股,展现了"坚定决心"。显然,照此趋势发展,特别委员会和中小股东倒向美年大健康只是时间问题。因此,毒丸计划基本失效。

(二)"白衣骑士":阿里入局,危机尽去

1."白衣骑士"

"白衣骑士"是反并购策略中的一记奇招。在敌意(恶意)并购进行时,如果目标企业自身难以回应敌意并购方的报价,主动寻找第三方即所谓的"白衣骑士"以更高的价格来匹配敌意并购,就成了目标企业为数不多的选择之一。"白衣骑士"入场往往能进一步压缩敌意并购者的溢价空间,抬高并购成本,并最终迫使敌意并购者放弃原并购计划。

2. 不仅是雪中送炭,也是互利合作

阿里入局成为解决困境的关键。阿里首先利用其在医疗健康领域的布局和高报价成功"逼迫"张黎刚方和美年大健康双方撤回要约收购,其次通过 ROLLOVER 结构设计完成投资主体与张黎刚等管理层之间的换股交易,使得张黎刚维持了对爱康国宾的控制权,可谓雪中送炭,是爱康国宾免于被最大的竞争对手所并购的直接援手。

但张黎刚和阿里之间的合作,也是互利共赢的自然选择。张黎刚早在 2015 年的时候就意识到"大数据是医疗健康产业下一步掘金重地"①,而阿里作为互联网三巨头之一,对于人工智能、图像识别、大数据处理等智能技术运用有着业内领先的技术优势,同时其未来医疗战略也已布局多年,希望涉及健康体检产业以完成拼图。同时,爱康作为民营体检唯二巨头之一,拥有大量线下患者的入口、完整闭环的体检大数据、稳健的现金流收入以及医疗门诊部的牌照,有着超过110家自营体检中心和第三方合作机构,每年为超过600万人提供各种定制化的体检和健康管理服务,是非常典型的"流量入口",对于医疗数据的挖掘和提取,在业内积累了相当多的实践经验。张黎刚借助阿里的力量帮助爱康国宾击退美年大健康的收购,同时引入一个有着领先技术的行业巨头,有利于尽快实现体检结合人工智能,完成产业升级;而阿里此时收购爱康国宾,一是能补强自身战略拼图,二是收购的成本仅约90亿元人民币(同期的美年大健康市值超过700亿元人民币),考虑到爱康国宾在行业中的地位和未来发展的前景,阿里很有可能只用了一个较低的价格就获得了一项重要的医疗资产,无疑得利颇丰。

3. ROLLOVER 股权上翻助力私有化

回顾本次私有化可知,云峰基金 20.6 美元/ADS 的最终报价并非高价,甚至远远低于当初美年大健康 25 美元/ADS 的报价(见图3),时隔两年爱康国宾的估值不增反降,但爱康国宾的董事会仍乐于接受,其根源在于云峰基金私有化要约收购爱康国宾采取了 ROLLOVER 股权设计,运用股权上翻的形式使得张黎刚等人仍然能够在私有化后间接持有爱康国宾的股权,这有利于私有化方案更容易在股东大会上通过。

图 3 爱康国宾私有化报价趋势图(单位:美元)

---

① 张泉薇,张黎刚.大数据是体检行业下一步掘金重地[N].新京报,2014-08-11.

本次 ROLLOVER 股权设计的实质是买方团提供了两种私有化对价，其一是云峰基金和阿里巴巴以现金收购除张黎刚和何伯权以外爱康国宾其他股东所有的股权；其二是张、何二人以自己所持有的股权交换云峰基金为并购事项而设立的控股母公司的部分股权，即业界所谓的"股权上翻"。

具体流程如图 4 所示。首先，张黎刚和云峰基金等组成的买方团将成立 3 个主体：IK Healthcare Holdings Limited、IK Healthcare Investment Limited、IK Healthcare Merger Limited。其中云峰基金将签署协议，承诺以现金 11.5 亿美元认购 IK Healthcare Investment Limited 的部分股权（剩余部分为张、何二人认购），作为控股母公司在私有化交易中买下爱康国宾。

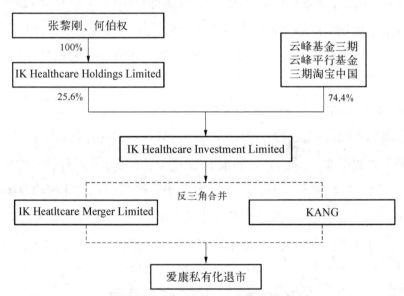

图 4 ROLLOVER 股权上翻私有化退市方案

其次，IK Healthcare Investment Limited 将全资成立一个 Merger Sub（合并子公司）IK Healthcare Merger Limited，用来和爱康国宾作反三角合并①。

最后，张、何二人"注销"其原本直接持有的爱康国宾股份，同时签署一份支持协议，同意在反三角合并之前认购 IK Healthcare Holdings Limited 发行的全部新股。协议履行后，张、何二人将与云峰基金处于同一层级，通过 IK Healthcare Holdings

---

① 反三角合并是指在并购交易中，收购方成立一个全资子公司，收购方以所持有该子公司的股份交换被收购方股东的股份。交易完成后该全资子公司并入被收购方公司，被收购方成为收购方的子公司。反三角并能够保留被收购方的主体资格，存续下来以承接债权债务。参见刘刚仿，沈四宝.国际商法[M].北京：对外经济贸易大学出版社，2013.

Limited 和 IK Healthcare Investment Limited 间接持股爱康国宾。

张、何二人通过股权上翻的形式将所持股份转化为上层并购主体的股份,以股权支付为对价的形式替代现金支付,极大地缓解了自身资金和借贷压力,同时也降低了云峰基金整体并购成本。而上翻交易完成后,张、何二人仍能通过所持有的 A 类和 C 类普通股使得表决权比例达到 43.1%(见表 4),这也使得私有化方案在股东大会通过的概率大大提高。

表 4　张、何二人股权上翻明细表

股　东	持有爱康股份数	上翻数量	转换为 Holdings 股份数
张黎刚	2 790 861 股 A 类普通股	全部	4 224 371 股
	850 100 股 C 类普通股	全部	
	1 256 860 份 ADS	全部	
何伯权	4 458 575 股 A 类普通股	全部	4 458 575 股

四、私有化下失去的黄金发展期

如果从反并购重组和公司治理角度看,张黎刚无疑是成功的,不仅击退了同行美年大健康的恶意收购,而且在私有化交易中保住了自身在董事会和管理层的职位,完美地达成了"爱康国宾私有化"退市这一目标。但是从资本运作的角度看,爱康国宾私有化退市战略则是一个败笔。3 年之前张黎刚之所以要一力促成爱康国宾从美股退市回归大陆,根本的战略考量就是看中了 A 股市场能够带来够高的估值,能够吸引更多的投资者,能够给企业带来更多的流动资金,纾解企业"融资难"这一关键问题。尤其是爱康国宾所在的民营体检行业,正处于"公退私进",急需依托资本力量抢占市场扩大规模效应的关键节点。

然而由于美年大健康的搅局,在前后长达两年半的私有化期间,爱康国宾几乎无法从美方资本市场融到新的资金(私有化进程中无法推出定增项目、成交量的相对萎缩),而相比之下同一时刻的美年大健康则在 A 股市场混得如鱼得水,2015—2017 年 4 次定向增发募集超 83 亿元人民币现金资本。融资能力的差距最直接的后果就是两家体检巨头市场占比发生根本性逆转:2015—2017 年,爱康国宾自有体检机构从 53 家增长到 110 家;同期美年大健康的体检机构已经超过 400

家,覆盖32个省市自治区、200多个核心城市,基本完成了从一二线城市逐步下沉至三四线城市。如表5所示,双方财务数据的差异更是清晰展现了当前两家企业发展的态势:

表5 爱康国宾 vs.美年大健康主要财务摘要对比

项目	爱康国宾			美年大健康		
	F15	F16	F17	F15	F16	F17
营业收入(亿元)	23.96	30.06	35.46	21.01	30.82	62.33
EBITDA(亿元)	3.64	3.5	3.43	4.74	7.18	13.57
净利润(亿元)	1.18	−0.78	−1.09	2.86	3.79	6.94
ROE(%)	5.54	−3.43	−5.18	8.52	10.23	9.45
资产周转率	0.57	0.58	0.71	0.81	0.59	0.68

美年大健康的营业收入在2017财年达到62亿元人民币,几乎是爱康的2倍,息税折旧摊销前利润为13.57亿元人民币,高过爱康4倍。报表数据间差异表明,两家公司在收益创造能力和收益质量的差距越来越显著。

体检行业未来的竞争只会更加激烈,而错失"黄金三年"的爱康国宾已经被对手甩在了身后。未来行业格局如何扭转,或许只能寄希望于云峰基金入局之后的"神奇操作",看阿里如何运用其优势的人工智能技术和互联网技术实现传统体检产业再升级,挖掘出"医疗大数据"的核心生产力了。

五、问题讨论

(1) 2015年下半年A股"遭遇"股灾,市场形势严重恶化,试分析爱康国宾为什么仍要在此时选择私有化。

(2) 爱康国宾董事会为什么强烈抵制美年大健康的并购介入?所采取的毒丸计划和"白衣骑士"反并购手段的适用环境以及抵制并购的效用有什么不同?

(3) 从事后结果看,本次私有化成功最终受益人有谁?在私有化进程中坚持反并购策略对于爱康国宾股东利益有何影响?(可以从资本利得、红利派息、未分配利润角度考虑)

附录1 爱康国宾资产负债表

ARD.资产负债表(美元)	2015-03-31	2016-03-31	2017-03-31	2018-03-31	2018-06-30
报告期	年报	年报	年报	年报	一季报
报表类型	合并报表	合并报表	合并报表	合并报表	合并报表
资产总计	499 001 000.00	803 641 000.00	728 491 000.00	865 155 000.00	858 086 000.00
流动资产合计	278 665 000.00	305 703 000.00	219 915 000.00	295 379 000.00	308 903 000.00
货币资金	97 336 000.00	108 111 000.00	64 898 000.00	62 901 000.00	46 388 000.00
受限制现金	54 417 000.00	31 836 000.00	392 000.00		
定期存款	14 621 000.00	12 202 000.00	4 359 000.00		
应收账款	59 650 000.00	74 163 000.00	79 576 000.00	149 259 000.00	168 612 000.00
存货	2 661 000.00	4 015 000.00	6 781 000.00	9 261 000.00	8 476 000.00
递延税项资产－流动资产	5 949 000.00	8 064 000.00	9 635 000.00		
预付款项与其他流动资产	44 031 000.00	62 659 000.00	49 736 000.00	66 939 000.00	78 180 000.00
应收关联方款项－流动资产		4 653 000.00	4 538 000.00	7 019 000.00	7 247 000.00
权益法核算的投资					
受限制现金－非流动资产					
固定资产－物业及设备	105 022 000.00	130 170 000.00	163 081 000.00	173 283 000.00	165 791 000.00
购入的无形资产	30 634 000.00	37 179 000.00	25 852 000.00	21 993 000.00	19 398 000.00
商誉	72 101 000.00	108 839 000.00	107 237 000.00	117 995 000.00	112 461 000.00
成本法核算的投资	129 000.00				
长期投资		200 108 000.00	180 758 000.00	196 816 000.00	187 589 000.00
递延税项资产－非流动资产	2 212 000.00	8 077 000.00	16 698 000.00	39 380 000.00	43 770 000.00
租金按金及其他非流动资产	10 238 000.00	13 565 000.00	14 950 000.00	20 309 000.00	20 174 000.00
负债及股东权益总计	499 001 000.00	803 641 000.00	728 491 000.00	865 155 000.00	858 086 000.00
负债合计	170 653 000.00	438 239 000.00	396 086 000.00	485 330 000.00	477 000 000.00
流动负债合计	163 147 000.00	199 000 000.00	287 160 000.00	440 529 000.00	436 069 000.00
应付账款	23 526 000.00	28 135 000.00	39 892 000.00	52 800 000.00	53 933 000.00
应计费用及其他流动负债	36 790 000.00	47 404 000.00	59 278 000.00	76 586 000.00	77 733 000.00
应交所得税－流动负债	7 539 000.00	8 216 000.00	11 951 000.00	15 579 000.00	15 362 000.00
应付关联方款项－流动负债				3 692 000.00	4 916 000.00
递延收入－流动负债	38 457 000.00	61 881 000.00	64 740 000.00	95 422 000.00	92 153 000.00
递延政府补贴收入－流动负债	63 000.00				
短期借款	56 772 000.00	53 364 000.00	111 299 000.00	196 450 000.00	191 972 000.00

(续表)

ARD.资产负债表(美元)	2015-03-31	2016-03-31	2017-03-31	2018-03-31	2018-06-30
可转换贷款					
递延政府补贴收入—非流动负债					
递延收入—非流动负债					93 000.00
长期借款		229 467 000.00	101 697 000.00	38 884 000.00	30 225 000.00
应付关联方款—非流动负债					
递延税项负债—非流动	7 506 000.00	9 772 000.00	7 229 000.00	5 917 000.00	5 194 000.00
长期应付款					5 419 000.00
股东权益合计(含少数股东权益)	328 348 000.00	365 402 000.00	332 405 000.00	379 825 000.00	381 086 000.00
股东权益合计(不含少数股东权益)	319 130 000.00	342 826 000.00	312 437 000.00	355 707 000.00	358 451 000.00
A类普通股	335 000.00	335 000.00	339 000.00	339 000.00	
B类普通股					
C系列普通股	8 000.00	8 000.00	8 000.00	8 000.00	
股本溢价	419 862 000.00	436 746 000.00	436 649 000.00	472 677 000.00	
法定储备	8 399 000.00	11 529 000.00	14 761 000.00	18 396 000.00	
留存收益	-113 410 000.00	-98 215 000.00	-112 698 000.00	-133 642 000.00	
其他综合收益	3 936 000.00	-7 577 000.00	-26 622 000.00	-2 071 000.00	
少数股东权益	9 218 000.00	22 576 000.00	19 968 000.00	24 118 000.00	22 635 000.00

附录2 爱康国宾利润表

ARD.利润表(美元)	2015-03-31	2016-03-31	2017-03-31	2018-03-31	2018-06-30
报告期	年报	年报	年报	年报	一季报
报表类型	合并报表	合并报表	合并报表	合并报表	合并报表
营业收入	290 781 000.00	370 812 000.00	435 713 000.00	563 932 000.00	150 237 000.00
营业成本	-154 943 000.00	-210 909 000.00	-262 134 000.00	-325 656 000.00	-90 126 000.00
毛利	135 838 000.00	159 903 000.00	173 579 000.00	238 276 000.00	60 111 000.00
销售费用	-41 059 000.00	-64 763 000.00	-74 304 000.00	-96 594 000.00	-24 323 000.00
管理费用—一般及行政费用	-52 331 000.00	-65 422 000.00	-82 783 000.00	-126 255 000.00	-21 039 000.00
研发费用	-1 401 000.00	-3 716 000.00	-3 194 000.00	-3 055 000.00	-782 000.00
商誉减值损失					
租赁物业装修减值					
营业支出	-94 791 000.00	-133 901 000.00	-160 281 000.00	-225 904 000.00	-46 144 000.00

(续表)

ARD.利润表(美元)	2015-03-31	2016-03-31	2017-03-31	2018-03-31	2018-06-30
营业利润	41 047 000.00	26 002 000.00	13 298 000.00	12 372 000.00	13 967 000.00
远期合约损益	−8 000.00				
利息支出	−2 466 000.00	−4 603 000.00	−13 880 000.00	−20 191 000.00	−4 760 000.00
利息收入	699 000.00	785 000.00	939 000.00	382 000.00	83 000.00
其他收益－非经营	883 000.00	1 874 000.00			
除税前溢利	40 155 000.00	24 058 000.00	357 000.00	−7 437 000.00	9 290 000.00
除税前且未扣除权益投资收益	40 155 000.00	24 058 000.00	357 000.00	−7 437 000.00	9 290 000.00
所得税	−13 280 000.00	−5 838 000.00	−3 354 000.00	−6 791 000.00	−2 333 000.00
未扣除权益性投资损益前净利润	26 875 000.00	18 220 000.00	−2 997 000.00	−14 228 000.00	6 957 000.00
权益性投资收益/(亏损)	521 000.00	−1 732 000.00	−9 547 000.00	−2 448 000.00	−640 000.00
净利润(含少数股东权益)	27 396 000.00	16 488 000.00	−12 544 000.00	−16 676 000.00	6 317 000.00
少数股东损益	283 000.00	−1 837 000.00	−1 293 000.00	633 000.00	60 000.00
净利润(不含少数股东权益)	27 113 000.00	18 325 000.00	−11 251 000.00	−17 309 000.00	6 257 000.00
优先股股息	−100 000.00				
分配予优先股股东的未分配收益	−201 000.00				
归属于优先股股东净利润					
归属普通股净利润(母公司)			−11 251 000.00	−17 309 000.00	
归属于爱康国宾医疗中心普通股股东及优先股股东净利润	26 812 000.00	18 325 000.00	−11 251 000.00	−17 309 000.00	6 257 000.00
其他综合收益-汇兑差额	196 000.00	−12 187 000.00	−20 252 000.00	25 604 000.00	
其他综合收益－可供出售证券未变现损益		186 000.00	−161 000.00	885 000.00	
综合收益总额	27 592 000.00	4 487 000.00	−32 957 000.00	9 813 000.00	
综合收益总额(少数股东)	307 000.00	−2 321 000.00	−2 661 000.00	2 571 000.00	
综合收益总额(母公司)	27 285 000.00	6 808 000.00	−30 296 000.00	7 242 000.00	
会计准则	U.S. GAAP	U.S. GAAP	U.S. GAAP	U.S. GAAP	
审计意见	不保留意见	不保留意见	不保留意见	不保留意见	

附录3 爱康国宾毒丸计划方案

iKang Healthcare Group, Inc. Adopts Rights Agreement

BEIJING, Dec. 02, 2015 (GLOBE NEWSWIRE) — The Board of Directors of iKang Healthcare Group, Inc. (the "Company") today adopted a Rights Agreement and authorized the issuance of one Right for each outstanding Class A Common Share and Class C Common Share (the "Rights Plan").

After careful consideration, the Board of Directors of the Company (the "Board") deemed it appropriate and prudent to adopt the Rights Plan at this time in order to ensure that all shareholders of the Company receive fair and equal treatment in the event that an unsolicited attempt is made to acquire the Company outside of the process led by the special committee of independent directors of the Company (the "Special Committee"), which was formed to consider the possibility of a "going private" transaction involving the Company.

As disclosed on September 10, 2015, the Special Committee was formed following the submission of a non-binding "going private" proposal by Ligang Zhang ("Mr. Zhang"), founder, chairman and chief executive officer of the Company and certain of his affiliated entities, and FV Investment Holdings (the "Founder Buyer Group Proposal"). Subsequently, a non-binding competing "going private" proposal was submitted by Jiangsu Sanyou Group Co., Ltd., Cathay Capital Private Equity SAS, Shenzhen Ping An Decheng Investment Co., Ltd., Taiping Guofa (Suzhou) Capital Management Co., Ltd., Sequoia China Investment Management LLP and Huatai Ruilian Fund Management Co., Ltd. (the "Jiangsu Sanyou Buyer Group Proposal").

The Special Committee will carefully consider and evaluate, with the assistance of the Special Committee's independent financial and legal advisors, the Jiangsu Sanyou Buyer Group Proposal, the Founder Buyer Group Proposal and the Company's strategic alternatives. The adoption of the Rights Plan will ensure that the Special Committee and the Board have sufficient time to duly consider and pursue any strategic alternatives of the Company that are in the best interests of the Company and its shareholders, and does not prevent the Special Committee or the Board from considering or accepting any acquisition proposal if the Board (acting upon the recommendation of the Special Committee) determines that such action is fair, advisable and in the best interests of the Company and its shareholders.

Pursuant to the Rights Plan, until the earlier of (i) the Company's announcement that a person or group has acquired 10% or more of the Company's Class A Common Shares (an "Acquiring Person") or the date and time on which any Acquiring Person has acquired more than 50% of the Company's Class A Common Shares (in either case, the "Flip-in Date") and (ii) the tenth business day, or such later date designated by the Board, after any person or group commences a tender or exchange offer that will result in such person or group owning 10% or more of the Company's Class A Common Shares, the Rights will be evidenced by the Common Share certificates, will automatically trade with the Common Shares and will not be exercisable. Thereafter, separate Rights certificates will be distributed and each Right will entitle its holder to purchase one Class A Common Share for an exercise price of $80.

Upon the occurrence of the Flip-in Date, each Right (other than Rights beneficially owned by any Acquiring Person or transferees thereof, which Rights become void) will entitle its holder to purchase, for the exercise price, a number of the Company's Class A Common Shares having a market value of twice the exercise price. Also, if after an Acquiring Person controls the Company's Board of Directors or is the owner of 50% or more of the Company's Class A Common Shares, the Company is involved in a merger or sells assets representing more than 50% of its assets, operating income or cash flow and, in the case of a merger, the Acquiring Person will receive different treatment than all other shareholders or the transaction is with the Acquiring Person, each Right will entitle its holder to purchase, for the exercise price, a number of shares of common shares of the Acquiring Person having a market value of twice the exercise price. If any person or group acquires between 10% and 50% of the Company's Class A Common Shares, the Board may, at its option, exchange one share of the Company's Class A Common Stock for each Right.

The record date to determine shareholders of the Company entitled to receive the Rights is

December 13, 2015. The Rights Plan will expire no later than December 2, 2016 unless renewed by the Board.

The Rights may be redeemed exclusively by the Special Committee for $0.001 per Right prior to the Flip-in Date, and the Rights Plan may be amended by the Company (acting upon the recommendation or direction of the Special Committee).

A letter to shareholders regarding the Rights Agreement and a Summary of certain terms of the Rights Agreement will be mailed to shareholders.

The Company retained Sullivan & Cromwell LLP as its U.S. legal adviser and Conyers Dill & Pearman as its Cayman Islands legal adviser in connection with the foregoing.

(执笔人：刘冠佑；指导老师：吕怀立)

3个月就分手的合作
——贾跃亭和他的 FF 赌对了吗?

适用课程: 财务管理理论与实务

编写目的: 本案例旨在让学生了解对赌协议在企业融资中可能存在的风险以及应对措施,使学生生动并且充分地认识对赌协议的基本框架概念以及在企业融资中的具体应用。

知 识 点: 对赌协议　业绩承诺　融资风险

关 键 词: 对赌协议　财务风险　企业并购

案例摘要: 随着我国资本市场的飞速发展,对赌协议在企业融资并购中的应用越来越多、越来越广泛。2018年最受投资界关注的事件之一便是贾跃亭的法拉第汽车与许家印的恒大集团之间的"爱恨情仇",而从爆出合作到撕破脸皮,这一段合作关系仅仅维持了3个月,这场神秘合作的背后起关键作用的是一份对赌协议。本案例将围绕这份对赌协议揭露双方3个月合作背后的故事。

2018年6月25日,本是一个寻常的日子,但恒大健康(00708.HK)突如其来的公告迅速在金融媒体圈掀起了惊涛骇浪。公告称恒大集团(以下称为"恒大")以67.46亿港元的价格收购了香港时颖公司100%的股份,香港时颖公司将与Faraday Future(以下称为"FF")联合成立 Smart King 公司,恒大通过香港时颖公司持有 Smart King 公司45%的股份,是公司最大股东。经过这一番操作之后,恒大正式与贾跃亭达成合作,进入新能源汽车领域。然而好景不长,仅仅过了3个月这场"联姻"便宣告破灭,并且是以撕破脸的方式。这到底是一场怎样的闹剧?这场闹剧的背后又有哪些故事?在此将一一解开。

一、相关公司简介

(一)贾跃亭及FF

贾跃亭,2004年创立乐视网,是乐视集团的创始人之一。乐视集团于2010年8月成功在创业板上市,是国内最早开发视频、内容、智能终端产业的企业之一,其完整的"硬件+软件"闭环系统被称为"乐视生态模式"。

1. 贾跃亭的发家与没落

1995年贾跃亭从一所大专院校的会计专业毕业,找到了一份在垣曲县地税局的工作,但他做的并不是会计而是网络技术管理员。朝九晚五没有挑战的工作让年轻气盛的贾跃亭感到失望,工作没多久便选择下海了。1996年贾跃亭在垣曲县创建了卓越实业公司,赚到了辞职创业以来的第一笔钱。贾跃亭在完成了原始资本的积累后又成立了一家通信公司,对商机敏锐的他嗅到了通信业务这一条"大鱼",顺利与联通达成合作,包揽了其在山西的众多业务。借助这个机会,贾跃亭和他的伙伴们在不到一年的时间里,就使100万元的注册资本迅速增至3 000万元,其中贾跃亭一个人就出资2 400万元,占股80%。然而这些也无法令贾跃亭满足,一年之后他独自离开山西前往首都北京,在这里他见到了之前从没见过的世界,并下定决心要好好大干一场。紧接着贾跃亭便在北京成立了Sinotel Technologies,公司还是做与通信设备相关的业务,不到4年时间便完成了在新加坡的上市计划。与此同时,乐视网也于2004年正式成立,"乐视生态王国"慢慢建立起来。

乐视在当时做到了许多领先于行业其他视频网站的事情,比如说大量购买正版版权、成立乐视体育、成立乐视影视、卖乐视电视、卖乐视手机以及生产乐视汽车。贾跃亭的出现打破了人们对传统视频网站的看法,让不少投资人对这个行业又重燃兴趣,贾跃亭也一直在努力建立他的乐视生态圈。那两年的乐视发展得如日中天,贾跃亭也以420亿元的身家挤进了2016年胡润百富榜,排名第31位。但好景不长,众多的业务无止境地烧钱拖垮了这个势头凶猛的"帝国",不到1年的时间,整个乐视便轰然倒塌,贾跃亭退出乐视远逃美国,成为人们口中嘲笑的"下周回国贾跃亭"。

2. FF 的诞生

FF 由贾跃亭创立，创立时间是 2014 年 5 月。FF 是一家新能源汽车公司，公司及其核心团队位于大洋彼岸的美国，全球范围内拥有员工 1 000 多名，其中绝大部分为新能源汽车、人工智能、计算机、互联网等领域的专业型人才。

2016 年 1 月 5 日，那时还如日中天的乐视在拉斯维加斯宣布，将与 FF 合作造车，并且还发布了首款概念车 FF ZERO 1。直到现在乐视在造车上耗费了多少金钱仍是个未知数，虽然具体数字无从得知，但据说最初是 200 亿元，后来改为 500 亿元，最后根据各方面的消息，实际投资远远没有那么多，可能只有 20 亿元左右。虽然只有 20 亿元，但这 20 亿元的花费没有带来任何盈利，还导致了现金流的紧张，这也是导致后来乐视轰然倒塌的原因之一。

2017 年 7 月 5 日，贾跃亭远渡重洋前往美国，然而这一去便没了回头路。第二天贾跃亭借微博向社会说明该自己承担的自己都会承担，不会逃避。紧接着乐视便发布公告，贾跃亭被董事会除名，今后与乐视不再有合作关系。贾跃亭头也不回地去美国接着造自己的汽车了，把一地鸡毛的乐视留在了国内。与此同时他还强调自己并非逃往美国躲避责任，而是为了给乐视汽车寻找资金，并且自己辞去乐视的所有职务也是为了能够将所有的时间与精力都放在乐视汽车上，把这件事情做好，只要汽车能够达到量产，就能够偿清国内所有的负债，所以还请大家多给他一点时间，给乐视一点耐心。

2017 年 12 月 13 日，FF 宣布顺利完成了总额 10 亿美元的 A 轮融资，贾跃亭将担任 FF 的全球 CEO 和首席产品官。

（二）许家印及恒大集团

许家印，恒大集团的创始人、主席，2017 年他以 2 900 亿元的身价登上了胡润富豪榜的榜首，成为中国当时的首富。

恒大集团是世界 500 强企业，涉及房地产开发、文化旅游、健康养生、高科技等产业，目前恒大集团年收入超过 6 000 亿元，总资产超过 1.88 万亿元，在世界 500 强企业中排名第 138。

二、FF 的尴尬境地

2017 年 7 月，贾跃亭只身前往美国，为融资弄得焦头烂额或许就已注定了 FF 的尴尬境地。本身 FF 只是乐视生态系统中的一环，但现在这一环已经成为贾跃亭的全部。2017 年 10 月开始，FF 汽车要破产重组的消息在民间传开，甚至还有相应的融资方案，这一消息遭到了 FF 官方迅速的否定。但纸包不住火，随着 CFO 的离职，FF 最终还是承认破产重组的想法确有其事，只不过这是 CFO 的个人行为，未经过贾跃亭的同意，并非官方意见。自这之后，坊间还陆续传有多起与 FF 有关的投资消息，涉及的投资方也从阿里巴巴、万达到李泽楷甚至到了泰国国家石油公司，但这些消息都被 FF 一一否认。2017 年 12 月初，有媒体来到了贾跃亭位于美国的 FF 生产基地实地造访，竟发现工厂内空空如也，没有任何生产设备，没有任何生产人员，也没有任何生产的痕迹，而 12 月 13 日贾跃亭宣布找到了 10 亿美元的融资。

除了融资困难，FF 面临的内部矛盾也不小。贾跃亭在美国除了忙着找钱，还忙着打官司。在美国的这段时间里，贾跃亭总共打了 3 场官司，起诉了两名涉嫌非法窃取 FF 商业机密的高管和一名连续曝光他私人信息的美籍华人。2017 年 11 月，FF 先是解雇了其 CEO，解雇理由是其故意妨碍公司的融资进程，严重渎职。紧接着 FF 又将 CEO、CTO 以及其创立的公司告上联邦法庭，控告二者借职位之便，私自非法盗取了 FF 的核心技术及商业机密，并另起炉灶创建新的公司与 FF 进行竞争。

三、恒大与 FF 的恩怨情仇

（一）钱钱钱

对 FF 感兴趣的人绝对不止许家印一个，但许家印一定是最有魄力的那一个。在许家印眼里，虽然乐视已经倒塌，乐视生态已经破灭，但存活下来的 FF 却是一个经得起考验的优秀业务。乐视汽车在花了 100 亿元后已经成了一个空壳，曾经在乐视汽车工作的核心团队也转到了 FF 中国旗下，而在浙江湖州，曾经轰动一时的乐视汽车生态体验园停工荒废很久了。人们都在议论着贾跃亭资产转移的手段高明，大家的乐视汽车就这么变成了贾跃亭的 FF，议论还没结束，FF 便以迅雷不及掩耳之势在 2017 年的 CES 上发布了自己的概念车 FF91。

FF91 拥有一块超大容量的电池，能够让它在满电的状态下连续行驶 700 多公里，而就算是特斯拉 Model S 也不过是 80 kWh 的电池以及 480 公里的续航。除此之外，FF91 还拥有同类产品中最快的百公里加速以及最新的科技，包括无匙启动、面部识别、手机感应等，最厉害的是其智能学习系统，能够深度学习驾驶员的操作习惯，模拟之后达到高等级的自动驾驶水平。然而尴尬的是,在发布会现场,当贾跃亭想要向大家演示一些FF91的功能时,无一例外都没有实现。

无论是电动车还是传统汽车,概念与量产之间都有着巨大的差别。以国内的新兴电动车品牌蔚来汽车为例,在两年多时间里,包括建设工厂、品牌形象店、研发投入等,一共耗费了将近110亿元。而FF91的预算是11亿美元,和国内的电动车相比已经比较紧张,如今什么都没做就用了5亿美元,资金需求还很大,缺口也很大,在这样的情况下FF的融资却一点也不顺利。有人说是因为贾跃亭在国内信用破产才导致了融资难的局面,但平心而论,一个中国人的公司想要在美国融到大量的投资,本身就不是一件容易的事情。

前有猛虎后有饿狼,蠢蠢欲动的篡权者在FF资金困难之际也开始了行动,FF前CFO斯特凡·克劳斯就瞅准了机会,想要夺取贾跃亭的控制权。他在没有与贾跃亭沟通的情况下想要以破产重组的方式引入印度的新投资方,进而取代贾跃亭的位置将其踢出局。FF前CTO乌尔里希·克兰茨也有所动作,他盗取了FF的核心技术及商业机密开办了一家新的电动汽车公司,虽然两位都宣称自己是主动离职,但实际上都是遭到不光彩的解雇。

2017年10月开始,FF的日子非常不好过,在外找不到新的资金面临破产风险,在内高层动荡人心惶惶面临解散危机,最难的时候甚至工资都发不出来了,好在这样的情况只持续了一个月,该发的就都发出来了,人员也得到了安抚。

这样困难的日子是随着许家印的出现才得以结束的,就在FF内外危机发生不到1个月,出现了一家叫作时颖的神秘公司,时颖注册地位于中国香港,以出资20亿美元的方式与FF成立了新的合资公司Smart King。大家都很好奇这拯救者到底是什么来头,几个月之后才发现原来这位FF的拯救者正是许家印。贾跃亭在进退维谷之时,通过自己的一位合作伙伴联系到了许家印,并与之达成了合作的意向。2017年12月底,乐视汽车COO高景深在乐视汽车全员大会上,兴奋地向大家透露美国FF找到了融资,资金也已陆续到账。直到半年之后,时颖公司背后的真身才浮出水面,2018年6月,恒大健康发布公告,称恒大集团以67.46亿港元的价格,全资收购了香港时颖公司,从而以间接持股的方式获得了Smart King公司45%的股份,并且一跃成为FF第一大股东。终于,贾跃亭克服重重困难为公司延续了生命,但也付出了高额的代价。

(二)"门口的野蛮人"

与贾跃亭的这次合作对许家印来说,算是一次抄底。在此之前,贾跃亭对自己的公司抱有很大的希望,毕竟是倾注了感情与心血的,他认为 FF 的价值应该能达到 100 亿美元。然而最终的结果却让人大跌眼镜,贾跃亭仅仅以 20 亿美元的超低价格便"贱让"了公司 45% 的股份,可以说是打了个对折。并且这 20 亿美元还并非全款而是分期付款:分别于 2018 年底、2019 年底以及 2020 年底之前支付 8 亿美元、6 亿美元以及最后 6 亿美元。抛开价格因素,双方在此次合作上都有着各自的"小算盘"。贾跃亭求的是 FF 的控制权,为了保住 FF 的控制权,合作将采用 AB 股的方式同股不同权,贾跃亭虽然只有 33% 的股份,但 1 股对应的是 10 票投票权,恒大虽然拥有 45% 的股份,但 1 股对应的只是 1 票投票权,通过这样的方式,即使贾跃亭不再是 FF 的大股东,但仍然能够牢牢地攥住公司的控制权。不仅如此,在董事会方面 FF 也拥有 7 个席位当中的 5 个,与恒大相比占尽了优势。另外,条款还规定 FF 日常的经营将由贾跃亭监督实施,恒大方面无权干预,这些条款牢牢地限制住了恒大的话语权。许家印当然不傻,贾跃亭要求了这么多,自己都可以接受,但你也得接受我的"对赌协议"。恒大在合作协议的前提下提出了附加的对赌条款:FF 原股东不得出现合作协议违约的情况,如果出现,那么贾跃亭的特别投票权将会由时颖拥有。另外,贾跃亭必须在规定时限也就是 2019 年第一季度之前,实现汽车的量产并且交付产品,否则将算作违约。违约的后果将是贾跃亭会失去他的特别投票权,丧失对 FF 公司的控制权。

另外,恒大会有特别的"融资同意权",这意味着恒大将严格控制 FF 的再融资等一系列行为,以保护自己的股份不被新的外来投资所稀释。虽然恒大方面的对赌条件颇为苛刻,贾跃亭还是为了这笔"救命钱"而选择了同意,随后短暂的"蜜月期"便开始了。

2018 年 7 月 13 日,许家印出现在了 FF 位于洛杉矶的总部,此行目的是为了视察工作,视察结束之后,贾跃亭罕见地邀请许家印一行人入住他在加州海边的别墅。许家印是一个精明的商人,这样绝佳的机会当然得好好利用,他知道贾跃亭需要钱,于是又向贾跃亭提供了一份补充协议,协议的内容是向 FF 提前提供包括剩下 12 亿美元中的 5 亿美元,而贾跃亭需要付出的是自己在中国地区的控制权。

2018 年 8 月中旬,恒大 FF 公司举行揭牌仪式,然而这场仪式为两家公司之后的矛盾埋下了伏笔。一位 FF 员工说,在此之前他根本就不知道还有这么一家公司要成立。揭牌仪式当天,FF 公司几乎变成了恒大的 FF 公司。在仪式上,恒大 FF 派出了多位重要人物,包括恒大集团总裁夏海钧、恒大高科技集团副总裁彭建军、恒大高科技集团总裁袁仲容等一系列恒大背景的人,而唯一一位算作是贾跃亭的人只有高景深。

接下来的日子每一天都像是揭牌仪式那天,令高景深感到非常尴尬。经过一系列手续,FF中国的员工正式和恒大FF公司对接签署了用工合同,然而没过多久,恒大方面便展开了一场针对前FF中国员工的失职问责行动,虽然行动的本意是想让FF中国的员工尽快融入新的环境,但很多员工都在这场行动中被波及。员工被批评处罚的原因各种各样,基本上都是一些细节上的问题,比如着装不规范、上班未打卡等。不仅是普通员工,核心高管也没能逃过,一位核心高管就因对失职问责行动的理解不够而被罚款200元。

如果说这场行动只是两家公司企业文化的冲突,那么贾跃亭也能够理解,毕竟一家是以铁血强力著称的民营房地产企业,而另一家是以弹性包容为文化的互联网企业。真正让贾跃亭无法接受的是恒大方面希望贾跃亭能够让出自己的CEO一职,这简直是要了贾跃亭的老命。传闻恒大方面在2018年9月曾派出高管彭建军前往美国与贾跃亭沟通,希望贾跃亭能够退位让贤,虽然贾跃亭当时的回复是考虑一下,但考虑了一个月便在香港提出了仲裁。

(三)正式决裂

孙宏斌吃过贾跃亭的亏,许家印不可能再吃一次,所以许家印早早地就与贾跃亭签订了对赌协议以保护自己的投资者权益,并且如果贾跃亭无法按照约定在约定的时间期限里交付产品或是提前把钱花完了,那么这份对赌协议也能够帮助许家印获得这场博弈的胜利。

恒大怎么也没料到贾跃亭会提出仲裁。整整过了4天,恒大健康才在2018年10月7日晚发布公告和声明:首先,在不到半年的时间里,恒大给FF的8亿美元就被烧光了;其次,在用完了上一笔投资款后,FF想让恒大再打7亿美元,恒大拒绝了FF的要求;最后,FF在要钱无果后向香港证交所提出了仲裁,想要剥夺恒大的权利以及终止合作。

提出仲裁只是闹剧的开始,紧接着关于欠薪、开除员工等恒大FF的内部矛盾问题一时间开始在坊间流传起来。许家印与贾跃亭再次被媒体推到了聚光灯下,关于他们俩的各种消息新闻漫天飞舞,谁也不知道最终的判决会是怎样。22天之后,仲裁中心公布了一个折中的暂时性方案:FF方面,由于其资金短缺,如无法找到新的资金将会面临破产危险,包括恒大在内的股东都将会受到影响,所以仲裁中心放宽了FF

的融资渠道,虽然之前协议规定恒大有特殊的融资同意权,但此次融资不必经过恒大的评议,只要贾跃亭有能力找到新的投资方达成协议。并且融资的上限为5亿美元,更多的金额将不被允许,这笔钱仅限其渡过仲裁这段非常时期。另外新的融资不得损害恒大方的利益,估值不能过低,如果恒大有意愿,他们能够优先购买新股。这意味着FF能够去融资了,并且恒大不会因为FF的融资而利益受到损害,这样折中的方案能够暂时稳住双方,但并不能解决根本上的问题。有意思的是在仲裁结果宣布之后,FF和恒大都对外声称自己获胜了。FF官方声明称,此次FF向香港提出仲裁,其实只为了能够让FF不受恒大限制顺利融到资以渡过难关,而结果也如FF所愿,所以FF获胜了。恒大官方声明称,此次FF的仲裁申请是一场蓄谋已久的阴谋,想要剥夺恒大应有的权利以及撕毁之前谈好的协议,这是非常不可理喻的,仲裁庭也没有同意这样无理的要求,恒大方面从来没有说想要阻挠FF的融资,相反支持甚至鼓励FF进行融资。这场仲裁的费用估计会超过2 000万元,2 000万元对此时山穷水尽的FF来说并不算少,让人讽刺的是FF最后可能也只有用恒大的投资款来支付这笔仲裁费用。至于FF方面想要撕毁协议终止合作,最终的结果估计还要半年到一年半的时间才能出来,这场判决只是中场休息而已。

(四) 28天之后

长久拉扯,对FF更为不利。

还没满一个月,仅仅28天之后FF的资金危机便再次爆发。FF员工在工作时突然收到内部邮件,邮件里写道,目前公司危机尚未完全解除,还有很多不确定性,所以可能在接下来的60天里会采取一些措施以应对危机,请员工给予理解和支持。FF的员工并不少,全球范围内不低于1 000名,但之后可能将只会保留500人左右。以2018年5月1日为界,老员工将会被临时降薪到加州最低工资标准,年薪5万美元左右;而新员工更惨,将会被停薪留职。FF的员工没想到噩梦来得如此之快如此之猛,贾跃亭也没想到自己造车这条路可能即将走到终点,他已经背负了太多的骂名,如果还想翻盘,那么就只能不顾一切发展FF,FF是他最后的希望。

算起来从成立合资公司到分道扬镳也有差不多一年的时间了,这一年里FF的日子过得还算可以,有了资金贾跃亭便立马把乐视汽车的人才都请了过来,核心团队及高层领导加起来差不多有300人,在恒大接手之前他们绝大多数都在美国进行研究,之前的概念车FF91发布后反响非常不错,甚至都有了订单。2018年7月贾跃亭还特意运了两台FF91的样车到北京进行展示,虽然这两台样车一台有内饰不能驾驶,一台能驾驶但没有内饰,贾跃亭还是邀请了不少朋友以及有意向的客户前来体验。试验的现场有如FF之前的发布会一样状况百出,车子也并不完善,但仍有不少粉丝展现出了浓厚的兴趣,甚至当场缴纳定金的。这两辆车在北京、上海展出了多次,后来被送到了恒大。即便这次FF渡过了这场难关,但未来可能也将困难重重。

FF91的量产其实对FF公司来说意义并不是那么大,因为FF91的成本过高,定价也达到了百万级别,并且年产量也只有几千台,肯定不是一款能够打开市场的产品。真正对FF公司以及恒大有意义的产品是贾跃亭计划推出的FF81。FF81是一款适合市场的产品,不仅售价亲民,大概30万元左右,还能够顺利走量。毕竟目前的中国市场已经不乏各式各样的电动汽车产品了,竞争也越来越激烈,贾跃亭需要拿出一款在价格、质量、产量上都有诚意的作品才能站稳这个市场。

四、尾声

2018年11月,与恒大"分手"的FF仍在寻求新的合作伙伴,他们透露已有多家国际金融机构对他们的产品有兴趣,包括国际知名基金、信托公司以及投资银行,并且可能要不了多久就能达成协议。FF声明公司目前运营状况良好,虽然资金紧张但还未达到破产的地步,汽车的量产计划也正逐步进行。但是没有了恒大,FF如何进入中国市场生产及销售还是一个未知数,贾跃亭面前的问题还有很多,远不止资金这一个。

对恒大来说,可能他们自己也没想到那句老话能应验到他们身上——塞翁失马,焉知非福。虽然对FF的投资基本上可以宣告失败了,几亿美元打了水漂,但他们不仅没有损失反而还赚了一大笔,恒大健康的股价因为投资FF这件事翻了整整3倍,市值暴涨800亿港币。许家印也凭借这一系列操作重回中国首富的位置。这场失败的投资不仅没有打消许家印造车的念头,市场的积极反应反而让恒大这家房地产公司找到了转型的方向,毕竟新能源汽车这两年在国内的发展势头正猛,也颇受各路资本的青睐,许家印对媒体说他会吸取这次的教训,不过他还是会坚持造车。没过多久许家印便高调投资新疆广汇,以144.9亿元的价格购入其41%的股份,一跃成为第二大股东。新疆广汇集团的汽车销售网络遍布全球,恒大将利用自身强大的资金优势继续造车,预计2028年之前在全国五大地区建造汽车基地进行研发及生产工作,依托广汇集团的销售网络,面向全球销售其生产的低、中、高端车辆。如果与 FF 的合作彻底失败,恒大也将寻找新的合作伙伴。

不管怎样,只要恒大不缺资金,多的是选择。

(执笔人:邓诚;指导老师:徐宗宇)

交给市场的"电子病历":科大讯飞的利润猫腻

适用课程: 财务管理理论与实务

编写目的: 本案例旨在引导学生思考人工智能企业在国家政策扶持下的盈利水平及质量,通过多方面对盈利质量进行分析,研究其盈利能力是否呈上升趋势、盈利的持续稳定性及其盈利质量是否存在隐忧,从而探讨高科技企业在研发费用及盈利质量方面应该如何权衡以便更好发展。

知 识 点: 企业盈利 企业盈利质量评估 利润分析指标

关 键 词: 科大讯飞 人工智能企业 盈利质量分析 企业利润分析指标

案例摘要: 近年来,人工智能行业正处于快速发展态势。作为中国人工智能行业的领导者,各行各业对于科大讯飞股份有限公司(以下称为"科大讯飞")的盈利质量关注度颇高。从2012年到2016年,科大讯飞的净利润增长,但净利润的增幅迅速下降,从53%到13%。科大讯飞已陷入了"增收不增利"的困境。外界一直质疑。本案例以科大讯飞2014—2018年上半年年报为基础,从获利性、投资收益、费用支出等多方面对其盈利质量进行分析,探索受期待如此高的科大讯飞究竟是没有对手,还是走错了赛道。

引言

"全国科技创新型试点城市""全国综合科学中心""伟大的湖城,创新高地"具有构成人工智能企业独特的名片——科大讯飞。自5月以来,科大讯飞股价一路上涨超105%,市值高达800亿,动态市盈率300多倍。然而在8月28日,科大讯飞股价达到历史最高水平后,又体验了一把闪电崩盘。整个过程只用了1小时10分钟,导致股价由涨幅4.3%变为跌幅6.57%。随着千亿市值泡沫破灭,科大讯飞的坏消息接踵而来。从"同声传译造假门"到"侵占国家自然保护区"再到开酒店盖别墅,曾经的"AI第一股"跌落神坛之后,后续的发展前景饱受质疑。

分析科大讯飞于8月发布的2018年半年度财务报告,与32.1亿元的半年营业收入相比,2 019.87万元的净利润着实差强人意,而这不多的净利润中,政府政策补助还占了34%,核算下来总利润仅能完成千万级别,同比下滑74.39%,科大讯飞的财务窘境一览无遗。

对此,科大讯飞已经惯性地甩锅"不断增加有关人工智能研发投入",表示是因为致力于用AI惠民所以导致了"费用成本增加"。然而,此次伪AI丑闻的事发,从侧面曝光了其自身主营业务造血能力后劲不足的真相。科大讯飞几乎投入整幅身家的产品,换来的却是机器复读的结果。这些结果不禁让人对其盈利质量产生怀疑,其后续的发展真的能如想象中那么美好吗?

一、让世界倾听的声音

（一）科大讯飞的诞生

科大讯飞股份有限公司始于1999年,是一家从事人工智能技术研究、智能语音及语言技术,语音信息服务及电子政务系统集成,软件及芯片产品开发的国家级重点软件企业。2008年,该企业在深圳证券交易所上市,股票代码：002230。

在智能语音与人工智能核心技术中,它代表了世界最高水平。多年来在多项国际智能语音识别领域评选中获得冠军,并荣获"国家高技术产业化示范工程""信息产业重大技术发明奖""国家科技进步奖""国家规划布局内重点软件企业"等。

（二）科大讯飞的发展

2010年,中国发布第一个移动互联网的智能语音交互平台——"讯飞语音云",同时"国家智能语音高技术产业化基地"落户合肥,代表了移动互联网语音听写时代的到来。

2014年,随着人工智能时代的到来,科大讯飞建成了世界上第一个中国的认知计算引擎,内置人工智能开放的平台,并且为了让机器不仅会听,还要理解和思考,而开始了人工智能项目——"讯飞超脑"计划。

2017年,科大讯飞和其他3家企业(包括阿里云、百度、腾讯)一起,重点建设"语音及语言国家重点实验室"和"认知智能国家工程实验室"。成功入选国家首批新一代人工智能开放创新平台。

然而激流勇进,流向的却是悬崖。2018年上半年科大讯飞实现营业收入320 998.93万元,比2017年同期增长52.68%,实现营业额大幅增加。但报告期内归属于股东的净利润约为1.3亿元,扣除非经常性损益后归属于上市公司股东的净利润仅为2 020万元,同比下降74.39%。年度净利润依旧呈负增长趋势。科大讯飞的"电子病历"逐渐浮出水面。

(三)相差甚远的总收入和净利润

观察科大讯飞从2008年至2017年的财报数据可以看到其营业收入从2008年的2.58亿元提高到2017年的54.45亿元,毛利润从2008年的0.6亿元增长到2017年的5.4亿元,利润总额从2008年的0.77亿元增长到2017年的5.77亿元,净利润从2008年的0.7亿元增长到2017年的4.97亿元。从上述数据来看,利润总额类似于净利润的增长,都是比较平缓的,但毛利润增长迅速,所以依然可以说科大讯飞是一家处于迅速成长阶段的公司,具有较好的发展潜力。

但公司的营收从上市时的2.58亿元涨到了2017年的54.45亿元,差不多21倍,据2018年半年报,1—6月份营收已经超过32亿元,今年全年营收大概率远超去年;净利润从0.7亿元增加到2017年的4.8亿元,还不到7倍,形成了营业总收入和净利润走势相差甚远的情况(如图1)。

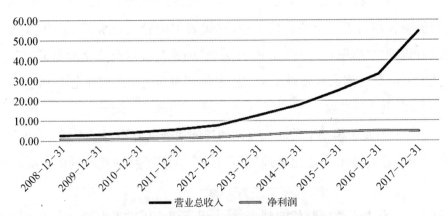

图1 科大讯飞营业总收入和净利润走势图(单位:亿元)

资料来源:Wind资讯

根据科大讯飞8月14日发布的半年报显示,2018年上半年科大讯飞实现营业收入320 998.93万元,与2017年同期相比,增长了52.68%,实现了营业额大幅增加。但报告期内归属于股东的净利润约为1.3亿元,扣除非经常性损益后归属于上市公司股东的净利润仅为2 020万元,同比下降74.39%。未扭转上一年度净利负增长趋势(如表1)。

表1 科大讯飞2018年半年报主要会计数据   单位:元

	本报告期	上年同期	本报告期比上年同期增减
营业收入	3 209 989 279.57	2 102 362 655.68	52.68%
归属于上市公司股东的净利润	130 602 669.24	107 283 558.14	21.74%
归属于上市公司股东的扣除非经常性损益的净利润	20 198 671.86	78 867 064.18	−74.39%

资料来源:2018年半年报

同时8月29日,长江商学院终身教授薛云奎在其个人微信公众号"智慧财报"发文,质疑科大讯飞存在巨大风险,将科大讯飞定义为"股市上的大公司,财报上的小公司。"薛云奎教授主要从四点展开质疑。

一是,从概念到技术,从技术到生意,最终能否真正实现到业绩的转变;二是,财务业绩表面光鲜,实际含金量低、国外销售收入占比低,表明产品并未得到世界认可,销售收入由并购拉动,以及利润中主营业务占比低,表现了利润的不可持续性;三是,公司持续向股东"伸手",科大讯飞的管理团队:擅长要钱,不擅长赚钱,这使得公司的股权资本占比高,触发公司股东权益报酬率一直低迷。从上市前的31.14%降至2016年的6.88%;四是,科大讯飞只擅长管小公司,不擅长管大公司,资产规模"浮肿",虚资产,如商誉和无形资产等比例过高。

据此,不禁让人想去揭开科大讯飞神秘的盈利面纱。

二、技术、盈利进入天花板"掩耳盗铃"终要现原形

(一)核心智能业务收入占比不到30%

作为核心业务,开放平台和消费者业务其实是科大讯飞的"老本行",毕竟其第一大股东正是中国移动,持股12.91%。主要是为通信公司提供智能语音服务,同时做一些移动通信数据分析。

但近些年做智慧城市的特别多,科大讯飞做了些什么呢?根据其年报介绍:基于"人工智能+数据驱动"的城市智慧化发展模型,以城市超脑为核心,打造集基础信息接入、城市大数据和信息模型、行业超脑应用为一体的智慧城市整体解决方案。具体应用场景就比较接地气了:社区服务机器人"小途"已在社区中试点,为居民提供接待讲解、引导、业务咨询、办事预受理、进度查询等服务。携手合肥轨道交通二号线,通过语音输入,售票终端可以智能识别乘客需求,为乘客提供购票服务。

教育方面,科大讯飞近年来发展特别快,覆盖了全国12 000所学校,2017年实现了10亿元营收,2018年上半年实现了7亿元营收。中国的教育领域是个相对封闭的市场,准入门槛非常高,因此有理由相信,依托国家背景,科大讯飞可以继续做大教育领域的业绩。但是这个领域的缺点也是显而易见的,受政策制约非常明显,一旦风向改变,更经受不起打击,2010年破产倒闭的"绿坝—花季护航"便是如此。在纯市场竞争的教育市场,科大讯飞的产品几乎没什么名气。

在政法方面,科大讯飞最擅长的"智慧法院"大行其道,这和国家法制改革息息相关。公司赶上了顺风车,随着国家对冤假错案的严格审查,科大讯飞的技术非常适合这种业务场景。不过,目前该项业务的营收比重不大,增幅也有限,2018年上半年营收3.4亿元左右。

除了上述几大块业务外,汽车领域的业务也开始发展。随着运营商流量价格的下降,车联网时代近在咫尺,如今新出的汽车几乎都带智能互联设备,由于特殊的应用场景,语音控制是与汽车设备最佳的交互方式。科大讯飞的语音技术在智能汽车设备上得到了广泛应用,半年销售额达到了1.2亿元。不过从笔者实际调研情况来看,在这个领域,由于各种车助理软件的存在,科大讯飞并没有绝对的优势。

被外界称为中国高科技"AI第一股"的科大讯飞,教育产品和服务占总收入比例最高,达20.48%,收入为6.57亿元;其次是信息工程占总收入的18.12%,收入为5.81亿元;在此之后是政法业务,占总收入的10.87%,收入为3.49亿元。

真正属于智能业务,并被市场看重的业务包括开放平台、移动互联网产品和服务、智能硬件和智能服务业务,分别占公司总收入比例9.71%、3.68%、10.39%、2.72%,收入分别为3.11亿元、1.18亿元、3.33亿元、8 700万元。换句话说,科大讯飞最令人关注的智能业务占比不过才26.5%,总收入近8.5亿元(如图2)。

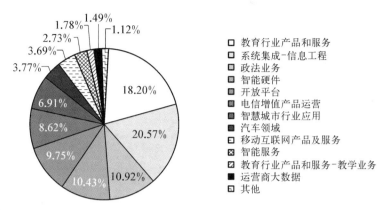

图 2　科大讯飞截至 2018 年 6 月 30 日的主营业务构成
资料来源：2018 年半年报

（二）增收不增利

图 3 是科大讯飞 2013—2018 年合并利润表的主要项目，反映了公司的主要经营成果。公司营业收入总体是不断增长的，增长幅度较高，多在 30%—60% 之间，总体营收增长较快，但同比增长幅度在不断下降，这说明其并没有一直保持高额的增长态势，考虑到年增长 50% 以上的销售投入，营业收入的增长率再持续下降对其来说是"伤筋动骨"的，保持良好的营业收入增长是至关重要的。

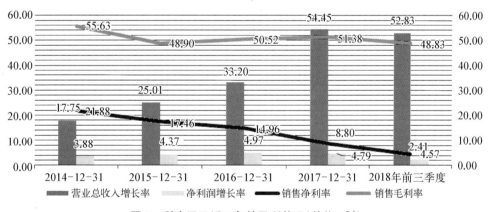

图 3　科大讯飞近 6 年的盈利状况（单位：%）
资料来源：Wind 资讯

2013—2018 年，科大讯飞公司的净利润虽是增长，但净利润的增幅已经呈现出快速下降的趋势，从 53% 下降到了 13%，其已经陷入"增收不增利"的困境，此外，每年可以得到大量的政府补贴，这都是被外界质疑的主要因素（如图 4）。近年来，公司的研发支出、销售费用、管理费用不断增加，市场竞争越来越激烈，原有的客户转变为竞争对手,这些因素都造成了净利润增幅的下降。同时从公司销售毛利润来看,产品分布不均衡,占比最高的一直都是电信增值产品运营、教育产品和服务,新增业务占比较低,净利润的增长依赖于传统的业务产品,利润的含金量是较低的。

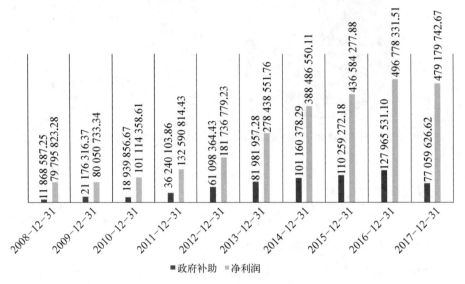

图4 2008—2017年政府补助与净利润的关系(单位:元)
资料来源:Wind资讯

《证券时报》此前报道称,面对市场质疑,科大讯飞方面曾表示政府补贴贡献收入有限,对于所有软件技术开发企业销售自己的软件产品予以退税,说明软件增值税退税是国家政策,不是专门为支持科大讯飞,而企业获得的政府补助则用于公司持续的研发投入。但事实是政府补贴很大程度上成为科大讯飞业绩的支撑点,且异常重要。公司财务报表中显示,2013—2017年,列入当期损益的政府补助分别为8 198万元、1.01亿元、1.1亿元、1.28亿元、7 706万元。从占比来看,2008—2017年,政府补贴收入对该公司净利润的贡献超过25%。在过去10年里,科大讯飞获政府高达10亿元的补贴,但利润仍在下滑。

(三)现金流秘密

正如薛云奎教授所说,在融资战略中内部融资即所有者权益的比率基本占到融资比率的70%—80%,不利于财务杠杆作用的充分发挥。不同类型的企业根据自身的发展状况和所处的行业背景,其适合的所有者权益比例的大小也不同,对于高新技术企业而言,所有者权益占比并不是越大越好,所以科大讯飞应对这项比例做适当调整。

图 5　科大讯飞投入资本的主要构成部分

资料来源：Wind 资讯

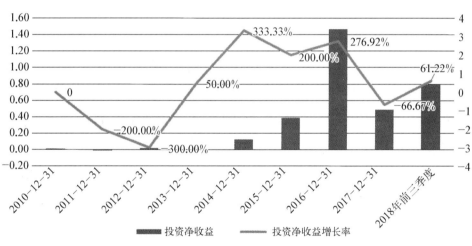

图 6　科大讯飞上市以来投资收益

资料来源：科大讯飞年报

2015 年以来，公司的投资收益也一直走"特殊路线"（如图 6）。2016 年 1.46 亿元的投资收益中，有 1.17 亿元是通过公允价值重新计算获得的，"天上掉下一个亿"（如表 2）。

表 2　2016 年科大讯飞的投资收益　　　　　　　　　　　　　　　　单位：元

项　　　目	本期发生额	上期发生额
权益法核算的长期股权投资收益	12 239 881.88	10 553 935.02
可供出售金融资产在持有期间的投资收益	1 464 065.50	337 239.51
委托贷款投资收益	11 887 500.00	27 375 000.00
理财产品投资收益	7 639 319.15	846 754.80

(续表)

项　　　目	本期发生额	上期发生额
通过多次交易分步实现非同一控制下企业合并,原股权按照公允价值重新计量产生的利得	116 625 797.71	—
其他	−3 295 771.33	—
合计	146 560 792.91	39 112 929.33

资料来源:2016年年报

2016年投资收益发生额较上年增长274.71%,主要系本年通过多次交易分步实现非同一控制下合并讯飞皆成,也是由于本公司以公允价值重新计量持有的原股权而产生大量的投资收益所致。

2016年科大讯飞利润总额为5.6亿元,同比增长20.73%,然而在科大讯飞的利润表中,其营业外收入为1.91亿元,投资净收益为1.47亿元,而投资净收益中仅有1 224万元关系到主营业务的长期股权投资收益,大部分是通过科大讯飞的并购获得的。

而在公司营业外收入明细中则可以看到,公司拥有的1.91亿元营业外收入的大部分来自政府补贴,补贴金额超过了1.8亿元,占了公司营业外收入绝大部分比例。也就是说,扣除营业外收入及非主营业务相关而获得的投资收益,科大讯飞主营业务给公司带来实际利润约为2.35亿元。盈利能力和质量堪忧。

而科大讯飞作为一家高科技公司,投入的软件开发支出也非常高(如图7)。如2016年公司对软件开发的投入分两部分计入:无形资产和开发支出,分别约

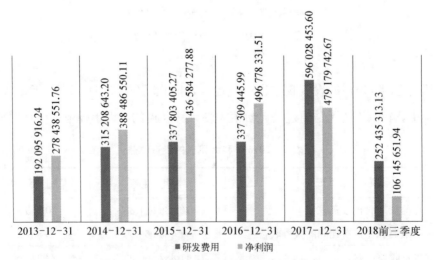

图7　科大讯飞近6年研发费用与净利润的关系(单位:元)

资料来源:科大讯飞年报

为 1.99 亿元和 0.36 亿元。而两者之和正好为 2.35 亿元。也就是说除去营业外收入以及权益类收入，公司主营业务收入全都投入了公司开发费用之中，这也就是科大讯飞被很多评论家"吐槽"的原因。

如上文所述，近年来，公司的研发支出、销售费用、管理费用不断增加，市场竞争越来越激烈，原有的客户转变为竞争对手，这些因素都造成了净利润增幅的下降。而研发费用的大幅度投入，也使现金流的流出大幅度增加（如图 8）。

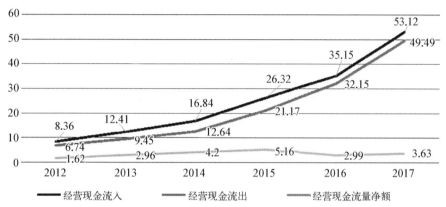

图 8　科大讯飞近 6 年的经营现金流量（单位：亿元）

资料来源：科大讯飞年报

（四）应收账款的庞大

从表 3 可以看出，科大讯飞的营运能力在 2012—2016 年期间整体呈下降趋势。存货周转率从 2016 年骤减，说明企业在当年内的销售成本增加，销售能力与日益庞大的销售体系不匹配。这种现象的产生必然与科大讯飞近几年的快速扩张有关，结合上文对投资战略的分析可以得知，近两年科大讯飞加大了销售费用的投入，对存货周转率产生了一定的影响。

表 3　科大讯飞的营运能力　　　　　　　　　单位：次

时间 项目	2012 年	2013 年	2014 年	2015 年	2016 年	2017 年	2018 年前三季度
存货周转率	5.2	5.62	5.21	5.18	3.58	3.54	2.90
应收账款周转率	2.29	2.32	1.9	1.91	2.06	2.50	1.64
流动资产周转率	0.73	0.66	0.68	0.68	0.64	0.85	0.83
固定资产周转率	3.85	3.51	2.95	3.19	3.46	4.33	3.43
总资产周转率	0.48	0.41	0.37	0.37	0.35	0.46	0.39

资料来源：Wind 资讯

应收账款周转率在过去5年中波动,整体处于下降趋势。这表明公司的应收账款投资回收期不稳定,有时长有时短,这主要是因为在快速扩张期间,科大讯飞扩大了自营业务的范围,以应对日趋激烈的竞争。同时为了维持和下游厂商的合作关系,科大讯飞也不得不对收款期限进行不断调整,因此导致应收账款周转率略有波动。也就是说,公司大量的交易往来都未收到现金,而是放在了应收账款上,也就造成了现金流入不敷出的现象。流动资产周转率在5年间虽略微下降但整体变动不大,基本维持稳定,说明科大讯飞对流动资产利用的效果较好。固定资产周转率在五年间呈凹型变动,2016年的水平与2013年的水平相近,表明企业对固定资产的投资得当,持有的固定资产结构较为合理,能够充分发挥效用。最后,总资产周转率(可以代表全部资产使用状况)在过去5年中稳步下降,表明科大讯飞使用总资产的效率逐年下降。因此,科大讯飞应当建立并实施有效、科学、合理的企业经营能力评价指标,从而指导企业的经营行为,帮助企业发现经营中存在的缺点和不足,提高经济效益。促进企业对各项资产加强管理,最终提升企业的综合实力。

(五)研发支出资本化

什么是研发支出资本化?如果公司的研发支出符合一定条件,则可以将其纳入无形资产。研发支出资本化和研发支出费用化有什么区别呢?无形资产核算的最大优势在于它们可以在多年内摊销。例如,科大讯飞的会计政策中规定,非专利技术8—10年摊销完毕,自主研发软件2—5年摊销完毕。如果费用化的话,都会体现在当年的研发费用里。

作为高科技企业,科大讯飞以高比例的研发支出来维持技术的领先。虽然营收增幅迅速,但公司的研发支出比例一直维持在20%以上。如2017年的研发支出(如表4)高达11.45亿元,66%的员工都是研发人员,看起来在创新方面不惜血本。上文提到,公司通过政府补贴和投资收益,把实际亏损的利润做成正数,不仅如此,公司还在研发支出上做文章。2017年11.45亿元的研发支出中,有5.5亿元进行了资本化。这5.5亿元的研发支出,如果放在当年费用里,公司的利润又下降了一大截,亏得一塌糊涂。

表4 科大讯飞2017年研发支出

研 发 支 出	2017年	2016年	变动比例(%)
研发人员数量(人)	5 739	3 678	56.04
研发人员数量占比(%)	66.28	61.92	4.36
研发投入金额(元)	1 145 328 994.08	709 131 775.38	61.51

(续表)

研 发 支 出	2017年	2016年	变动比例(%)
研发投入占营业收入比例(%)	21.04	21.36	−0.32
研发投入资本化的金额(元)	549 300 540.48	371 822 329.39	47.73
资本化研发投入占研发投入的比例(%)	47.96	52.43	−4.47

资料来源：科大讯飞年报

科大讯飞的研发支出资本化合理吗？

据 Wind 资讯数据，2017年行业的研发支出资本化率平均水平为5.78%，而科大讯飞的研发支出资本化率高达47.96%，并且常年在50%上下(如图9)。这属于业内极高的比例了，上一个研发支出资本化率这么高的，是乐视。

图9　科大讯飞研发支出资本化

资料来源：科大讯飞年报

(六) 折旧年限"超长待机"

同样的，科大讯飞的折旧提取也大有文章。公司的折旧政策规定，房屋建筑物的折旧年限为40年(如表5)，这在A股上市公司中属于非常罕见的"超长待机"模式了。

表5　科大讯飞折旧方法

类　　别	折旧年限(年)	残值率(%)	年折旧率(%)
房屋及建筑物	40	4	2.40
运输设备	6	4	16.00

(续表)

类别	折旧年限(年)	残值率(%)	年折旧率(%)
构筑物及附属设施	10	4	9.60
计算机设备	3	4	32.00
办公设备	5	4	19.20
专用设备	3	4	32.00
图书	5	4	19.20
其他设备	3—10	4	32.00—9.60

资料来源：科大讯飞年报

查一下公司的资产负债表，发现50%—60%的资产都是房屋及建筑物(如图10)。由于折旧提取的时候体现在管理费用中，超长的折旧年限就又大幅降低了每年需要抵减的利润。

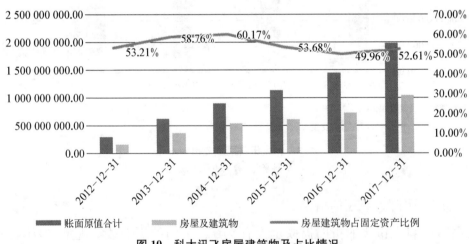

图10 科大讯飞房屋建筑物及占比情况

资料来源：科大讯飞年报

科大讯飞真的有那么糟？

基于上述科大讯飞塑造的利润蓝图，我们对此持怀疑态度。一家能靠自身研发的人工智能技术在国际上夺得第一的公司能不能承受来自市场和自身研发能力的洗礼，其后续发展有待观察。

三、财务窘境能否支持未来发展?

(一) 盈利能力分析

如表 6 这些指标越高表明企业的盈利能力越好。从表可知:销售毛利率四年里稳定保持在 50% 左右。每股收益在 0.33—0.47 之间不断波动,总体水平较为稳定。然而其他三项盈利指标呈下降趋势。总资产报酬率从 10.4% 降为 4.03%,净资产收益率从 8.04% 降到 2017 年的 6.77%,销售净利率从 2013 年的 22.21% 降为 2017 年的 8.80%,三个盈利指标分别下降了 32.64%、38.27% 和 14.42%。这表明科大讯飞的盈利能力减弱。

表 6　2013—2018 年科大讯飞盈利能力

盈 利 能 力	2013 年	2014 年	2015 年	2016 年	2017 年	2018 年第三季度
销售毛利率(%)	53.01	55.63	48.90	50.52	48.82	51.39
销售净利率(%)	22.21	21.88	17.46	14.96	8.80	4.57
总资产报酬率(%)	10.40	9.14	6.98	6.42	4.03	1.77
净资产收益率(%)	8.04	9.96	6.69	6.88	6.77	3.15
每股收益(元)	0.37	0.47	0.34	0.37	0.33	0.11

资料来源:科大讯飞年报

(二) 盈利持续稳定性分析

一般来说,企业利润有四个来源:核心利润[①]、公允价值变动损益、投资收益以及营业外投入和支出。核心利润由企业的主营业务产生,并具有稳定性。投资收益,营业外净收入变动和公允价值的收益和损失是偶然的。因此,核心利润占总利润的比例决定了企业利润的稳定程度,核心利润占总利润的比例越大,表明公司的盈利能力更加稳定。

表 7 显示出了 2013—2016 年,科大讯飞营业外收入和支出占总利润之比一直稳定在 32%—36% 之间,但 2017 年下降幅度大。投资收益占利润总额的比重

---

① 核心利润=营业收入-营业支出-营业税金及附加-管理费用-财务费用-销售费用,为与经营活动现金流量净额进行比较,本文中的核心利润不扣减财务费用。

在2016年明显上升,由2013年0.93%到2016年26.1%,但在2017年的走势突然回到2014年的水平。营业外收支净额和投资收益总和占利润总额比重逐年上涨,到2016年已经达到58.1%,但在2017年有所回落。同时,核心利润占利润总额的比重一直呈下降趋势,由2013年64.62%到2016年47.97%。2017年由于人工智能的税收优惠政策,科大讯飞实现了营业收入大幅度增长,而营业税金及附加并没有相应跨越式增长,其结果是,核心利润大幅上升,但其面纱背后却是核心利润占比逐年下降,非核心利润比重比上年同期增长也意味着其盈利质量已经呈现出下降的趋势。

表7 2013—2017年科大讯飞利润结构分析指标　　　　　　单位:%

利润构成指标	2013年	2014年	2015年	2016年	2017年
核心利润占利润总额的比重	64.62	61.53	55.81	47.97	80.94
投资收益占利润总额比重	0.93	2.93	8.42	26.1	3.47
营业外收支净额占利润总额比重	32	34	36	32	10.57

资料来源:科大讯飞年报

科大讯飞2016年年报显示:非同一控制下企业合并讯飞皆成购买日之前持有的股权按照公允价值重新计量产生的损益构成利润总额中26.1%的投资收益,属于不可持续的收益。此外,通过对该公司营业外收支净额的深入分析,发现:营业外支出相比营业外收入少得多。且在过去四年里,营业外收入中政府补助占比均超过95%。

(三)现金保障性指标分析

一般而言,企业盈利的现金保障性按销售收现率、盈利现金比、净利润回收现金比率进行评估。对于科大讯飞,表8显示:2013—2017年,该公司销售收现率指标分别为74.82%、72.43%、81.99%、84.80%和80.11%,表明其销售收现能力逐步提升。五年的盈利现金比指标分别为106.33%、108.13%、118.10%、60.25%、95.67%,这表明在2013—2015年,科大讯飞的现金流量相对充裕,呈现增长趋势。然而,2016年的盈利现金相比2015年急剧下降,盈利的现金保障程度显著下降。近几年来的净资产现金回收率分别为8.55%、10.77%、7.90%、4.15%、7.25%,这表明科大讯飞盈利的现金保障程度减弱,净资产产生资金的能力不断下降。

表 8 科大讯飞现金保障指标   单位：%

现金保障性指标	2013 年	2014 年	2015 年	2016 年	2017 年
销售收现率	74.82	72.43	81.99	84.80	80.11
盈利现金比	106.33	108.13	118.10	60.25	95.67
净资产现金回收率	8.55	10.77	7.90	4.15	7.25

资料来源：科大讯飞年报

（四）盈利成长性指标分析

盈利成长性指标用于分析企业盈利的成长趋势，越好的成长性代表越高的利润质量。一般来说，用三个指标来描述企业盈利成长性：营业收入增长率、营业利润增长率和核心利润增长率。图 11 显示：2013—2017 年，科大讯飞营业收入增长率和营业利润增长率虽然能大致保持在 30% 以上，但是 2017 年后其却显示出显著的下降趋势。核心利润增长率下降速度比之更甚，且在 2015 年出现负增长。核心利润增速大幅下降也表明了科大讯飞核心业务产生收入的能力下降，盈利能力差。

图 11 科大讯飞盈利成长性指标变动趋势（单位：%）

资料来源：科大讯飞年报

（五）盈利质量总结

上文从四个方面分析了人工智能企业科大讯飞 2013—2017 年度的盈利质量。从盈利的持续稳定角度来看，科大讯飞的盈利过分依赖政府补助和投资收益，表明其盈利稳定性不足。从现金保障性指标角度来看，虽然科大讯飞净利润是相当可观的，但是其盈利现金比已显著下降，净资产产生现金的能力减弱。从获利性指标来看，科大讯飞盈利能力下降显著。在盈利成长性指标方面，科大讯飞核心业务产生收入的能力也有所下降。总体而言,科大讯飞的盈利质量下降显著,值得关注。

中国政府高度重视人工智能产业的发展。科大讯飞应该抓住国家出台扶持政策的发展机遇,加强经营销售能力和研发水平。继续把现金流控制在较好的水平、减少政府补贴的依赖性,使核心利润占总利润的比重进一步增加。只有这样,其盈利质量才会得到改善,在很大程度上给投资者带来丰厚的回报。

四、是没有对手,还是走错了赛道?

2018年8月14日,在科大讯飞公布的2018年半年报中可以看到,公司实现320 998.93万元的营业收入,比上年同期增加52.68%;实现毛利160 216.22万元,比上年同期增长56.02%。其开放平台开发者数量达到80万,比上年同期增长114.48%。其在教育、医学、智慧城市等重点行业的应用规模持续扩大,"领导先行一步,并一路领先"的格局继续加强。

根据科大讯飞的自我介绍,在各个赛道上,公司几乎都是绝对领先的。更有分析师声称,科大讯飞在人工智能和语音识别方面的营收远超BAT的总和。我们知道阿里也做了语音识别的自助售货机,但是,它花钱了么?百度的入口也是有语音识别的,那么它花钱买技术了吗?腾讯的QQ和微信有语音识别,识别效率和准确率不低,有没有花钱?

很显然,BAT们并没有把语音识别当成单独的一项主营业务,而是作为全面业务的一个底层支持,因此人工智能和语音识别是"成本中心"而非"利润中心",压根没有指望这项业务赚钱。那么,科大讯飞在这方面的营收,和BAT有可比性吗?

科大讯飞究竟是在各个赛道上持续扩大规模,还是压根就走错了赛道呢?2018年6月,百度语音开发平台和百度AI平台合并,全面免费向开发者开放。基于百度AI平台的89元的小度音箱不限量全面促销,在很短的时间内向科大讯飞的"叮咚"音箱发起了挑战。语音的背后,是人工智能和大数据,谁是这个领域的王者?

科大讯飞的跑道上还会有多少竞争者,让我们拭目以待。

(执笔人:王若宇;指导老师:娄祝坤)

皇台酒业成品酒库亏空

适用课程： 财务管理理论与实务　管理会计理论与实务

编写目的： 本案例旨在使学生充分认识理解存货管理以及内部控制的稳定对于企业的重要性。

知 识 点： 存货管理对于企业的重要性　公司内部控制的整体框架　战略目标对公司的重要性以及管理层稳定对于公司的意义

关 键 词： 存货管理　内部控制　皇台酒业

案例摘要： 皇台酒业在2018年年初对2017年做了年度总结，并根据报告统计发布了业绩情况，指出2017年上市企业股东出现了较大的亏损，亏损额度处于1.2亿—1.4亿的区间，其中库存成品酒的亏损额度就占据了一半左右，库亏金额约6700万元。学生通过本案例可以了解内部控制对于公司的重要性以及经营不善对公司的影响。

引言

2018年1月30日，皇台酒业（股票代码000995）（现已变为"﹡ST皇台"，以下称为"皇台酒业"）发布了《关于成品酒库亏的风险提示公告》，公告显示，企业关于库存商品的经营情况不容乐观，核对财务发现，库存成品酒的亏损额度就占据了总亏损金额一半左右，库亏金额约6700万元。随后深交所在2月1日向皇台酒业下发关注函，要求公司说明存货构成情况、存货管理情况、存货审计的有效性、披露的及时性以及相关补救措施等。但皇台酒业并未对关注函进行回复，而是向公安机关报案，于2月9日发布了《收到公安机关〈受案回执〉的公告》。随后公司在7月14日发布的《2017年年度报告》中说明，原内部相关人员在2016年及以前年度存在监守自盗的经济犯罪行为，成品酒亏空系2016年及以前年度的陆续亏空形成的,截至2016年累计亏空金额71 393 462.00元。

2016年亏损1.27亿元、2017年亏损1.88亿元,连续的亏损让皇台酒业成为*ST皇台,究竟是什么原因让皇台酒业的发展从曾经的"南有茅台,北有皇台"到现在面临退市的局面?

一、公司简介

皇台酒业股份有限公司地处甘肃,诞生于1985年,但是公司初创时并非股份制企业,直到2000年才成功上市,转型完毕。集团的成立也是多个公司共同发起完成的,注册资本高达1.77亿元,总市值8.14亿元,实际控制人吉文娟,法定代表人胡振平,公司员工431人。

公司的经营性质是生产销售一体化,主营相关酒业产品,其中以白酒和葡萄酒作为最主要的经营对象,同时,也涉及食品糖等其他产品。公司凭借深厚的技术基础以及成熟的管理体系,成功创建了优异的品牌,就当前我国的酒业布局来看,在西北五省区,皇台酒业当属最优。公司获取的荣誉也不胜枚举,其中1994年巴拿马万国博览会金奖的荣誉,使其声名大噪,而"南有茅台,北有皇台"也是在那时流传出来的。据公开报道显示,早在1997年皇台的销售额就已经到了1.3亿元,当时市场上一度出现了消费者持币待购而不得的情况。

二、酒库亏空问题严重

库亏发生于2017年年终存货盘点阶段,发现成品酒盘亏约6 700万元,与公司的销售单价比对,相当于库存少了100万瓶酒。而上一年三季报的数据显示,皇台酒业的存货为1.69亿元,丢失的成品占存货的4成。公司存货金额与跌价准备如表1所示。

表1 皇台酒业存货金额与跌价准备　　　　　　　　　　单位:元

年份 项目	2014	2015	2016	2017
存货金额	114 113 378.49	130 152 485.19	131 348 696.56	44 245 931.33
跌价准备	1 051 621.71	1 374 798.89	26 861 687.49	11 334 831.29

资料来源:公司年度报告

在2017年的年报中,皇台酒业表示,根据现有证据,成品酒亏空事项系2016年及以前年度陆续形成的,截至2016年累计亏空金额71 393 462.00元系客观存在,但无法认定以前各年度亏空数据。

4成的成品酒存货并不是无端消失,而是流窜到了市场上,大宗成品酒在本地市场上低价销售,造成出厂价及市场价格倒挂,皇台酒业的市场份额进一步萎缩。从2015—2017年销售商品收到的现金可以看出,从2017年开始,销售金额大幅缩水,虽然存在季节因素,但是在2、3、4季度销售额也并没有恢复到往常的水平,不能排除库存成品酒流窜到市场上,作为低价商品挤压了皇台酒业的市场。

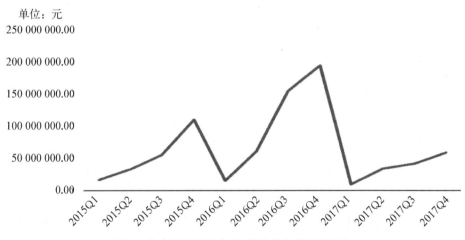

图1 皇台酒业销售商品、提供劳务收到的现金

资料来源:公司季度报告

在皇台酒业的发展历程中,2016年是公司内讧的一年。二股东北京皇台商贸以历史债务问题为由将皇台酒业告上法庭。管理层存在利益分歧,无法达成一致,公司的业务无法开展,历史遗留问题不能解决,新的业务方向也无法进一步推进。公司内部的不稳定也给管理层带来了巨大的动荡:董事、监事、高级管理人员均发生了大换血。以董事长为代表的卢弘毅等重要的股东以及管理阶层纷纷离职,在2016年度共计离职11名高管,整个公司的管理层框架基本全部换血,在管理层出现动荡的时候整个公司的内控制度也就不能得到很好的实施,在这种情况下,存货出现跑冒滴漏的情况也是在所难免的。

三、公司所有权混乱

皇台酒业在酿酒行业取得了令人瞩目的成绩,但是公司为何会沦落到现在出现财务报告重大缺陷的地步？皇台酒业在这几年来尝试了种植番茄，也试图进入教育领域，为什么一个酒类产品的生产销售公司会做如此跨界？这一切都要在皇台酒业上市以来的股权交易中寻找答案。

2001年，也就是公司上市次年，集团内部的皇台酒业股权发生了一定的变化，即不再归属皇台集团，而是归属于北京商贸公司，张景发为皇台酒业法定代表人。

为了配合这次股权划转，皇台集团以其拥有的位于甘肃武威的皇台大厦作价6 199万元偿还其拖欠皇台酒业的债务，而剩下的余款用于企业负债管理之上。自此，皇台商贸成为皇台酒业的大股东，而皇台商贸是皇台集团的独资控股子公司，两者的实际控制人都是武威市凉州区国有资产管理局。可见，虽然公司进行了相关的股权划分转让，但是本质上讲，掌权人仍与之前一样。

而后，时任皇台酒业董事长张景发100%控股的武威鼎泰亨通有限公司，在2003年7月被张力鑫以实物资产作价1.495亿元进行增资，占比60%。也由此，张力鑫成为鼎泰亨通名义上的控制人。5个月以后，皇台酒业大股东——皇台商贸实际控制人皇台集团，对皇台酒业进行了改制，并进行了大幅度的股权转让，转让对象为鼎泰亨通，其也正是凭借着转让而来的将近大股东50%的股权成为集团第二股东，几乎与大股东的股份持平。

其后，张景发任董事长的北京皇台商贸资金紧张，开始进行国有法人股拍卖，持股比例逐步下降，鼎泰亨通被动晋升为第一大股东，张景发之子张力鑫成为公司实际控制人。但是需要注意的是，在2003年，张景发和张力鑫的父子关系当时是个秘而不宣的机密信息。直到2005年，股权转让完成两年后，上市公司才以"工作人员失误"为托词披露了张氏父子原来真的是父子关系。至此，皇台酒业从原本国有控股的上市企业在短短的3年时间里变身成为私人企业。

根据年报中的数据，董事长张景发和总经理张力鑫的年龄也极其诡异，根据每年的年报显示，2002年张景发60岁，到2003年，反而减了1岁，变成了59岁，更让人难以猜透的是，到2004年又变成了61岁，2005年倒是正常生长，62岁了，不过仍然令人大跌眼镜的是，他到了2006年又活回了61岁。无独有偶，张力鑫也呈现出非正常生长的现象，2004年30岁，2005年31岁，2006年又"穿越"回到了30岁。两人的年纪真是神鬼莫测，让人难以琢磨。

不仅关于个人信息存在虚假谎报的现象，关于资产置换也出现了很大的差错。鼎泰亨通与皇台酒业曾于2015年签订了关于资产置换的合同，鼎泰亨通按照协议确实交易了产业,但是皇台酒业置换出去的产业却是曾被集团收购但没有形成任何收益的黄羊糖厂,两者之间的价值是不可等同的,经过专业计算,皇台酒业这一进一出,获取的实际价值就已翻倍。

可以说进入21世纪开始,一直到10年之前,这段时间就是我国白酒行业的顶峰阶段,诸如茅台、五粮液、洋河、今世缘、郎酒、劲酒等酒企通过国有企业改制,纷纷激发了自身活力,特别是洋河改制后凭借蓝色经典系列一跃而起扭转了濒临破产的危局。与此同时,同样经过改制的皇台酒业却陷入组织混乱、人才流失的尴尬境地,仅2005年就亏损了1个亿。随着2008年张景发的逝世,皇台酒业陷入了张氏子女股权纠纷的官司之中。两年后,无心亦无力经营皇台酒业的张力鑫,又通过股权转让的形式完成了企业股权的重新分配,转让对象则是上海厚丰投资公司(以下称为"上海厚丰"),并且其也正是凭借转让得来的股份逐渐成为企业的第一股东(见表2)。

表2 皇台酒业股东结构

股 东 名 称	持股比例(%)	报告期末持股数量(股)
上海厚丰投资有限公司	19.6	34 770 000
北京皇台商贸有限责任公司	13.9	24 667 908
甘肃开然投资有限公司	3.12	5 541 608

数据来源:公司年度报告

随着皇台酒业在2010年的管理层大换血,企业的生机又重新浮现,无论是生产经营过程,还是管理方面,都得到了有效的整改,并且实现了一定的突破。根据2011年财政数据显示,公司总收入达到了1.05亿元,而到2012年又得到了很大的提升,取得了1.3亿元的优异成绩(见表3),扭转了之前的颓势,也获得了东兴证券、中投证券的推荐评级。

表3 皇台酒业业绩状况　　　　　　　　　　　　　　　　　　　　单位:元

年份 项目	2007	2008	2009	2010	2011	2012
营业总收入	93 417 478.43	85 044 480.33	78 754 648.84	64 378 540.60	104 771 210.65	133 926 274.57
营业利润	39 135 785.87	62 180 287.86	46 844 860.74	51 196 610.03	22 190 733.43	19 317 503.48

资料来源:公司年度报告

当时的股份经理李学继表示,公司在武威竞争力十足,可以说是当地酒业市场中最有力的竞争者,成绩也相当优异,比如销售额高达1.3亿元,市场份额占40%。此外,就兰州这一省内最具影响力的白酒市场而言,公司的品牌形象打造极为成功,以皇台红六鼎最为著名,并且在2012年,实现了销售的又一大规模的突破。然而,随着2013年全行业进入深度调整期,皇台酒业的复兴之路戛然而止,再度陷入亏损。

上海厚丰虽然是第一大股东,却不能在皇台酒业当家做主。在上海厚丰入股后,有着政府人脉的卢鸿毅曾提出了一系列振兴公司的收购方案,却遭到了二股东北京皇台商贸多次否决。

2012年10月,皇台酒业计划向上海厚丰实际控制人卢鸿毅等投资者发行1 800万股募集1.91亿元补充流动资金及贷款,并提升卢鸿毅对上市公司的控制力。但由于上市公司与上海厚丰之前的控股股东北京鼎泰亨通存在重大诉讼,因此关于非公开的事宜,也很难继续前行。

皇台酒业在2013年曾制定过这样一个计划,即通过采取发行股票的方式筹集流动资金,按照计划,需要补充4.3亿元的流动资金,换算成股份为5 500万股,而发行股票的对象则是上海厚丰的投资者,此次发行可使卢鸿毅对上市公司的控股比例提升至30%以上。可由于北京鼎泰亨通再次提出仲裁申请,公司预计损失2 464万元,而在股东大会之后,该计划由于已经超越了期限,因此也并没有得到执行。

皇台酒业在2014年也曾公开表示要与浏阳河重组,然而公司却在当时遭遇了官司麻烦,此外,浏阳河也出现了资金问题,进而重组宣告失败。公司易主之后的历次重组转型,都因为老股东的阻击而泡了汤。上海厚丰在一场场闹剧般的重组与否决中,筋疲力尽。重组和并购的失败,让卢鸿毅等人十分失望,这也是他与众多管理层退出的重要原因,进而企业也就易主,股权完成了相应的交替,最终新疆润信通集团董事长吉文娟掌握了皇台酒业的话语权。

而润信通总经理名为沈巍,与德隆原行政总经理同名。重组完成后,皇台酒业实际控制人变为德隆系新疆屯河(中粮屯河前身)前任总经理张国玺,他具有20多年番茄行业经验,主导了新疆屯河由水泥行业转型至番茄行业的全过程,是新疆番茄行业的创始人。这个身份也与皇台酒业斥资33亿元进入番茄行业的行为相吻合。

在进军番茄行业的方案通过不久后,二股东北京皇台商贸随即以历史债务问题将皇台酒业告上法庭。

2016年1月26日,皇台酒业发布公告称因诉讼问题,公司非公开发行方案已停滞不前,同时公司欲和其他方进行重组。面对强大的反对势力,"番茄大王"张国玺也无力回天。3月15日,关于重组的计划以及具体细节问题得以问世,但是由于双方意见未能统一,重组再次失败。

之后的一年时间里,皇台酒业陷入了整体的人事动荡,包括董事长、副董事长、总经理、董事、证券事务代表等高管纷纷离职,尤其是原董事长卢鸿毅因个人原因的"一辞到底"更是将皇台酒业的高管离职潮推向了高峰。

随着原德隆系的胡振平进入皇台酒业担任董事长,皇台酒业的高管离职风波告一段落。但遗憾的是,本以为新的董事长能够带领皇台酒业走出颓势,但从胡振平入主皇台酒业的17个月来看,官司缠身、管理混乱等问题并没有得到有效解决。

2017年皇台酒业又打算进军教育行业,皇台酒业与深圳市中幼国际教育科技有限公司签订了《关于投资中幼教育集团的框架性协议》,拟投资不超过2.5亿元通过增资或股权受让的方式取得中幼教育的控股权,该事项涉及重大资产重组。

可经过一年的筹划,皇台酒业不但没能完成跨界,反而收到了中央关于民办幼儿园一律不准单独或作为一部分资产打包上市的通知。上市公司不得通过股票市场融资投资营利性幼儿园,不得通过发行股份或支付现金等方式购买营利性幼儿园资产。

皇台酒业上市迄今19年,前10年因为国企改制导致企业陷入经营混乱,后9年因为资本的纠葛引发管理的低效。主业不振、战略摇摆、官司缠身等一系列问题在过去的近20年里始终桎梏着皇台酒业的发展,而内部股东之间的矛盾对企业来说更是雪上加霜。

四、内控制度失效

根据皇台酒业2017年年报中内部控制审计报告可以看出,皇台酒业的存货管理制度规定存货应每月盘点一次和每半年至少全面盘点一次,但皇台酒业并没有完全执行该规定。公司在货物调拨时依据经相关负责人签字批准的调拨单或书面申请由仓储部门发货,而货物发出后财务部门并未对货物发出情况及时进行核算和反映。可见,企业的内部控制出现了相当严重的问题,这是形成公司成品酒亏空的主要原因。

皇台酒业并不是没有内控制度,之前年度的内部控制审计报告均表示,公司是拥有多项管控规范和办法的,其中就包括关于仓库管理以及诸多存货管控的规章办法,而且从财务报告上看,内控效果也是相对良好的。但是2016年11月之前的部分管理人员绕开了这些制度,蓄意侵占公司财产,这种行为没有被内控制度所检测到,说明内控制度存在一定的局限性,存在不能防止和发现错报的可能性。此外,公司相对波动较大的管理层也是企业出现内部失控的重要因素,缺乏稳定的管理,那么相关的政策制度或是规章程序执行起来势必会大打折扣,因此内部审计结果对于公司内控的发展预示悲观,控制风险较大。

五、公司经营不善

发生库存亏空对于皇台酒业来说属于"灰犀牛"事件,皇台酒业的发展在2013年后就陷入了停滞,主要就是因为股东之间意见不合,管理层无法有效推行治理政策。主业不振、战略摇摆、官司缠身等一系列问题都成为限制皇台酒业发展的原因。

从图2可看出,皇台酒业从上市以来,基本没有实现盈利,并且从2015年起,亏损额度逐年上升。2017年的年报显示,货币现金仅剩177万元,并且资不抵债,资产负债率达到了156.58%,这正是公司经营不善的体现。公司在近几年多次尝试重组以及跨行业经营,但结果都不理想。

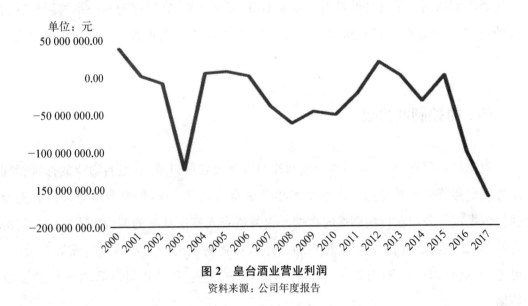

图2 皇台酒业营业利润
资料来源:公司年度报告

皇台酒业2015年新增了番茄业务,对于酒品生产制造企业而言,番茄属于新业务,缺乏经验。而在加入了番茄业务之后,主营产品葡萄酒与番茄制品的毛利率忽高忽低,有操纵成本的嫌疑(见表4)。

表4 皇台酒业产品毛利率

年 份	2015年上半年	2015年下半年	2016年上半年	2016年下半年	2017年上半年	2017年下半年
粮食白酒	70.91%	60.17%	62.34%	35.68%	35.87%	48.29%
葡萄酒	28.64%	73.00%	55.49%	47.75%	22.14%	−55.67%
番茄制品	—	14.86%	1.52%	1.88%	31.16%	—

数据来源：WIND数据库

同时,从2015年至今公司一直存在法律纠纷没有得到很好的解决,从2015年至今共计卷入了40件民事诉讼案件,金额共计7亿元。法律纠纷的存在也让公司无法很好地集中精力于主营业务,但是公司声称"造成公司连续亏损和众多诉讼的根源已找到",不知道后续是否能够摆脱困境,有所起色。

附录1 皇台酒业2000—2017年净利润及扣非净利润情况表

单位：万元

年 份	营业收入	净利润	扣非净利润
2000	15 841.07	2 891.03	2 707.14
2001	12 110.20	290.91	−1 090.94
2002	10 548.62	−1 206.13	−38.95
2003	5 055.81	−11 735.44	−12 385.50
2004	8 157.26	1 008.57	302.65
2005	8 327.78	542.87	412.78
2006	11 157.94	329.76	184.51
2007	9 341.75	−5 103.00	−4 195.06
2008	8 504.45	−5 915.62	−5 777.97
2009	7 875.46	642.91	−4 625.37
2010	6 437.85	−6 028.78	−5 148.54
2011	10 477.12	438.96	−2 608.76
2012	13 392.63	1 005.55	1 155.67
2013	10 788.51	−2 930.53	−292.30
2014	5 726.82	−3 928.85	−3 318.88

(续表)

年 份	营业收入	净利润	扣非净利润
2015	10 451.99	634.41	−162.34
2016	17 782.81	−12 667.75	−10 693.88
2017	4 760.51	−18 763.03	−16 504.66

数据来源：皇台酒业 2000—2017 年年报

附录2　皇台酒业 2015—2017 年年资产减值损失及存货跌价准备情况表

单位：万元

年　度	2015	2016	2017
存货	19 912.97	16 285.19	8 554.44
销售商品、提供劳务收到的现金	10 936.55	19 324.66	5 857.35
资产减值损失	277.25	4 596.33	10 216.30
存货的减少	−1 627.01	143.60	7 239.98

数据来源：皇台酒业 2015—2017 年年报

(执笔人：惠文潇；指导老师：王则灵)

一戳就破的业绩泡沫：尔康制药财务造假案例

适用课程： 财务管理理论与实务　财务报表分析

编写目的： 本案例教学目的是使学生了解尔康制药2016年年报虚增利润的手段以及控股股东的违规行为给企业带来的影响。通过对本案例的分析与研讨，帮助学生理解和研究以下重要知识点：① 上市公司财务造假的一般方法与手段，以及财务造假的动因；② 对企业财务报表分析时，如何将财务数据与非财务数据进行结合；③ 控股股东减持的因素，以及如何规范控股股东的市场行为。

知 识 点： 高管减持　财务造假

关 键 词： 高管减持　虚增利润　财务造假

案例摘要： 尔康制药曾入选《证券时报》主办的"漂亮50"活动，是中国药辅制造龙头企业。2017年4月，尔康制药公布2016年年报，用10.26亿元的利润再次交出了一份完美的答卷。然而，其实际控制人、控股股东帅放文及其一致行动人、妻子曹再云，一边对外鼓吹发展前景一片光明，一边连续7次减持套现超过12亿元，并以个人名义成立与尔康制药存在同业竞争的公司。除此之外，年报中为尔康制药带来高额毛利的明星产品，其生产工艺和销售去向迷雾重重；近几年尔康制药固定资产增长速度过快，众多项目真实性存疑。因此，同年5月8日，证监会向尔康制药下发问询函，要求尔康制药就收入和资产问题做出说明。经过半年时间的自查，11月22日，尔康制药承认虚增2.3亿元利润，而证监会的调查还在继续，是否还有更多的违法事实，我们还不得而知。本案例通过对尔康制药2016年财务报表中的财务数据的分析和公司各项公告中透露的非财务问题的研究，揭示了尔康制药如何通过舞弊为自己穿上一件华丽的外衣，给市场参与者敲响警钟，也为市场监管者的监管提供更多角度。

引言

2017年4月28日,湖南尔康制药股份有限公司(以下称为"尔康制药")入选了由《证券时报》主办的"漂亮50"活动,成为50多只A股绩优股之一。《证券时报》以净利润增长率大于15%、连续3年净资产收益率大于15%、市盈率低于35这3个指标筛选出中国A股的"漂亮50"。2016年,尔康制药实现营业总收入29.6亿元,比上一年同期上升68.62%;归属上市公司股东的净利润为10.26亿元,比上一年同期增长69.78%。上市以来,尔康制药业绩持续增长,2014—2016年,公司营业收入平均复合增长率为31.34%,净利润平均复合增长率为52.73%。尔康制药凭借优异的经营业绩、行业品牌地位、雄厚的科研实力及良好的市场预期,其股票入选"漂亮50",表明尔康制药获得市场高度肯定,促进投资者看好其未来预期,为其今后一段时期稳健发展奠定了良好基础。然而,仅1个月之后,尔康制药却因为2016年过于亮眼的年报数据,接到了证监会的问询函。由此开始,尔康制药吹起的业绩泡沫一步一步被戳破。

一、尔康制药的发展历程与现状

(一)发展历程

2003年,帅放文、曹再云夫妇二人出资500万元组建尔康制药,专注于药用辅料市场的开拓。到2008年,尔康制药被认定为"湖南省高新技术企业",并于当年年底开始生产新型青霉素类抗生素——磺苄西林钠注射剂,成为全国少数几个拥有磺苄西林钠原料药和成品药注册批件的企业。随后,尔康制药发展进入快车道,2009年完成第一次增资,注册资本增至8 821.01万元。2010年9月,尔康制药有限公司整体改制为股份有限公司,注册资本增至1.38亿元。2011年9月27日,尔康制药以17.97元/股的价格发行4 600万股股票,成功登陆深圳证券交易所。

尔康制药上市后,凭借优秀的业绩先后获得了"上市公司百强""创业成长公司20强""全国医药上市公司前十强"等多项荣誉。2012年3月入选国家"火炬计划"重点高新技术企业,成功进入创业板指数样本股行列。

尔康制药目前有129个辅料品种、44个原料药品和151个成品药批文,以药用辅料为主。下设15个子公司,在全国设有15个办事处及配送物流中心,业务遍布全国30多个省市自治区以及东南亚、欧美各国。图1为尔康制药旗下子公司情况。

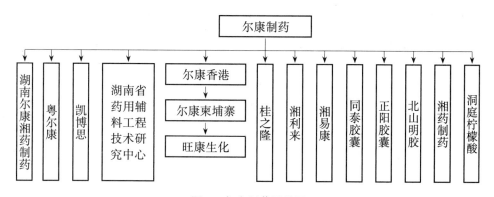

图1 尔康制药子公司

资料来源:尔康制药2016年年报

(二)发展情况

2012年的"毒胶囊"事件引起了人们对于明胶胶囊安全性的关注,尔康制药抓住市场机遇,开始研发木薯淀粉植物胶囊。2013年,尔康制药成功研制出具有原创性的淀粉空心胶囊与软胶囊,该技术获得了多项国际相关机构认证。

2013年,尔康制药募集资金创立湖南尔康(柬埔寨)投资有限公司(以下称为"柬埔寨尔康"),进入药用木薯淀粉领域。柬埔寨尔康为尔康制药在柬埔寨投资建设的"年产18万吨药用木薯淀粉"生产项目的实施主体。公司专注于药用木薯淀粉、药用柠檬酸系列等产品的研发与生产,立志在药用木薯淀粉领域大展宏图,为尔康制药实现"传统药用辅料""新型淀粉植物胶囊""新型药用辅料柠檬酸三辛酯"三大业务战略发展打下了坚实的基础。

柬埔寨尔康帮助尔康制药实现了从上游原材料到生产加工、物流仓储,再到终端销售服务的完整产业链条,完成了木薯淀粉胶囊产业化。自2014年投产以来,改性淀粉凭借高毛利为尔康制药带来了亮眼的业绩。2015年此淀粉类产品的销售收入为6.28亿元,占整体营收的35.76%。2016年的销售收入为13.79亿元,占整体营收的46.57%。

二、案例概况

(一)实际控制人无正当理由减持

2016年12月7日,尔康制药发布《关于控股股东、实际控制人及其一致行动人股份减持计划的提示性公告》。公告表示尔康制药的实际控制人帅放文及其一致行动人曹再云由于个人资金需求,于2016年12月12日—2017年6月12日期间进行股份减持。表1展示了帅放文以及一致行动人曹再云的减持进程。

表1 尔康制药控股股东、实际控制人及其一致行动人股份减持状况

减持人	日　期	价格(元)	股数(股)	金额(元)
曹再云	2016-12-13	12.62	2 009 016	25 353 781.9
	2016-12-14	12.35	3 000 000	37 050 000
	2016-12-15	12.02	3 000 000	36 060 000
	2016-12-16	12.37	4 000 000	49 480 000
	2016-12-19	12.64	3 450 000	43 608 000
帅放文	2017-04-28	11.93	86 000 000	1 025 980 000
	2017-05-05	11.93	1 671 000	19 935 030

资料来源:根据尔康制药官方网站发布的减持公告整理而成

2016年12月,曹再云通过5次股份减持完成套现1.9亿元,2016年年报报出后,帅放文通过两次股份减持完成套现10.46亿元。减持之前,尔康制药实际控制人帅放文持有45.69%的股份,其一致行动人曹再云持有0.75%的股份。减持结束后,帅放文持有尔康制药股份41.436%,曹再云则不再持有尔康制药的股份。经过7次减持,帅放文、曹再云夫妇所持的尔康制药股份共减少4.999%,合计12.37亿元。在公司业绩连年暴涨,产品毛利如此高的情况下,实际控制人在没有合理理由的情况下,大额减持12.37亿元,令人感到费解。

(二)客户身份成谜,销售疑云重重

自2013年投产淀粉项目后,尔康制药就在年报中隐去了前5大客户的身份。除了隐去客户名称,尔康制药向前5大客户销售的产品也不为投资者所知。尔康制药在年报中将其收入按产品分类归为3类:第一,淀粉及淀粉囊系列产品;第二,注射用磺苄西林钠(包含在成品药范围内);第三,其他业务(补充)(产品)。根据2015年年报,公司淀粉及淀粉囊系列产品的最大客户销售额为4 624万元,成品药的最大客户销售额为2 308万元。而前5大客户的销售额分别为2.04亿元、8 877万元、5 990万元、5 216万元和4 624万元。也就是说在2015年,公司的前5大客户大量采购的并非尔康制药的明星产品淀粉囊和成品药系列,而是被归纳在其他业务(补充)系列内的不为消费者所知的产品。根据2016年年报,公司前5大客户的

销售额分别为 2.66 亿元、2.41 亿元、1.61 亿元、1.01 亿元和 7 636 万元。而公司淀粉及淀粉囊系列产品的最大客户销售额为 1.61 亿元,成品药的最大客户销售额为 4 416 万元。也就是说,公司最重要的前两大客户,既不是购买公司最重要的淀粉及淀粉囊系列产品,也不是购买成品药。因此这两大客户只能被归纳在其他业务(补充)系列内。

那么,尔康制药的明星产品"淀粉及淀粉囊系列产品"究竟销往何处?

加拿大的 SYN 公司是迄今为止尔康制药唯一披露过的与淀粉类产品有关的客户。SYN 公司的全称为 SYN PHARMATECH INC.,2010 年 11 月 16 日,由创始人黄祖云在加拿大安大略省注册成立,专业从事药品研发和原辅料贸易业务,其经营淀粉类产品包括软胶囊用改性淀粉、食品用改性淀粉和工业用改性淀粉等多种类型产品。

尔康制药称其与 SYN 公司不存在任何关联关系。但是 SYN 公司的创始人黄祖云在 2014 年 7 月—2015 年 4 月期间,在尔康制药 70% 控股的子公司湖南药用辅料工程技术研究中心有限公司担任技术负责人,主导了改性淀粉类产品的技术研发。并与尔康制药董事长帅放文合作,在 2016 年第 24 卷第 5 期的《合成化学》上发表《西地那非类似物的合成》一文。尔康制药目前主要的产品——改性淀粉,在研发阶段就与 SYN 公司的创始人黄祖云有着密切的关系,之后尔康制药又通过 SYN 公司作为海外代理,凭借黄祖云的声誉,逐渐打开北美市场。因此两家公司"不存在关联关系"的声明令人怀疑。

SNY 公司除了与尔康制药有难以分割的联系,该公司的产品销售去向也令人费解。2016 年 5 月 27 日,尔康制药发布公告称 SYN 公司向其采购 222 吨软胶囊改性淀粉,价值 399.6 万美元。而半年之后,SNY 公司却将该批产品转销给国内的江西睿虎化工有限公司(以下称为"江西睿虎")。江西睿虎成立于 2014 年 10 月,注册资本为 200 万元,2016 年 8 月才缴足出资额。如此名不见经传的小公司,为何要从海外公司进口产自中国的药用辅料产品?采购之后又将销往何处呢?

事实上,江西睿虎只是代理 SYN 公司出口中国业务的公司之一。这些公司通过朋友介绍与 SYN 公司之间成为代理关系,根据 SYN 公司的需要购买淀粉和原辅料,将从加拿大进口的产品进行清关,但货物仍留在海关,也不参与货物之后的去向。也就是说,SYN 公司先从尔康制药采购改性淀粉类产品运至加拿大,之后再将这些产品转销回中国,如图 2 所示。

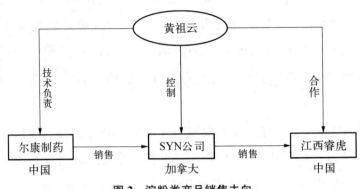

图 2　淀粉类产品销售去向

(三) 高毛利产品虚增利润

在尔康制药 2016 年年报中,其全资孙公司柬埔寨尔康表现瞩目。柬埔寨尔康由尔康制药的子公司湖南尔康(香港)有限公司于 2013 年在柬埔寨出资 500 万元设立,主要生产项目是"年产 18 万吨木薯淀粉"。该项目在 2016 年实现净利润 6.156 亿元,占尔康制药年净利润的 60.79%,是尔康制药最主要的利润来源。

在尔康制药 2013 年 11 月发布的《投资建设药用木薯淀粉生产项目的可行性分析报告》中,公司对年产 18 万吨木薯淀粉项目的流程工艺和经济效益进行了分析。

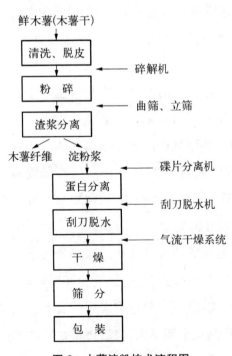

图 3　木薯淀粉技术流程图

(1) 关于淀粉生产的工艺。木薯原淀粉是将鲜木薯或木薯干清洗、脱皮处理后,经过两级碎解机进行粉碎,粉碎后的渣浆经过曲筛、立筛进行渣浆分离,分离出的木薯纤维经过再次洗涤处理,而分离出的淀粉浆经过碟片分离机进行蛋白分离、浓缩、洗涤,处理干净的淀粉乳再经过刮刀脱水机进行脱水,然后经过气流干燥系统干燥、筛分、包装成成品。如图 3 所示,根据该工艺流程,木薯淀粉并没有很高的科技附加值,技术实现较为简单,成本较低。而尔康制药公布的改性淀粉类产品毛利率高达 90%。

(2) 关于项目投产之后的经济效益。根据可行性分析,该项目实施后,每年可生产 18 万吨木薯淀粉和 3.6 万吨副产品木薯渣。木薯淀粉参考一般淀粉（非药用淀粉终端价格）到岸价格 2 800 元/吨，木薯渣到岸价格 800 元/吨进行计算，该项目正常年销售收入为 53 280 万元，年均利润总额 6 290 万元。项目投资利润率（平均年）31.45%，投资回收期 4.5 年（含建设期 1 年），本项目按 10 年收益期计算，财务内部收益率为 22.35%。

但是，自从该项目 2014 年 3 月 31 日达产以来，项目实现的净利就远远高于可行性报告。在 2015 年，项目总投资合计 1.4 亿元，当年为尔康制药的子公司带来了 2.76 亿元的净利润，是报告预计利润的 4.38 倍，总投资收益率达到 197.14%，是报告预计投资利润率的 6.27 倍。在 2016 年，项目总投资合计约 2 亿元，为公司带来了 6.15 亿元的净利，是报告预计利润的 9.76 倍，总投资收益率达到 427.08%，是报告预计投资利润率的 13.58 倍。

根据海关数据，2016 年，中国向柬埔寨进口木薯淀粉共计 3.093 65 万吨，金额为 1 042.83 万美元，进口糊精及其他改性淀粉共计 0.286 12 万吨，金额为 5 077.018 4 万美元，按照 2016 年 12 月 31 日人民币兑美元汇率（6.937：1），折合人民币 42 453.388 4 万元。即使海关数据中所有与木薯淀粉相关的项目均来自尔康制药，那么共计 3.3 万吨，远低于尔康柬埔寨公司年 18 万吨的产能，而总金额仅为 4 亿元，远低于尔康制药 6.15 亿元的净利润。而尔康制药年产 18 万吨的木薯淀粉仅小部分流入中国，那么剩下的去往何方？根据尔康制药年报显示，其海外市场占比很小，显然与国内市场的高毛利相互矛盾。

尔康制药称因为其产品为药用改性淀粉，定价依据行业中的竞争产品卡拉胶①等定价，因此毛利率远高于普通的木薯淀粉。但是高毛利高产能的改性淀粉似乎市场销售情况堪忧，尔康制药从 2014 年以来，存货增长率逐年增高，与描述的供不应求的市场状况不符。

除了存货高涨，尔康制药的固定资产增长速度也远超同行业，固定资产所占总资产比重过高。自 2014 年以来，尔康制药固定资产增加了 15.5 亿元，占总资产比重接近 50%，远高于行业平均水平。

尔康制药增加的固定资产多为自建的厂房、办公用房等建筑物，但是根据年报中的房产税数额远低于其资产水平应该缴纳的数额，同时也没有公开的项目招标信息，资产真实性存在疑问。

---

① 卡拉胶稳定性强，干粉长期放置不易降解，基于卡拉胶具有的性质，在食品工业中通常将其用作增稠剂、胶凝剂、悬浮剂、乳化剂和稳定剂等。

通过表 2 尔康制药年报数据分析,我们可以看出从 2014 年开始,尔康制药的存货增长率就持续走高,表明其产品的市场销售存在一定困难,产品生产过剩,市场需求并不如企业预期。而固定资产也从 2014 年开始大肆增加,总资产的增加完全依靠固定资产,使人怀疑其固定资产的真实性。

表 2 尔康制药年报数据分析

时间 项目	2016 年更正前	2015	2014	2013	2012	2011
存货(万元)	99 147.04	56 596.22	33 171.07	12 500.29	10 699.81	8 506.39
存货增长率(%)	75	71	165	17	26	
固定资产(万元)	176 874.22	127 660.91	71 883.43	39 391.34	21 666.37	12 131.28
在建工程(万元)	77 203.43	19 799.64	27 777.65	9 953.82	11 229.80	2 904.03
共计(万元)	254 077.65	147 460.55	99 661.08	49 345.16	32 896.17	15 035.31
固定资产增长率(%)	72	48	102	50	119	
固定资产占总资产的比率(%)	47	26	21	22	23	12

资料来源:根据尔康制药 2011—2016 年年报整理

(四) 控股股东的个人企业违背同业竞争

2016 年 5 月 23 日,尔康制药的大股东帅放文和妻子曹再云以个人名义成立河南豫兴康制药有限公司,分别持 80% 和 20% 股份。该公司的经营范围包括:化学、生物原料药及制剂,中药材提取制剂产品,化工产品(易燃易爆危险化学品除外),淀粉及淀粉制品,医药辅料,药用胶囊,保健食品的生产及销售,技术服务咨询;药品、医疗器械互联网信息服务;普通货物运输,货物进出口业务。该经营范围基本包含在尔康制药的经营范围内。而根据当地政府报道称,豫兴康淀粉胶囊医药园区作为高科技医药产业项目,项目总投资 20 亿元,主要产品为新型医药辅料——淀粉胶囊以及医药片剂、胶囊剂和小容量注射液剂等,该产业园区也与尔康制药类似,正式达产后将与尔康制药形成竞争关系。豫兴康公司预计收入为每年 10 亿元,而尔康制药每年的销售收入约为 20 亿—30 亿元。豫兴康公司在上一年 6 月就已经备案了年产胶囊剂 200 亿粒、小容量注射液剂 2 亿支、片剂 5 亿片的产能,这一产能与尔康制药的产能也十分接近。豫兴康公司作为控股股东帅放文及妻子的私人产业,其核心竞争力、产品和产能均与尔康制药相同。联系之前帅放文及其妻子在尔康制药发展前景乐观的情况下,以私人资金需求为理由,减持尔康制药股票套现超过 12 亿元,这一系列行为是否表明了尔康制药的大股东正在通过掏空上市公司为自己营利?

三、尾声

2017 年 11 月 22 日,尔康制药发布《关于对前期会计差错更正的公告》:第一,2016 年度,公司从子公司内部采购备货未实现销售的部分在合并报表时未进行合并抵消会计处理,应调减营业收入 229 315 853.5 元,调减营业成本 20 334 723.32 元,调减利润 208 981 130.18 元。第二,公司负责国际销售的部门未及时将销售退回及其后续处理的期后事项告知公司总部,导致财务部未按企业会计准则中关于销售退货的原则进行处理,2016 年度财务报表应调减营业收入 25 759 338.34 元,调减营业成本 2 486 019.72 元,调减应收账款原值 12 236 868.00 元,调减应收账款坏账准备 1 223 686.80 元,调减利润 22 049 631.82 元,调增应付账款 11 036 450.62 元。

2017 年 12 月 1 日,尔康制药向深交所回复称,实际控制人帅放文夫妇 2016 年投资设立的河南豫兴康制药有限公司与上市公司不涉及同业竞争。同时,豫兴康于当日召开股东大会变更经营范围,删除了与尔康制药重合的"淀粉及淀粉制品、医药辅料、药用胶囊、保健食品的生产及销售、技术服务咨询;药品、医疗器械互联网信息服务"等经营范围。

证监会的调查还未完成,尔康制药从业绩亮眼的药辅龙头企业,变为疑点重重的谜团企业,其股价也遭遇"腰斩",这为上市公司敲响了一记警钟。

(执笔人:肖瑶;指导老师:邬烈岚)

财务会计理论与实务

CAIWU KUAIJI LILUN YU SHIWU

从科大讯飞和恒生电子看研发支出：饕餮盛宴还是无味鸡肋？

适用课程： 财务会计理论与实务

编写目的： 本案例旨在引导学生思考研发支出对重点软件企业和高新企业的影响，并分析研发支出的信息披露中的问题，分析不同环境下企业对研发支出选择不同会计处理的原因。学生在掌握相关会计准则要求的基础上，结合科大讯飞和恒生电子案例，进一步深化对研发支出知识的理解，思考研发支出会不会成为新的利润调节池，从而拓宽学生对无形资产学习的思路和领域，探究怎样的核算方式才有利于投资者以及企业的长期发展。

知 识 点： 研发支出的会计处理　研发支出两阶段的划分

关 键 词： 资本化处理　费用化处理　重点软件企业和高新企业　研发支出

案例摘要： 不断挖掘并发挥我国科技创新能力是我国目前大力倡导的发展方向。国家对企业研发投入创新能力非常重视，特别是高新技术行业。研发支出的会计处理不仅影响企业利润，更会影响投资者对企业创新能力的判断。企业研发信息的高质量披露，可以将企业自身科技创新能力以及未来发展潜力传递给公众，提升企业价值。通过讨论恒生电子和科大讯飞对研发支出的会计处理，从而挖掘出此类高新技术企业对待研发支出的态度。

引言

2017年9月26日，国务院发布《关于推动创新创业高质量发展打造"双创"升级版的意见》,文件里对"双创"工作提出了详细的规划和要求,其中提到了研发支出税前加计扣除。稍早前,国家三部委也一同发布了当年第99号指导文件,标题为《关于提高研究开发费用税前加计扣除比例的通知》。该指导文件的内容大体陈述了企业的研究开发过程中,假若发生的研发费并没有形成无形资产,则这部分费用应当计入当期损益。那么,按照相关扣除要求,可以在原先扣除的基础上,在2018年初到2020年底这样的一个时间范围内,再加计扣除实际发生额的75%。假若已经形成了无形资产,那么则是可以在2018年初到2020年底的时间范围内,按照该无形资产成本的175%,实现税前摊销。由上面的文件内容可以发现,研发支出加计扣除已经成为国家层面高度重视的一件事。对此,股市反应强烈,相关高科技股票受到追捧。这是国家落实减税政策的步骤之一,据财政部副部长刘伟表示,该项利好政策初步测算全年减少相关税收约650亿元。这650亿元的大蛋糕,有多少企业来吃呢?据统计,中国目前有2200万家企业,所以均摊到每家企业,这是一个很低的比例。因此,研发支出加计扣除政策与其说是减税,不如说这是一种正向激励机制,鼓励企业投入更多的资金进行研发。

事实上,研发支出早就是很多所谓高新企业"藏污纳垢"的项目之一了,允许加计扣除后,就又多了一个调节利润的手段。由于研发支出大多是科技项目,税务部门通常很难有判断的能力,所以企业会将正常的非研发费用支出挪到研发支出,从而以转移费用项目的形式减少所得税,增加净利润。尤其是研发人员的工资可以计入研发支出,这是一个非常好用的调剂利润的方法。对于大部分企业来说,员工工资是非常重的成本负担,如果工资可以放到加计扣除的范围,会大幅抵减所得税。研发人员的定义非常宽泛,国税总局的公告阐述:工资薪金、养老等社会保险金以及从企业外部聘用的研发人员的劳务报酬,共同构成了研发费。按照这个定义,高科技企业或者稍微靠边的行业甚至可能将绝大部分员工纳入研发人员,以科大讯飞股份有限公司(以下称为"科大讯飞")为例,多达62%的员工是研发人员。所以,研发支出会不会成为一个调剂利润的工具呢?

一、理论背景

(一) 3种研发支出会计处理形式

1. 全部费用化

全部费用化是指研发支出在当期全部费用化。这种处理方式使得计算相对简单,且不需要分情况考虑,有效防止工作者在主观方面产生的失误,也同时避免相关工作人员自主进行判断分类,从而防止企业对利益的操控。虽然研发活动在某种程度上与后期收益有关联,但这种关联性却没办法精确地定量衡量,所以建立在这种不确定性上的资本化是不完全合理的,一般采用这种处理方式是为了维持谨慎性。除此之外,全部费用化可以使企业当期的费用增加,从而提前享受国家的税收优惠。但是一种方式有好有坏,这种方式的弊端体现在处理手段太简单,以至于会经常引发疑问。这种方式下,对企业价值产生负面影响,理由就在于其会把企业所有的成本费用化,并且这种处理办法也不能很客观且准确地反映出当期的企业的收益水平。

2. 全部资本化

全部资本化是研发费用发生时就把它确认为一项资产,然后根据它的使用年限每年分摊的一种处理方式,总的来说,就是与全部费用化完全相反的一种处理方式。因为把购置费用往后面几年分摊,所以企业的短期行为可以有效地避免。但是,我们回看第一种处理方式所提及的,显然未来收益与企业的研发过程并不是100%契合的。所以,全部资本化的处理方式几乎是未将企业研发收益的不可预测性加以考量,这样的话就很容易产生风险。正是因为这种不稳定性较大,全世界只有极少数的国家采用这种方式,并且这种方式也不适合追求稳健运行的企业。

3. 有条件的资本化

有条件的资本化这种方式由于较为折中,中和了全部费用化和全部资本化的特点,现在绝大部分国家采用的就是这种方法。采用这种方法,企业就可以自由决定资本化的时间和摊销期限。但是这种一定条件下的资本化会致使企业自主权变大,从而出现操纵利润的现象,所以仍然会存在一定程度的风险。因为有些成本是否符合资本化条件,要由相关企业员工进行专业的判断,毫无疑问具有较大的主观性。企业自身是否诚实诚信以及在研发项目的技术方面,企业是否有能力做出有效的考量,这些不确定因素都会较大影响到有条件的资本化这种处理方式的效果。因此,如果想要这种方法有效地发挥出效果,就需要花更多的功夫在准确性和真实性上。

4. 3种模式的比较

通过对上述3种方式的比较,可知不论是哪一种方法都存在优点和缺点。全部费用化由于具有较强的谨慎性,可以保证强大的准确性。通过把全部的成本费用化,增加当期费用,从而可以更快地获得国家税收优惠。但同时这种方式不可以将企业当期真正的收益水平隐藏,缩减了企业的整体价值,使得企业后期的经济活动展开较为困难。全部资本化将成本全部资本化后,在一定的使用年限内每年分摊购置,作为一种长期的行为,成功地弥补企业短期行为的缺点,但同时随之而来的就是不确定性。作为折中的有条件的资本化,可以较为清晰地体现出当期的收益,但由于给予了较大的自主性,存在人为操控利益的风险,从而影响后期相关决策的制定。

(二) 我国现行的研发支出会计处理方法

目前我国采取的是有条件的资本化的政策。根据我国《企业会计准则第6号——无形资产》可以了解到,所有用于研究的成本都可以被纳入费用中,但开发阶段的成本必须进行必要的衡量才可以确定是否能够资本化。根据规定,开发阶段的成本必须满足5点才能转入到无形资产。规定一:有使用并出售意图。规定二:属于无形资产研发阶段的支出能够有效计量。规定三:形成的这部分无形资产应当能够确定其使用的效果,抑或是假若出售能够在技术上保证可行。规定四:一定需要表明该无形资产是有市场的,这样也就保证该无形资产能够创造自身价值,以此得到预期收益。规定五:需要辅助增添相应的技术与物质资源配套,来保证这项无形资产的价值可以实现。

(三) 对研发支出的会计处理

1. 研究阶段

研究阶段是指一个有计划的调查阶段,是为了通过了解和获取新的技术与知识而做出的有创造性的行为。在这一阶段中,企业并不能确定这个项目是否可行,是否有研发价值,只是对研发项目进行前期准备以及调查,所以在这一阶段所产生的所有研发行为应该全部费用化,然后在期末将其计入当期损益。

2. 开发阶段

当研发项目进入开发阶段时,说明这个项目已经有很大的成功性,与研究阶段对比,可以看出其已有较大把握满足一项创新技术或是新成果的所有必要要求。这个阶段的研发支出假若能够满足以上陈述的资本化要求,那就可以将其资本化。对于不能满足要求的那部分研发支出,则是一定要费用化,然后在期末将其计入当期损益。在本年年度报告中,那部分资本化金额则是要统计到企业资产负债表的无形资产子科目"开发支出"中。

3. 无法区分研究阶段和开发阶段

依据现行准则规范,假若不能够从总的研发支出中区分出哪一部分属于研发阶段还是归属于开发阶段的支出,那么就需要将全部产生的研发支出进行费用化处理,同时计入当期损益。该规定指出,全部研发支出都要准确地区分研发与开发,假若有部分不能区分,则如上需要做部分无法区分支出的费用化处理。

4. 开发阶段研发费用资本化后研发失败

研发活动具有较大不确定性,企业研发一个项目没能走到最后阶段,就没有办法确定该项目是否获得成功,并且整个研究和开发阶段需要经过很长时间,在这段时间中,市场也具有很大的变动性,极有可能在这期间企业正在研发的产品就失去了优先性和创造性,从而导致研发失败。在研发活动确认失败的当月,应当将之前阶段转入资本化的支出计入当期损益。

二、案例主角介绍

(一)恒生电子简介

恒生电子股份有限公司(以下称为"恒生电子")创于1995年,是我国金融科技领域的领头羊之一,并于2003年在上交所上市(股票代码:600570)。恒生电子主要致力于资产管理的领域,为一些金融相关的机构提供全面的方案和服务以此来解决企业问题,同时也为个人提供财富管理的方案和工具。成立以来,恒生电子主抓技术与服务提升工作,还在金融信息的技术研发上具有深厚的功底,在互联网方面有深刻见解以及研究。

(二)科大讯飞简介

科大讯飞成立于1999年,并于2008年在深交所上市(股票代码:002230)。目前,科大讯飞作为已经拥有了人工智能和智能语音方向上多项专利技术的成功的上市公司,可以说是处于国际上较为领先的位置。科大讯飞的语音识别核心技术是公司重要的资产,每年公司都会投入大量的研发费用用于创新技术的研发,所以公司的财务指标会有相当一部分比例受到资本化比例的影响。

三、科大讯飞和恒生电子处理研发支出时截然不同的财务态度

费用化的研发支出由3部分组成,分别是研发阶段的全部费用化、开发阶段的部分费用化以及研发失败的资本化转回费用化,故此费用化的研发支出包括了研发活动的整个流程。一般来说,企业中费用化的研发支出占整个研发支出的极大比例。

在新政出台之前,研发支出作为可以费用化亦可以资本化的特殊项目,已经被很多企业广泛用来进行利润调节了。比如科大讯飞的研发支出资本化情况一直饱受诟病,通过转入无形资产进行多年分摊的形式,减少本期的费用,从而影响利润。而恒生电子的处理方式就比较霸气,全额费用化。

以恒生电子 2010—2017 年的财务报表数据为例,如表 1 所示。

(一) 恒生电子费用化处理

2010—2017 年的 8 年间,恒生电子没有对研发投入进行资本化处理,其费用化的比例连续 8 年达到 100%。2010—2013 年研发投入逐渐降低,但在 2013 年之后,恒生电子的研发投入大幅度增加,之后一直维持在 4%。费用化研发支出占年度管理费用的比值逐年下降,并从 2014 年起,逐步稳定在 6%—7% 之间。由于数额不高,其对管理费用和企业的净利润不具有太大的影响。

(二) 恒生电子资本化处理

在人工智能、区块链等新兴技术蓬勃发展的背景下,恒生电子作为金融业务 IT 整体解决方案供应商,要在未来的竞争中占据制高点,需要不断投入资金和人力进行创新产品与技术的研发。2017 年恒生研究院在负责 Fintech 前沿技术应用的研究基础上,着力尝试在金融应用场景下进行工程化和产品化。在区块链技术研发层面的发展上,恒生已完成 FTCU 范太链。此外,这对于整合资源创新创造的区块链下,私募股权验证系统的研发成功起到了关键性作用。在优化性能的计算层面发展方向上,在优化推广原微秒级交易系统产品的基础上,支持推出了纳秒级交易系统产品。

恒生电子完成了很多的研发产品,但由于公司更倾向于稳健经营,所以将研发费用全数直接计入当期损益,不进行资本化处理。全部费用化由于具有较强的谨慎性,可以保证强大的准确性。通过把全部的成本费用化,增加当期费用,从而可以更快地获得国家税收优惠。但同时这种方式不可以将企业当期真正的收益水平隐藏,缩减了企业的整体价值,使得企业后期的经济活动展开较为困难。

(三) 科大讯飞费用化处理

2010—2017 年科大讯飞的研发支出情况如表 2 所示。2010—2017 年,科大讯飞每年都对研发支出进行资本化处理,资本化比例基本维持在 40%—50% 的水平左右。费用化研发支出在当期全部费用化,即计入管理费用,科大讯飞的费用化研发支出占全年管理费用比值近 8 年大概维持在 50%—70% 之间,由于数额很高,其对管理费用乃至企业的净利润都有一定的影响。

表1 恒生电子2010—2017年研发支出概况

年份 项目	2010	2011	2012	2013	2014	2015	2016	2017
研发支出(元)	36 373 707.48	32 850 014.78	32 254 102.23	27 855 176.17	57 179 894.79	78 301 537.12	85 428 420.78	109 109 335.00
费用化研发支出(元)	36 373 707.48	32 850 014.78	32 254 102.23	27 855 176.17	57 179 894.79	78 301 537.12	85 428 420.78	109 109 335.00
资本化研发支出(元)	0	0	0	0	0	0	0	0
资本化比率(%)	0	0	0	0	0	0	0	0
营业收入(元)	867 227 002.43	1 048 193 404.23	1 006 091 548.15	1 210 547 198.49	1 421 839 135.12	2 225 532 407.47	2 170 166 186.12	2 666 121 404.34
研发支出占营业收入比重(%)	4	3	3	2	4	4	4	4
管理费用(元)	326 031 012.35	421 428 949.85	506 237 206.85	573 085 076.44	801 092 966.64	1 057 604 547.97	1 334 839 473.36	1 734 154 435.42
费用化研发支出占管理费用比重(%)	11	8	6	5	7	7	6	6

表2 科大讯飞2010—2017年研发支出概况

年份 项目	2010	2011	2012	2013	2014	2015	2016	2017
研发支出(元)	91 458 358.07	148 336 696.76	226 323 893.46	366 589 128.23	518 059 958.30	577 301 324.27	709 131 775.38	1 145 328 994.08
费用化研发支出(元)	56 081 447.70	75 966 491.25	103 221 577.00	192 095 916.24	315 208 643.20	337 803 405.27	337 309 445.99	596 028 453.60
资本化研发支出(元)	35 376 910.37	72 370 205.51	123 102 316.46	174 493 211.99	202 851 315.10	239 497 919.00	371 822 329.39	549 300 540.48
资本化比率(%)	39	49	54	48	39	41	49	48
营业收入(元)	436 057 338.42	557 013 530.69	783 940 683.71	1 253 707 750.78	1 775 210 612.95	2 500 799 130.07	3 320 476 689.57	5 444 688 147.38
研发支出占营业收入比重(%)	21	27	29	29	29	23	21	21
管理费用(元)	93 735 009.15	116 978 385.48	161 374 380.45	280 310 649.12	455 472 625.26	565 330 115.61	729 454 216.96	1 176 611 535.47
费用化研发支出占管理费用比重(%)	60	65	64	69	69	60	46	51

(四) 科大讯飞资本化处理

根据年报中的资料,我们可以获得科大讯飞内部研究开发项目支出的计算方法如下:

(1) 研究阶段的时点定于获得经过批准的《研究计划书》,终止时点定于获得经过批准的《项目可行性报告》。

(2) 开发阶段的时点定于获得经过批准的《项目立项报告》,终止时点定于获得经过批准的《项目结项报告》。

(3) 结转无形资产的具体时点定于获得经过批准的《项目结项报告》。

如上所述,科大讯飞研发支出资本化的确认规定大致符合会计准则的要求。查询科大讯飞的年报,我们可知,从2007年开始,科大讯飞的研发支出就采取了有条件的资本化这种方式,研发支出会计政策变更行走在行业的前端。从2011年开始到2017年,公司的研发支出资本化率就基本维持在40%—55%左右。从这儿可以得知,科大讯飞具有很大的研发强度。通过年报可得知,科大讯飞的研发支出主要有两大块内容构成:计入损益的研发支出和计入无形资产的研发支出。计入无形资产的研发支出的核算方式是先在"研发支出"统一归集,等到满足各项条件时,再转入到无形资产。

根据表2分析,可以发现科大讯飞在2012年费用化与资本化支出的比例都不同于其他年份,研发支出资本化率达到了54.39%。通过公司2012年的年报,可以发现,科大讯飞2012年的营业收入约为78 400万元,相比上一年增长了41%,同时净利润也达到了18 200万元,环比增加37.5%。根据年报显示,2012年期末研发支出数额约为9 326万元,相比上一年增长了2 427万元。如果排除这个影响因素,那么公司的净利润会大大下降,通过计算得出,2012年科大讯飞的净利润将降为8 900万元。更进一步探究,可以计算得到2012年度上半年年报中,当期的研发支出资本化率为45.7%,科大讯飞为了美化当期的财务报告,在下半年的时间中,采取骤然提高资本化比例的方式,将本来应该计入损益中的研发支出资本化,计入无形资产,用这种办法提高了利润。如果对2012年上半年研发支出费用化按照比较稳健的44%(2010年和2011年的平均值)资本化比例进行调整,那么当期管理费用将会增加1 199.16万元。依据当年的平均所得税率计算得到的当期净利润将会减少1 106.94万元,那么由此可得,资产净利率以及权益净利率也会有较大的减少。科大讯飞于2010—2017年间,总计研发支出高达近380 000万元,而资本化率达到46%,这说明将近174 800万元的研发支出计入开发支出,占这期间净利润的70%左右。

（五）科大讯飞研发支出资本化小结

（1）根据我国现行的会计准则中研发支出的相关规定,在研发项目的开发阶段,如果不符合资本化支出相关条件,那么就需要计入研发支出－费用化支出,并于期末结转到管理费用科目,期末余额清零。但由于科大讯飞的年报中未体现出开发阶段中费用化部分的数值,在管理费用科目的明细科目中并未对费用化的研发支出进行详细的列示,这样就很难得到企业的开发阶段费用化金额的年度统计数据。所以,就可能为企业进行一些隐藏手段操作提供了便利。

（2）科大讯飞只要可以顺利地推迟研发支出的资本化这一时点,那么体现在账上的也就是将"研发支出"转入到"无形资产"的时点,公司可以将无形资产的摊销往后推一推,这就意味着在资产总额固定的情况下,公司还可以无形中增长利润。因为资本化时点的确定会较大地受到人为因素的影响,所以在财务报表上体现的数据并不能全面代表公司的收益水平,这就会给报表的内外部使用者阅读财务报表造成一定的影响和妨碍。

（3）期末时,开发阶段的研发支出－资本化支出会把数额转入到开发支出这个科目下,同时在期末阶段,研发支出－资本化支出将会把余额转出。从公司年报中可以看到,虽然报表中披露了研发支出的相关信息,但是研发支出是累积了之前年份的数额,报表使用者只可以看到余额的变化。从表2可以看得出,公司每年都会有资本化支出,但是这一部分支出到底属于哪个期间,我们并不能很好地区分出来。上市公司对于研发活动的相关信息披露大部分只是走个形式,并没有很清楚地体现出来以便供报表使用者研究。

（六）科大讯飞研发支出资本化动因分析

为了更彻底地了解科大讯飞这个公司对于研发支出的盈余管理动机,本案例着手从现有学术成果作为本次研究切入点,从债务契约动机、扭亏为盈动机、保增动机和报酬契约动机这4个方向进行分析。下面,对2012年科大讯飞出现的研发支出资本化异常情况来一探究竟。

（1）是否具有债务契约动机?

以2012年年报数据作为分析基础,得出科大讯飞在资本结构指标中资产负债率为20%。通过分析,本案例认为科大讯飞的日常经营活动所需资金是可以由流动资金来提供的,企业应该并没有进行大额债务筹资的意愿。除此之外,通过查询,对软件开发类的上市公司进行统计,可以得出这个行业的资产负债率水平约为36.63%,通过行业比较可以得知科大讯飞的债务压力是低于同行业水平的。所以债务契约动机并不符合科大讯飞。

(2) 是否具有扭亏为盈动机?

科大讯飞2010—2013年的净利润维持在一个持续增长的状态,从10 110万元上升到27 840万元,公司也没有ST的风险。所以扭亏为盈的动机科大讯飞公司也不符合。

(3) 是否具有保增动机?

根据前文分析,怀疑科大讯飞具有美化报表的可能性。由于信息的不对称性,公司通过盈余操纵来调节公司收益,从而使得公司利润趋于稳定增长的状态,规避外部投资者对公司的负面评价,所以怀疑科大讯飞具有一定程度上的保增动机。

(4) 是否具有报酬契约动机?

通过查询发现,科大讯飞在2011年公布了公司的股权激励方案,这个方案提出,需要在2012年到2014年间,使公司的净利润指标实现定基增长。所以公司管理层极有可能在这个严格的行权条件之下对公司利润进行一定程度上的操纵。这样一来,2012年公司的净利润至少要达到9 669.8万元才能实现行权的目的。在2012年期间,公司的当期研发费用资本化金额占到净利润的59.12%,其资本化总额金额为5 714.59万元。所以2012年研发支出资本化率过高,很有可能是与公司高管试图达到行权条件相关。

四、总结

通过对科大讯飞研发支出资本化的分析,可以得出:研发支出条件资本化会使高新企业借此修饰利润的可能性增大。科大讯飞在2012年的会计处理就很明显地体现出了这个修饰的痕迹。实际上,在会计处理规定的基础上,中国会计准则对于研发支出的资本化提供了比较松弛的自由度,以上所言的现状在高新技术企业中也很明显。因为,此类企业在每个会计年度的研发支出都是巨额的,不同程度的资本化处理方式会直接对这类型企业当年的利润产生巨大影响,有些时候甚至会影响当年的盈亏状况。言而总之,假若高新技术研发型企业对其研发支出资本化金额进行有意操纵的话,肯定会导致企业信息披露的质量大大下降,甚至会出现严重失真的情况。

阅读公司的财务报表时，公司的财务处理方式会在一定程度上体现公司的经营理念，比如科大讯飞在研发支出上大做文章，说明公司有很强的增加利润的意愿，背后透露的是公司的核心业务盈利能力不强；而恒生电子的处理方式，则说明公司没有修饰利润的必要，对自身盈利能力充满自信。

（执笔人：刘碧丹；指导老师：戴书松）

商誉带来的是与非
——思美传媒背后的秘密

适用课程：财务会计理论与实务

编写目的：引导学生正确对待并购产生的商誉及未来商誉减值的风险。

知 识 点：并购　商誉减值

关 键 词：并购　商誉减值　大股东减持

案例摘要：文化传媒行业一直被认为是商誉最高的行业之一，主要原因来自2013年之后行业内开始的大规模的并购。这股浪潮席卷过后，就留下了各个公司比较高的商誉，被人称为达摩克利斯之剑。本案例由思美传媒卖掉3年前收购的爱德康赛这一事件引出，探讨思美传媒近几年内通过多次并购产生巨额商誉的问题。本案例旨在以思美传媒为例，引导学生思考公司上市之后业绩增速较快和并购之间是否存在联系、并购过程形成巨额商誉所面临的风险等问题。

一、达成3年业绩后被卖的爱德康赛

2018年11月29日晚间，思美传媒股份有限公司（以下称为"思美传媒"）发布的一则公告引起了人们的注意。在这份《关于北京爱德康赛广告有限公司之股权转让协议》的公告里，思美传媒从舟山壹德投资合伙企业（以下称为"舟山壹德"）、北京爱德康赛广告有限公司（以下称为"爱德康赛"）和刘申手中取得了爱德康赛100%的股权，收购价格是32 024万元。公告称这次收购的目的是为了优化公司产业布局，获取更多有利资源发展公司核心业务。

2018年12月7日，思美传媒又发布公告，公告称受工商登记影响，公司又与舟山壹德、爱德康赛、刘申签署了一份补充协议，舟山壹德、刘申变更成为此次股权转让的受让方。其中，舟山壹德受让爱德康赛50%股权，刘申受让爱德康赛50%股权。另外值得注意的是，舟山壹德的执行事务合伙人也是刘申。

刘申是何许人呢？这就不得不说起3年前那起历时半年的并购案，刘申正是以2.9亿元的价格将爱德康赛卖给思美传媒的原股东。

2015年7月30日，思美传媒发布一份收购预案，称拟通过发行股份及支付现金的方式购买刘申、西藏爱信威诚投资管理中心和哈尔滨华滨光辉创业投资企业合计持有的爱德康赛100%股权。预案里的评估价格高达35 500万元，而拟交易价格定为32 500万元，交易方式则为现金和股份支付各50%。

但时隔5个月之后，2016年1月10日思美传媒发布的收购草案不仅将此前的交易价格调减了3 500万元至29 000万元，同时把从2015年到2019年公司取得净利润的业绩承诺的约定也由分别不低于2 500万元、3 250万元、4 225万元、4 647.5万元、5 112.3万元，调低为分别不低于1 400万元、2 700万元、3 510万元、4 563万元、5 019.3万元。由此可见，之前思美传媒在业绩承诺的认定和合理性的把控上存在一定的问题。

现如今，爱德康赛在进入上市公司之后业绩大增，根据思美传媒发布的业绩承诺完成公告显示，2015—2017年，爱德康赛扣除非经常性损益后的净利润分别为1 536.49万元、2 729.24万元、3 464.40万元，从中可以看到爱德康赛2015年、2016年都较为精准地完成了业绩承诺。2017年虽然略有不足，但如果把2015—2017年扣除非经常性损益后归属于母公司的净利润合起来看，净利润累计已达到7 730.13万元，即承诺净利润的101.58%，可以说勉强达到业绩承诺标准。然而，在爱德康赛已经完成了3年业绩承诺的前提下，思美传媒却对其选择了放弃，以3.20亿元的价格将其重新卖回给原股东，而这一价格恰好是2015年思美传媒首次披露预案时候的交易价格。

是什么让爱德康赛在业绩承诺都已达成的情况下，思美传媒又将其卖回给刘申？这里面是否会隐藏着什么秘密呢？且让我们从思美传媒这个公司说起。

二、背景介绍

思美传媒是一家成立于2000年的综合服务类广告企业，公司创始人是朱明虹。2014年1月23日思美传媒在深交所上市,是中国最先在主板挂牌上市的民营类广告公司,股票代码002712。思美传媒虽然总部在杭州,但在全国多个城市如北京、上海、广州、南京等地都设有子、分公司,业务范围覆盖很广。公司主要开展广告相关的业务,大致类别分为:电视广告业务、互联网广告业务、户外广告业务、内容及内容营销业务、品牌管理业务等。具体则包括广告创意设计、公关推广、数字营销、内容娱乐营销、消费者调研、品牌管理等全方位的广告整合营销传播服务。

从思美传媒近几年的年报中可以看到,2012年、2013年、2014年思美传媒的扣除非经常性损益净利润分别为8 931万元、8 077万元、6 476万元,可见在2014年公司上市前,公司的扣非净利润已经连续两年下降,且下降速度明显加快,反映出公司经营不善的状况。2014年1月,思美传媒在深交所中小企业板上市,这一年也是公司业绩的转折点。自2014年起到2017年底,公司的净利润从6 000多万元增长到2.2亿元,增长了足足3倍有余,同时其商誉也在急剧攀升,从2014年的100万元增长到2017年的19.94亿元,增长了将近1 994倍,商誉占净资产的比重高达60.51%。

通过回顾思美传媒的发展历程,不难发现促使思美传媒业绩增速较快的重要原因之一就是——频繁的并购。

三、并购之手

思美传媒自2015年至2017年,共发起了6次重大收购,以超过23亿元的价格收购了5家子公司(请参阅附录1)。对此,思美传媒对外宣称其已形成了"IP源头+内容制作+营销宣发"的内容产业化运营平台。而几乎每次思美传媒的业绩高速增长都伴随着商誉的急剧攀升。商誉奇高的背后,是否意味着思美传媒的大部分业绩都是来自收购标的呢?思美传媒真实的业绩到底如何呢?

根据思美传媒年报中的数据整理,这些并购公司贡献的利润占比由2016年的42%飙升到2017年的93%。如此高的占比,说明并表业绩在一定程度上使思美传媒业绩增长,这也很可能意味着思美传媒业绩高增长主要得益于收购标的并表业绩。但并购带来的利润只是暂时的,业绩能否持续性增长才是问题的关键。

思美传媒上市后通过定增融资并收购资产,致力于收购产业链内多家企业。由于选取的收购标的均具备高成长性、在所属行业具有领先地位或具有成为行业领先者的潜力,因此也形成了较高的商誉,商誉占公司净资产比例也相对较高。思美传媒多次进行高溢价收购的行为受到深交所的关注,深交所多次对其发布问询函。

2015年7月27日,深交所发布问询函,针对爱德康赛的估值和其高盈利承诺要求思美传媒解释并补充材料。深交所指出,交易标的爱德康赛预估价值比账面价值增加了1 172.96%,因此要求思美传媒补充披露造成如此巨大差价的原因及评估的合理性。另外还需要结合市场同类可比的交易情况,对本次交易的预估价值是否公允进行说明。同时,深交所还指出爱德康赛近3年的增资及股权转让作价和本次收购价格间也存在不小的差异,公司需对该差异存在的原因及合理性进行补充披露。

在被深交所问询后,2016年1月11日思美传媒发布公告调整公司资产重组方案。公告里称,鉴于搜索引擎营销行业市场环境因素变化,爱德康赛未来预测经营业绩和估值发生变化,公司决定对方案进行调整。正式收购预案将对爱德康赛100%股权的评估值降为29 324.61万元,交易价格也随之下调10.8%降为2.9亿元,2015—2019年的承诺净利润也分别下调不同幅度。

2018年6月21日,思美传媒又收到深交所《关于对思美传媒股份有限公司2017年年报的问询函》,提出思美传媒对上海观达影视文化有限公司、杭州掌维科技有限公司、上海科翼文化传播有限公司和北京爱德康赛广告有限公司4家公司分别存在商誉8.34亿元、4.47亿元、3.93亿元、2.38亿元且均未计提商誉减值。深交所要求思美传媒说明对前述公司商誉计提减值的依据、主要测算方法和减值测试过程,并说明未计提商誉减值是否足够谨慎、依据是否充分,是否符合《企业会计准则》的规定。

在回复中思美传媒分别对上述4家公司进行了商誉减值测试,测试结果是上述4家公司包含商誉的资产组账面价值均低于可收回金额,商誉不存在减值迹象,因此未计提减值。但回复里同时执行了商誉减值对利润的敏感性分析,结果指出,因合并所确认商誉余额的绝对值较大,商誉减值对经营业绩的敏感性也相对较高。以2017年底合并净利润为基准,商誉每减值1%,则公司未来业绩将下降1 993.82万元,合并净利润将下降8.29%。由此可见巨大的商誉不减值或将为公司未来的业绩埋下大雷。

四、市场反应

经过一系列并购之后,思美传媒业绩一路高涨,营业收入和净利润在上市后连年增长,看上去是一家发展潜力良好的公司。从公司2017年的年报中看到,2017年归属于股东的净利润为2.31亿元,同比增长63.25%,增幅巨大(请参阅附录2)。

但奇怪的是,在如此靓丽的业绩下,股票市场上思美传媒的股价却反响平平。2014年时的股价为大约50元/股,之后一路上涨至2016年达到最高点151元/股,但在随后却一直呈下跌态势。2016年4月11日,思美传媒因筹划购买资产的重大事项开始停牌,持续到2016年8月17日才复牌。复牌后公司股价下跌趋势尤为明显,到现在股价只有大约6元/股,如此低的股价可谓令人震惊(请参阅附录3)。

针对思美传媒长期的股价低迷,2018年11月24日,思美传媒发布了一份关于以集中竞价交易方式回购股份预案的公告。在公告里,思美传媒认为当前股价不能合理反映公司的实际经营状况,为了推动公司健康稳定长远发展,基于对公司价值的认可和未来良好发展前景的信心,结合公司的财务状况和经营情况,思美传媒拟进行股份回购计划。本次回购的股份拟用于后续员工持股计划或股权激励计划,还包括转换上市公司发行的可转换为股票的公司债券等法律法规允许的其他情形。

另外值得关注的是,从2017年开始思美传媒已有股东密集减持,公司董事兼副总经理陈静波还因违规卖出公司股票,被深交所出具了监管函。监管函显示,作为公司董事兼副总经理的陈静波,在公司2017年业绩快报披露前10日内卖出了1.29万股公司股票,涉及金额达27.34万元。进一步观察发现,高管们大部分的减持行为主要发生在公司股价大幅下跌之后(请参阅附录4)。

在此产生一种推测,思美传媒商誉不减值背后的动因之一是否是为方便股东减持呢?要知道,上市公司业绩必须在解禁前期维持足够的稳定,如果业绩不稳定,对将来减持套现就会形成一定压力,不利于减持操作。

如果公司维持一个稳定的业绩,使得股价也相对稳定,则可为将来减持套利留有空间。因此,当公司内生业绩不够,就需要借助外力,通过收购、业绩并表使得业绩靓丽。稳定的业绩对股价的稳定相当重要,因此相关减值损失确认就需要尽量压低,减少业绩抵消项。所以即使标的公司业绩出现恶化,对应的商誉也可能不考虑减值。

五、风险提示

2018年A股上市公司商誉创下历史新高。据Wind资讯数据统计,截至2018年三季末,A股上市公司商誉达到1.45万亿元,较去年同期增长15.18%,创下历史新高。

从行业分布来看,传媒、医药生物和计算机等3个行业的商誉值均在1 000亿元以上,这3个行业在过去几年大量发生并购重组,产生了比较高的商誉价值。其中,传媒行业商誉占净资产的比重最高,在收并购热潮的推动下,传媒公司商誉自2013年以来快速扩大,商誉增速均在100%以上,直至收并购监管趋严,商誉增速在2016年开始放缓,而后持续下降。

为了督促上市公司做好商誉减值的披露,而不是发布完财报之后再玩"业绩变脸",2018年11月16日证监会会计部发布《会计监管风险提示第8号——商誉减值》,分别对商誉减值的会计处理及信息披露、商誉减值事项的审计、与商誉减值事项相关的评估进行了监管风险提示,旨在揭示商誉后续计量环节的有关会计监管风险,强化商誉减值的会计监管。

这次发布的风险提示要点包括:

(1) 明确合并形成商誉每年必须减值测试,不得以并购方业绩承诺期间为由,不进行测试;

(2) 要求公司应合理将商誉分摊至资产组或资产组组合进行减值测试,一个会计核算主体并不简单等同于一个资产组;

(3) 若商誉所在资产组存在减值现象,应分别抵减商誉的账面价值和资产组中其他各项资产的账面价值;

(4) 上市公司应定期在年度报告、半年度报告、季度报告等财务报告中披露关于商誉减值的重要和关键信息;

(5) 会计师事务所应结合商誉减值事项的重要程度及不确定性程度,恰当认定其风险性质,以确定其是否为认定层次的重大错报风险;

(6) 评估机构不得以股权、企业价值的评估报告代替以财务报告为目的的评估报告。

可见,在证监会发布风险提示第8号文后,证监会对商誉的监管将会比之前更为严格,而上市公司和会计师事务所也都会对商誉减值进行特别关注。看到这里令人不由猜想到,思美传媒急于卖掉爱德康赛,是否与证监会发布的风险提示有关呢?毕竟商誉过高会给公司未来的业绩带来不确定性,一旦子公司未完成业绩承诺,并购的资产没有表现出预期的盈利能力,由并购形成的商誉就会面临大幅减值风险。如果商誉减值计提的金额较大,则会对当期利润产生较大的影响,这样就会增加利润的波动性。

就爱德康赛近3年的业绩表现来看,其完成业绩承诺的能力在逐年下降,2017年依靠2015—2017年累计实现的扣除非经常性损益的净利润才达到业绩承诺的要求。2018年和2019年分别对应业绩承诺的净利润应为4 563万元和5 019.3万元,而爱德康赛2018年上半年实现净利润仅为924.88万元,可见业绩承诺达标有较大的压力,减值迹象已经显现。而思美传媒转让爱德康赛之后,能够有效消除未来计提商誉减值的风险。

六、尾声

思美传媒作为一家"轻资产"运营的文化传媒企业,具有文化传媒公司普遍存在的固定资产很少的特征,这时传统的财务报表上的数字并不能够充分地体现出企业的核心盈利能力,因此在并购中进行估值定价时也表现出了与传统企业不一样的特点,即容易出现高溢价、形成高商誉。

对于像思美传媒所在的文化传媒行业来说,商誉成为一种影响企业经营发展的特别的工具,必须引起足够的重视。其一,因为轻资产公司具有特定的行业特征,即有形资产在公司总资产价值中占比低,企业合并时就会产生巨大的商誉,占据总资产的很大一部分。因此在合并时就需谨慎确认合并对价,做到公允可靠,不虚增资产价值。其二,在商誉不可避免地产生之后,企业还需认真对待商誉的后续计量问题,一旦有减值迹象就要及时减值,否则巨额商誉就会成为影响企业经营发展的一把双刃剑,还有可能被管理层用来操纵利润。

但是我们要知道的是,商誉并不是只有坏处,控制在正常比例内的商誉对公司整体经营并无不良影响,而且代表了企业做大做强的主观意愿。因此,商誉并不意味着绝对的风险。并购是一种非常常见的商业行为,收购后如果整合顺利,可以有利于公司未来发展,而由此形成的商誉只要在合理范围内,都是可控的。商誉不是洪水猛兽,关键在于收购后,收购方与被收购的公司如何进行协同,放大收购的价值。

资本市场并购对价的提高导致频频出现巨额并购商誉,如果后期并购资产的价值严重下降,一次性计提巨额商誉减值,就会严重影响公司当期的净利润。并且需要注意的是,在会计处理上,一旦商誉确认减值损失,以后即使价值上升也不能转回。

因此商誉减值不仅会冲减资产,还会抵减净利润,直接拖累上市公司的当期业绩。对上市公司来说,在并购前后需要认真设计商誉减值风险防范的相关措施,防范商誉减值带来的负面不良影响,尽量消除隐患。

思美传媒在卖掉爱德康赛后虽然化解了一部分商誉减值的风险,但其账上的商誉数额仍不容小觑。在证监会新发布关于商誉减值的风险提示后,未来思美传媒的巨额商誉将何去何从,公司业绩是否会受到商誉减值的影响呢?让我们拭目以待。

附录1　思美传媒并购详情

公　　司	时　　间	收购价格(亿元)	收购股权比例(%)	产生商誉(亿元)
上海科翼文化传播有限公司	2015年12月	4.00	80	3.93
北京爱德康赛广告有限公司	2016年3月	2.90	100	2.38
杭州掌维科技有限公司	2017年2月	5.30	100	4.47
上海智海扬涛广告有限公司	2017年2月	0.90	60	0.78
上海观达影视文化有限公司	2017年3月	9.17	100	8.34
上海科翼文化传播有限公司	2017年3月	1.00	20	0

附录2　思美传媒近5年营收和净利润详情

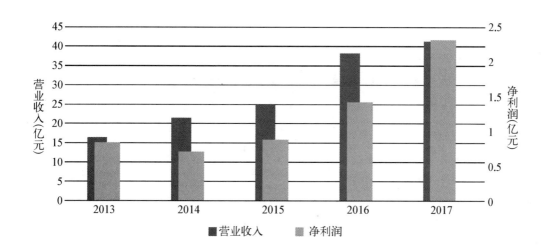

附录3 思美传媒自上市以来的股价情况

资料来源：新浪财经

附录4 思美传媒高管持股变动情况

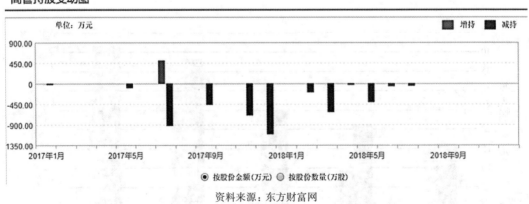

资料来源：东方财富网

参考文献

[1] 杜兴强,杜颖洁,周泽将.商誉的内涵及其确认问题探讨[J].会计研究,2011(1).

[2] 郑海英,刘正阳,冯卫东.并购商誉能提升公司业绩吗?——来自A股上市公司的经验证据[J].会计研究,2014(3).

[3] 王文姣,傅超,傅代国.并购商誉是否为股价崩盘的事前信号?——基于会计功能和金融安全视角[J].财经研究,2017(9).

[4] 王芸,周钰萍.并购商誉会计计量的探讨——基于金利科技并购宇瀚光电案例分析[J].中国注册会计师,2018(3).

[5] 陈树民,汪侨.企业并购商誉确认计量存在的问题及建议[J].财务与会计,2018(2).

[6] 王静.基于商誉本质的确认与计量思考[J].财会通讯,2015(25).

[7] 吕超.并购类型、并购商誉与市场反应[J].财会通讯,2018(15).

[8] 孟荣芳.上市公司并购重组商誉减值风险探析[J].会计之友,2016(12).

[9] 张乃军.莫让商誉成为"皇帝的新衣"——关于商誉处理的理性分析[J].会计之友,2018(9).

[10] 杨威,宋敏,冯科.并购商誉、投资者过度反应与股价泡沫及崩盘[J].中国工业经济,2018(6).

[11] 凌文玲.雷柏科技并购商誉的案例研究[D].广州:华南理工大学,2018.

[12] 于欣.我国并购商誉确认与计量研究[D].北京:中国财政科学研究院,2018.

(执笔人:滕曦;指导老师:戴书松)

芯片企业跨境并购交易结构设计及财务风险分析
——以长电科技并购星科金朋为例

适用课程： 财务会计理论与实务

编写目的： 本案例旨在通过长电科技跨境并购星科金朋方案，分析此次并购案交易结构设计的特点，进而分析交易结构的设计是否给公司带来了财务风险。

知 识 点： 财务风险分析　跨境并购

关 键 词： 芯片企业　跨境并购　交易结构　财务风险

案例摘要： 本案例以长电科技跨境并购星科金朋为例，分析了其并购交易结构设计的特点，通过长电科技并购前后的财务数据分析，显示并购交易为公司带来了一定的财务风险。该案例说明，并购交易方案的设计直接影响企业未来的财务业绩。

引言

2015年10月，江苏长电科技股份有限公司（以下称为"长电科技"）仅以2.6亿美元就跨境杠杆并购星科金朋[STATS ChipPAC Ltd.（不含台湾子公司）]，进而打造出新的行业权威，为我国上市公司跨境并购又增添了一个经典研究案例。自我国成立国家集成电路产业投资基金（IC产业基金）后，这是我国民营企业跨境并购投资的首例。2015年，长电科技完成并购星科金朋后，长电科技在世界半导体行业排名位列第四，国内行业排名第一。长电科技公司作为国内集成电路封测行业的第一块牌子，在中国半导体行业中可谓是当之无愧的"领跑者"。

一、并购背景及目的

(一)并购背景

1. 全球半导体行业复苏,中国市场需求旺盛

2008—2012年是全球半导体行业的低谷期,而从2013年开始,全球半导体行业进入了复苏阶段。近年来,全球封测产能逐步向我国转移,同时,我国国内的半导体封测技术也屡屡获得突破,国内对于国产半导体设备的需求有所提高,下游对于电子设备的消费需求也不断增加,种种因素都促使我国半导体封装测试行业市场规模保持着平稳的增长。

当前,我国已是全球最大的半导体消费国,但与此同时,我国半导体的自给率却未达到40%,其中很大部分还是来源于国外企业。作为一个生产大国,更是一个生产潜力国,我国未来的半导体市场仍将保持高增长的势头,对我国芯片市场国产化的需求也更旺盛。

2. 中国企业海外收购势头迅猛,深度融入国际市场

近年来,我国有越来越多的企业正以直接对外投资的方式将市场覆盖和产业链向海外延伸,为一些企业逐步发展为大型跨国企业开辟了道路。此次并购不仅有助于长电科技以最快的速度获取国外先进技术,还能一举打入国际高端市场,争取到高端国际客户,以深度融入国际市场。

3. 国内企业竞争力不足,半导体行业战略地位不容小觑

集成电路产业是保障我国经济和社会健康发展的战略性产业,具有基础性和领导性的作用,是推动我国工业化与信息化有效融合、培养战略性新兴产业的发展基础,对于转变我国未来经济发展方式、优化产业结构和保障我国国家信息安全至关重要。由此可见,半导体行业的战略地位不可小视。

长电科技所在的集成电路封测产业是集成电路产业的重要组成部分之一,国内企业相较于国际同行处于低位,而国内企业间的互相竞争也非常激烈。可见,国内企业的自我优化发展亟需提上日程。长电科技通过此次并购可以快速学习国外先进的技术,更能提高企业综合竞争力,整合国际资源,提升自己的全球影响力。

（二）并购目标

此次并购中，参与其中的联合收购方共有三方，分别是长电科技、国家产业基金和芯电半导体。其中长电科技为主导，联合国家产业基金和芯电半导体，三方形成了联合投资人。长电科技在并购过程中担任融合与整合的角色，国家产业基金和芯电半导体主要提供资金与技术上的支持。此次并购主要是为了实现以下目标：

1. 提升长电科技的研发实力，获取先进技术

星科金朋在全球封装技术中保持领先地位，具备一套相对完善且先进的研发设备体系，研发实力非常强。星科金朋累计申请的各项专利有2 000多项，在全世界众多发达国家均有所分布，其中约75%的专利集中在美国，这也与其重点销售市场相匹配。此外，星科金朋在芯片封装方面的核心专利技术约300项，这也与长电科技研发能力不足产生了很好的互补性，通过融合星科金朋完善的研发体系和先进的技术指导，有效提升长电科技的科研实力，这是长电科技发展成为管理高效、技术领先、业绩优异、国际引领的国际企业的捷径。

2. 开拓海外市场，提升长电科技的客户层次

通过并购星科金朋，长电科技将脚步迈入国际市场，通过不断开拓海外市场，扩大海外客户的范围，有效提升客户的层次。星科金朋具有较好的海外市场基础，前期对于海外业务布局较为完善，也拥有完整的销售配套团队，这无疑为长电科技更好地开拓海外业务提供了不少的方便。

3. 提高长电科技在行业中的地位和全球影响力

借助星科金朋的品牌知名度，能够迅速得到国际市场的认可，从而提升长电科技的国际影响力。通过学习星科金朋在各国的行业经验，以及管理团队卓越的业务经验和管理能力，保证长电科技的国际化进程顺利有效进行，其在全球的行业地位也能够得到提升。

二、收购过程

（一）联合收购方

1. 长电科技

1998年11月6日，长电科技成立于江苏省无锡市江阴市。其前身为江苏省无锡

市江阴长江电子实业有限公司,两年后公司整体完成股份制改制成为长电科技股份有限公司,注册资本为10亿元。2003年6月,长电科技在上海证券交易所主板成功上市,股票代码为SH600584。长电科技上市初期,由江苏新潮科技集团有限公司(以下称为"新潮集团")担任其控股股东,持股比例达23.94%。而长电科技当时的实际控制人则是王新潮,他累计持有新潮集团股权比例约为51%。

历经了几次股本变化,截至2017年年末,新潮集团成为长电科技的第二大股东,其持有长电科技股份比例为13.99%。截至2017年年末,长电科技股权控制关系如图1所示。

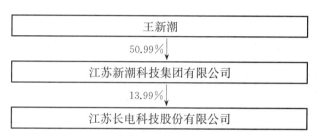

图1　2017年年末长电科技股权控制关系
资料来源:长电科技2017年中期报告

长电科技是国内半导体封装测试行业中第一家上市公司,其对高端半导体的封测技术的掌握程度,在国内首屈一指。同时,长电科技在中道先进封装业务领域,具有产能、技术等多方面较明显的竞争优势;在MIS以及Cu-pillar Bumping业务上处于世界一流水平;WLCSP的供应能力处于世界前列。近年来,长电科技的业务规模也逐渐扩大,在国际市场逐渐获取大量市场份额。

2. 国家产业基金

2014年4月25日,为了促进中国半导体产业的快速发展,国务院通过了《关于国家集成电路产业投资基金设立方案的批复》,联合金融机构、大企业、民营投资机构等共同发起设立国家集成电路产业投资基金股份有限公司(以下称为"国家产业基金")。

国家产业基金于2014年9月成立,截至2017年年末,国家产业基金总募集资金规模约为1 300亿元,主要用于投资国家集成电路行业,其主要股东包括财政部、中国电子科技集团公司、中国烟草总公司、中国移动通信集团公司、上海国盛(集团)有限公司、国开金融有限公司等9位控股股东。

国家产业基金是一种采用市场化运作的私募基金,该基金交由华芯投资公司负责管理和运作。国家产业基金采用股权投资为主的投资方式,为国内半导体产业提供了资金支持,辅助企业内部技术研发、产能扩张、资源整合或是企业外部的项目投资、海外并购等方面顺利进行,促进中国半导体企业提升核心竞争力。

3. 芯电半导体

芯电半导体为芯电半导体(香港)有限公司的全资子公司,于2009年3月3日注册成立,公司设立时注册资本为1 200万美元,主营业务是半导体(硅片及各类化合物半导体)集成电路芯片的生产制造,截至2017年年末,芯电半导体成为长电科技的第一大股东。

中芯国际集成电路制造有限公司(以下称为"中芯国际")同步上市于中国香港联合交易所和纽约证交所,它是芯电半导体的实控人。作为目前中国内地规模最大的集成电路晶圆代工商,中芯国际的控股股东是大唐控股(香港)投资有限公司。截至2018年12月31日,中芯国际的股东主要包括大唐控股(香港)投资有限公司(17.06%)和鑫芯(香港)投资有限公司(15.82%)。

中芯国际的总部设在上海,其主要经营的业务是根据客户方需求或第三方提供的集成电路设计需求为客户交付集成电路芯片产品,提供0.35微米到28纳米级别的制造工艺设计和制造服务。截至2016年年末,中芯国际和其下属公司芯电半导体的控股结构如图2所示。

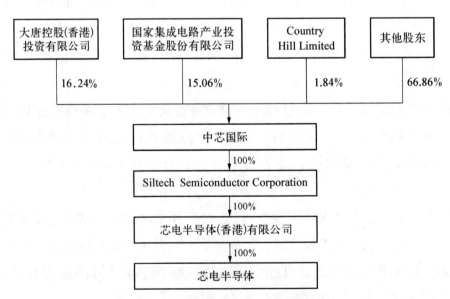

图2 中芯国际与芯电半导体控股结构

资料来源:中芯国际2016年年报

(二) 境外要约主体——JCET-SC

JCET-SC 是联合收购方于 2015 年在新加坡设立的一家特殊目的实体,此次收购案,JCET-SC 承担了最终收购要约人的角色。

(三) 交易标的——星科金朋

1994 年 10 月 31 日,星科金朋的前身 ST Assembly Test Service,Ltd.(以下称为"STATS")注册于新加坡,主要经营半导体的封装、测试业务。2000 年 1 月,STATS 分别于美国纳斯达克交易所、新加坡证券交易所上市。次年 8 月,STATS 成功收购了台湾 Winstek 51% 的股份。2002 年 12 月 20 日,STATS 通过其下属公司 FastRamp 收购 Conexant 公司在圣地亚哥的测试工厂,此举成功挖掘了星科金朋在宽带通讯测试平台市场的潜力。

1997 年,美国加利福尼亚的费利蒙市的 ChipPAC,Inc.(以下称为"ChipPAC")成立,并且在纳斯达克交易所上市(纳斯达克交易代码为 CHPC)。ChipPAC 主营集成电路测试和封装业务,提供以无线通信为主的集成电路封测服务,包括堆叠芯片、覆晶以及芯片级技术等。

2004 年 8 月,STATS 与 ChipPAC 合并,组建成新公司 STATS ChipPAC Ltd.。2007 年 3 月,STATS ChipPAC Ltd.由 Singapore Technologies Semiconductors Pte Ltd.(以下称为"STSPL")要约收购,持有股份共计 83.8%。

星科金朋从成立起业务规模不断发展扩大,目前已经成为全球集成电路封测业务领域(OSAT)的重要提供商之一。在新加坡、韩国以及中国的上海市、台湾地区,星科金朋共经营了 2 个研发中心和 4 家半导体封测及制造工厂,为国际客户提供电脑芯片制品、移动终端设备、智能电器等领域的封测服务。星科金朋的业务由旗下 11 家全资子公司共同承担营运。而在这 11 家公司中,除了 3 家壳公司外,真正开展业务的只有 8 家,在这 8 家公司中,2 家泰国公司、1 家马来西亚公司处于待关闭的状态,仅有 5 家处于正常经营状态。

(四) 交易对手——STSPL

1974 年 6 月,在新加坡财政部的引导下,新加坡政府设立了投资公司——淡马锡。截至 2016 年 3 月末,淡马锡下属 11 家公司遍布于全球各地,主要包括新加坡及其他亚洲国家,由淡马锡持有的投资组合价值累计达到 2 420 亿新元。STSPL 是一家股权投资公司,1995 年 4 月于新加坡成立,属淡马锡旗下全资子公司。

三、收购方式及交易结构

(一) 收购方式

2014年12月26日,长电科技第五届第二十三次临时董事会通过了议案。议案提出,通过联合芯电半导体、国家产业基金组成联合投资者,间接向星科金朋发起收购。此次收购类型为全面要约收购,需支付的交易总对价共计7.8亿美元。此次要约对价的支付方式均为现金,以2014年12月19日美元兑换人民币汇率中间价计算,折合成人民币约47.74亿元。

2015年年初,长电科技宣布对全球半导体行业位列第四的星科金朋进行全面要约收购。不过,前者在资产规模、营业收入上较后者皆存在显著差距。为完成这起耗资近50亿元的并购,长电科技引入了两大战略投资人,分别是国家产业基金和芯电半导体,并通过搭建复杂的并购主体架构实施并购。

2015年6月26日,本次跨境并购的生效条件全部获得满足,新加坡并购主体JCET-SC(singapore)Pte. Ltd.(以下称为JCET-SC)正式向星科金朋发出要约。10月15日,JCET-SC完成了强制收购,并全权控股星科金朋。10月19日,星科金朋退出了新加坡证交所。

(二) 交易结构

本次并购的交易架构,由收购方设立新加坡中间控股公司JCET-SC作为收购实施主体,进行全现金收购,避免了新加坡本国一系列复杂的监管,通过中间控股公司的设置拆分了股东国家产业基金的资金来源,因此,尽管本次并购的国家产业基金出资额最大,但长电科技却保留对于被收购方的控制权。

具体来说,2014年,长电科技出资2.6亿美元,另外两家战略投资者产业基金和芯电半导体,两家公司分别出资了1.5亿美元、1亿美元,三方合计出资5.1亿美元用于设立长电新科。在长电科技所出具的2.6亿美元中,大约有1亿美元是通过非公开发行募集,其余1.6亿美元主要依靠贷款解决。

2014年,在三方合资设立长电新科之后,又在长电新科基础上与国家产业基金设立了第二层架构公司——长电新朋。长电新朋注册资本合计5.2亿美元,分别为长电新科出资的5.1亿美元和产业基金出资的0.1亿美元。不仅如此,第二层架构公司长电新朋所获得的总额为1.4亿美元的贷款也由国家产业基金提供。

2015年,长电新朋在新加坡设立了此次收购案的最终收购主体公司,同时也是一家特殊目的实体——JCET-SC,其投入资金共计6.6亿美元,分别为所有股东出资的5.2亿美元和股东提供的借款1.4亿美元。通过各方股东的全力沟通,JCET-SC获得了中国银行出具的一份价值1.2亿美元的贷款承诺书,进而使此次收购行为得到了融资支持。至此,JCET-SC可用于收购的资金合计达到了7.8亿美元。

长电科技通过这一系列架构设计,仅仅动用了1亿美元的自有资金就顺利撬动了6.8亿美元的外来资本,从而完成了对长电新科的实控权。在2015年10月,长电科技全面要约收购星科金朋案正式完成,星科金朋也从新加坡证交所退市。此次跨境并购案整体交易结构图如图3所示。

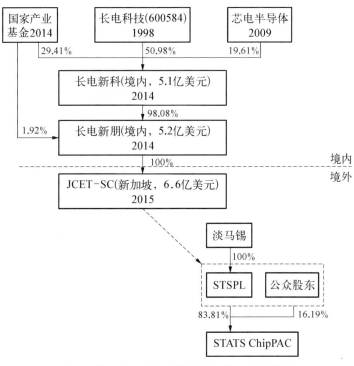

图3 长电科技跨境并购星科金朋交易结构图

四、长电科技2015年并购前后财务风险分析

（一）营业收入与营业成本分析

如表1和图4所示,2012—2016年,长电科技的营业收入表现出较好的增长态

势，各年营业收入分别为 44.36 亿元、51.02 亿元、64.28 亿元、108.07 亿元和 191.55 亿元，尤其引人注目的是，2016 年营业收入增长率达到了 77.25%，这与其通过收购星科金朋打开国际市场的销路，扩大销售规模，不断获取高端国际客户密不可分。

表1 2012—2016 年长电科技营业收入、成本增长情况

年份 项目	2012	2013	2014	2015（并购年）	2016
营业收入（亿元）	44.36	51.02	64.28	108.07	191.55
营业收入增长率（%）	—	15.01	25.99	68.12	77.25
营业成本（亿元）	38.04	40.92	50.7	88.8	168.91
营业成本增长率（%）	—	7.57	23.90	75.15	90.21

资料来源：长电科技 2012—2016 年年报。

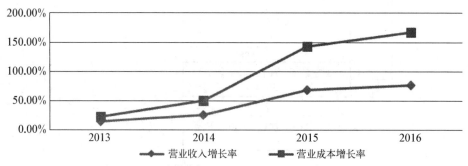

图4 2012—2016 年长电科技营业收入、成本增长率比较图

但与此同时，长电科技 2012—2016 年营业成本分别为 38.04 亿元、40.92 亿元、50.70 亿元、88.80 亿元和 168.91 亿元，2016 年营业成本较 2015 年增长了 90.21%，营业成本不降反升，远超完成并购后营业收入的增长幅度。

这在一定程度上体现了长电科技在主营业务成本控制上做得不够好，2012—2016 年的毛利率分别为 15.49%、15.25%、15.19% 和 11.33%，毛利率呈现下降趋势，其中主要原因是：受全球半导体市场周期性波动、个别大客户订单下滑等因素影响，星科金朋订单出现一定幅度下滑，经营状况持续下滑；而固定资产折旧、摊销、租赁费用等固定成本以及财务费用又居高难下，导致 2015 年亏损增加及 2016 年上半年仍旧亏损；2016 年下半年和 2017 年有所缓和。同时，上海子公司 SCC 工厂搬迁及收购相关的债务重组等非经常性事项也影响了星科金朋的盈利

能力。

综上分析,成本管理不到位、销售毛利逐年下降等原因,导致了长电科技整体毛利率下降,若连年如此,长电科技无法实现经营利润目标,可能产生资金周转困难的情况,以至于出现资金链断裂的财务风险,极大可能导致公司出现业绩亏损危机。

(二)销售状况分析

如表2、图5所示,2012—2016年,长电科技分别实现营业收入44.36亿元、51.02亿元、64.28亿元、108.07亿元和191.55亿元,销售规模呈现持续的增长态势。

表2　2012—2016年长电科技营业收入、销售费用、营业利润表　　单位:亿元

时间 项目	2012年末	2013年末	2014年末	2015年末(并购年)	2016年末
营业收入	44.36	51.02	64.28	108.07	191.55
销售费用	0.67	0.83	0.87	1.50	2.34
营业利润	−1.50	0.27	2.19	−1.73	−4.56

数据来源:长电科技2012—2016年年报

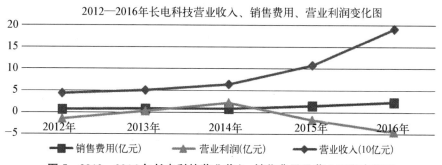

图5　2012—2016年长电科技营业收入、销售费用及营业利润变化图

同时,2012—2016年,长电科技的销售费用分别为0.67亿元、0.83亿元、0.87亿元、1.50亿元和2.34亿元,2016年相较于2015年的销售费用增长56%。

如表3所示,在2012—2016年销售费用明细项目中,销售人员的工资薪金从2012—2014年一直处于平稳变化趋势,但从2015年起,销售人员的工资薪酬较上期上涨了2倍之多,而2016年,销售人员的工资薪酬又较上期上涨了83.69%,说明长电科技公司在销售人员的佣金、提成等费用上支出很大,这也是导致企业留存的产品利润较少的原因之一。

表3 2012—2016年长电科技销售费用明细表　　　　　单位：万元

年份项目	2012	2013	2014	2015（并购年）	2016
工资薪酬	2 838.07	2 619.46	2 477.90	7 130.40	13 097.20
折旧摊销	31.11	0.39	0.33	—	—
仓储运输费	2 189.14	2 830.42	2 927.94	3 416.53	3 285.61
广告宣传推广费	90.54	148.27	333.52	177.43	311.59

资料来源：长电科技2012—2016年年报

如图6所示，与营业收入和销售费用逐年增加正好相反的是，长电科技逐年下降的营业利润。2012—2016年，长电科技的营业利润分别为－1.50亿元、0.27亿元、2.19亿元、－1.73亿元和－4.56亿元，逐年的亏损使人不得不怀疑其近年来销售费用的增加并未能有效提高公司的销售业绩，有理由怀疑销售费用中广告宣传推广费的增加是否有助于进一步拓展销路。

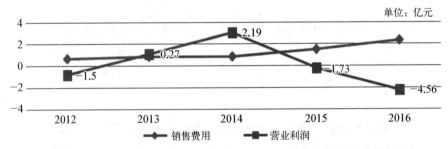

图6　2012—2016年长电科技销售费用及营业利润变化趋势比较图

（三）资金周转分析

2012—2016年，长电科技应收账款规模呈逐年增大的趋势，各年分别为4.93亿元、5.71亿元、7.11亿元、18.39亿元和27.22亿元，从2015年起，长电科技的应收账款呈现显著上升的趋势。

如表4、图7所示，长电科技的应收账款周转情况不理想，周转天数没有下降的趋势，表明长电科技的应收账款变现速度趋缓，同时，企业资金被外单位拖欠时间较长。这也表明，长电科技在经过2015年的收购事件之后，公司的管理能力并未提高，其赊销债权反而逐渐增加，赊销数额加大。

表4 2012—2016年长电科技应收账款情况表

年份 项目	2012	2013	2014	2015（并购年）	2016
应收账款（亿元）	4.93	5.71	7.11	18.39	27.22
应收账款增长率（%）	—	78	24	158	48
应收账款周转天数（天）	35.80	37.54	35.89	42.47	42.86

资料来源：长电科技2012—2016年年报

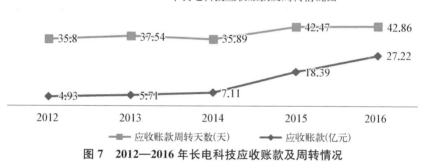

图7 2012—2016年长电科技应收账款及周转情况

究其原因，一方面，可能是由于长电科技正经历经营处境的困难，为了不断扩大销售业务而无奈放宽销售条件，导致销售收入增加了，但销售费用增加更快；另一方面，可能是由于企业不注重对应收款的管理，在资金回笼工作上有所轻视，而造成应收账款过多。

从以上分析可得，长电科技的资金流动性变差，若此问题没有改善将导致公司短期资金短缺，从而加剧公司经营风险和财务风险。

（四）负债资本率信用分析

负债资本率，即负债除以总资本，这个比率通常用来衡量上市公司的财务杠杆水平，即资本中负债的比例。

2012—2014年，长电科技各年的负债资本率分别为62.98%、65.18%和63.12%，如表5所示。实现并购后，2015—2016年长电科技的负债资本率分别为73.83%和77.55%，呈现不断上升的趋势，这表现出公司的财务风险不断累积。

表 5 2012—2016 年长电科技负债资本率分析表

项 目 \ 年 份	2012	2013	2014	2015(并购年)	2016
负债合计(亿元)	44.15	49.43	68.81	188.69	230.47
股东权益(亿元)	25.96	26.40	40.21	66.89	66.72
负债+股东权益(亿元)	70.10	75.83	109.02	255.59	297.19
长电科技负债资本率(%)	62.98	65.18	63.12	73.83	77.55

资料来源：长电科技 2012—2016 年年报

为更加凸显问题，对比近年来同行业的负债资本率，不难发现，同行业的资本负债率所处的水平均在 50% 以下，如表 6、图 8 所示，仅就这一点来说，可以猜测长电科技的财务风险高于同行业水平。

表 6 2012—2016 年长电科技负债资本率行业排名　　　　　　　单位：%

行业综合排名	上市公司	2012	2013	2014	2015（并购年）	2016
11	长电科技	62.98	65.18	63.12	73.83	77.55
1	海康威视	18.11	20.38	30.12	36.35	40.77
5	三安光电	45.95	47.53	32.66	23.10	26.03
10	紫光股份	56.24	59.78	55.06	57.22	26.99

资料来源：Wind 资讯，经本案例作者整理

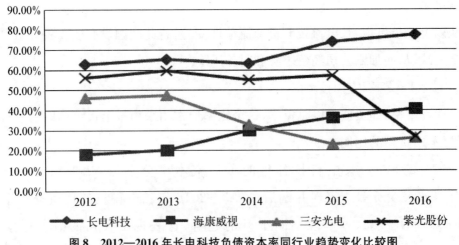

图 8 2012—2016 年长电科技负债资本率同行业趋势变化比较图

此外,2014—2016年,长电科技的负债资本率直线上升,这与其因收购星科金朋进行大额贷款不无相关,这也进一步加剧了其后期在债务偿还上的信用风险。

(五)现金流量分析

2015年,星科金朋并表后长电科技经营活动产生的现金流量净额保持稳中向好的态势,较2014年增长66.52%。2016年,长电科技经营活动正常,继续保持现金的流入。

2016年以来,长电科技加大了星科金朋EWLB项目以及韩国系统级封装SIP项目的投资,投资活动现金流为大额负数。为配合较大的固定资产投资,长电科技不得不持续增加银行融资,2016年,长电科技新增融资15.76亿元。

表7 2012—2016年长电科技现金流量分析表 单位:亿元

项目\年份	2012	2013	2014	2015(并购年)	2016
经营活动现金流入	48.31	55.64	69.20	121.36	199.99
经营活动现金流出	43.25	47.54	58.71	103.90	173.30
经营活动产生的现金流量净额	5.06	8.10	10.49	17.46	26.69
投资活动产生的现金流量净额	−10.20	−11.45	−14.55	−62.11	−42.97
筹资活动产生的现金流量净额	5.48	3.97	24.77	41.46	10.37
现金及现金等价物净增加额	0.34	0.45	20.76	−2.36	−5.19

资料来源:长电科技2012—2016年年报

如表7所示,总体来看,长电科技经营活动现金流入连续多年持续大额增长,由于固定资产投资持续增长,融资规模也持续增长,整体现金流情况尚可。但因存在大额银行融资,长电科技的企业偿债风险不可小视。

五、结论与启示

通过长电科技跨国并购星科金朋的并购交易框架的设计以及财务风险的分析,我们得出以下结论和启示:

第一,长电科技的并购时机恰当,恰当的合伙并购方起到了帮助作用。在当前我国制造业产业升级的迫切要求下,在全球范围内并购具有较强研发能力和制造能力的优质公司可以帮助我国企业在短时间内跨越式地发展,赶上世界水平,占领产业链的重要位置。国内优质的企业尤其是民营企业经过几十年的发展,在市场竞争中历练,已经积累了研发、销售、制造和运营的能力和相当一部分人才,在一定程度上参与了全球竞争。这样的企业,应适时选择实施并购,实现跻身世界一流公司的突破。在各个产业链中像长电科技这样的企业还有很多,完全可以借鉴长电科技的战略和做法使企业做大做强,更大程度上参与全球竞争,把握更大的话语权。

第二,长电科技并购星科金朋是一次典型的并购前期采用"蛇吞象"式的杠杆并购,该模式对于后期公司经营上产生的压力较大,整合过程中财务风险不断积累,随时可能出现债务偿还压力大、资金流动性差等财务风险,妥善解决这些问题在并购后期对于公司是个很大的考验。

第三,长电科技以较少的资金和较差的实力并购更大更强的国外公司,是一个以少胜多的典型案例,给同类企业提供了可参考的切实可行的解决方案。从这个角度来说,对国家战略性支持的行业,长电科技这一案例中跨境并购交易结构设计对于同类公司具有较好的借鉴作用。

对于在我国经济发展中有重要作用,且存在技术和制造能力缺失的产业中的领导企业来说,当前时期是一个相对较好的并购实施的窗口期。在并购交易结构设计的选择上,充分考虑并购前期交易结构设计以及并购后期整合过程中的财务风险,在筛选并购对象和最终并购效果上发挥着非常重要的作用。

六、问题讨论

(1) 该案例的并购动因有哪些?

(2) 本次长电科技并购星科金朋的资金来源有哪些?在筹资过程中,中国银行出具的贷款承诺函起到了什么作用?

(3) 该案例在交易结构的设计中,其支付方式有何特殊性?为什么要联合出资设立长电新朋?

(4) 如何评价该案例设计的交易结构?

(5) 如何理解企业并购中的财务风险?

(6) 该案例中并购支付方式的选择给长电科技带来了哪些财务风险?

(7) 从哪些方面可以防范该案例产生的财务风险?

参考文献

[1] 骆家骕,崔永梅,陈雯,李霞.并购财务困境企业整合路径研究——以国机并购二重为例[J].会计研究,2017(7).

[2] 王雪青,李兴彩.长电科技并购星科金朋案例分析[J].集成电路应用,2015(2).

[3] 李兴彩.订单饱满整合顺利长电科技欲执全球封测牛耳[N].上海证券报,2017-07-07.

[4] 冯银波,刘雨佳.中国民营企业海外并购财务绩效分析——以吉利并购沃尔沃为例[J].现代管理科学,2016(3).

[5] 黄红元,卢文道.长电科技要约收购星科金朋:"蛇吞象"式跨国并购[M]//证券法苑:第19卷.北京:法律出版社,2017.

[6] 张强.产业投资基金在半导体行业中的应用——基于长电科技收购星科金朋的案例研究[D].上海:上海师范大学,2017.

(执笔人:尹晓铆;指导老师:陈溪)

尔康制药木薯淀粉项目造假案

适用课程： 财务会计理论与实务

编写目的： 在学生了解尔康制药木薯淀粉项目收益造假的基础上，引导学生认识到企业诚信经营与可持续发展的关系、企业决策对利益相关者的影响，识别尔康制药财务造假的主要手段，同时进一步理解关联交易收入确认的前提条件和应用风险。

知 识 点： 财务造假的识别　关联交易的收入成本核算

关 键 词： 尔康制药　财务造假　关联交易　收入虚增

案例摘要： 2017年5月9日，有媒体质疑尔康制药"木薯淀粉项目"的实际盈利能力。2018年6月13日，尔康制药收到湖南证监局下发的《行政处罚决定书》，正式宣告尔康制药存在财务造假的事实。本案例首先对尔康制药的总体财务状况进行分析，对其盈利情况有总体把握。其次，对受公众质疑的木薯淀粉项目提出3点质疑，探究该项目收益情况的真实性。最后，分析虚增收入、净利润和固定资产的实际情况与原因。

一、案例简介

湖南尔康制药股份有限公司（以下称为"尔康制药"）的主营业务覆盖三大领域，分别是药用辅料、成品药和原料药。其中最重要的业务是药用辅料，最主要的产品有淀粉及淀粉胶囊。尔康制药于2011年在深圳证券交易所上市。

2018年6月13日，尔康制药收到湖南证监局下发的《行政处罚决定书》(编号：〔2018〕2

号),该文件内容包括以下两点:其一,尔康制药 2015 年年度财务报表虚增收入 1 805 万元和净利润 1 585 万元,分别占尔康制药 2015 年合并财务报表中营业收入的 1.03% 和净利润的 2.62%。其二,尔康制药 2016 年年度财务报表虚增营业收入 25 507 万元,虚增净利润 23 225 万元,占当期合并报表披露营业收入的 8.61%,披露净利润的 22.63%。

尔康制药造假事件的曝光最早可以追溯至 2017 年 5 月 9 日,当日有媒体对其 2016 年年报中披露的木薯淀粉项目的收益产生怀疑,认为其 6.15 亿元的净利润可能是通过虚构海外项目实现的。该消息一石激起千层浪,首先有反应的是股价,当日尔康制药的股价一泻千里,跌了 9.96%。迫于重重压力,尔康制药宣布停牌自查。同时,董事长在股东大会上强调公司年报没有造假,对媒体的质疑予以否认。经过了一年多,证监会下达的《行政处罚决定书》为该事件下了最终的定论。

本案例首先对尔康制药的总体财务状况进行分析,对其盈利情况有总体把握。其次,对受公众质疑的木薯淀粉项目提出 3 点质疑,层层剖析,探究该项目收益情况的真实性。最后,阐述虚增收入、净利润和固定资产的情况,并分析原因。

二、总体财务状况

在分析尔康制药的木薯淀粉项目前,本案例先对其 2014—2017 年总体的财务状况做介绍。图 1、表 1、表 2、表 3 分别是 2014—2017 年的盈利情况、现金流量表部分数据、利润情况表部分数据、资产负债表部分数据。

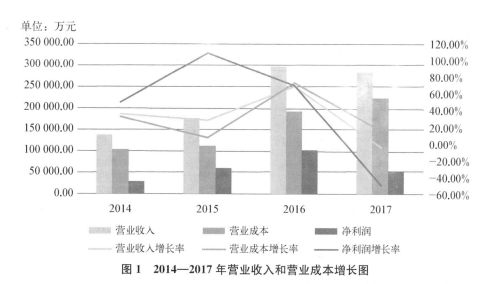

图 1　2014—2017 年营业收入和营业成本增长图

表 1　2014—2017 年尔康制药现金流量表部分数据　　　　单位：万元

项目＼年份	2017	2016	2015	2014
销售商品提供劳务收到的现金	285 503.58	301 158.67	185 269.38	139 843.25
经营活动现金净流量	68 721.11	48 649.55	51 895.58	17 538.24
购建固定无形长期资产支付的现金	25 891.50	114 574.07	57 053.48	52 742.36
投资支付的现金	463 160.54	24 000.00	0	0
投资活动现金净流量	−15 247.63	−128 756.95	−64 948.62	−61 137.55
吸收投资收到的现金	958.04	1 553.94	198 944.80	1 350.00
取得借款收到的现金	27 588.00	0	42 851.12	37 461.20
筹资活动现金净流量	−4 147.43	−24 360.12	171 003.08	28 461.93

表 2　2014—2017 年尔康制药利润情况表部分数据

项目＼年份	2017	2016	2015	2014
营业总收入(万元)	282 788.52	296 089.68	175 599.89	137 035.85
同比(%)	−4.49	68.62	28.14	35.57
营业总成本(万元)	222 545.26	192 056.27	111 094.43	103 904.18
同比(%)	15.88	72.88	6.92	31.67
营业利润(万元)	58 919.91	105 601.35	64 628.96	33 045.69
同比(%)	−44.21	63.40	95.57	47.35
利润总额(万元)	59 059.28	109 341.12	65 916.30	33 565.20
同比(%)	−45.99	65.88	96.38	49.01
净利润(万元)	51 479.91	101 273.48	59 898.54	28 741.16
同比(%)	−49.17	69.08	108.41	49.43

表 3　2014—2017 年尔康制药资产负债表部分数据

项目＼日期	2017-12-31	2016-12-31	2015-12-31	2014-12-31
流动资产：				
货币资金(万元)	141 176.19	99 205.49	202 032.85	35 060.59
应收票据(万元)	12 308.18	3 265.27	3 399.22	3 825.86
应收账款(万元)	33 546.34	23 865.70	21 498.90	18 434.11
预付款项(万元)	8 392.82	12 941.80	4 024.04	2 673.50
其他应收款(万元)	1 495.05	1 430.30	1 555.19	1 336.26
存货(万元)	70 378.48	99 147.04	56 596.22	33 171.07
同比(%)	−2.90	75	71	165

图 1 是尔康制药 2014—2017 年的盈利情况。2014—2016 年，营业收入、成本和净利润都处于上升的趋势，其中 2015 年营业收入大幅增长，但营业成本的增长并不明显，这使得 2015 年的净利润有突飞猛进的增长，增长率超过 100%。2016 年这 3 个指标都大幅增长，增长率差不多。

2017 年，收入较 2016 年下降 4.49%，净利润下降 49.17%。可以看出，报表真实性受到质疑之后，利润大幅下降。这是公司实际情况导致的，还是受到舆论压力公司不敢大肆作假导致的呢？

从公司现金流净额可以看出，2014 年公司经营性现金流净流量仅为 1.75 亿元，但 2015 年经营现金流净流量就暴涨至 5.19 亿元。通常来说，公司经营现金流的大幅增加侧面反映了公司当年经营状况大幅转好，生产经营水平提高。

表 2 显示的是公司的利润情况。对比公司同期的经营数据，2015 年营业总收入同比增加 3.86 亿元，而营业总成本仅增加 0.72 亿元。一般来说，公司经营水平提高通常伴随着生产产品的数量增多，随之而来的便是原材料需求的增多和营业成本的上升。那么尔康制药作为一家药品原材料供应商，是如何在不提高成本的情况下，大幅提高公司营业收入且不断增强其回款能力的？

从表 2 可以看出，尔康制药总体营业收入一直处在持续增长的状态下，但表 3 显示存货在 2014—2016 年也在不断增长。既然营业收入显示公司产品的市场销售火爆，为何存货会不断增加呢？是不是存在公司存货没有真正销售出去的可能呢？

从图 2 中可以看出，在 2012—2017 年间，除了 2016 年，其他年份利润与现金流量

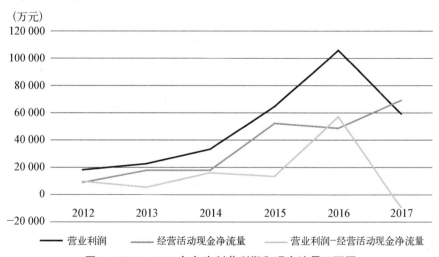

图 2　2012—2017 年尔康制药利润和现金流量匹配图

差距并不大,但2016年利润与经营活动现金净流量之间的差额突然变大,说明2016年的利润质量下降。公司利润的账面利润很大,但实际流入的现金流量却不大,这说明了当期利润有很大的造假嫌疑。

三、木薯淀粉项目疑点重重

(一)木薯淀粉项目收益

2016年尔康制药总共实现净利润10.13亿元。如图3所示,其中,3.56亿元来自湖南尔康制药股份有限公司(以下称为"湖南尔康"),占比36%;6.16亿元来自湖南尔康(柬埔寨)投资有限公司(以下称为"柬埔寨尔康"),占比62%;其余0.2亿元来自其他子公司,占比2%。由此看出,柬埔寨尔康是净利润来源的主要部分。

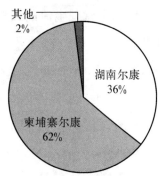

图3 2016年尔康制药净利润构成图

2013年8月,尔康制药在柬埔寨成立柬埔寨尔康,主要负责酒精、木薯、淀粉等药用辅料的生产和销售。柬埔寨尔康有一项特别宏伟的项目,即"年产18万吨药用木薯淀粉"生产项目,该项目实际上是为湖南尔康提供原料以支持其生产淀粉胶囊。2016年尔康制药的年报中披露该项目收益为6.16亿元,而且正好与柬埔寨尔康的净利润相等,说明除该项目外柬埔寨尔康无其他业务。

"年产18万吨药用木薯淀粉"生产项目是将木薯制作成淀粉,再通过精制工艺加工制作成改性淀粉,为胶囊的生产提供原料。图4和图5分别是原淀粉的生产工艺流程示意图和淀粉精制工艺流程示意图。

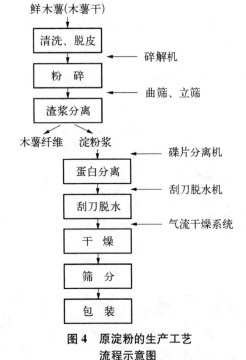

图4 原淀粉的生产工艺流程示意图

(二)木薯淀粉项目收益疑点

1. 改性淀粉毛利率高

该项目的第一个疑点是改性淀粉毛利率异

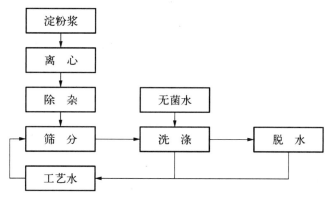

图 5　淀粉精制工艺流程示意图

常高。公司的淀粉及淀粉胶囊产品披露的毛利率为 54.32%,但公司实际控制人帅放文曾对媒体称改性淀粉毛利率超过 90%,所以第一个疑点就是改性淀粉毛利率真的这么高吗?

湖南尔康生产的普通淀粉,其价格一般由大宗商品市场行情决定,主要应用在食品领域。现在市场上,改性淀粉的售价主要根据竞争品和原料价格决定,竞争品有明胶、卡拉胶等,原料有普鲁兰多糖等。具体的定价策略为低于其他植物胶囊原料高于明胶。当前,湖南尔康的改性淀粉产品价格为 45—133 元/千克,竞争品明胶的价格约 30—80 元/千克、卡拉胶的价格为 130—315 元/千克、普鲁兰多糖原料价格为 200—260 元/千克。这符合改性淀粉的定价原则。而同时,改性制作成本又非常低,这导致改性淀粉的毛利率能接近 90%。这么看,改性淀粉的超高毛利率似乎是行得通的。

2. 收益与可行性报告相差巨大

该项目的第二个疑点是收益与可行性报告相差巨大。该项目的可行性分析报告显示,本项目正常年销售收入为 53 280 万元,平均利润总额 6 290 万元。项目投资利润率(平均年)31.45%,内部收益率为 22.35%。

该项目实际的销售收入在报告中没有单独披露,但是项目利润在年报中披露了。表 4 显示了"18 万吨药用木薯淀粉"项目 2014—2017 年的投资和收益情况。

表 4　2014—2017 年"18 万吨药用木薯淀粉"项目的投资和收益表

年份	投入资金总额(万元)	本报告期投入资金(万元)	截至期末累计投入资金(万元)	截至期末投资进度(%)	项目达到预定可使用状态日期	本报告期实现的效益(万元)
2017	14 409.28	0	14 415.73	100	2014.3.31	26 221.74

(续表)

年份	投入资金总额(万元)	本报告期投入资金(万元)	截至期末累计投入资金(万元)	截至期末投资进度(%)	项目达到预定可使用状态日期	本报告期实现的效益(万元)
2016	14 409.28	450.92	14 415.73	100	2014.3.31	61 560.57
2015	14 409.28	53	13 964.81	96.92	2014.3.31	27 652.13
2014	14 409.28	10 870.91	13 911.81	96.51	2014.3.31	1 614.86

该项目于2014年3月31日投产，当年实现净利1 614.86万元；2015年创造利润2.76亿元，是可行性分析报告预计利润的4.38倍。这个项目到2015年底的总投资才不过将近1.4亿元，当年总投资收益率达到197.14%，是可行性分析报告中预计投资利润率的6.27倍。2016年，这个项目创造利润6.16亿元，是可行性分析报告预计利润的9.76倍。当年总投资收益率达到427.08%，是可行性分析报告预计投资利润率的13.58倍。2017年，该项目创造的当期利润回落至2.62亿元，仍然达到了可行性分析报告预计利润的4.17倍，当年总投资收益率达到181.98%，是可行性分析报告预计投资利润率的5.79倍。

从图4和图5可以看出，所谓的"年产18万吨木薯淀粉"项目其实就是一个淀粉加工项目，总共投资才不到1.5亿元。但从其收益统计可以看出，4年时间却能创造利润超过11.7亿元，总投资收益率为780%，这实在让人不敢相信。

3. 与海关数据不符

该项目的第三个疑点是与海关数据不符。根据公司官网显示，这个木薯淀粉项目为湖南尔康制造淀粉胶囊提供原料。换句话说，木薯淀粉项目是用来给尔康制药提供原料生产淀粉胶囊的，它只是公司建立在柬埔寨的原料供应基地。

由于2016年是该项目利润最高的年份，所以本案例选择了2016年的海关和该项目的数据进行对比分析。本案例从中国海关信息网搜集了2016年中国进口木薯淀粉的数据，筛选了进口金额排名前十的国家的具体数量和金额，其中柬埔寨排名第三。

表5显示，2016年中国向柬埔寨进口木薯淀粉3万多吨，金额为1 042.83万美元，按照2016年12月31日人民币兑美元汇率(6.937∶1)，折合人民币7 234.11万元。问题是，如果2016年的海关数据显示的从柬埔寨进口木薯淀粉全部是湖南尔康所为，那数量就是3万吨，金额为7 234万元。

表 5 2016 年 1—12 月中国进口木薯淀粉的统计数据

商品名称	国家	数量(千克)	金额(万美元)
木薯淀粉	泰国	1 503 183 926	535 691 729
	越南	534 796 400	181 453 033
	柬埔寨	30 936 500	10 428 292
	老挝	4 030 000	1 337 310
	印度尼西亚	42 050	30 419
	日本	6 025	16 516
	法国	100	1 060
	美国	86	841
	荷兰	10	168

本案例通过以下 4 项假设,将木薯淀粉项目最大化来计算收益极限。假设一,海关数据显示的从柬埔寨进口木薯淀粉全部是柬埔寨尔康卖给湖南尔康所致,并且全部来自木薯淀粉项目;假设二,柬埔寨尔康的销售净利率达 100%,即全部销售收入(7 234 万元)全部形成了净利润;假设三,柬埔寨尔康以出口中国的价格卖给其他国家;假设四,柬埔寨尔康的产能利用率达到 100%。在以上假设都成立的情况下,2016 年木薯淀粉项目收益的极限是 4.34 亿元,远远不及年报中披露的 6.16 亿元。通过计算,本案例认为,该项目的收入虚增了。

四、虚增收入和净利润

2017 年 11 月 23 日,尔康制药发布《关于对前期会计差错更正的公告》,承认其虚增利润,共计虚增利润 2.31 亿元。第一笔为湖南尔康向柬埔寨尔康采购原料生产胶囊淀粉,但最终没有形成对外销售,而合并报表却未将该笔收入做合并抵销处理,因此这一笔还需调减净利润 2.09 亿元。第二笔是国际销售业务中出现销售退回的情况,但报表中未将其做销售退回的处理。

表 6 把差错更正前后的财务数据进行了对比。在修正造假的财务数据之后,尔康制药 2016 年年报净利将调减 2.31 亿元,由 10.13 亿元变为 7.82 亿元,降低了 20%。需要指明,2016 年前三季度尔康制药实现营业收入 22.69 亿元,同比增加 19.76%,净利润 5.54 亿元,同比减少 23.21%。由此可见,修正数据后的尔康制药"业绩王"的帽

子就顶不住了。下面分别对这两笔利润造假事件进行剖析。

表6 2016年尔康制药差错更正前后财务数据变动表

项目	修正前(万元)	修正后(万元)	变动值(万元)	变动率(%)
营业收入	296 089.68	270 583.16	−25 506.52	−8.61
营业成本	192 056.27	189 651.83	−2 404.44	−1.25
营业利润	105 601.35	82 498.27	−23 103.08	−21.88
利润总额	109 341.12	86 238.04	−23 103.08	−21.13
净利润	101 273.48	78 170.40	−23 103.08	−22.81

（一）政策抢跑，沟通失误

2015年，各个省市陆续对创新优质的药品采取单列分组招标的形式向社会征求意见，并根据社会意见出台了集中采购药品的相关文件和规定。尔康制药的淀粉胶囊产品进入了云南、河南等省份单列分组的招标计划，因此公司开始了大规模原材料采购的工作，以满足中标后市场对淀粉胶囊产品的需求。

原材料采购过程中，湖南尔康通过第三方供应商向柬埔寨尔康采购淀粉胶囊的原料即改性淀粉。但天不遂人意，各省份的集中采购药品的政策并未落实，优质药品单列分组的招标计划也没有成行。由于公司的计划未赶上政策的变化，湖南尔康为生产淀粉胶囊所做的大规模原材料采购工作都白费了，其采购的改性淀粉并未全部生产成淀粉胶囊，自然也没有全部形成对外销售。企业会计准则规定，合并报表内的关联方之间的交易，内部采购未能最终实现对外销售，这部分收入应当合并抵销。但实际情况是，公司2016年合并报表并未将该笔收入抵销，虚增净利润2.06亿元。公司解释说是因为业务部门并未与柬埔寨尔康及时沟通。对于虚增利润的做法，原因真是因为公司所解释的沟通失误，还是有意为之？即使真实原因真是沟通失误，那公司内部控制一定存在重大缺陷，以至于虚增合并报表1/5的利润。

（二）销售退回，沟通不畅

2016年，尔康制药向SYN公司销售胶囊原料改性淀粉5 564万元、淀粉胶囊581万元，总共发生销售6 145万元。从2016年12月至2017年4月，改性淀粉产品出现均一度（注：均一度指同批次或相近批次产品的质量的一致性程度）指标不合格的问题，使得改性淀粉的部分终端客户提出退货的要求。

根据尔康制药事先与 SYN 公司的协议约定,部分以上产品不做退货处理,而是由 SYN 公司自己加工。尔康制药全额退还货款,并以 10% 的利率计算未清资金的占用费。然而,上述退货居然没有如实在报告中体现,由此产生的销售收入仍记录在尔康制药的年度报告中。

尔康制药解释说,截至 2016 年度报告公布时,公司仍与 SYN 公司就退货问题进行谈判,并仍将虚增收入的锅丢给了"相关部门"。"国际业务部门并没有把退货事宜通知公司总部,导致财务部门未按照会计准则的规定进行退货的账户处理",公司称。按照公司的说法,部门工作失误导致公司 2016 年报虚增收入 0.26 亿元,虚增净利润 0.23 亿元。

此外,关于公司在北美的代理商 SYN 公司,外界也有很多疑问,认为两家公司可能是关联方,两者交易可能是虚构的。实际上,尔康制药的确涉嫌隐瞒了与经销商的关联关系。SYN 公司是尔康制药在加拿大区域的经销商,公告中显示,SYN 公司负责尔康制药的改性淀粉及淀粉胶囊在北美的推广和销售。但是,SYN 公司的贸易方式让人困惑:一方面,SYN 公司将尔康制药的改性淀粉和淀粉胶囊销售到北美;另一方面,它又将改性淀粉和淀粉胶囊售回给一家中国的企业——江西睿虎化工有限公司。这中间黄博士是一名关键人物,他既是尔康制药的技术主管,又是 SYN 公司的实际控制人,同时他又是江西睿虎化工有限公司的负责人。

所以,尔康制药与 SYN 公司的交易实际上是虚构的,以自买自卖的形式虚增收入和利润,给报表镀金。

五、虚增固定资产

一般来说,虚构利润常常伴随着虚构资产。基于这个逻辑,本案例对尔康制药最近几年的资产,特别是固定资产(含在建工程)的变动情况进行了追踪。下面来看尔康制药最近 3 年的固定资产变化情况。

从表 7 可以看出,尔康制药近几年固定资产增长迅速,2016 年与 2014 年相比复合增长率达到了 56.86%,绝对值也从 7.19 亿元增长到 17.69 亿元。其中最明显的是 2015 年和 2016 年,这两年固定资产分别增加了 7 亿元和 6 亿元,呈现井喷式增长。从固定资产的来源来看,这其中绝大多数是在建工程转入的,2015 年和 2016 年分别转固了 6.78 亿元和 5.55 亿元。

表7 2014—2017年尔康制药固定资产变动表   单位：万元

项目	2017 固定资产	2017 其中房屋建筑物	2016 固定资产	2016 其中房屋建筑物	2015 固定资产	2015 其中房屋建筑物	2014 固定资产	2014 其中房屋建筑物
一、账面原值：								
1. 期初余额	214 089	138 738.4	154 600.9	97 604.25	91 247.52	40 370.3	47 634.97	20 283.29
2. 本期增加	15 056.22	11 158.42	60 132.41	41 539.11	70 559.64	57 260.22	49 015.09	22 783.75
(1) 购置	2 301.77	589.01	4 600.74	1 092.04	2 805.41	1 168.08	8 676.1	4 452.99
(2) 在建工程转入	12 754.44	10 569.41	55 499.97	40 447.07	67 754.23	56 092.15	22 326.31	12 995.38
(3) 企业合并增加			31.69				18 012.67	5 335.38
3. 本期减少	2 514.39	2 376.95	644.27	404.99	7 206.27	26.27	5 402.54	2 696.73
期末余额	224 322.3	146 147	214 089	138 738.4	154 600.9	97 604.25	91 247.52	40 370.3
二、累计折旧								
1. 期初余额	36 604.33	10 828.11	26 842.62	6 952.91	19 266.73	4 641.88	8 146.27	1 907.13
2. 期末余额	47 675.38	15 355.81	36 604.33	10 828.11	26 842.62	6 952.91	19 266.73	4 641.88
三、减值准备								
1. 期初余额	610.47		97.36		97.36		97.36	
2. 期末余额	610.47		610.47		97.36		97.36	
四、账面价值								
期末账面价值	176 036.4	130 791.2	176 874.2	127 910.3	127 660.9	90 651.34	71 883.43	35 728.42

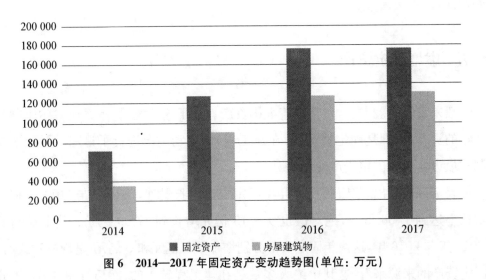

图6 2014—2017年固定资产变动趋势图（单位：万元）

如图6所示，从固定资产的分类看，尔康制药的固定资产中大多数是房屋建筑物，仅 2015 年和 2016 年房屋建筑物金额分别增加了 5.61 亿元和 4.04 亿元。如表 8 所示,房屋建筑物占固定资产的比重也从 2014 年的 49.7%攀升至 2016 年的 72.32%,速度之快令人诧异。

表 8　2014—2017 年在建工程转固情况表

项　目	2017 年		2016 年		2015 年		2014 年	
	固定资产	其中房屋建筑物	固定资产	其中房屋建筑物	固定资产	其中房屋建筑物	固定资产	其中房屋建筑物
本期增加(万元)	15 056.22	11 158.42	60 132.41	41 539.11	70 559.64	57 260.22	49 015.09	22 783.75
其中:在建工程转入(万元)	12 754.44	10 569.41	55 499.97	40 447.07	67 754.23	56 092.15	22 326.31	12 995.38
期末账面价值(万元)	176 036.4	130 791.2	176 874.22	127 910.26	127 660.91	90 651.34	71 883.43	35 728.42
房建资产占比(%)		74.30		72.32		71.01		49.7

除了固定资产,从 2016 年末的报告中可以看出,账面上还存在在建工程 7.72 亿元等待转入固定资产。结合上文的分析,可以说这两年来尔康制药的固定资产(包括在建工程)增加了 20 多亿元。这是一个什么样的水平?

本案例选取了同行业企业进行对比分析,除制药行业前五名外,还选取了安徽山河药用辅料股份有限公司(以下称为"山河药辅"),是因为考虑到尔康制药属于制药行业的一个分支——药辅生产,而山河药辅同样也是行业中为数不多的药辅生产公司,两者更具有可比性。表 9 整理了尔康制药与同行企业的固定资产净额和其在总资产中的占比。

表 9　2017 年 5 月 4 日化学制药行业市值前五名企业固定资产金额及占比表

企业名称	固定资产(含在建工程)净额(万元)	总资产金额(万元)	占比(%)
尔康制药	254 077.65	565 324.06	44.94
山河药辅	12 997.04	51 284.99	25.34
恒瑞医药	247 394.17	1 433 005.87	17.26
康弘药业	53 759.2	375 815.65	14.30
济川制药	169 244.04	498 761.16	33.93
信立泰	108 171.17	653 413.91	16.55

从表 9 可以看出,与业务相似度最高的山河药辅相比,尔康制药的固定资产占总资产比重高出近 20%。与制药行业排名第一的江苏瑞恒医药股份有限公司相比,固

定资产净额相近,但就固定资产占总资产比重而言,尔康制药远远领先于行业第一。因此,尔康制药高达25亿元的固定资产确实很有问题,本案例认为尔康制药的固定资产有很大的虚构的成分。

六、结尾

2018年6月13日,尔康制药收到湖南证监局下发的《行政处罚决定书》(编号:〔2018〕2号)。根据尔康制药相关人员的违法行为事实、性质、情节及社会危害程度,湖南证监局对尔康制药责令改正,给予警告,并处以60万元罚款;对尔康制药直接负责的主管人员帅放文、刘爱军给予警告,并分别处以30万元罚款。

不到百万元的处罚,对于偌大的尔康制药来说无疑是无关痛痒。但公司财务造假、受到处罚一事对公司股价的影响可谓一石激起千层浪。事件曝光后,尔康制药股价持续下跌,至2018年2月6日,最低4.81元/股。相比5月9日收盘,这期间尔康制药股价跌幅接近60%。就在尔康制药公布上述《行政处罚决定书》次日即6月15日的上午,来自上海、山西、甘肃、黑龙江等地的9名投资者提交起诉材料。仅这9名投资者索赔损失总金额约1089万元,法院已当场全部受理了该批案件。这就标志着尔康制药虚假陈述索赔案正式开打,这一块损失就大了,绝不像证监会处罚那样如同搔痒痒,尔康制药注定要为造假行为付出应有的代价。

这场闹剧也为投资者敲响了警钟。在价值投资的时代,并不是财务报表"漂亮"的股票就一定是白马股,A股市场有像贵州茅台、格力电器及招商银行这般的白马股,但也有伪造数据、报表漂亮的造假股。所以还是那句话,"白马股的财报一定漂亮,但财报漂亮的不一定是白马股,还有可能是只白骡子"。

参考文献

[1] 王永贵.财务造假的甄别与案例分析[J].财会学习,2018(5).
[2] 李克亮.论九好集团的财务造假新手法与审计新策略[J].会计之友,2018(5).
[3] 徐琨,陈溪.××制药公司财务造假案例分析[J].财会学习,2018(9).

(执笔人:周熠;指导老师:娄祝坤)

金卡智能并购协同效应分析

适用课程： 财务会计理论与实务

编写目的： 本案例基于财务分析的视角结合案例，通过对金卡智能在 2016 年两次横向并购活动所形成的协同效应的案例进行分析和评价，为企业并购获得协同优势、实现持续发展提出具体建议。

知 识 点： 并购协同　财务指标分析

关 键 词： 横向并购　协同效应　财务分析

案例摘要： 随着我国资本市场的迅速发展与完善，各类企业都积极参与并购，并购活动越来越频繁，但是企业并购行为并不一定都能带来预期效果。企业并购效果不佳与并购后整合无效、未能充分发挥协同效应有重大关系，同时这也是评估并购是否成功的关键点。本案例基于财务分析的视角结合案例，对金卡智能并购的协同效应展开研究。

引言

随着经济的转型发展和各行业竞争格局的不断重塑，很多企业面临着巨大的机遇和挑战，由于企业在应对市场竞争局势的变化、技术的研发、产品的更迭、产业结构优化升级等方面的内生力量有限，需要内生与外延发展并行，企业大多选择并购的方式实现自身战略目标和产业升级。作为资本市场中最具市场效率和创新活力的环节，并购活动变得越来越频繁。但是企业并购行为并不一定都能带来预期效果。企业并购效果不佳与并购后整合无效、没有充分实现协同效应[①]有重大联系，与此同时这也是评价并购活动是否成功的关键所在。所以，怎样了解、评价并发挥协同效应，这些问题的研究对于我国日益频繁的企业并购行为来说显得尤为重要。

本案例将金卡智能集团股份有限公司（以下称为"金卡智能"）并购活动的协同效应研究细分成经营协同、财务协同以及管理协同三个角度构建评价体系，并选取了2013—2017年度内金卡智能的盈利、偿债、营运能力等核心财务指标重点分析协同效应的实现情况。研究发现金卡智能并购行为在经营、财务、管理三方面都产生了一定的协同效应，可以说是成功的并购案例。最后提出了相关建议，给未来国内其他企业的并购活动提供有益借鉴。

一、金卡智能概况

金卡智能于1997年在温州乐清创立，其起步于IC卡燃气表的研发生产，目前主营产品包括了民用燃气表、工商业流量计、物联网智能燃气表以及配套的软件系统及互联网创新业务。作为行业内的第一家上市公司，在经历20多年的发展后，金卡智能已经成为燃气表行业的翘楚，现拥有公用事业企业超2 000家，城市覆盖超1 500座，服务城市家庭用户超3 500万户，是名副其实的燃气表龙头。自2012年上市以来，其营业收入从2012年的3.5亿元提高到2017年的近17亿元，净利润从8 000余万元增长到3.46亿元，两者均增长3倍以上。

金卡智能的发展之路在2014年由于燃气领域竞争格局的变动受到了挑战。受益于煤改气项目的推行和燃气表领域客户对产品需求的变动，公司民用燃气表业务发展迅猛，但随着燃气表市场逐渐成熟，行业内各大企业的竞争也日益激烈。2014年开始公司经营受阻，核心优势消失，到2015年公司的业绩下降明显，净利润同比下滑了39%，下游重要客户之一的中国燃气将合作意向转到了公司的主要竞争对手那里，更是雪上加霜。在进行及时调整与战略规划后，公司于2015年剥离天然气销售业务，并于2016年展开了一系列并购行动，旨在将业务从单一的民用燃气表硬件领域拓展至覆盖民用及工商业的智能燃气整体解决

[①] 协同效应是指企业通过并购实现企业间的优势资源互补和技术共享，提升整体经营实力，包括管理、财务和经营协同三方面。

方案领域,使公司取得核心竞争优势,在燃气表行业中低端产品残酷的搏杀中脱颖而出。

二、外延发展,连续并购力挽狂澜

(一) 燃气表物联网云平台搭建,核心优势突出

在经历发展低谷后,金卡智能果断选择外延并购之路。2016年5月11日,公司以自有资金7 000万元收购北京北方银证软件开发有限公司(以下称为"北京银证")100%股权。北京银证专注于行业应用软件的研发和服务,搭建天然气信息化燃气表整体解决方案。该解决方案的应用串联了国内300家燃气公司,覆盖范围达到30个省份,人均系统在线用户达到3万人,间接服务超过2 000万中国城市居民家庭用户,涵盖了上下游全产业链。依据燃气仪表的发展,北京银证提供了软件平台的智能仪表管理系统,解决远程控制问题,协助城市中的燃气公司整合各类的智能仪表系统,利用中心软件平台的搭建,进行各类仪表协同、统一网络结构化管控,完成从智能仪表用户信息的数据收集、更新、校正、发布的全程化管理,满足相应燃气客户的软件系统管理需求。北京银证的主营业务与金卡智能在燃气表领域软件服务平台相契合。

通过收购北京银证,金卡智能成功地将旗下的智能燃气表、智能气体流量计等性能出色的智能硬件产品串联起来,具备了自行研发配套软件信息平台的优势。成为国内唯一的智能燃气表整体解决方案供应商,这是领先竞争对手的最大核心竞争力,而且领先大部分竞争对手5年左右。

(二) 收购天信仪表,完善燃气表战略布局

在完成对北京银证的并购后,金卡智能并没有就此停止,而是继续拓展业务范围。在我国,天然气消费的80%以上都在工商业领域,工商业天然气消费增长速度基本等同于我国天然气消费增长速度,行业中长期增速保持在15%左右。这是一项竞争格局良好、壁垒高、中长期增长稳健的优质现金牛业务。面对这样一块优质蛋糕,金卡智能当然不会忽视,公司积极进行战略布局,于2016年11月22日,以13.96亿元完成对工商业流量计领域龙头企业天信仪表100%股权的收购。

天信仪表主要涉及领域在工商业燃气表,市占率超过30%,是该领域的龙头。天信仪表吸纳了国际水准的研发技术,与GE公司合作,同时也与上海多个高等学府以

及研究所合作研发,研制了一系列拥有自主产权、具备国际水准的智能化仪器仪表产品,可与国外同系列产品最高水平相匹敌。因此该公司具备了产业基础、生产制造、技术水平等整体的设计和研发能力。

金卡智能与天信仪表的主要市场销售区域不同,存在巨大的市场整合拓展空间。天信仪表的主要销售区域在华北地区,而金卡智能的优势区域在西北和华东地区。民用燃气表与工商业用流量计的主要下游客户都是城市燃气公司,那么就金卡智能与天信仪表来说,已经成功进入当地市场的一方拥有广泛的销售资源与销售经验,将大大降低另外一方打入当地市场的难度。天信仪表被收购后,公司在市场整合方面已经取得了巨大成效,例如,天信仪表借助金卡智能的资源进入太原燃气,金卡智能则利用天信仪表的资源进入了深圳燃气。

通过此番积极的横向并购,金卡智能形成了民用燃气表、工商业燃气表领域和配套软件平台三位一体的发展架构,将金卡智能民用智能燃气表领域的优势与天信仪表工商业流量计的产业优势串联,同时吸纳北京银证软件平台优势,从研发、生产、销售等多方面融合发展,积极开拓新的技术、产品与业务,产生了强大的协同效应。

三、三维度分析金卡智能并购协同效应

为探究金卡智能2016年连续两次的并购成效,下面就其2013—2017年间公开披露的财务报表和数据信息,将金卡智能并购协同效应划分为管理、财务和经营协同三个维度展开分析研究。

(一)管理协同效应评价

企业之间的并购能够提升企业管理工作的效率,实现企业管理的协同进而给企业带来效益。管理层面的协同主要体现在,在并购完成后利用管理资源的有效整合,形成管理能力的互补,提高资产运营的效率,控制管理费用,同时整合并购方与被并购方的企业文化以降低并购整合的无形阻碍。我们从金卡智能资产运能以及费用控制指标的变化,评价金卡智能的这两次并购是否取得了管理上的协同效应。

1. 资产管理效率

从图1可以看出,金卡智能的应收账款周转率、固定资产周转率和总资产周转率

在2013—2016年间逐年下降,2016年完成并购之后,应收账款周转率和固定资产周转率得到提升,总资产周转率也有小幅度回升。这得益于金卡智能在完成两次战略并购后,及时整合目标公司的管理资源,使得企业资产管理效率提升,管理协同效应初显。

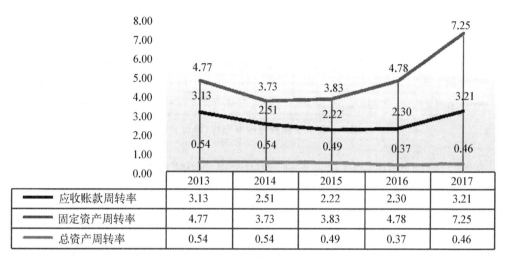

图1　金卡智能营运能力指标(单位: %)

而且从图2可以看出,在进行两次并购之后,公司2017年应收账款周转天数为112天,大幅低于2016年的157天,公司现金流回款良好。

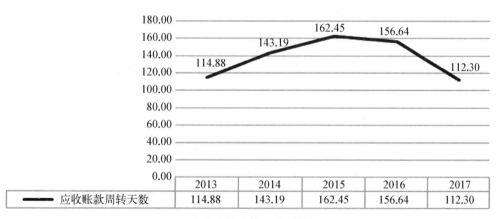

图2　应收账款周转天数(单位: 天)

2. 费用控制分析

销售费用、管理费用占收入的比重体现了销售费用和管理费用增长情况相较收入增长速度的快慢,这两个指标越小,代表企业的费用控制工作做得越好。从图3可以看出金卡智能的管理费用占比在2013—2015年间一直呈现上升状态,在2016年完

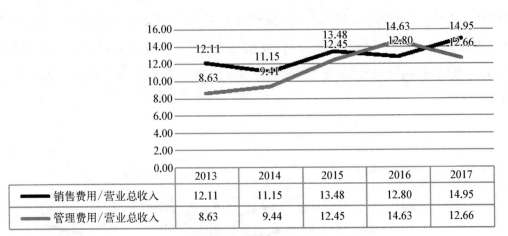

图3 金卡智能费用控制指标(单位:%)

成并购之后,管理费用的占比迅速下降,说明管理费用的增长速度小于公司营业收入的增长速度。管理费用占比下降的主要原因有以下两点:一是金卡智能与天信仪表以及北京银证在产品研发上出现重合,通过并购后的研发整合,减少了研发费用的重复浪费。二是在并购完成后没有了相关的办公费用以及咨询费用。金卡智能销售费用的占比在2013—2016年间的变动较平稳,基本保持在平均水平,在2017年较前年减少了1.97亿元。这主要是因为并购北京银证后拓宽了其在软件系统上的销售渠道,在并购天信仪表后拓宽了其在工商业燃气表领域的销售渠道,并得到了新的销售区域和产品线,为此金卡智能在相关产品的宣传和营销上投入了较多的人财物力,以增强公司的销售能力,支持业绩增长。

随着并购整合的逐渐完成,价值链互补优化,金卡智能与天信仪表和北京银证间的管理资源平衡互补,管理费用占营收的比重下降,效率向好。根据以上分析,公司的两次横向并购使得其资产的周转率得到提高,资产管理能力得到提升,费用缩减能力也有一定的转变,尤其是管理费用的控制能力。就资产管理能力和费用缩减的整体能力而言,公司并购取得一定程度的管理协同效应。

(二)财务协同效应评价

财务协同效应是指企业并购完成后带来的财务收益,主要表现在现金层面。并购方将通过多元化的融资渠道获取的资本以及自有资金合理利用,将充足资金转移到目标企业,相当于投资于具有较高投资回报收益的项目上。财务方面的协同主要表现在财务风险控制能力提升即偿债能力增强以及实现合理有效避税即节税效应这两方面上。

1. 财务风险控制效应

评价公司财务分险控制能力的指标包括长短期的偿债能力。其中短期偿债能力主要通过流动比率、现金比率两个方面来反映。从图4中可以看出,金卡智能在2017年并购完成后的流动比率和现金比率均有所下降,其在2016年收购天信仪表和北京银证时多是使用现金支付手段进行的,所以公司的短期偿债能力受到一定程度影响。主要是因为金卡智能在2016年先后收购北京银证和天信仪表,为公司注入了优质资产,同时利用公司发展前景向好的信号增强了市场自信,定向增发并募集到了近10亿元的资金,增加了企业偿债信心,但是当募集来的资金被用于并购整合后,这两项指标开始回落。由此可见,并购活动给金卡智能带来一定财务风险后,公司加大整合财务资源的力度,尽可能降低偿债压力。

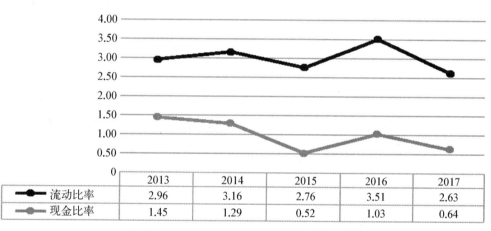

图4　金卡智能短期偿债能力指标(单位:%)

评价公司财务风险控制能力的另一指标是长期偿债能力,即企业长期内的财务安全及其稳定程度。本节对于金卡智能长期偿债能力的分析选取的是资产负债率和现金流量债务比这两项财务指标。从图5能够看出,金卡智能在2013—2015年的资产负债率一直保持在平均水平,在2016年有所下降,到2017年并购完成又回升到公司正常水平,资产负债率没有因为并购有较大的变动。但是从图5也能看出金卡智能的现金流量债务比在并购前后波动较大,在2016年该指标激增,从38.90%增加到73.50%,到2017年又迅速下降到并购之前的水平。由于金卡智能在2016年连续进行了两次并购活动,致使公司的经营活动现金净流不能跟上债务增长的步伐。说明公司的长期偿债能力有所下降。从偿债能力角度看,财务协同效应并未得到很好的释放。

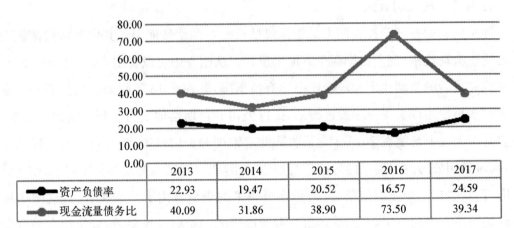

图5　金卡智能长期偿债能力指标(单位：%)

2. 节税效应

对节税效应的分析，本节选取实际所得税这一指标来反映。从图6可以看出，金卡智能的实际所得税率在2014—2016年间持续上升至17.93%，超过过往年间比率较多，在完成并购之后该指标下降到16.21%。这一变动主要是因为通过并购得到了一定税收优惠，首先公司在收购北京银证后与其技术融合研发并销售了新的燃气表配套软件系统产品，该产品的销售按照17%的税率征收相应增值税后，对其实际税负多于3%的那一部分进行即征即退。此外，所收购的另一家公司天信仪表被认定为高新技术企业，在4年内即2014—2017年间享受15%的企业所得税，加上企业经营向好，收益明显，实际税率降低。据此可以说明公司在2016年先后进行的并购活动带来了一定的节税效应。

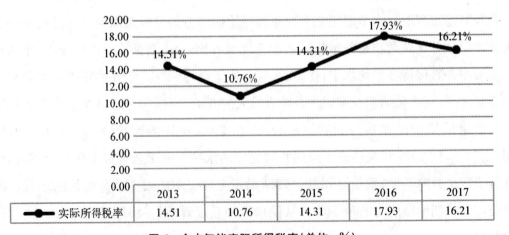

图6　金卡智能实际所得税率(单位：%)

基于以上对财务风险控制能力以及节税效应的分析发现,金卡智能自完成并购后,公司面临的偿债风险已有所加大,财务风险控制方面并未能发挥财务协同效应,只在合理避税上获得有限的财务协同效应。

(三)经营协同效应评价

经营协同效应是指企业通过并购重新进行资源的整合,能够为企业的生产、经营带来效率的提升,使企业获得较高收益。具体表现在,并购整合完成后金卡智能与天信仪表和北京银证能够实现技术共享,核心优势互补,拓展产品经营广度和深度、提升企业盈利能力和成长能力,以此获取更稳固的竞争优势。因此我们主要选取盈利能力指标和成长性指标来评价金卡智能在并购中是否取得了经营协同效应。

1. 盈利能力

公司投入、产出以及利润三者之间的比例关系由盈利能力来反映。其中销售的毛利率是扣掉产品相关成本后的收益情况,是有效的盈利情况,同时也能预测企业的竞争优势,销售的毛利率越高代表了企业的收益程度越高,越有有成本上的优势,参与市场竞争的实力越强。从图 7 可以看出 2014—2016 年间,金卡智能的销售毛利率和净利率整体呈上升趋势,公司产品结构经过并购后调整优化,建立了集团整体的供应链条,协同采购渠道,使得公司综合毛利率大幅提升,积极的协同效应也相应产生。由于高毛利的工商业气体流量计的加入,公司销售毛利率得到有效提升,公司业绩在经历低估后重燃活力,从 2015 年并购前的 38.47% 增加到了 2017 年并购整合后的 48.68%,增加 10 多个百分点。总体来说,在盈利能力上,公司的两次并购活动带来了盈利能力的提升,实现了经营协同效应。

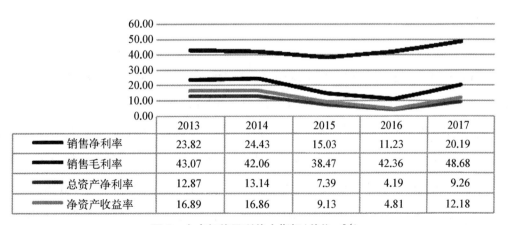

图 7 金卡智能盈利能力指标(单位:%)

2. 成长能力

成长能力是评价经营协同效应的指标之一,成长性代表了企业的成长速度以及长远的发展趋势。从图 8 可以看到,金卡智能自并购整合完成之后,产品的经营类型以及经营范围得以拓展,公司的总资产、营业收入、营业利润和净利润整体均呈现爆发式的增长。2017 年金卡智能的营业收入达 16.88 亿元,较上一年增长了 97.55%,营业利润较上一年增长 365.27%,净利润达 3.48 亿元,较上一年增长了 297.38%,总资产较上一年增长 165.56%。这反映出并购对公司营业收入、营业利润、净利润以及总资产增长的拉升作用明显。

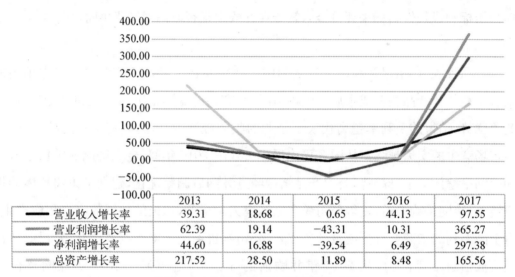

	2013	2014	2015	2016	2017
营业收入增长率	39.31	18.68	0.65	44.13	97.55
营业利润增长率	62.39	19.14	−43.31	10.31	365.27
净利润增长率	44.60	16.88	−39.54	6.49	297.38
总资产增长率	217.52	28.50	11.89	8.48	165.56

图 8　金卡智能成长能力指标(单位:%)

综上,公司通过连续并购实现了业绩的井喷式增长,取得了很好的经营协同效应。

(四) 综合评价

由此可见,金卡智能对天信仪表和北京银证进行了有效整合,充分发掘了优势资源,对外扩大了市场份额。公司以北京银证 ENESYS 燃气管理系统为平台,与天信仪表和北京银证在采购生产、新品研发、经营区域以及售后服务等方面形成优势互补。天信仪表经营的工商业流量计产业以及销售区域与金卡智能整合天然气领域智能计量表的战略规划相契合,因此金卡智能与天信仪表在业务、市场、技术等各方面的协同效应已经逐步显现,确保了金卡智能在天然气燃气表领域的前列地位,不断增强公司的持续盈利能力,提升公司的整体价值。目前金卡智能已经形成了互联网与能源相结合的产业体系,摆脱了传统公用事业的技术局限,以新的产业链参与市场竞争。

四、实现并购协同之策

面对自身所处的困境以及行业发展趋势,金卡智能通过积极地横向并购,成功实现转型升级,搭建起全国唯一的软硬件结合的智能燃气表生态圈,实现了"1+1>2"的协同效应。我们通过对金卡智能并购行为以及管理、财务、经营协同三个方面效益的分析,为其他企业试图通过并购拓展规模,取得协同优势,实现长期价值最大化,提出以下建议。

(一)审慎确定并购目标,稳健扩张规模

对目标公司的选择是公司进行并购的前提,第一步的成败也决定公司并购活动的成败。吸纳的目标公司对于并购方在进行并购整合以及后续公司经营管理的运作都有很大影响。因此,我国公司在选择并购方式拓展势力时,需要充分了解目标公司的产业结构、优势资源、战略目标、企业文化、品牌价值以及市场地位等,对被并购方的选择要结合公司未来的发展战略,并建立在公司的价值链的基础上结合市场需求以及行业格局变化制定并购策略,审慎、准确地选取并购的目标公司,这样能够促成并购协同效应的实现,避免盲目进行并购举措,从而降低并购的风险。知己知彼,不仅能够提高并购成功的概率,而且也有利于降低并购后双方的整合难度。

(二)加强整合管控,优化资产配置

并购整合工作需加强资产管理,有效整合并购双方的资产,提高资产的利用价值,有效发挥管理层面的协同效应。公司并购完成进行资产整合时要正确识别资产的内在价值,吸纳有效资产,适当剥离无用的资产。同时公司在进行整合工作时要按照资产不同的特性和存在情况,调配资产分配情况,优化资产结构,通过上市公司的多样化融资渠道为目标公司加持,使资产的运作渠道通畅,能够进一步优化资产的运营效益,实现管理协同和利润最大化。与此同时,并购方与目标公司的价值链也需要进行有序整合,延伸公司内在价值链,通过并购双方间的价值链再造进行有效调转、协作、分配;整合资源进行有效互补、构建战略产业链、通过研发技术共享开展新的产品线,实现并购双方的有效协同,强化市场竞争优势。

五、尾声

与国外并购相比,我国并购起步晚但发展较快。并购为企业发展带来机遇的同时也带来一定的挑战,如何抓住机遇规避风险获取协同效应是每个企业关注的问题,忽视并购前的准备和并购后的整合中的任何环节都极可能导致并购失败。

参考文献

[1] 蒋华春,王海侠.我国上市公司并购绩效及其影响因素的文献综述研究[J].时代金融,2018(5).

[2] 何璐伶.企业并购协同效应的财务分析——基于汉威电子的案例研究[J].财会通讯,2018(4).

[3] 朱秀芬.基于平衡计分卡的互联网企业并购绩效评价研究——以阿里巴巴并购恒生电子为例[J].财会通讯,2018(2).

[4] 祝凯.兴业银行并购联华信托的协同效应研究[D].北京:北京交通大学,2017.

[5] 李媛.并购协同效应对企业竞争力的影响[D].北京:北京交通大学,2017.

[6] 张梦达.我国上市公司跨界并购模式及绩效研究[D].长春:吉林大学,2017.

[7] 刘晓.互联网企业并购动机和效应研究[D].济南:山东大学,2017.

[8] 袁书敏.阿里巴巴并购恒生电子的财务风险分析[J].科技经济导刊,2017(5).

[9] 杨伊.上市公司跨行业并购动因及绩效研究[D].广州:暨南大学,2016.

[10] 闫石.优酷并购土豆协同效应研究[D].北京:北京交通大学,2016.

[11] 申发伟.基于哈佛分析框架的中国平安并购深发展效应研究[D].长春:吉林大学,2016.

[12] 刘超然.互联网企业并购绩效研究[D].天津:天津财经大学,2016.

[13] 陈留平,冯晓勇.哈佛分析框架在汽车业并购中的应用——以M公司并购为例[J].财会通讯,2015(32).

[14] 葛结根.并购支付方式与并购绩效的实证研究——以沪深上市公司为收购目标的经验证据[J].会计研究,2015(9).

[15] 沙婷婷.阿里巴巴并购的动因及财务绩效分析[D].青岛:中国海洋大学,2015.

[16] 邓倩妮.阿里巴巴并购恒生电子的财务风险研究[D].沈阳:辽宁大学,2015.

[17] 邓迪娟.我国上市公司并购绩效研究[D].成都:西南财经大学,2014.

[18] 崔凡秀.企业并购协同效应研究——基于优酷并购土豆的案例[J].财会通讯,2013(29).

[19] 吴章洁.企业并购绩效研究综述[J].会计师,2013(2).

[20] 余燕妮.企业并购绩效及影响因素的实证分析[D].长春:吉林大学,2012.

[21] 滕晔.企业并购协同效应分析[J].商业会计,2012(1).

[22] 赵延霞,孟俊婷.上市公司并购绩效文献研究综述[J].中国证券期货,2011(12).

[23] 吴慧香.公司并购协同效应研究综述[J].财会通讯,2011(14).

[24] 吴韩.我国上市公司并购绩效研究[D].成都:西南财经大学,2011.

[25] 葛杰.企业并购中财务协同效应再认识[J].财会通讯,2009(32).

[26] 张秋生,周琳.企业并购协同效应的研究与发展[J].会计研究,2003(6).

(执笔人:陈倩倩;指导老师:王则灵)

枫盛阳的控股股东股权质押之殇

适用课程： 财务会计理论与实务　财务管理理论与实务

编写目的： 通过案例学习，引导学生了解控股股东股权质押下暗藏的隐瞒欺骗、掏空公司、侵占中小股东利益等行为。

知 识 点： 股权质押　内部控制　代理成本　融资风险

关 键 词： 枫盛阳　股权质押　控股股东　财务报告

案例摘要： 本案例以2016年2月新三板挂牌企业枫盛阳因控股股东股权质押爆仓，股价下跌约90%为主线展开，结合枫盛阳的财务报告资料和公司公告进行分析。从"应收账款"和"预收账款"等科目的异常情况，控股股东进行掏空行为的方式及内在逻辑，展示了股权质押融资的风险所在。控股股东往往通过资金占用与关联担保等方式掏空公司，股权质押引起了控制权与现金流权的分离，此时进行掏空行为所获得的收益要大于成本。

引言

与A股相比，新三板只不过是一个蹒跚学步的婴儿，但对很多中小企业创业者来说，公司挂牌新三板，规模扩张、市值增长、名利双收，的确是"走上人生巅峰"。但走上人生巅峰的问题是，跌倒太容易了。从成为新三板亿万富豪，到深陷资金链断裂，天津枫盛阳医疗器械技术股份有限公司（以下称为"枫盛阳"）的创始人刘金玲只用了两年。

2016年2月,对于新三板市场而言,注定是不平凡的一个月。枫盛阳,一家原本默默无闻的小企业,作为新三板首例股权质押爆仓,吸引了众多资本家的目光。在2016年2月25日与26日这两天,枫盛阳的股价共计下跌26.55%。2月29日下午,枫盛阳股票停牌,午间收盘跌6.56%,仅为2.85元/股,与上一年4月7日的最高价24.30元/股相比已跌去近90%。做市不到一年股东突破200户,终止筹划重大事项之后股价持续下跌,跌破做市商成本价及机构股东、大股东和高管定增价格之后一泻千里——"枫盛阳式危机"的源头在哪里?为何如此剧烈的股价下跌在"引爆"之前却又显得如此风平浪静?整个过程,并不是外界所看到的股权质押爆仓导致公司市值剧烈缩水这么简单。

一、枫盛阳公司简介

枫盛阳最初的注册资金为50万元,由刘玉玺、刘金玲父女分别出资5万元和45万元在2009年9月宣告成立。2011年8月,枫盛阳的注册资本增加到5 000万元,当中的4 750万元是由刘金玲出资,剩下的250万元则由其父刘玉玺补足。

公司具备多项医疗器械与食品行业生产经营的许可证书,并且拥有多种发明专利。其主要经营项目是采购医疗器械或保健食品再将其卖出,以此来赚取差价,产品种类多于150种。公司主要采取"以销定产"的采购模式,产品存贮成本非常低,在客户提交订单之后,公司依照订单中的需求寻找合适的供应商进行采购,其业务流程如图1所示。

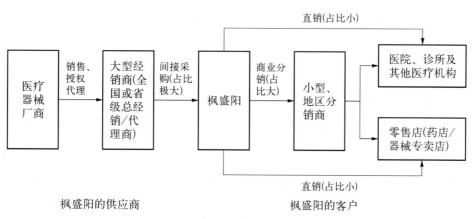

图1 枫盛阳的业务流程图

2013年4月17日,枫盛阳以发起设立方式成立。短短一年之后,它就在深交所公开发行了0.5亿股股票,摇身一变成为新三板的挂牌企业。各方资本普遍认为枫盛阳具备巨大的成长潜力,其股票价格果然不负众望,在挂牌后的首个交易日就上升到12.9元/股的高价,此时刘金玲的持股价格逾6亿元,已今非昔比,成为不折不扣的"天津首位新三板亿万女富豪"。在2013年创造了0.8亿元的营业收入之后,挂牌后的枫盛阳依旧保持了这种大幅增长趋势,2014年、2015年的营业收入分别为1.65亿元和1.85亿元,其净利润相对于公司规模而言也相当可观,分别达到0.24亿元和0.28亿元。

就是这样一家成长速度惊人的企业,在2016年2月可谓是风云骤变。控股股东刘金玲不仅被曝股权质押爆仓而且多次私自利用公司名义为自身借款提供担保,紧接其后的是2016年半年报中突现1.88亿元的巨大亏损。控股股东的股权质押行为在这场猛烈的暴风雨中,可以说起到了至关重要的作用。

二、从"枫盛阳"到"疯慎殇"

(一)辛苦打拼,天道酬勤

刘金玲1968年出生于天津,大专学历,学的是法律专业,毕业后进入父亲刘玉玺服务一辈子的电机行业,供职于一家有几十年历史的老国营电机厂。刘金玲在这里待了3年,2000年进入医药行业,2005年第一次创业,成立了一家医疗器械贸易公司。2009年,刘玉玲与其父一起设立了枫盛阳,其主营业务为医疗器械与食品的批发销售,后来发展成今天的挂牌公司枫盛阳。

身处产业价值链的中间环节,枫盛阳一方面可能因为供应商肆意抬价而无法控制成本、货品供应不及时而无法主动获取大量客源,另一方面会由于买家逐渐变得挑剔而难以找到合适的货源,这些问题使得枫盛阳的初期发展面临巨大的阻碍。对于枫盛阳而言,收购一家研发能力较强、生产量大的上游企业是解决供应商与买家之间双重矛盾的最好方法。

此后,枫盛阳的管理团队通过多种方式寻找一家符合条件的企业,希望能够促成这场"联姻"。控股股东刘金玲曾笑着说道:"那个时候,我们只要一听到有合适的公司,就会立即坐飞机过去商量。"一路走来,枫盛阳的并购之路充满坎坷,联系了多家公司之后,要么无法达到研发与生产要求,要么有法律风险,甚至几乎上当被骗。正所谓"精诚所至,金石为开",在寻找大半年之后,枫盛阳终于找到了一家合适的具有高研发能力且生产量较大的药业公司。

这次成功的收购行为给枫盛阳带来了全新的机遇,转变后的经营模式使其拥有更强的市场竞争力。拥有上游产业的资源之后,此时的枫盛阳可以掌握最新的市场动态,研发部创造的产品以最快的速度与市场需求接轨。此外,跨越整个产业链使得枫盛阳的采购成本大幅降低,其产品在价格上具备一定优势。

在接下来的几年时间里,枫盛阳得到了"爆炸式"的巨幅发展。

2012年,成立第三个年头的枫盛阳营收超过0.36亿元,一改亏损态势。此后,公司依旧维持着快速发展的趋势,在2013年创造了0.8亿元的营业收入。也就是在这一年,刘金玲打算让枫盛阳在新三板挂牌。2014年5月,枫盛阳成功挂牌新三板。11个月后,枫盛阳采取做市转让的模式,在一个月之内便创造了20.21元/股的高成交价格,此时刘金玲的身价超过10亿元,一时风头无两。各种荣誉与奖项也随之而来,枫盛阳与刘金玲都在2015年12月入选第五届"榜样天津",其中枫盛阳获选公众健康贡献奖、慈善关怀贡献奖,而刘金玲则是摘得优秀创新企业家的荣誉称号。在挂牌之后,枫盛阳成功进行了3次定增行为,获得了0.8亿元的融资,此外2015年的净利润为0.28亿元。成立之初"夹缝中求生存"的窘境,似乎已经是历史。

(二)东窗事发

"430431怎么回事?"2016年2月底,在新三板论坛微信群内,不断有人对枫盛阳(股票代码:430431)发出询问。2016年2月26日,有媒体曝出公司失联,而在传闻出来前,公司股价已笼罩着一层诡秘的气氛。

1. 暴跌毫无征兆

2016年1月28日,枫盛阳大跌9.37%,但成交量只有6.3万股,大多数股东还没有反应过来。但从这时开始,在没有明显利空消息的情况下,枫盛阳股价一路不带喘气地暴跌,从每股6元多狂泄至不到3元。

春节前,2月3日和4日连续两个交易日两位数的跌幅,让很多人意识到情况不对,开始大举抛售,两个交易日合计成交157.4万股。在春节后的第二天,枫盛阳成交量骤增至368.8万股,换手率接近18%,达到了峰值。股东疯狂抛售导致成交量暴增,整个2月换手率高达75%,要知道枫盛阳从上一年4月中旬开始做市起到当年末的换手率也只有95%而已。

接下来枫盛阳继续放量大跌,除非拿的是原始股,其他在2016年1月27日之前持股的股东,无论是定增对象,还是二级市场投资者,都是在割肉。没有抛售的,即使是以启动做市至2016年1月26日时的最低成交价格6.9元/股买入,也已经浮亏约6成,深度套牢。以为抄到了底的做市商联讯证券,至少也被套了近3成。2月25日、26日,枫盛阳股价两日下跌26.55%,2月29日枫盛阳股票下午停牌,午间收盘跌6.56%,报2.85元,与2015年4月7日出现的最高股价24.30元/股相比,仅剩10%。枫盛阳股价走势如图2所示。

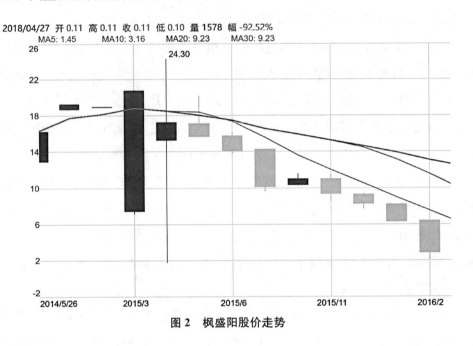

图2　枫盛阳股价走势

2.雪上加霜,股份遭司法冻结

2016年3月23日,枫盛阳宣称由于控股股东刘金玲的私人原因,其名下的3 428.16万股股份被中国证券登记结算有限公司北京分公司冻结,这些股份占公司总股份的56.37%。其中,3 002.9万股股份的冻结期为3年,剩下的425.26万股股份的冻结期为2年。枫盛阳方面表示,控股股东刘金玲自身正在积极地为解除股权司法冻结做准备,将会与申请股权冻结的人友好协商,尽早解决此次问题。同时,枫盛阳强调此次股权冻结不会对公司的生产经营造成任何影响,也不会改变公司的实际控制人。

从相关网站可以看到,当时刘金玲作为枫盛阳的实际控制人,持有公司3 815.98万股股份,持股比例达62.7%,这些股份全部处于限售期内。而此次司法冻结的股份3 428.16万股,几乎是刘金玲全部所持股份,占据枫盛阳总股比56.37%。

3.投资机构做市商亦深陷其中

通过公告新三板论坛还发现,挂牌以来枫盛阳进行过三轮增发,其中第二轮增发中天星资本、珠海富盈等高位入股。

2014年4月,枫盛阳第一轮增发,主要是公司管理层和公司员工认购,6.6元/股;2014年12月26日,公司第二轮增发引进了两家投资机构,其中北京天星朗晖投资中心认购2 857 143股,珠海富盈安稳赢投资合伙企业认购428.57万股,发行价为7元/股;2015年6月枫盛阳第三轮增发,其中刘金玲以9元/股认购332.5万股,耗资近3 000万元。

另外,枫盛阳从2015年4月中旬开始采取做市转让,前后共有8家做市商参与。据了解,大部分做市商为从二级市场买入库存股,深套可能性极大。

(三)公司的危机处理

疾风骤雨般的下跌,震惊了资本市场上一众人马,其主办券商华龙证券也是云里雾里。华龙证券在2016年2月26日紧急发布公告,声称已采取多种沟通途径来联系枫盛阳内部的相关人员,希望能揭露枫盛阳公司异常股价波动情况的背后原因。

针对公司股价异象,枫盛阳的工作人员在接受媒体采访时表示:"具体原因尚不清楚,但公司正在正常运营,有异常会发布公告,一切以公告信息为准。"同时,对于主办券商发布公告提醒风险一事也表示:"目前公司正在跟主办券商进行沟通,近期会有公告发布,投资者近期可以关注。"

从枫盛阳的历次公告来看,无法得知其到底出现了什么事情,在停牌前的最后一个月里,股价瞬间去了55.47%,以至于公司做出紧急停牌公告。

从枫盛阳的财务报告来看,2015年3月1日发布的业绩预增公告中表示营业收入将同比增加11.79%,相比2013年、2014年的增长速度而言大幅减缓,而前两年公司的营收与利润年均呈翻倍的速度增长。

如表1所示,从创新层标准来看,公司这样的财务指标不仅满足了创新层的财务要求,还满足了创业板上市的财务要求。

表1 枫盛阳财务指标

日期 项目	2015-06-30	2014-12-31	2014-06-30	2013-12-31	2013-06-30
营业收入(万元)	8 903.05	16 510.30	7 304.92	7 828.65	2 911.43
同比(%)	21.88	110.90	150.90	116.98	—
利润总额(万元)	1 906.96	3 138.75	1 397.90	1 171.60	517.01
同比(%)	36.42	167.90	170.38	79.62	—

然而,就是这样一家拥有 11 家做市商的新三板准创新层成员企业,在实现做市之后却上演"黑天鹅"现象,股价一泻千里,从做市商到定增对象再到二级市场股东全线套牢,这着实让人不解。

三、暴跌谜底隐现

尽管枫盛阳并未对外公布任何经营异常情况,甚至在 2016 年 3 月 1 日还发布了业绩预增公告,披露 2015 年实现利润同比增幅约在 24.34%,同时声称公司将会增加研发力度,使得公司产品向创新化发展,整体增强产品市场竞争力。但是枫盛阳果真如此"积极向上"吗?市场经验告诉我们,凡股价异象,必有蹊跷。事实上,控股股东刘金玲出于多种原因,将枫盛阳总股票的一半进行质押来获取资金,造成了控制权与现金流权相分离。而枫盛阳作为新三板挂牌公司,其内部控制制度非常薄弱,无论刘金玲是私自以公司名义向外界借款,抑或是为个人或者其他公司提供担保,都能轻而易举地实现。枫盛阳的资金逐渐被掏空,为了掩盖这些事实,管理层从多个账户出发对财务报表进行多重粉饰。最终东窗事发,控股股东的股份被冻结,公司的大量经营业务缩水,最终使得经营业绩急剧下滑。

(一) 4 次质押,3 次定增,3 次减持

据枫盛阳公司公告显示,公司共发生了 4 次质押、3 次减持。

2015 年 11 月—2016 年 2 月,这短短的 3 个月里,控股股东刘金玲将其所持有的股份进行了 4 次质押,累计质押股份为 2958.6 万股,占自身股份的 77.53%,达到公司总股份的 48.64%。

表 2　枫盛阳刘金玲股权质押情况表

质 押 期 限	质押人	质押股数(万股)	质押股数占持有股数比(%)	质押股数占公司总股数比(%)	质押用途
2015-11-30—2016-05-30	刘金玲	454.6	11.52	7.47	未说明
2015-12-23—2016-06-23	刘金玲	1 000	25.35	16.44	未说明
2016-02-17—2016-06-23	刘金玲	33	0.84	0.54	追 加
2016-02-23—2017-02-23	刘金玲	1 471	38.55	24.19	还 款

资料来源:枫盛阳股权质押公告

从表 2 可以看到,控股股东刘金玲在 2015 年 11 月将其持有的 454.6 万股股份进行

了第一次股权质押,是其自身所有股数的11.52%,占公司总股数的7.47%。枫盛阳的公司公告披露此次是质押给自然人邵音来换取个人借款,质押期为半年,到2016年5月30日为止。不到一个月的时间里,刘金玲通过北京恒泰普惠信息服务有限公司网上平台将其持有的1 000万股股票进行第二次股权质押,占自身总股份的25.35%,占公司总股份的16.44%,质押期到2016年6月23日为止。根据之后的公司公告披露,此次是为了换取3 000万元的借款,合同中约定每股融资额为3元,补仓线价格为4.8元。令人始料不及的是,枫盛阳的股价在春节之后便出现连续下跌的趋势,已经跌破了补仓线价格。于是在2016年2月17日,刘金玲按照之前的合同约定将持有的33万股股票进行补充质押,占公司总股数的0.54%。6天之后,刘金玲进行了第四次股权质押,将持有的1 471万股质押给张慧换取个人借款。在这4次质押行为中,前两次的质押用途并未说明,第三次是用于追加补仓,第四次是用于还款,但并未详细说明。

如表3所示,枫盛阳自挂牌以来进行了3次定增,累计定增金额多达8 226.34万元。值得一提的是,在第三次定增时,刘金玲认购了332.5万股,认购金额达2 992.5万元。

表3　枫盛阳历次定增情况

时　　间	定增金额(万元)	对象	用　　途
2014-04-11	226.64	股东	补充公司流动资金
2014-12-26	5 000.00	机构	补充公司流动资金
2015-06-11	2 999.70	股东	购置固定资产,补充公司流动资金
合　　计	8 226.34	—	—

除了积极为公司募集资金不断地进行股权质押和定增外,刘金玲对自己的腰包也相当负责。如表4所示,在2015年3月至4月这短短一个月时间里,刘金玲连续减持3次,套现金额8 188.56万元。

表4　刘金玲3次减持情况

时　　间	股数(万股)	套现金额(万元)	占股本比例(%)	方　式
2015-03-09—2015-03-16	289.80	2 086.56	5.76	协议转让
2015-03-20—2015-03-25	206.40	1 486.08	4.10	股转系统
2015-03-27—2015-04-15	641.10	4 615.92	12.73	股转系统
合　　计	1 137.40	8 188.56	22.59	—

按理来说,这么好的发展势头,大股东刘金玲为什么还要减持套现呢?种种迹象表明,"亿万富豪"刘金玲其实非常差钱。她作为控股股东在开展股权质押业务之后所获取的流动资金,并未用到枫盛阳的生产经营活动中,那么她为什么需要那么多钱呢?这些钱最终又流向了哪里?从企业信息查询网站可以发现一些信息:

从图3中我们可以看到,刘金玲手下直接参股的企业就有9家,其中有两家企业还参股了其他企业。这些企业所处的行业类别差异巨大,不仅有医疗器械类的公司,更有珠宝加工、金属制品、投资管理类的公司,而且这些公司大多是在2014年之后注册的,也就是在枫盛阳在新三板正式挂牌之后。其中,3家投资管理类的公司对资金需求较大,这就需要刘金玲投入大量的原始资金。

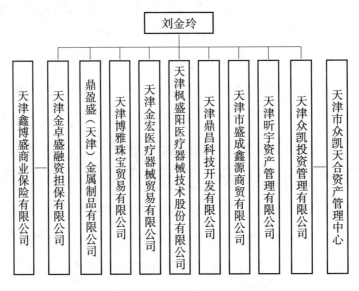

图3 刘金玲名下企业情况

在这4次股权质押前后,刘金玲拥有的控制权与现金流权具体如表5所示。

表5 刘金玲历次股权质押前后控制权和现金流权情况表

日期 项目	2015-11-30	2015-12-25	2016-02-17	2016-02-23
总股本(元)	60 819 259	60 819 259	60 819 259	60 819 259
刘金玲所持公司股份(股)	38 452 000	38 452 000	38 159 750	38 159 750
质押前控制权(%)	64.87	64.87	62.74	62.74
质押前现金流权(%)	64.87	57.39	38.83	38.28
累计质押股份数(股)	456 000	14 546 000	14 876 000	29 586 000

(续表)

项　目＼日　期	2015-11-30	2015-12-25	2016-02-17	2016-02-23
质押后控制权(%)	64.87	64.87	62.74	62.74
质押后现金流权(%)	57.39	40.95	38.28	14.10
两权分离度(差值,%)	7.47	23.92	24.46	48.64
两权分离(比值)	1.13	1.58	1.64	4.45

从表5可以看到,刘金玲在短短的3个月之内频繁地进行了4次股权质押,而且质押的股权都未到解押期。由于股权质押并不改变股东的控制权,但是会减少其现金流权,所以刘金玲的现金流权逐渐减少,与控制权的分离程度越来越大。在第四次股权质押结束之时,控制权与现金流权的两权分离的绝对程度达到了48.64%,控制权是现金流权的4.45倍。

(二) 多种途径的资金占用

1. 4次以公司名义借款

在枫盛阳的2016年半年报中可以看到,控股股东刘金玲前后共4次利用公司名义向外界借款,共借取660万元,如表6所示。虽然这些借款最终都是转到她的私人银行账户中,但是"冤大头"枫盛阳每次都是第一还款人。

表6　刘金玲以公司名义借款情况

占用方名称	占用形式	占用资金余额(万元)
刘金玲	以公司名义借款	200
刘金玲	以公司名义借款	300
刘金玲	以公司名义借款	60
刘金玲	以公司名义借款	100

根据相关调查结果显示,上述资金占用事件的详情如下:

(1) 2016年1月20日,控股股东刘金玲以枫盛阳运转困难为由向其朋友付某玲借款200万元,借条上有刘金玲本人的签名并且加盖了枫盛阳公司的财务章。付某玲在当天就通过银行转账将这190万元转到刘金玲的私人账户,其余的钱是作为利息。但是从始至终,枫盛阳都未收到半分资金。

(2) 2015年11月18日,刘金玲以枫盛阳的名义向杨某德借取200万元,其理由是枫盛阳的经营业务发展需要。最终这一笔资金打入了天津祥商贸有限公司的账户,但是刘金玲出具的借条中却直指枫盛阳得到了这一笔资金。此后,刘金玲依旧以枫盛阳的名义两次与杨某德订立借款协议,这两次都是以枫盛阳的业务周转为由而分别借取50万元的资金。之后枫盛阳公司并未收到这些资金,而是全部打入了刘金玲的个人账户。

(3) 2015年9月14日,刘金玲故伎重施,以公司生产经营需要为由向陈某宏借款60万元,4个月后才补上借条。在这张借条上,有着刘金玲的亲笔签名并盖有枫盛阳公司的公章,最终枫盛阳公司依旧未收到这些钱。

(4) 最后一次以公司名义借款发生在2016年1月19日,刘金玲以枫盛阳的名义向天津众鑫联企业管理咨询有限公司借款100万元。最终这些资金全部都转到了刘金玲的个人账户,枫盛阳依旧分文未得。

2. 层出不穷的关联担保

刘金玲利用个人职务之便,在枫盛阳未知情的情况下以公司名义对其自身以及关联方进行担保。其中,刘金玲对天津鼎昌科技开发有限公司的控股比例达到了90%,该公司是当初由其出资475万元与自然人刘莉共同成立的。而天津金卓盛融资担保有限公司注册资金为10 000万元,其中的7 500万元由刘金玲出资,剩下的2 500万元由天津金宏医疗器械贸易有限公司出资。最终,这些借款人无法偿还资金时,枫盛阳作为担保人就需要担负起连带责任,这就给公司利益造成了极大的损失。枫盛阳关联担保情况如表7所示。

表7 枫盛阳关联担保情况

被担保人	交易内容	交易金额(万元)	是否偿还
天津鼎昌科技开发有限公司	刘金玲以枫盛阳名义为其银行借款提供担保	900	枫盛阳已代为偿还
刘金玲	刘金玲向付沛玲借款,以枫盛阳的名义为自身提供担保	1 200	由枫盛阳和刘金玲共同支付
天津金卓盛融资担保有限公司	刘金玲、枫盛阳为其向石军的两笔借款提供担保	600	天津金卓盛融资担保有限公司、刘金玲和枫盛阳共同偿还
刘金玲	刘金玲向陈德宏借款,以枫盛阳的名义为自身提供担保	150	枫盛阳和刘金玲共同还款
刘金玲	刘金玲以枫盛阳名义为自身对中鼎(天津)融资租赁有限公司的借款提供担保	240	枫盛阳和刘金玲共同还款
刘金玲	刘金玲向张静宇借款,以枫盛阳的名义提供担保	145.5	刘金玲、刘玉玺和枫盛阳共同还款
合计		3 235.5	

资料来源:枫盛阳公司公告

3. 通过应收账款、预付账款科目的资金侵占

根据其招股书等公开披露的财务数据显示,在枫盛阳挂牌交易前的2013年年末,货币资金余额多达4 797.95万元。挂牌交易之后,枫盛阳又分别在2014年7月、2015年5月和9月实施了3次定向增发,累计募资金额达到8 000万元。同时,枫盛阳分别在2014年、2015年上半年盈利0.24亿元和0.14亿元。这些经营积累和资本运作,本应当给枫盛阳带来相当大的现金来源。但事实上,从财务数据来看,在挂牌后并未实施过任何利润分配的情况下,截至2015年上半年末,枫盛阳的货币资金储备却仅剩下1 366.73万元。通过经营积累和对外融资获取的巨额资金,并未能够保留在枫盛阳的账户当中。这些资金去了哪里?从枫盛阳发布的年度财务报告来看,占用了大量流动资金的应收账款和预付账款项目都相当可疑。

(1) 应收账款。

2015年上半年末,应收账款高达8 528.49万元,是2013年末的1 344.08万元的6.35倍;但另一方面,公司在2015年上半年实现的销售收入为8 903.05万元,相当于2013年全年的1.13倍。可见,枫盛阳的应收账款增速明显超过了销售收入增速。

从公司主要应收账款客户构成来看,天津市贵通达元商贸有限公司(以下称为"贵通达元")以1 996.7万元的余额位列第一大欠款客户。枫盛阳披露的历史业务数据显示,公司与此客户建立购销关系的时间可以追溯到2012年。枫盛阳在2014年1月发布的《公开转让说明书》显示,贵通达元在2012年就以196.81万元的采购额,成为枫盛阳当年的第五大客户。枫盛阳的主业是销售医疗器械,那么其下游客户,包括贵通达元也必然需要具备医疗器械经营资质。但事实上,从工商注册资料中查询到的结果显示,注册成立于2011年4月的贵通达元开始并没有医疗器械的经营资质,直到2013年1月17日办理的工商变更中,才在经营范围中新增了医疗器械类业务。这也就意味着,枫盛阳在2012年向贵通达元销售近200万元医疗器械产品的时候,该客户实际上是处于超范围经营状态。

此外,如表8所示,仔细观察枫盛阳的应收账款构成就可以发现可疑之处。其一,公司2—3年期的应收账款已经达到了1.4亿元,说明该笔账款发生在2013年6月底至2014年6月底之间。这笔款项一直处于未收回状态,那么在2014年年报和2015年年报上必然有所反映,然而年报中这两年的应收账款余额分别为0.79亿元和1.23亿元,都比1.4亿元要小。那么这笔账款到底去了哪里?其二,对比2016年半年报和2015年年报中的应收账款数额,发现增加了0.21亿元,但是报表中1年内的应收

账款数额只有区区 85.82 万元,这又如何解释?

表 8　2016 年上半年应收账款坏账计提情况

项目	期末余额（万元）	企业会计准则中规定的应收账款坏账计提比例(%)	应确认坏账金额（万元）	实际确认坏账金额（万元）
1 年以内	85.82	0	0	0
1—2 年	300	5	15	300
2—3 年	14 000	10	1 400	14 000
合　计	14 385.81	—	1 415	14 300

(2) 预付账款。

该公司财报中另外一个吞噬资金的"罪魁祸首"是预付账款。相关财务数据披露,枫盛阳 2015 年上半年末的预付账款科目余额高达 4 623.67 万元,相对于 2014 年末的 92.78 万元,暴增了近 50 倍。

对此,枫盛阳在其 2015 年半年报中披露了如下相关信息:"增加新的保健治疗服务项目,为此需要购进国外先进的治疗设备,由于进口环节较多以及售卖方开票量的限制,造成款已付而票及实物未到的情况,此因素造成预付增加 2 008 万元,占期末总预付款的 43.4% 上",同时,财务报告附注详细披露了这笔预付账款对应的供应商名称为天津众威科技发展有限公司(以下称为"众威科技")。也就是说,枫盛阳向众威科技预付了 2 008 万元采购款,用于进口保健治疗设备,是导致枫盛阳预付账款余额猛增的最主要因素,在正常情况下,这家供应商至少应当是具备医疗器械经营资质的。"天津市市场主体信用信息公示查询"系统内登记了全部具备药品及医疗机械经营资质的企业主体信息,但是在这一系统当中,并未能查询到众威科技的注册信息。

同时,枫盛阳在公司公告中称:"公司经销的商品源头已经发出涨价的通知,为了保证我公司采购商品的价格稳定,要求供货商在涨价前超计划囤货,但我公司的供货商提出必须提前付款以降低风险,故形成正常商品的预付款增加较多,此因素直接形成预付增加 2 343 万元,占期末预付款 50.7%。"然而这样的说法存在种种可疑之处。如果需要囤货,枫盛阳为什么不选择自己囤货,而是出钱给供应商、让供应商来囤货?公司一方面出钱,另一方面却承担着能否按期到货的风险,这样的做法不大正常。况且,如果是迫于涨价压力而提前备货,也可以同样要求自己的下游商家也来出资备货,为什么要独自承担资金压力和风险呢?

(三)如同虚设的内部控制

枫盛阳虽然同时具备董事会和监事会,并且做到了定期召开股东大会,治理体系好像没有什么瑕疵,但仔细查阅公司公告,便能发现一些端倪,主要反映在以下两方面。

其一,董事会一共就5个人,刘金玲本人、其父刘玉玺、其兄刘金华,这一家人就已经占了3个席位,加起来的持股比例大约为70%。此时的董事会就只是空有一个躯壳,全权听大股东指挥,无法对中小股东的利益进行保护。公司董事情况如表9所示。

表9　枫盛阳公司董事情况

编号	董事姓名	任　职	2015年8月持股比例(%)
1	刘金玲	董事长	64.87
2	刘金玲	董　事	4.11
3	刘金玲	董　事	0.30
4	刘玉欢	董　事	0.00
5	王　敬	董　事	0.00

其二,从枫盛阳的年度报告中可以发现公司内部并没有设立独立董事制度,在公司的外部机构中也没有派遣董事。除此以外,公司在多个方面的治理都较为松散,具体情况如表10所示。

表10　公司的内部控制情况

事　　项	是或否
年度内是否建立新的公司治理制度	否
董事会是否设置独立董事	否
管理层是否引入职业经理人	否
董事会是否设置专业委员会	否
投资机构是否派驻董事	否

四、尾声

2018年7月16日,枫盛阳被终止挂牌。至此,这场由控股股东股权质押爆仓而起的轰轰烈烈的闹剧,终于落下了帷幕。枫盛阳激起的资本市场的涟漪已逐渐平息,但控股股东股权质押的警钟早已敲响,其给投资者带来的思考也是多方面的。新三板市场虽具有一定优势,但在估值、流动性以及未来的发展趋势上仍是未知数。此外,控股股东股权比例过高时,极易对中小股东利益进行侵占。

黄粱一梦终须醒,大概刘金玲自己都没想到,辛苦经营的公司,会这么快败在自己的手里。本想借着新三板的政策东风大力发展,却由于过于贪婪,最终赔了夫人又折兵。难辞其咎的刘金玲,又如何给投资者一个交代呢?一切都回到了原点,枫盛阳的未来,依旧不甚明朗。

(执笔人:陈珊珊;指导老师:徐宗宇)

万科轻资产运营模式转型

适用课程： 财务会计理论与实务　财务管理理论与实务

编写目的： 通过对此案例的教学和研讨，以实现以下3项目的：其一，针对万科集团自重资产运营模式转为轻资产运营模式的过程进行研究，以梳理总结出我国地产行业向轻资产运营模式转变的方法与途径；其二，针对万科集团向轻资产转型的具体方法、实施策略和其对万科集团的积极作用进行深入的研究，从而总结出轻资产模式在我国地产行业的适用条件；其三，总结出当前我国房地产行业在重资产运营模式下面临的困境，突出轻资产运营模式在当前的宏观环境下的可行性与优势，进而增强我国房地产企业的转型意识，加快转型步伐。

知 识 点： 轻资产运营模式　战略转型　分工理论

关 键 词： 轻资产运营模式　小股操盘　房地产金融化

案例摘要： 自2013年，万科集团开始由重资产运营模式转向轻资产运营模式，通过运用小股操盘模式的方法和互联网的思维，在为企业增长利润的同时还降低了经营风险。本案例通过对万科集团转型期间的运营战略及筹资策略等方面进行多方位分析，得出轻资产转型对房地产企业的平稳运行与可持续发展起到了重要作用的结论，同时为我国房地产行业提供相应的建议。

一、背景简介

（一）万科的重资产运营模式

在转型之前，万科集团（以下称为"万科"）持续多年使用重资产运营模式来维持企业运作，其中最常用的方式就是大量囤积土地，通过土地本身的增值来获取高额的利润。

同时，在各个项目的运作过程中，无论是资金投入还是运营管理，万科都占据主导地位。

重资产运营模式的实施需要企业本身拥有强大的实力，下面将从业务范围、盈利模式以及产业链三个层面进行阐述。

(1) 从业务范围层面来讲，重资产运行模式时期的万科将重心放在商品房的开发建造和后期的运营管理，总体来讲，其业务范围稍显狭窄，因此转型时可以考虑拓宽其业务领域，开展一些跨区域、跨行业的新业务。

(2) 从盈利模式层面来讲，重资产运行模式下的万科获取一个项目的利润分成主要是通过持有股权的方式，如果在一个项目中，万科的股权比例越高，那么在这个项目中万科将获得更多的利润分成。在这种盈利模式下，虽然万科拥有诸多项目的主导权，但同时也带来收益风险大的弊端，更容易受到市场的影响。

(3) 从产业链层面来讲，万科参与了一个项目的开发与运作，它在前期投入大量资金，在房产售出时获取大量利润即它在产业链中处于非常重要的环节。但是万科拥有一个特别之处——在早期就实施了合作的战略。如前文所述，万科在一个项目中一定要占据主导权，合作地产项目可以一定程度减少资金的投入，降低其融资压力，同时项目风险也会一定程度转嫁到合作方的身上使万科的风险降低。2013年前，万科在一个合作项目中的持股比例通常会超过50%，因此，万科从前的合作模式并不属于轻资产运营模式，而是重资产运营模式的另一种表现形式。

(二) 万科转型前状况

万科成立至今已有30多年，它的营业收入一直保持着高速增长的状态，在2014年，万科的销售收入更是超过了2 000亿元，可谓是房地产中的佼佼者。但是，销售收入的稳步增长并不意味着利润的增长，2011—2014年，万科的销售率保持增长的同时却出现了毛利率持续下跌的情况。这意味着万科曾经的高利润增长率、高销售增速的时代已经逐渐过去，2010年其销售增长率达到70%后，就再没有达到过30%，特别是在2011年，由于国家的宏观调控，万科的销售增长率出现直线下滑的现象，一度下滑至12.6%。但是2013年后，万科着手准备向轻资产运营模式转型，并提出了"小股操盘"这一运营的转型思维，这使得它的销售增长率又重回20%以上。这表明，重资产运营模式使万科利润率持续下滑，万科很难再通过重资产运营模式继续为万科带来高额的回报了，当前宏观环境下，土地的增值速度不一定高于成本的上升速度，也就是说曾经的大量囤积土地这一举措不再拥有优势。面对险峻的形势，万科不得不展开新的模式。在与国外优秀企业的学习与合作中，万科积极改进其运行模式，逐渐向轻资产运营模式迈进。

二、案例概况

(一)万科转型原因

1. 缓解融资压力

随着万科轻资产运营模式的实施,它的融资压力逐渐得到了缓解。首先,轻资产模式的运作会使万科的融资需求降低,因为大量的资金会由第三方投资者来提供,这样万科的融资需求就会随之降低,所需的高额高息的贷款也会随之减少,这样资产负债率也随之降低。其次,通过转型,万科也改变了它的融资方式,如前所言,信贷融资将不再是最主要的手段,与第三方的投资者共同投资开发项目成了当前最主要的融资手段,如此一来,其融资成本将得到有效的控制。最后,万科提供相关的管理服务,并且收取管理费,这样一来,其将拥有几种稳定的资金回报渠道,增强财务流动性的同时,也提高了偿债能力。

2. 增强盈利能力

对于我国当前的房地产行业来说,商业物业的开发对周边住宅开发的依赖性极大,住宅型物业的销售与回款情况对商业物业销售的影响是很大的,万科也存在这样的情况。随着房地产行情的下滑,住宅的销售情况不再像从前那样理想,利润、毛利率、利润率都在不同程度上出现了下滑的情况,房地产企业的净资产收益率也因此受到了影响。净资产收益率是评价盈利能力的重要指标。轻资产运营模式的推进能大大提升万科自身的运营能力。第一,轻资产模式的运作不需要在开发过程中投入大量资金,这样就可以加快企业资金的流动速度,降低资金链断裂的风险,从而逐渐提升净资产收益率。第二,万科在改变运营模式的过程中,逐渐将以资产增值收益为主的运营理念转变为以增值服务为主的运营理念,也就是说,虽然万科的股利收入随着持股比例的减少而降低,但是通过参与更多的项目来进行管理输出、品牌输出以获得较高的管理费用和超额收益,这样一来净资产收益率也会上升。第三,万科作为行业巨头,其拥有非常高的开发能力,这一点无论是对于客户还是投资者都具有强大的吸引力,万科凭借这一优势可以迅速扩张其规模,以提升自身净资产收益率。

3. 避免房地产行业波动而造成的影响

在重资产运营模式的时期,房地产企业的收入主要来源于房产销售,但是由于市场波动会对房产销售产生重大影响,这样房地产企业就可能陷入资金流不稳定的尴尬境地。轻资产运营模式的到来可以大力缓解这种困境,使房地产企业尽量减轻市场对它们产生的影响,以降低系统风险。目前,中国的房地产已远离曾经的黄金时代,呈现出持续下滑的态势。万科在这个时候进行轻资产的转型,不但可以通过分享股权来获取大额收益,还可以通过管理输出、品牌输出等方式获得大量收入,这样一来,即使房地产市场低迷,万科也依然可以保持自身优势。其实,从本质上来讲,这样使得房地产企业资金流变得更稳定,从源头出发,解决了房地产企业容易受市场影响的难题。

(二)万科运用轻资产运营模式的核心优势

轻资产运营模式的推行需要企业本身拥有一定的优势,这种优势主要分为两种,一种是企业在招商运营、开发项目、物业管理等某个环节中的具体优势,另一种是资源整合的优势能力。万科作为一个地产巨头,在综合管理、物资采购、创新能力、品牌声誉等方面都拥有强大的优势,这为它的转型提供了良好的先决条件。

1. 管理能力

万科经历多年的发展,已形成一套属于自己的成熟的管理体系,建立了各个环节的管理标准,例如《万科住宅性能标准》和《万科住宅使用标准》。不仅如此,万科还拥有极强的跨组织管理能力和资源整合能力。在价值链分工的过程之中,它能合理分配利益,组织资源,避免由于不同的诉求和文化对价值链的运作造成大的影响。

2. 物资采购

早期万科的物资采购由各个分公司进行,这种分散的采购方法使得同属万科的分公司采购价格却有很大的差异。随着企业的迅速扩张,采购的需求也逐渐扩大,大幅上涨的采购成本成了企业成本中最重要的一部分,同时也对企业的利润产生了非常不利的影响,由此,万科开始加强对采购体系的建设。目前,万科的采购体系主要有以下3个特点:

(1) 引进战略供应商。

在构建采购系统的过程中,万科提出了战略供应商这一想法,即在各供应商中进行评价与比较,筛选出优秀的企业成为万科的战略供应商。这种供应商的选择方式可以使供应商自身拥有大量大额的、固定的、可靠的订单,减少了它们的存货成本,同时万科也通过批量采购获取更低价的原材料,在保证品质的同时也降低了采购成本。与万科达成战略合作的供应商也可以通过及时的意见反馈调整自身产品的生产与研发策略。

(2) 统一采购与多层次采购相结合。

2001年之前万科采用分公司自行采购的方式,使得各分公司采购成本相差较大,因此万科在2001年3月开始实施统一采购的方式,根据自身情况分配采购权限,将采购分为4个层次,自下而上依次是:小额直采、区域战略供应商的引进、网上招标和集团战略供应商供货,这样的采购模式集合了集中采购与分散采购的优势,使得企业更好地控制了这方面的成本。

(3) 电商平台的建立。

2000年12月,万科建立了自己的采购电商平台——住宅联盟(www.A-housing.com),各级分公司的采购均在该网站上进行。这样一来,一方面,万科旗下的公司可直接通过该电商平台进行招投标,这样大规模的采购,可以大幅降低交易成本和采购成本,同时万科的这一举措也会带动相关行业的发展。另一方面,电商平台的运用打破了原有的采购模式,它的运用大大缩短了招投标的时间,增大了采购的透明度。

3. 创新能力

万科在日常的经营中对研发的投入十分重视,它的研发实力在国内外首屈一指。其先后成立了万科建筑研究中心、北京建筑研究中心等多个研发机构,申请的专利也数不胜数。万科不断推陈出新,设计建造出各式新型住宅产品,带领着房地产企业向前发展,也曾连续多次进入《财富》杂志创新力中国企业25强。

4. 物业运营能力

房地产不止有前期的开发与建造,后期的物业管理也十分重要。万科物业从项目的前期规划到房屋验收,全程参与其中,为业主提供高度完善的物业服务。同时,它建立了以业主为中心的服务体系,大力推广社区文化的建设工作。超强的物业管理能力使得业主舒心的同时也为企业资产增值保值做出了巨大的贡献。根据万科物业统计数据显示,在全国范围内的万科住宅中,超过70%的房屋价值高于周边其他住宅小区,交付时间超过10年的住宅项目中,超过80%的房屋价值高于周边的其他小区,一流的物业管理能力使得业主的资产持续增值。

5. 良好的品牌声誉

目前,万科拥有自己在房地产行业的绝对优势,多年来均位列我国房地产行业第一位,其物业项目更是受到了消费者的青睐,顾客对万科的忠诚度达60%以上,对品牌的满意度近年来更是一直高达80%,万科也是众多消费者心中的购房首选。品牌的影响力更好地推动了整个企业的前进。

综上所述,万科拥有强大的管理能力、规范的采购流程、优秀的创新能力、良好的物业运营和极高的品牌声誉,这些优势无一不对其转向轻资产运营提供了良好的沃土,使得其在房地产行业的各个环节中不断壮大。

(三)万科转型轻资产运营模式的实施策略

1. 业务模式的转变

(1)在项目开发中运用小股操盘模式。

在正式转型之前,万科就曾经使用合作的方式来开发项目,小股操盘模式究其本质也属于合作开发。小股操盘相较于之前的合作开发来讲,万科的持股比例更小,资金的投入也更少。小股操盘的运用主要是依赖自身品牌的输出和管理的输出,在这种举措下,万科的资产结构得到了改善,净资产收益率也逐渐得到了提升。采用小股操盘为万科带来了新的利润增长点。

在小股操盘模式的应用过程中,万科虽在某一项目中的持股份额不高,却拥有着这一项目的控制权。通常,万科的持股比例一般会维持在10%—50%,具体的持股比例视具体情况而定。资金投入量的减少缓解企业融资压力的同时也增强了企业资产流动性。通过资本运作来减少资金投入,以输出服务来赚取相关利润。在这种经营模式下企业更不易受到来自市场波动的威胁,自身的现金流也将更加稳定。

小股操盘模式的合作对象是多元化的,可能是资金方,也可能是土地方,或是拥有双重身份的合作对象。在与不同对象开发项目时可以拥有更为充足的资源,自身的风险也随之降低了。小股操盘模式下万科拥有绝对的控制权,它不仅仅是股东,还是各个项目的实质管理人,即使存在其他投资人持股比例大于万科的情况,依然不能动摇万科在项目中的地位,不能干涉万科在项目中的管理和操作。

在项目开发的前期,万科会与项目合作伙伴就收益问题进行商讨,签订相关合作协议。一般情况下,一个项目中,万科的收益主要包括项目开发管理费、股权收益及超额利润的分红3个部分。其中,项目管理费收取的基准是物业销售收入,股权收益则是按照各股东持股比例进行分配的。关于超额利润,合作协议中会视具体情况做相应的调整,并对浮动比例做出相应的规定。以上3个部分为万科带来稳定现金流的同时增强了万科抵御外部市场风险的能力,降低了外部市场环境变化对万科的影响。

万科在轻资产转型的进程中,首先就选择了小股操盘模式。在传统的合作模式中,如果万科想拥有某一项目的绝对控制权,那么就要付出大量的资金。但是转型之后,万科在每个项目中的投入都会减少,仅作为一个小股东,在总的资金投入量不改变的情况下,万科拥有股权的项目就会增多,市场份额也随之增加了。

"小股操盘"模式的运用会使万科提高其资金利用率,将项目开发过程中节约的资金运用于企业自身管理或者其他项目的投资。这种运作方式在提高企业净资产收益率的同时也会增加企业自身的价值,这对于一个企业来说是至关重要的。

(2) 商业物业资本化的应用。

住宅地产的产生激发了商业地产的产生,商业地产在一定程度上也是住宅地产的一种补充。目前在我国已经形成了一批成熟的商业地产,它们的出现在满足业主的生活需求的同时也会增加住宅地产的销售。随着房地产行业逐渐步入"白银时代",商业地产的发展步伐也逐渐被动地放缓,究其原因是目前我国业主的消费水平还不能完全地跟上商业地产前进的速度。在这样的市场环境下,万科提出了商业物业资本化这一运作构想,通过这一方法可以适当缓解商业地产的融资压力,同时减小商业地产的开发风险。

从运作理念的角度来讲,商业物业资本化与前文所述的小股操盘有许多相似点,其主要的运作流程为:第一,寻求项目合作伙伴,合伙出资成立一个运营管理类的公司,特别之处在于,万科虽在新成立的运营管理公司只占有少数股份,却拥有绝对的主导权。第二,这些新成立的管理公司会收购万科大量的持有待售的商业物业,为保证该物业的运营与销售的顺利进行,万科依然在这些物业的运用与销售的过程中保留其品牌。在这一过程中,万科通过出售持有待售的物业而获取了大额利润。第三,该类物业由新成立的公司直接管理,万科获取收益的方式主要是以股东的身份收取相应利润和收取万科对其的管理费用。但是万科获得收益的方式也不局限于以上两种,还有可能是通过物业基金的引入,获得基金收益,这些收益方式会随着市场环境与政策做出相应的改变。

2014年8月,万科和凯德集团(以下称为"凯德")签订了合作意向书,这标志着万科的转型注入了更多新的活力与能量。万科对凯德开放建议权这一举措对于双方是一件互利互惠的事,万科可以从凯德那里获得更多转型成功的经验,而凯德也通过这一战略合作加快了自身战略实践的脚步。

商业物业资本化这一举措对万科的转型来说具有很重要的战略意义。一方面,商业物业资本化会使万科大量持有的待售资产盘活,同时也避免了因为房地产项目开发周期长而造成资金周转困难的状态。另一方面,我国消费者的平均消费水平相对于商业地产的发展速度有一定的滞后性,因此商业地产的竞争十分激烈,商业物业资本化的运用会使万科降低经营风险,增强获利的稳定性。因此,商业物业资本化可以带领万科走出阴霾,保持自身优势。

(3) 事业合伙人模式的运用。

万科推出了事业合伙人经营战略,所谓事业合伙人制度是指万科要求一线项目经理要投资该项目,其余员工可以选择跟投,其投资比例不得超过项目5%,但可进行二次增持股份。该制度属于小股操盘的补充模式。

事业合伙人模式主要有三方面的优势。第一,项目组成员跟投可以增强员工的责任心与归属感。因为项目的成功会带来员工的收益,这样员工的积极性会被充分调动起来。第二,项目经理的强制性跟投可以减少管理人员的流失,约束管理人员,最大限度地保留万科的精英队伍,使得项目可以更有效地运营。第三,由于项目一线员工在项目中持股,所以项目的优劣直接影响到跟投员工的收益,这样员工在项目运营过程中将更加努力、谨慎、周到。并且员工会严格控制生产成本和土地成本,这对于成本的控制是极为有效的措施。

除了以上的优点,这种模式也存在一些不足。其一,项目跟投对项目经理有强制性要求,如果一个项目本身利润回报就比较低,存在一定的缺陷,员工就会产生一些不满情绪,这对一个项目会产生一定的不利影响。其二,根据员工跟投制度,该员工一旦跟投就不得中途退出,员工如果想获取该项目的收益就必须要等项目结束,这对员工产生了非常大的束缚。同时,许多跟投员工对所跟投项目的整体运作流程并不一定了解得非常透彻,所以在一定程度上跟投存在着盲目性。

(4) 开展多元化轻资产业务。

近年来,万科开始聚焦新业务的开发,万科高层也提出以新业务支撑"万亿万科"的概念。从万科近年来的走向来看,除了住宅地产外,万科将更多的精力放在了扩展业务范围上。目前,万科已经在养老、物业、长租公寓等板块展开了新的业务,同时运用了小股操盘、品牌输出等适合万科转型的运营方式,不断向存量房市场迈进,市场定位也发生了转变,逐渐从房地产项目开发商转向城市配套服务商。

养老板块和物业板块主要通过管控标准与输出服务来进行扩张。目前万科已经推出了城市机构、社区中心等新型模式,其覆盖范围也从北上广扩大到了杭州、青岛、成都等城市,其扩张仍在继续,截至2017年,万科养老板块已在15个城市展开,共获取带床位项目50个,另有无床位的日照/居家服务中心约120个,其中杭州的"随园嘉树"等项目获得了社会各界的高度认可。

万科是中国进入租赁住房市场最早的房地产企业，在2014年成为中国首屈一指的集中式长租公寓企业。在国内，万科率先将住房租赁业务从青年公寓板块向家庭公寓板块发展，假以时日，万科完全有可能跻身全球最大住房租赁企业的行列。万科轻资产运营模式对长租公寓的发展起到了至关重要的作用，其长租公寓的业务拓展主要依靠返租、托管、并购等方式来进行，长租公寓囊括了对存量房的租赁和工业厂房的租赁。

(5) 房地产金融化。

房地产行业对资金的需求量极大，随着房地产逐渐由"黄金时代"走向"白银时代"，大量房地产企业高举"现金为王"的旗帜，因此，对于房地产企业来说打造融资平台在这个时代是极为重要的。万科为了满足公司大量的资金需求，在构建融资平台这一方面做出了非常多的努力与尝试。

在早期，为了削减融资成本，万科引入了外资。2004年的中山万科项目就曾打破了国内对外资投入的制约；2006年进行了反担保，在香港市场上成功融资4亿港币；在2007年获得了1.94亿美元的高额贷款。在这之后，万科成功在香港上市，进入美国市场，这样从境外获取资金就能更加便捷，而且资金成本更低。2014年，万科在美国市场通过发行企业债券的方式募集到资金8亿美元，并且它的利息非常低，只有2.6%。除了加强外资的引入，万科同样也非常注重与银行的合作，为自己获得贷款的同时，也能为万科的顾客提供更加专业、便捷的金融服务。同时万科在筹资路上也运用了互联网金融，2014年万科联合中国平安保险(集团)股份有限公司推出了一项金融产品——"购房宝"，推出的第三天第一期"购房宝"已售空。"购房宝"是在常规收益的基础上万科会再向购买者提供3%—5%的积分收益。这些积分可以在购买万科的物业时使用，具体的兑换规则就是一个积分可以兑换一元人民币。在这之后，又推出"万科理财通"(与腾讯合作)、"万民宝"(与民生银行合作)。这些金融产品的推出不止可以为万科募集到更多资金，也为万科吸引了大量客户，从另一个角度来看也是一种行销策略。

万科在房地产金融化的领域也在不断寻求突破。2013年2月，与铁狮门达成合作协议，在旧金山进行地产开发。铁狮门作为轻资产运营的先行者，万科与其合作得到了许多来自成熟市场的运作经验和管理方法，房地产金融就是其中之一。2010年万科首次试水房地产金融，发起了一系列地产私募基金，并且通过各方努力来推出属于自己的房地产信托投资基金(以下称为"REITs")。2014年万科与世界上最大的投资公司——凯雷投资集团进行战略合作,合作成立了一家资产管理公司,收购了部分万科旗下的物业项目,进行运营管理,希望未来以资产证券化为目标而退出。2015年6月,国内万科首支公募REITs基金正式顺利完成。鹏华前海万科REITs作为第一个国内公募基金,随着它的诞生万科的轻资产模式之路进入了新的阶段。由万科负责运营的鹏华前海万科REITs是一项封闭性资金,2025年7月6日到期,净资产总价值为30亿元。深圳的前海企业公馆是这项基金的重要投资目标,主要利润来源于项目建成后它的租金和低风险资产。房地产金融化成为万科转型的必经之路。

2. 经营理念的转变

(1) 做城市运营商。

轻资产重运营,万科立志要做城市的运营商。2013年,万科的商用地产管理部首次成立,以物业为中心,300米范围内都被划分为商业地产范围。例如在北京,万科在小区周围建立了幸福街菜市场、第五食堂等商业物业,都获得大量业主的好评,随后,万科又推出了洗衣店、银行、药店、便利店等居民生活配套商业措施,以上6种生活配套商业物业的出现对万科的运营产生了极为良好的影响。

万科同年推出"5S服务"的概念,即通过对住宅物业配套服务的改善与提升来转变公司运营状况。所谓"5S服务"的范围包括居住、购物、办公、文化、度假5个角度,以上几乎包含了人们生活中的全部。万科正在一步步地摆脱建筑者的身份,转而向城市运营商前进。不仅如此,万科投资了徽商银行,这一涉足金融产业的运营举措凸显了万科对于居民生活的密切关注,同时也逐渐涉足不同的领域。为了更加贴近居民的日常生活,万科积极为业主提供休闲娱乐的场所,这样的服务理念与措施更有利于万科的发展与运营。当前,万科商业的板块已不仅限于前文所述的6种,还包括咖啡厅、书店、健身房等社区居民日常需要的商业物业的种类。万科一直致力于打造社区生活广场类的商业物业,主要有以下3种商业形式:街边小店的街区形式,区域化的商铺聚集形式,大型综合百货商场类的商业形式。

(2) 万科互联网思维开发模式的运用。

万科总裁郁亮曾表示"传统行业如果运用互联网运作,将会拥有更多新的机会"。的确,当前互联网发展迅速,传统行业如果不能跟随互联网趋势及时调整结构,那么就会被时代所遗忘。万科通过电子商务的方式来刺激客户的消费,这样在互联网工具的运用下,很多在出售物业时期积累的社区业主资源被盘活。万科曾推出"住哪儿"的手机应用,该应用只针对万科的业主,在这个客户端上业主可以直接投诉、曝光、联系物业等,还能对万科的商业物业进行打分。万科向业主们提供了便利、智能的服务,这一点也受到了业主的青睐。万科还与百度进行合作,其成果V-in已正式上线。这个软件主要有3个功能:首先可以知道顾客是从何处来到万科这个广场;其次知道顾客光顾了哪些店;最后知道顾客离开后去了哪些地方。万科也尝试着与阿里巴巴合作,在淘宝上进行房屋销售,这是中国最优秀的房地产公司和中国首屈一指的电商平台的珠联璧合;同时万科推出了"万科云"这一产品,它将不动产与服务相结合组成了一项行业跨界集合,与此同时还结合了路由器计划的推出,旨在保证消息的流通和路径的有效性,这样的搭配使得万科的信息匹配和资源调度更加高效与便捷。

三、问题讨论

(1) 通过对万科轻资产运营模式的具体战略方法和结果进行分析与探讨,归纳总结出轻资产运营模式相对于重资产运营模式对万科产生的正面影响。

(2) 判断和评价小股操盘模式、房地产金融化、商业物业资本化对房地产企业的影响与利弊。

(3) 万科的转型对于我国房地产企业是否有借鉴意义?如果有,请归纳出对哪种类型的企业有借鉴意义。

参考文献

[1] Jayoung Sohn, Chun-Hung (Hugo) Tang, SooCheong (Shawn) Jany. Does the asset-light and fee-oriented strategy create value? [J]. International Journal of Hospitality Management, 2013(3).

[2] Georgiana Surdu. The internationalization process and the asset-light approach[J]. Romanian Economic and Business Review, 2011(6).

[3] 李光绪.后金融危机时代中国房地产开发模式转型升级路径及对策[J].商业经济研究,2016(3).

[4] 林思思.中国动向公司轻资产运营绩效分析[J].财务与会计(理财版),

2014(9).

[5] 秦强.我国房地产企业运营模式转型研究[D].杭州:浙江大学,2017.

[6] 仝中燕.铁狮门:擅长"小股操盘"的轻资产模式[J].城市开发,2015(3).

[7] 咸兵,武晓岛,周婧烨."轻资产"产业形态发展与金融服务创新研究[J].经济体制改革,2016(7).

[8] 郁慕湛.万万携手,房地产商开启轻资产化新征程[N].上海证券报,2015(5).

[9] 张小富,苏永波.新形势下房地产企业转型研究[J].建筑经济,2013(8).

(执笔人:党明玉;指导老师:戴书松)

管理会计理论与实务

GUANLI KUAIJI LILUN YU SHIWU

跟投机制下企业绩效评价与激励方式的选择
——以万科为例

适用课程： 管理会计理论与实务

编写目的： 本案例旨在引导学生进一步关注对企业员工激励机制的选择以及在选择绩效评价与激励机制的时候应该考虑的问题。根据本案例资料，一方面，学生可以进一步思考有哪些企业绩效评价与激励方式；另一方面，学生可以重点掌握跟投机制的发展历史、跟投机制的利弊，房地产会选择跟投机制的原因，进一步思考如何减少跟投机制的弊端，拓宽对绩效评价与激励机制的研究思路。

知 识 点： 绩效评价与激励机制　代理理论　跟投机制利弊

关 键 词： 绩效评价与激励机制　跟投机制

案例摘要： 2014年，为了激发员工的积极性，使得员工投入项目的开发当中，万科集团推出了作为合伙人计划一部分的项目跟投机制。此跟投机制能够与员工的风险和收益联系在一起，因此，员工会充分发挥自主意识，让公司利润往好的方向发展。由于跟投机制的积极效果，2015年3月，万科集团又进行了新一轮的跟投机制修订。新的方案明确了公司跟投的峰值资金从5%提升至8%。万科创新的员工激励机制给公司带来了很好的效果，但后续却频频发生万科"质量门"，跟投机制的弊端需要加以重视。

最近两年成都、南京、武汉等城市相继爆发因房屋质量问题导致的维权事件。而万科集团（以下称为"万科"）也难以阻挡"质量门"难题的困扰，房屋坍塌事件接二连三。频繁爆发的住房质量问题，也引发了很多人的担忧。房企不顾房屋质量的背后原因究竟是什么？民众买房在"能否买得起"的烦恼外，是否还要担心"能否活下去"？

2014年，万科推出了作为合伙人计划一部分的项目跟投机制。万科为此打出了"收益共享，风险共担"的大旗，旨在激励员工。由于效果显著，随后秀越、当代置业、新城控股等房地产企业也纷纷推行跟投机制。实行跟投机制后，可以明显看到项目的回收期大大缩短，产品周转明显加快，节约了适量产品成本，企业拖沓的情况也不断减少，效率不断提升。可是，紧接其后的"质量门"也接踵而来。

让我们最关心的是，万科的跟投机制真的十全十美吗，频频发生的"质量门"是否也反映跟投机制需要加以完善？

一、背景简介

（一）跟投机制的由来

早先，项目跟投机制在私募股权投资企业萌芽，发展于阿里巴巴集团，而后在房地产借鉴使用并运用到现在。考虑到基金管理人与有限合伙人利益绑定的现实因素，避免基金管理人的代理问题，有限合伙人会要求投资经理必须跟投，以使基金管理人可以尽全力帮助有限合伙人进行投资。2013年起跟投制逐渐被用于房地产企业，项目组成员可以自愿拿出私人财产进行跟投，进行利益绑定。[①]

（二）政策鼓励跟投

对于一些创新型跟投机制，国家是政策鼓励的。2018年3月13日，国资国企改革工作会议在上海正式召开，部署了上海市相关企业改革工作。为了保障股东的权益，降低代理成本，着实对一些有效的激励经验进行收纳和总结，加强考核的严谨性和公允、科学性，逐步将市场机制变得更加有活力。政府大力支持广大公司或企业进行激励机制改革试点，以提高企业的效率。[②]

（三）房地产跟投趋势

房地产行业由曾经的"黄金时代"转眼已经进入了历史拐点，发展速度放缓是

---

① 中国房地产策划师联谊会.地产企业跟投制流行,是黄金还是猛虎？[EB/OL].(2017-07-04).https://www.sohu.com/a/154299859_119626.

② 证券时报·e公司.上海将鼓励上市公司等加大实施股权期权、分红激励和跟投试点力度[EB/OL].(2018-03-13).http://sc.stock.cnfol.com/gushizhibo/20180313/26136062.shtml.

整体趋势,利润下降和人才流失问题逐渐凸显。项目跟投制度的出台,可以将核心管理人才与公司利益绑定,共担风险,共享利润。这个制度可以有效降低人才流失率,还可以提升企业管理效率,加大员工的工作积极性。[①] 不仅如此,跟投机制也可以在一定的情况下帮助房地产融资,虽然单纯依赖员工筹资远不能弥补资金短缺现状,但也是一举两得的激励机制。房地产行业跟投制度发展趋势如表1所示。

表1　房地产行业跟投制度发展趋势

2013年	2014年	2015年
首创置业,2013年启动合伙人计划	万科,2014年推出事业合伙人激励机制	越秀地产,2015年启动雇员奖励计划 当代置业,2015年1月,启动置业合伙人计划
碧桂园,2012年底推出"成就共享计划"激励	碧桂园,于2014年10月,"同心共享"逐渐取代"成就共享"	新城控股,2015年1月,启动新城"新新之伙　可以燎原"项目跟投机制
	旭辉,2014年7月,启动项目跟投计划	金地,2015年2月,启动核心成员跟投计划

资料来源:睿信咨询

二、案例概况

(一)万科企业概况

1984年创建的万科在1988年跻身于房地产行业。几十年的发展历程,万科在房地产行业有自己的发展规模和体系,已经发展成为国内数一数二的房地产企业。万科集团业务广泛,主要集中在经济发展迅猛的三大经济圈和中部西部地区的重点城市。在2014年,万科的城市发展理念开始改变,为了顺应当前趋势,万科将战略转变为将自己的住宅供应战略引向城市配套服务,使得盈利能力大大提升。2018年进一步升级自身的发展规划,旨在形成产城产业,以城促产,以产定城,构建特色产业,以吸引新的顾客。

2017年,深圳地铁集团与万科达成合作协议,并成为万科的第一大股东。深圳地

---

① 睿信咨询.房地产跟投的五大挑战.[EB/OL].(2015-08-26).http://www.sohu.com/a/29319763_209020.

铁集团与万科不断进行接触,肯定了万科的发展战略,使得万科达成了混合的所有制制度。与此同时,万科创建了"城乡建设与生活服务商"战略。随着万科的逐渐发展和合作的逐步推行,其一步步地形成了"轨道+物业"的发展模式,巩固了自身在房地产中的地位。

2018年,万科深化了自身的定位,以房地产企业不仅需要满足城市建设,还要提高人民生活质量为目标。企业至今所建立的生态结构已经形成了一定规模。万科以之前稳固的商业模式为基础和优势,在此基础上逐步拓展业务。万科产城发展战略包括物流、租赁、度假、教育等生活相关的各个领域,这样不仅可以形成一个盈利体系,还可以节约拿地成本。

(二)万科跟投机制

1. 什么是万科跟投机制

万科制定的项目跟投制度是企业在开发新项目时将企业利益和企业内部员工利益相绑定的一种制度。直到项目竣工,按照企业的利润,员工可以获得一定比例的回报。这种制度一方面适当缓解企业融资的困难,另一方面也可以适当激发员工工作效率和责任意识。万科的跟投机制应用面很广,不仅针对基层员工,还面向核心骨干,在项目进行的同时,可以适当缓解人才流失的隐患,可谓一举多得。[①]

2. 万科跟投机制背景

(1) 对赌制度。

2008年整个市场不景气,万科也受到影响,公司绩效表现出现第一次降低。比如,反映企业盈利指标的净资产收益率降至12.7%,仅仅比当时的社会平均股权收益高0.7%。因此,万科对企业的净资产收益率进行了分析研究,开始探讨有效提升企业净资产收益率的方法。于是,对赌制度于2010年应运而生。对赌制度是将公司的净资产收益率与社会的平均回报率进行对比,如果公司的净资产收益率比其高,员工可以获得一定比例的分红;反之,团队要承担适当的亏损。

既然是对赌,就必须要有赔偿能力。万科为了保证团队具备这样的能力,降低企业的风险,将企业的奖金保存3年并且在3年内不进行分配。这3年滚存的集体奖金将作为管理团队的对赌保证金。对赌协议很快发挥了作用,绩效表现异常突出,万科

---

① 张梦圆,袁小喆.从严格到成熟,万科修订跟投制度.[EB/OL].(2018-01-18).https://baijiahao.baidu.com/s?id=15899089079425133208&wfr=spider&for=pc.

的净资产收益率在5年时间内提高了6个百分点,这个成绩充分反映了项目分红对员工的激励作用。

(2) 事业合伙人制度。

万科是一家上市企业,受到股东重视的,除了企业利润以外,还有股价。但是股价很大因素受到市场环境、政策导向诸多因素的影响,并不由企业管理团队决定。

2014年以来,万科的股票价值猛跌。虽然万科的盈利能力在增长,但是在管理层看来,股票价值的下跌也是一种耻辱。股市与公司内部实际的盈利能力呈现不同的走向,虽然企业业绩不断上升,却无法让股市涨起来。跟投制度开始展开更大的拓展,企业管理层也需要购买公司的股票,与股东一起面对风险。这样可以使员工更有危机感,尽力让公司的股价上升,使得管理层与公司进行利益绑定。

(3) 事业合伙人的参与人员。

2014年4月,万科召开大会,讨论事业合伙人制度。包括管理层在内的约1 000多名员工签署了《授权委托与承诺书》,涉及员工主要有:在职的8名董事、监事以及高管;集团总部一定级别以上员工;地方公司一定级别以上员工。

事业合伙人制度十分开放,在公司内部,员工可以自由决定是否参与该计划。据万科相关人士给出的数据,参与该计划的万科员工已经超过2 500名。

(4) 购买股票的资金来源。

万科设立集体奖金账户,将管理团队的经济利润进行统一管理。奖金以3年为周期封闭运行,在封闭期公司不会进行兑付到员工个人的操作。同时万科会运用融资杠杆,以此资金吸引其他独立的一方对万科股票进行投资。在第四年,万科在交还所有债务利息时、将所有的或有义务消解后,万科内部的管理层和企业的员工能够分得企业的首年利润。

按照万科的规定,企业高管的跟投资金额度必须大于最低值,而对于普通员工有上限的要求。这样做的目的是保证高管与股东绑定利益,同时减少公司股价波动对普通员工可能带来的风险。[1]

3. 万科项目跟投制的形成及历次修订

万科项目跟投制的形成及历次修订如表2所示。

---

[1] 睿达地产顾问.万科的项目跟投制度、产业链合伙人制度揭秘.[EB/OL].(2018-01-24).https://www.sohu.com/a/218773366_796547.

表 2　万科项目跟投制的形成及历次修订

时间	项目跟投制的形成及历次修订
2014-03-28 制度形成	一、跟投人员及范围 公司内部董事、监事和高管必须跟投,而其他级别的员工可以根据自身情况决定是否跟投 二、跟投额度设定 跟投总额不得超过项目资金峰值的5% 三、收益分配 跟投人员如果是一线公司的员工,有权在18个月内按照人民银行同期同档次贷款基准利率支付利息后,额外受让此份额
2015-03-30 第一次修订	一、扩大了必须跟投人员范围 针对不同级别类型的员工,安排与之相对应的跟投计划,并且额外受让跟投的份额上线得到了一定的上升 二、公司修订额外受让跟投投资总额上限 之前的跟投按照规定不得超过资金峰值的"5%",现在限制放宽到不得高于资金峰值的8%
2016-12-27 第二次修订	一、取消追加跟投安排,降低跟投总额度上限 在第一次和第二次的项目跟投峰值当中,项目能够跟投的资金由不应当超过5%被提高到8%,由于跟投效果较好,跟投总额现今提升到小于或等于峰值资金的10% 二、设置门槛收益率和超额收益率 (1)如果所投项目的内部收益率不高于万科的门槛收益率,则应当先保障万科享有门槛收益率的收益,剩余收益(如有)再分配给员工 (2)如果所投项目的内部收益率高于万科的门槛收益率,但是不高于万科的超额收益率,员工的分红方式由出资比例决定 (3)如果所投项目的内部收益率高于万科的超额收益率,在门槛收益率和超额收益率之间的收益按出资比例来分配。高出超额收益率的部分的分红方式是出资比例的1.2倍
2018-01-05 第三次修订	扩大跟投范围及限定跟投权益比例上限 新获取的住宅开发销售类项目均列入跟投范围。跟投人员合计投入资金不超过项目资金峰值的10%。跟投人员直接或间接持有的项目权益比例合计不超过10%,当万科在项目中的持股比率小于50%时,跟投人员的权益比例要小于或等于万科在该项目所持权益比例的20%。单一跟投人员直接或间接持有的项目权益比例不超过1%

资料来源:深交所网站万科 A 披露公告

4. 跟投机制报表呈现

2014年,万科设立了跟投机制,万科跟投项目个数也在呈现指数增加,这使得存货周转天数在小幅上升。2015年和2016年,虽然企业的项目呈倍数上升,万科的项目跟投个数增加了,存货周转天数却在减少,而2017年,万科的跟投项目数突飞猛进,而存货周转数却与2014年相差不大。从表3可以充分展现企业跟投机制对于万科员工的激励作用显著,公司的运营效率大大提升,但与此同时也让我们疑惑存货周转天数大大降低是否代表项目质量的完成度也在同步跟上。

表3 项目跟投制期间跟投项目变化数与对应的存货周转天数

项目\年份	2014	2015	2016	2017
跟投项目个数(个)	47	76	205	502
存货周转天数(天)	1 139	894	886	1 250

资料来源：万科2014—2017年年度及季度报告

从2014年起万科设立了跟投机制，从年报中显示的少数股东权益比例也从2014年12月到2018年波动上升(如表4所示)，跟投机制一步一步完善，少数股东的权益也在不断增加，万科跟投机制也愈发火热。

表4 万科2015—2018年少数股东权益变化趋势

项目\年份	2015-12-31	2016-12-31	2017-12-31	2018-09-30
归属于母公司所有者权益合计(万元)	1 001.8	1 134.4	1 326.7	1 400
少数股东权益(万元)	361.2	482.3	540	759
所有者权益合计(万元)	1 363	1 616.7	1 866.7	2 159
少数股东权益占比(%)	27	30	29	35

资料来源：万科2015—2018年年度及季度报告

(三)万科跟投机制影响

1. 对企业的积极影响

万科表示，在企业设立了项目跟投制度后，企业员工积极性高涨，工程项目不再像之前那么拖沓，产品的周转率得到相应提升。不仅如此，企业的现金流也加快了回收的脚步。与此同时，企业的盈利也随之快速提高。从表5可以看出，万科自2014年到2017年的净资产收益率和基本每股收益都在相应地提升，这都反映万科的跟投机制给万科的盈利带来了不错的影响。

表5 万科2014—2017年盈利能力变化趋势

项目\年份	2014	2015	2016	2017
净资产收益率(%)	17.86	18.09	18.53	21.14
基本每股收益(元)	1.43	1.64	1.9	2.54

资料来源：万科2014—2017年年度及季度报告

2. 对企业的消极影响

(1) 较稳定的收入成本率,增速迅猛的项目数量,以及大量降低的存货周转率,促使其他方面的服务投入下降。

从表6中可以发现万科近几年的主营收入成本率呈现稳定局面,而从表3中可以看出,2017年较2014年,万科的存货周转天数并未减少,即使企业的项目数呈现很大的增长。这在一定程度上使得我们怀疑万科的产品质量以及对客户的服务是否依然达标。

表6 万科2014—2017年收入成本率变化趋势

年份 项目	2014	2015	2016	2017
营业成本(万元)	10 248 182.8	13 781 375.2	16 974 240.3	16 007 991.6
营业收入(万元)	14 551 810.5	19 318 321	24 047 723.7	24 289 711
收入成本率(%)	70	71	71	66

资料来源:万科2014—2017年年度及季度报告

(2) 万科频现"质量门","高端地板"还没入住就变形。

早些年,万科就频现"质量门",频繁发生"毒地板""纸板门"等一系列事件,严重影响到消费者对万科产品质量的信心。不仅如此,万科提供的一些高端产品也被爆出质量问题。有报道称万科提供的"高端地板"居然是早已被市场淘汰了的旧地板。重庆的霍先生表示,他先前购买了锦程项目一期18栋的一套房子,但是交房时发现卧室地板有比较严重的变形情况发生,厚度只有8毫米,受不得很大的重力就会变形。"8毫米木地板"被指已遭市场淘汰,是厂家特制供应。原本在合同中所约定的高质量木板,在现实供应中却利用信息不对称的空子私下购买不合格的早就被市场淘汰的木板,反映出企业项目把控不严,缺乏制约监督机制,以及在高周转下,房地产的产品质量值得怀疑。在后续的进展中,万科也表示项目管理存在漏洞,产品引进把关不严,将会加大严格把关力度,而公司真的能够仅仅依靠项目工作人员的自律来促进企业产品质量的提升吗?

时至今日,万科依然频现"质量门"。2018年就有多件万科"质量门"事件,而这与其追求高周转有很大的关系。2018年1月合肥万科森林公园锦庭的新房,在经受一夜的暴风雨后就出现钢筋崩塌。2018年8月18日,武汉万科高尔夫城市花园小区的阳台被报道出现坍塌。2018年11月,中山万科位于森林度假公园的房产发生大面积漏水事故,而且长期无人维修。这不仅是质量问题,也是置百姓的安危于不顾,表明企业文化出现了问题。

仅 2018 年屡次发生的"质量门"也让我们反思跟投机制在企业长短期利益方面权衡的问题。①

三、问题讨论

(1) 如何判断并评价本案例的绩效激励方式?
(2) 企业绩效激励方式还有哪些?
(3) 绩效评价与激励方式的关系如何?
(4) 万科企业跟投机制给万科带来了哪些影响,它的利弊是什么?
(5) 本案例是否可以搭配采用其他方法来降低万科跟投的弊端?应该如何设计?

参考文献

[1] 万科集团.万科企业股份有限公司第十七届董事会第一次会议决议公告[EB/OL].(2014-03-29).http://quotes.money.163.com/f10/ggmx_000002_1339857.html.

[2] 万科集团.万科企业股份有限公司第十七届董事会第五次会议决议公告[EB/OL].(2015-03-31).http://www.cfi.net.cn/p20150331003948.html.

[3] 万科集团.万科企业股份有限公司关于第二次修订项目跟投制度的董事会决议公告[EB/OL].(2017-01-06).http://quotes.money.163.com/f10/ggmx_038002_2985543.html.

[4] 万科集团.万科企业股份有限公司跟投制度[EB/OL].(2018-01).http://quotes.money.163.com/f10/ggmx_000002_3991917.html.

[5] 万科集团.万科企业股份有限公司 2014 年度报告[EB/OL].(2015-03-31).http://file.finance.sina.com.cn/211.154.219.97:9494/MRGG/CNSESZ_STOCK/2015/2015-3/2015-03-31/1684928.PDF.

[6] 万科集团.万科企业股份有限公司 2015 年度报告[EB/OL].(2016-03-13).

---

① 新浪乐居百家号.房企标杆万科频陷质量门,钱紧能当质量问题频发借口?[EB/OL].(2018-11-28).https://baijiahao.baidu.com/s?id=1618347721688734545&wfr=spider&for=pc.

http://pdf.dfcfw.com/pdf/H2_AN201704170510343958_1.pdf.

[7] 万科集团.万科企业股份有限公司 2016 年度报告[EB/OL].(2017-03-27). http://pdf.dfcfw.com/pdf/H2_AN201703260440961605_1.pdf.

[8] 万科集团.万科企业股份有限公司 2017 年度报告[EB/OL].(2018-03-27). http://pdf.dfcfw.com/pdf/H2_AN201803261110757105_1.pdf.

[9] 万科集团.万科企业股份有限公司 2018 年度报告[EB/OL].(2019-03-26). http://pdf.dfcfw.com/pdf/H2_AN201903251309354665_1.pdf.

(执笔人：匡玉莲；指导老师：许金叶)

从企业经营角度看平安好医生上市翌日破发事件[①]

适用课程：管理会计理论与实务　财务管理理论与实务

编写目的：本案例通过对互联网医疗企业平安好医生在港上市翌日便跌破发行价的事件的分析，使学生了解互联网医疗行业所处的发展阶段，理解企业发展早期为获得用户而"烧钱"的必然性，以及探索新盈利模式和创新的必要性。另一方面，希望可以引导学生结合企业内外部环境变化、价值评估理论，感受成长驱动与回报驱动对企业价值的影响。

知 识 点：企业生命周期　盈利模式　企业价值评估　战略分析

关 键 词：互联网医疗企业　"独角兽"　现金流量　财务分析　盈利模式

案例摘要：2018年中国平安集团子公司平安好医生正式登入港股，成为中国互联网医疗上市第一股，但上市翌日便破发，此后股价一直"跌跌不休"。本案例从互联网医疗行业企业所处的生命周期阶段及其盈利模式开始介绍，分析其盈利困境，讨论究竟是哪些原因阻碍了互联网医疗的发展。此外还将结合平安好医生的独特性及其财务指标，从回报角度和成长性角度两方面分析其公司价值。

平安好医生成立于2014年8月，原属于中国平安集团旗下全资子公司，是平安集团围绕互联网业务板块建立的五大开放市场的重要成员。2018年5月4日平安好医生登陆港交所，发行价54.80港元/股，自全球发售收取的所得款项净额约为85.64亿港元，其同时也是中国互联网医疗上市第一股。上市首日，平安好医生

[①] 本案例的素材及参考资料均来自可公开获得的资料。

开盘价报 57.30 港元/股,较发行价上涨 4.56%,随后受恒生指数下挫影响,最终收盘价 54.80 港元/股,险守发行价格。5 月 7 日,高开后一路下跌,跌破发行价并最低下探至 48.9 港元/股,下跌幅度达到 11.13%。上市前被看好的互联网医疗第一股,为何上市第二日就破发?在这里,我们把关注的焦点放在其盈利模式以及公司价值评估方面。

一、平安好医生简介

(一)公司概况

平安健康医疗科技有限公司,2014 年成立,隶属于中国平安集团旗下。2015 年 4 月,平安健康医疗科技推出了一款移动应用 APP:平安好医生。该款软件是一个健康管理及医疗服务平台,顾客可以在线问诊、挂号、买药和健康保健品,建立个人电子健康档案等。

2015—2017 年,公司营业收入分别为 2.787 亿元、6.015 亿元、18.68 亿元;净利润为 -3.2 亿元、-7.58 亿元、-10 亿元,可以说连年亏损。公司在其他方面却有着出色的成绩:其一,平安好医生 APP 上线仅一个月,用户增速达 166.8%。截至 2017 年 12 月 31 日,注册用户为 1.9 亿名,日咨询量 25 万次,远超同领域竞争对手。其二,每月活动用户数量和每日活动用户数量都远高于第二名,2016 年,平均月活跃用户 2 180 万名,是行业第二名月活跃用户数量的 5 倍;平均日活跃用户 560 万名,是第二名日活跃用户数量的 12 倍。2017 年,平均月活跃用户继续高达 3 290 万名,同比增长 50%。此外,它还获得大量资本的青睐,2016 年获 IDG 资本、永柏资本、平安创投基金 5 亿美元融资,估值达到 30 亿美元;2018 年又获软银海外、思佰益投资、IDG 资本、软银愿景基金的 4 亿美元 F 轮融资,投后估值 54 亿美元。多种光环加身,使之成为互联网医疗行业中最大的"独角兽",于 2018 年 5 月 4 日顺利登陆港交所。

(二)主营业务

管理层在招股书中提到,平安好医生目标是专注提供线上家庭医生服务,通过和保险公司的合作,以两家互联网医院为基础,为用户提供远程咨询、电子处方、挂号等服务,而消费型医疗、医药商城和健康管理等作为整个生态的配套服务体系彼此协同。从健康管理入手,再到疾病的咨询和管理,最后健康保险产品实现整个疾病风险的覆盖和医疗成本的控制,形成了用户就医前到就医后的完整健康产业链。按业务线具体可以划分为家庭医生服务、消费型医疗、健康商城、健康管理和健康互动4部分板块,其业务收入如表1所示。

表1 平安好医生主营业务收入

年份\项目	家庭医生服务		消费型医疗		健康商城		健康管理和健康互动	
	金额(百万元)	占比(%)	金额(百万元)	占比(%)	金额(百万元)	占比(%)	金额(百万元)	占比(%)
2015	118.8	42.6	154.6	55.5	1.9	0.7	3.4	1.2
2016	136.5	22.7	388.1	64.5	63.1	10.5	13.8	2.3
2017	242.2	13.0	655.4	35.0	896.1	48.0	74.3	4.0

资料来源:根据平安好医生年报数据整理

简单来说,家庭医生服务业务:提供在线医生咨询和挂号类相关业务,由人工智能辅助自有医疗团队及外部医生完成。也是所有互联网医疗企业的共有营业模块。消费型医疗:主要是一次性的体检、基因检测、美容护理、口腔卫生等服务,毛利率也较高。消费型医疗每年都可重复购买,赚的是线下机构的流量费,此外健康管理和健康互动业务卖广告也是赚流量费。健康商城:其实就是医药电子商务业务,模式为"自营+平台"。平安好医生依托APP,为用户提供医疗产品(西药、保健品、中药)、医疗器械、健身产品等。这一部分虽然毛利偏低,但是也是形成互联网医疗生态闭环必不可缺的部分。健康管理和健康互动:主要为APP内广告、定制健康计划,向用户推荐个性化内容协助保持健康生活方式。

二、行业概况

(一)国家政策推进

2009年3月25日,《互联网医疗保障信息服务管理办法》经原卫生部部务会议审议通过。2016年6月,国务院办公厅印发的《关于促进和规范健康医疗大数据应用发展的指导意见》明确规划了我国医疗数字化的发展目标,到2020年,建成国家医疗卫生信息分级开放应用平台,实现基础数据资源跨部门、跨区域共享,医疗、医药、医保和健康各相关领域数据融合应用取得明显成效。在同年8月印发的《健康中国2030规划纲要》中将医疗健康提升到了国家战略层面。2017年5月国家卫计委办公厅印发了《关于征求互联网诊疗管理办法(试行)(征求意见稿)》和《关于推进互联网医疗服务发展的意见(征求意见稿)意见的函》,这两个文件的发布为我国互联网医疗的深化发展提供了更加明确的政策指导,对互联网诊疗活动准入、医疗机构执业规则、互联网诊疗活动监管以及法律责任做出了规定。

总的来说,政府鼓励互联网医疗企业的发展,医疗数字化、分级诊疗等都需要互联网医疗企业来促进,同时也做出了很多规范。

(二)竞争对手分析

在政策的大力支持下,各行各业也根据自己拥有的资源进行了"互联网+医疗"的探索。2012—2016年,我国互联网医疗行业投资案例数量呈不断增长的趋势,诞生了大量围绕医疗、医保、医药展开的创业项目。目前市场上常见的互联网医疗企业主要是有关在线问诊、预约挂号等移动医疗服务,在平安好医生推出之前,市场上就已经有了丁香医生、好大夫在线、挂号网、春雨医生等相似的APP应用。

丁香园,创建于2000年7月23日,起初只是一个分享医学知识的网站,随着长期的运营从而聚集了大量的医疗专业人员。丁香园的正式扩张是从2013年开始,其推出多款医药类APP,丁香医生就是其中之一。2010年获得DCM的200万美元A轮投资;2012年完成B轮融资;2014年9月,又宣布获得腾讯7 000万美元战略投资;2018年4月,已完成D轮融资,融资金额在1亿美元以上,融资完成后,估值达10亿美元。

好大夫在线,创建于2006年,最初主要专注于咨询加号、分诊转诊业务;2016年全面转型做互联网医院,当年4月与银川市政府宣布共建银川智慧互联网医院。2007年天使轮获得融资300万元;2008年A轮融资300万美元;2011年B轮融资数千万美元;2015年C轮融资6 000万美元;2017年D轮获得腾讯领投2亿美元。

挂号网,2010年成立,是国家卫生计生委"健康中国行——全民健康素养促进行动"的官方支持单位,承担了国家卫生计生委卫生应急信息发布、中国医院协会总会官方网站与会员服务平台建设/运营等全国性重大公共服务工作任务。挂号网前期以挂号服务为核心,聚拢了大量用户和医生资源之后,接着开启了在线咨询、医患沟通、疾病库查询等服务。2010年获得2 200万美元A轮融资;2012年获得晨兴创投数千万美元B轮融资;2014年获得腾讯产业共赢基金,复星昆仲资本、晨兴创投、启明资本联合投资1.07亿美元;2015年获得高瓴资本、高盛集团(中国)、复星医药、腾讯产业共赢基金/腾讯联合投资的3.94亿美元新一轮投资。

春雨医生,2011年成立,主打"问诊"服务,之后相继推出C2C付费服务空中医院和"私人医生＋线下诊所"服务。2011 年 11 月获得蓝驰创投 300 万美元 A 轮融资；2013 年 3 月获得贝塔斯曼亚洲投资基金、蓝驰创投 800 万美元 B 轮融资；2014 年 8 月 19 日，获得中金公司、Pavilion 5 000 万美元 C 轮融资。

此外，2014 年阿里巴巴集团联手云锋基金，对在香港上市的中信二十一世纪（中国）科技有限公司进行战略投资，收购后者 54.3% 的股份，并与当年 10 月 24 日正式将其改名为阿里健康，开始了其医疗板块的布局，初期重点放在药品新零售。

可见互联网医疗市场竞争激烈，其中丁香园、好大夫在线挂号网、春雨医生主攻在线问诊，而阿里健康主攻药品零售。

表 2　主要互联网医疗公司概况

主要互联网医疗公司概况			
公司名称	创立时间	2017 年移动端 MAU①（万人）	融资阶段
丁香园	2000 年	73.6	D 轮
寻医问药网	2001 年	12.8	A 轮
好大夫在线	2006 年	75.7	D 轮
挂号网	2010 年	77.1	计划上市中
春雨医生	2011 年	142.4	D 轮
阿里健康	2014 年	—	上市
平安好医生	2014 年	1 002.7	上市

注：本表 2017 年移动端 MAU 均值由大数据商务服务商 QuestMobile 提供

根据表 2 移动端 MAU 均值统计，我们可以发现 2017 年平安好医生的活跃用户数量远超同类竞争对手。其刚成立就能有如此大的用户量也离不开母公司平安集团近几年在内部孵化科技项目的过程中采用的"扶上马，送一程"的策略。平安集团在平安好医生发展初期，除了出人、出钱，也会给予大量的业务资源和客户资源，从而使其虽然比同行绝大多数公司成立时间都短，却获得了比同行更多的用户数量。

（三）盈利模式困境导致行业发展遇冷

传统的医疗体系已经难以跟上社会的发展，因为"互联网＋医疗"战略受到了多方的追捧，笔者认为其可以解决传统医疗的诸多痛点，如表 3 所示。

---

① MAU，即 monthly active users，是一个用户数量统计名词，指网站、APP 等月活跃用户数量（去除重复用户数）。

表3 传统医疗与互联网医疗的比较

	医院	患者	企业	医药
传统医疗痛点	医院问诊量不平衡：8%的三甲医院承担了近40%的门诊量 常规诊疗占用资源：超过50%的问诊为常规复诊和慢性病诊疗 信息化水平低：60%的医院电子病历处于初级阶段	排队久：平均每位患者排队看病时长90—120分钟 看病贵：超过50%的患者认为看病贵 看病难：46%的优质医疗资源集中于东部地区，中西部等偏远地区患者看病难	数据浪费：2017年医疗机构总问诊超过80亿人次，海量医疗数据浪费，缺乏空间 数据封闭：仅3%的医院实现了一定程度的数据互通	药品流通信息不透明：各渠道药品零售价不同引发严重倒卖现象 客流逐年下降：线下缺乏稳定且高质量的客源；且药房规模有限，商品种类少而单一
互联网助力	问诊引流：互联网医疗目标将50%的问诊在家完成 针对性诊疗：互联网医疗可方便建立慢性病患者档案，方便远程随访，调动患者自我管理	缩短等候时间：互联网医疗患者问诊时长缩短近70% 打破空间限制：患者可以在家进行初步问诊，节省了大量路程开支	提高数据利用率：通过智能分针和AI协助诊断，可以有助于监控流行病等 数据共享：可方便医院间的数据共享，有助于病情诊断	药品流通数据化：所有数据均有迹可循，做到公开、透明、高效 线上线下融合引流：通过网购吸引年轻人，通过消费数据分析及时更新药品种类

部分资料来源：凯度咨询

互联网看似可以对传统医疗体系产生颠覆性的影响，但在实施过程中却面临着困境。自2016年以来，大量互联网医疗企业的商业模式相仿，市场竞争越发激烈，且未找到有效的盈利模式，大量公司资金链吃紧，大量裁员倒闭消息传出，投资机构也减少了对该行业的投入，互联网医疗行业的发展似乎陷入僵局。

从表4可以看出从2017年开始，互联网医疗的投融资逐渐遇冷，全年投资案例仅176起，较2016年缩水了43.8%。①

表4 2012—2017年中国互联网医疗领域投资情况

年　份	2012	2013	2014	2015	2016	2017
投资案例数（起）	15	31	85	193	313	176

资料来源：前瞻产业研究院

三、上市翌日破发，股价持续下跌

平安好医生于2018年5月4日登陆港交所之后股价总体趋势向下，在经历了6月7

---

① 前瞻经济人.2018年中国互联网医疗领域投资分析［EB/OL］.（2018-09-03）. https://www.qianzhan.com/analyst/detail/220/180903-a381f22d.html.

日的一个小高峰之后便一路下滑。截至 2018 年 12 月 31 日,股价已跌至 27.6 港元/股,市值已经跌去了近一半。虽然平安好医生有着出色的商业愿景以及大量的活跃用户,但是如图 1 所示,其股价依然"跌跌不休",这是为什么呢?接下来让我们仔细分析一下。

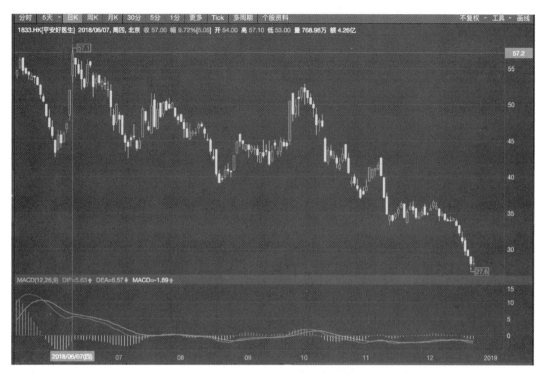

图 1　平安好医生股价图

(一)盈利状况及收益质量分析

良好的盈利状况会为企业获得较高的税后净利,而受益质量高则会为企业带来充足的现金流,我们从绝对指标和相对指标两方来考量企业盈利状况。从招股说明书中我们可以发现平安好医生从成立至今一直在亏损,几个板块的经营并未给企业带来正向的现金流。其盈利分析表如表 5 所示。

表 5　盈利分析表

年份	税后净营业利润(万元)	净资产收益率(%)	毛利率(%)	净利率(%)
2015	32 370.8	−28.6	39.7	−116.15
2016	75 821.5	−23.66	42.2	−126.06
2017	100 164.3	−24.83	32.8	−53.62

资料来源:根据平安好医生年报数据整理

那么平安好医生为何会处于长期亏损状态呢？其中最主要的支出为自建医疗团队，平安好医生希望可以提升用户体验并形成企业核心资源，这一重资产策略导致平安好医生比其他互联网医疗企业产生了更多的成本投入；另一方面由于市场竞争激烈，为了获取稳固的活跃用户数量，又增加了运营和销售成本，如表6所示。

表6 主要费用表　　　　　　　　　　　单位：万元

年份	销售及营销费用	行政费用
2015	17 855.8	25 147.4
2016	78 107.9	46 105.8
2017	72 355.6	71 066.5

资料来源：根据平安好医生年报数据整理

销售及营销费用2017年较2016年略有小幅下降，为7.23亿元。行政费用2017年因员工数量增加，支出同步扩充，支出达到7.1亿元。虽然营收持续增长，但由于成本增幅超过营收增幅，因此平安好医生自成立以来一直亏损。

此外，我们还发现平安好医生的整体毛利率是动荡下降的，30%多的毛利率跟成熟的互联网企业相比确实略低。再对比一下几大营业板块的毛利率，如表7所示。

表7 毛利率表　　　　　　　　　　　单位：%

年份	家庭医生服务	消费型医疗	健康商城	健康管理和互动
2015	76.4	10.2	43.8	100
2016	40.7	45.4	16.7	76.1
2017	58.9	46.4	16.3	81.8

资料来源：根据平安好医生年报数据整理

此外，根据近3年的数据可以发现，平安好医生四大模块中，最具有医疗特色也最有前景的板块"家庭医生服务"营收所占比例越来越小，而健康商城收入从无到有，目前已接近9亿元营收，占据半壁营收江山，毛利率最低为16.3%，这一毛利率较小的业务所占比例反而越来越大。

（二）成长性分析

在分析过程中，通常会使用收入增长率来表示企业的成长状况。从表8可以看出平安好医生营业收入迅速增长，公司成长性良好，虽然截至2017年底仍有46.4%的营收依赖于平安集团导流，但与2015年的80.9%相比已经有所降低。

表8 营业收入表

年份 \ 项目	营业收入 金额（百万元）	营业收入 占比（%）	来自平安集团 金额（百万元）	来自平安集团 占比（%）	来自其他客户 金额（百万元）	来自其他客户 占比（%）	同比增长率（%）
2015	278.7	100	225.5	80.9	53.2	19.1	—
2016	601.5	100	249.3	41.4	352.2	58.6	115.8
2017	1 868.0	100	865.9	46.4	1 002.1	53.6	210.6

资料来源：根据平安好医生年报数据整理

我们再来看一下成长性的另一潜在指标——研发投入。平安好医生在招股说明书中提到了所得款项用途，摘录如下："约40%的所得款项净额预期将用于业务扩展；约30%的所得款项净额预期用于为我们潜在投资、收购境内公司及与境内公司的战略合作以及我们的海外拓展计划提供资金；约20%的所得款项净额为我们信息基础设施以及人工智能主力及其他技术的发展增加资本供款；及约10%的所得款项净额预期用于运营资金及一般公司用途。"此外并未在招股说明书中找到研发费用相关的统计。由此我们会发现平安好医生在研发上的投入并不是其战略重点。

四、互联网医疗出路在何方

现在看来，互联网医疗企业大多还处于力求达到盈亏平衡的初创阶段。而且国内医疗在门诊费用上与国外相比要低很多，利润微薄，因此目前在线问诊业务无法为企业带来足够的现金流；而互联网结合药企的商业模式由于触动了药企和医院等多方的利益，进展也十分缓慢。但是可以肯定的是互联网的力量已经开始渗透进医疗健康行业中，这个趋势无人可挡。如何才能使平安好医生这家"独角兽"企业成为真正创造价值的企业是人们需要思考的问题。

五、问题讨论

(1) 互联网医疗企业为社会创造了哪些价值？
(2) 如何看待平安好医生用户多却无法带来盈利的情况？
(3) 平安好医生处于企业生命周期的什么阶段？

(4) 分析平安好医生的盈利模式。

(5) 分析平安好医生股价为什么下跌。

(6) 目前我国互联网医疗面临什么挑战,应如何应对?

(7) 平安好医生的破发对投资者有什么启示?

(执笔人:程琪惠;指导老师:许金叶)

言必信,行必果:约健的信用健身之路

适用课程: 管理会计理论与实务

编写目的: 结合当下前沿热门的区块链技术,探讨其与管理会计的结合以及其对管理会计产生的影响,从而有利于丰富管理会计的理论体系,并且也有利于优化管理会计在实践中的运用。从一项新技术的视角去分析其对管理会计的影响,能够加深学生对管理会计的学习以及其在实践中的运用;并且能够拓展学生的思维,有助于对管理会计形成全面的认知体系。

知 识 点: 区块链作用机制 区块链与管理会计的结合 企业经营管理

关 键 词: 健身产业 管理会计 区块链 信用健身 经营管理

案例摘要: 看似"百花齐放"的健身产业,殊不知其业务形态和经营管理已经有所扭曲。价格战的混乱、资金链的脆弱以及管理失效的涌现,映射出的是健身中心与用户的信任缺失。企业管理的核心问题是信息的不完全影响企业资源的最优配置、信息不对称影响企业对资源的充分利用以及集体信息技术投资问题。管理会计是企业资源有效配置、充分利用的价格信号机制,能够有效解决信息不完全与不对称问题;信任机制能够实现集体信息技术投资,而区块链最核心的特点就是建立信任机制。因此,区块链与管理会计的结合,将从本源上解决企业管理的问题。本案例描述了约健提出的"信用健身"项目理念,利用区块链这一利器,重构健身行业信任机制,创新健身产业的业务流程,从根源上改善健身企业经营管理。

引言

近年来,健身场馆如雨后春笋,纷纷萌发于各个城市的角落,小到街角十几平方米一次仅供一人使用的工作室,大到奢侈华丽的健身会所。看似欣欣向荣的背后,殊不知整个健身行业却逐渐陷入混乱的局面,一方面是价格混战,由于价格战的恶性竞争,摊薄了整个行业的利润率;并且传统健身业的预付费模式不仅抑制了健身用户的积极性,而且由于健身场馆用预付款不断进行扩张,一旦行业不景气,资金链很容易断裂。另一方面是经营管理的混乱,目前健身行业没有统一的标准和规范,健身中心的业务流程运营非常不稳定,以至于消费者的权益难以得到保障。此外,由于用户的刻板印象即认为健身场馆提供的相应健身产品等价格偏高或质量不佳,所以用户对健身场馆的线上线下产品消费一直处于较低水平。归根结底,用户与健身场馆之间的相互信任感在渐渐降低,甚至并无信任可言,以至于健身企业的业务流程混乱无序,经营管理问题重重。然而在信用或信任逐渐贬值的今天,区块链这一利器有望重构健身行业信用机制,创新业务流程。区块链的理论来源之一是信息不对称理论,区块链技术是科技创新的一种颠覆方式,它将优化这个世界对于信息不对称、交易成本、信息透明度难题的解决方法。于是,在困境与机遇并存之际,约健团队在2018年区块链元年尝试着用区块链这一利器拨开健身行业层层云雾,重获信用健身蓝天。

一、展望科技:约健未来

约健作为上海芭欧通信技术有限公司(SINCOM)旗下致力于健身场景的增值服务运营的独立品牌,已经成为中国领先的健身场景增值服务平台,通过有效整合分散的场馆和会员资源,以精准化营销渠道的模式为场馆和会员提供增值服务。经过3年多的商业运营,约健通过高新的数据采集技术以及引进阿里、京东等大型企业的高级技术人才构建了初步的健身"全场景"数据服务框架,以大数据为核心出发,不断加强与政府合作,改善行业业态,带动区域体育消费、众创、信用体系构建等连带产业链。2015年5月18日约健正式进入健身市场,2016年4月获得300万元天使轮投资,拥有1项商标和6个软件著作权,是上海市体育示范类项目。截至2017年8月,独家签约超过400家大型健身场馆、超过50个知名健身品牌,覆盖了220多万名会员,在上海的市场占有率超过35%。作为该领域的领导者,约健已经成功拓展到杭州、苏州和南京。约健的主要发展历程如表1所示。

表1 约健发展历程

时　　间	发　展　历　程
2015-05	约健品牌注册,并从 SINCOM 成功孵化
2016-04	获得300万元天使轮投资和150万元张江重大专项基金支持
2016-10	签约超过300家场馆,入驻品牌方超过40家
2016-12	平台订单数突破100万,日订单突破1万单
2017-02	获得政府担保授信300万元贷款
2017-04	上海市场占有率突破30%,并成功拓展杭州、苏州和南京市场
2017-07	成为微众银行(腾讯)在健身场景的合作伙伴
2017-09	约健 VIP 内测上线,并获得 SODA 大赛模式创新奖
2017-12	签约 Mob,共同打造全民健身场景数据运营平台
2018-01	签约风暴赛道,搭建首个区体育产业化众创空间
2018-03	签约芝麻信用,在业界首推信用健身服务

资料来源:约健公司内部资料

约健的主要经营业务分为线下和线上,线下包括商业健身场所新零售、体育众创空间、社区健身场景维护、信用健身服务运营约健场景设备,比如场景数据嗅探、健身场景录播系统、"新零售"健身场景设备等。线上主要包括约健营销综合平台,如约健商城、约健优选、约健 VIP、约健信用健身服务号(小程序),以及约健健身数据平台、约健区块链等。

二、柳暗花明:困境与机遇

随着约健一步步的发展壮大以及在整个健身行业成绩的日益突出,约健的创始人刘总却难以露出欣喜的笑容,因为他很清晰地认识到目前商业健身产业已然发展到一个瓶颈期。一方面,原本商业健身产业在我国就起步很晚,直到20世纪90年代经过缓慢发展以及对外的借鉴吸收,健身中心的发展才成为主流,由于我国健身企业经营模式基本复制于国外,并且国内的产品开发和技术开发相对滞后,导致各健身中心的经营内容大致相同。相对来说健身产业较低的经营门槛导致市场短期和投机行为较为普遍,参差不齐的服务不仅影响了用户体验,同时也增加了用户的流失率,市场竞争秩序混乱,经营管理陷入困境。此外,健身企业缺少反映企业和市场需求方的信息共享平台,消费者和经营者经常发生纠纷且得不到有效干预与解决,以至于消费者的权益受到侵害却难以维护,久而久之商业健身中心逐渐失去客户的信任。

另一方面,消费者在满足需求方面困难重重。首先,因为用户个体难以搜集到全面准确的健身场馆信息,掌握的信息资源较少,通常在没有对相应场馆进行对比分析的情况下就进行决策,因此用户往往在信息不对称下逆向选择,导致频繁出现场馆选择不当、场馆不满意等情况。其次,健身场馆资信状况难以调查,场馆运营不佳,陷入财务危机后随时有面临破产的情形,用户的利益难以保障,存在信息不完全下的道德风险问题。并且通常用户需要一次性购买时间跨度较长的半年卡或年卡才能享受到优惠,而由于时间太长一部分用户并不能坚持长期健身,因此往往会出现办了卡才去几次健身场馆的情况,不仅浪费了资金,而且健身场馆的资源也未得到充分利用,从而抑制了用户去健身的积极性。最后,不管是因为商家原因还是用户自身因素导致想要退卡而不能退的情况,都会使用户的决策时间较长并且动力减弱,一旦用户对某一产品的决策反射弧拉长,那么该产品的消费概率就会大幅降低。最后,监管部门很难做到对每一健身场馆进行监督与检查,并且检查也是定期定点的静态检查,不能做到跟踪管理,动态监督。

想要突破目前健身产业的瓶颈,即将面对的必然是一场硬仗。好在冬天来了,春天还会远吗? 随着 2018 年 4 月 25 日,由 CoinVoice 主办,金色财经、共享财经、蚂蚁区块链联盟、上海区块链联盟联合主办的"2018 GBCS 全球区块链共识峰会"在上海拉开序幕,毫无疑问,区块链在经过 2017 年的重重质疑之后,在 2018 年成为互联网当之无愧的"热搜王"。约健创始人刘总似乎也看到了区块链这一利器带来的机遇,尤其是区块链在共享计算中解决了两个关键的机制问题,一个是信任机制,一个是激励机制。这两种机制的应用恰巧能够改善健身行业涌现的问题,并且可能会改变现有的商业模式、运行模式,对整个产业的生态产生影响。

三、理念萌发:拨云见日

区块链这一利器似乎划破了萦绕在约健团队眼前的团团云雾,约健团队经过不分昼夜的讨论与修改,终于在一个黎明到来之际,萌发出了"信用健身"的理念,并且勾勒出了简单的设想。

顾客需通过芝麻信用的信用评分 650 分以上的资格验证,可在支付宝端的"约健优选"小程序自由选择优质的健身场馆,对于已有的健身会员,主要采用约健币激励机制进行管理;对于潜在用户采取"信用健身,先享后付"的模式进行推广,以用户的健身次数与时间来给予"约健币"的奖励,实现以健身服务带动健身产品消费的闭环盈利模式。此外,在健身场馆的监督以及后期的顾客权益维护方面均给予可靠保障。

"信用健身,先享后付"内涵:信用是一种无形的、抽象的资源,在经济活动中,信用是作为交易达成的基础,很多情况都是因为用户与商家之间的信用问题影响了经济结果。主要通过定量与定性的方式对此进行衡量。定量衡量:芝麻信用评分650分以上才可通过资格认证。定性衡量:先享后付,当月消费,下月支付,按月结算。

四、初见雏形:喜忧参半

在有了理论构想的支撑后,约健团队面临的是如何将构想落于实处。而最为关键的是如何通过区块链技术将健身场馆与用户的信任关系搭建起来。就在大家紧锁眉头思考的时候,从事互联网行业多年的技术员小陈,提到了"区块链+智能合约自治社区"这一概念。一方面,利用"区块链+智能合约"应用于B端,建立一个健身场馆登记、管理的平台,同时利用智能合约,保障健身场馆的资信情况以及协议履行情况。另外,随着区块链技术的发展与应用不断成熟,商家可以自己编制智能合约确定优惠、交易规则等,可以摆脱传统平台的约束,实现商家和消费者的点对点的交易。另一方面,利用"区块链+智能合约"应用于C端。第一,基于区块链技术,建立一个用户登记、管理的平台,并利用智能合约(其构架图如图1所示),保障用户的资信情况以及电子合约的履行情况。在应用于C端的基于区块链和智能合约的自治社区中,生产者和消费者可以直接进行点对点的交易,不需要第三方平台的背书和干预。第二,将用户对健身场馆的服务体验与评价等言论,上传到区块链平台或信用链上,区块链的不可篡改性防止商家擅自修改与删除的行为,实现对商家经营行为的有效监督;并且区块链的可追溯性可以对用户上传的言论进行责任追究,降低用户虚假评论以及恶意评论的可能性。

当健身场馆与用户的信用建立起来,并且有保障之后,最为关键的是要实现其激励机制,使得用户愿意并且积极地参与到健身中。约健团队最先想到的是利用区块

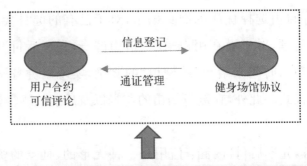

图 1 智能合约构架图

链在产品或服务外围建立一种基于数字货币(虚拟货币)的用户激励体系,并与产品或服务进行强关联,进而促进用户对服务或产品的黏性以及付费等行为。但是这一想法的提出,受到了刘总的两点质疑:其一是,数字货币(虚拟货币)在区块链这一技术刚出现的时候就被炒得很热,而后来慢慢发酵为"空气币",所以大家目前对数字货币是非常谨慎的;其二是,数字货币主要是通过挖矿或不断交易的方式来增值的,怎样避免"约健币"也会演变为"炒币"的风险?对于刘总的质疑,约健团队进一步思考了约健币与数字货币的不同并且制定了一套特别的激励机制:约健团队提出的是将用户的健身频率或时长与产品消费能力做了基于区块链技术的约健币,即区块链做了一个可以兑换一定的会员权限、具有一定的价值的数字货币来激励用户健身或购买约健线上线下的一系列健身产品,从而实现以会员用户带动潜在用户的角色转变以及"服务+新零售"的盈利模式。

约健币是一种基于区块链的积分,以积分的激励来进行分发。与比特币的区别在于约健币是不可进行交易的,这样就防止了"炒币"行为及由此带来的风险。刺激获取约健币的方式主要是,一方面是健身用户可以用币换取或对冲约健线上线下的健身产品,另一方面就是通过回购机制获得类似期权的权益。其本质其实是一种用户激励体系,通过基于区块链的积分方式,与其服务或产品进行强关联,甚至将产品变成其中的一个环节,通过积分的价值,刺激用户对服务的使用以及产品的消费,增加用户的黏性。此外可以通过奖励用户带动潜在用户的方式来激励用户的宣传与带动效应,从而可以实现由消费者到生产者的角色转变。

具体激励方式是,把每一个健身会员当作一个"矿机",矿机通过分享健身动态,消费约健线上、线下健身产品来进行"挖矿",根据特定的计算公式得出每个矿机的矿机分数,根据矿机分数按照全网矿机分配当日产生的约健币。"挖矿规则":首先成为信用健身用户;每次到签约场馆确认签到,当天两次间隔时间不少于 45 分钟;每日 00:00—23:59 期间的所有签到用户平均分享当日释放的约健通证;每天早上 9 点公布昨日结果,并把通证发放到每个用户钱包;通证可按照 1∶1 的比例购买约健线上线下所有商品和服务。部署计划:币产量固定(拟定总量 3 000 万个币),其中的 2 100 万个币计划分 6 年分发;约健筹集的加密货币 Token 应根据透明、可审计和效率的原则进行保管与经营,70%用于流通,6 年内线性释放;30%由约健团队持有。约健币的"挖矿规则"与部署计划如图 2 所示。

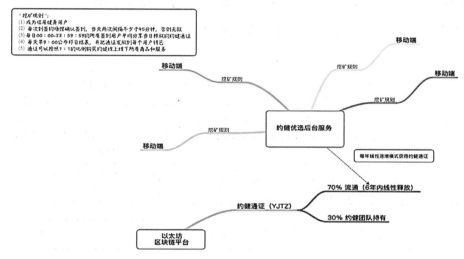

图 2 约健币的"挖矿规则"与部署计划
资料来源:约健公司内部提供的 PPT 文稿

此外采取每年年末回购的方式重新收回分发出去的约健币,当然用户也可选择继续持有该币,即赋予了该币额外的价值(增值),等到第 6 年末全部购回约健币时,以相应的算法计算出其价值,由于利润具有不确定性,所以其价值是浮动变化的,因此对继续持有币的用户可以视为投资者,约健币的价值在一定程度上取决于用户的期望报酬率水平。

对于理念设计,约健团队已经有很清晰的思路了,但是实际搭建并运作起来,单凭约健自己难免会有些力量单薄,在此期间,刘总每天都早出晚归,为的是能够在市场上找到在区块链技术应用方面能力较强的企业,并能够与他们达成合作的意愿。

五、寻觅合作：同舟共济

寻找合作商的进展似乎寸步难行，就在约健团队沉浸在炎炎夏日的倦乏中时，刘总带来了一个好消息：成功与阿里巴巴达成合作。

阿里巴巴作为电商行业的龙头，依托以蚂蚁金融为代表的互联网金融服务业和"互联网＋"的发展基因，在区块链方面的尝试一直在有条不紊地推进，且多偏于应用方面。有了阿里巴巴技术上的指导与支持，约健团队更有信心也更有激情去落实这个方案了，在与阿里巴巴多次沟通交流之后，约健团队终于有了具体的基础架构。

如图 3 所示，根据区块链技术的基本框架，约健的区块链基础架构主要包括 3 个平台：区块链底层平台、合约平台、业务应用平台。主要是将数据层、网络层和共识层

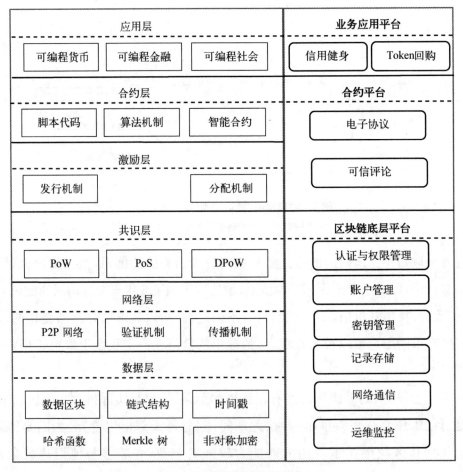

图 3 约健区块链基础架构图

划分到区块链底层平台,分别承担数据表示、数据传播和数据验证的任务。因为信用健身的创新点之一有约健币的激励机制,所以将激励层合并到合约层形成合约平台,以实现区块链系统灵活编程和操作数据等功能。业务应用平台主要是约健提出的信用健身与 Token 回购。

区块链底层平台主要包括:

认证与权限管理:通过在区块链上增加一个数据层协议,来实现一个安全且不可逆的数据保存机制,可以有效地解决权限确认的难题。

账户管理:使用区块链技术构成的统一账本,数据在多方之间的流动将得到实时的追踪和管理。并且通过对访问权限的管控,可以有效降低对数据共享过程的管理成本。

密钥管理:通过采用公钥基础设施框架管理密钥可以建立一个安全的网络环境。在区块链上,私钥由用户自己选取,并产生相应的公钥,用户使用公钥对消息进行加密,只有对应的私钥才能解密。

记录存储:区块链能实现数据信息的分布式记录与分布式存储,即由平台参与者集体记录,而非由一个中心化的机构集中记录;可以存储在所有参与记录数据的节点中,而非集中存储于中心化的机构节点中,并且可以形成记录时间先后的、不可篡改的、可信任的数据库,这套数据库能够有效保证去中心化存储且数据安全。

网络通信:C/S 通信模型中服务的提供依赖于中心化的服务器,区块链中采用 Gossip 通信协议,实现各个计算节点的对等通信,实现了去中心化的分布式通信模型。

运维监控:由于区块链中的数据前后相连构成了一个不可篡改的时间戳,就能为所有的物件贴上一套不可伪造的记录,从而可以解决数据溯源问题,实现有效的、动态的运维控制。

基于区块链的智能合约平台包括事件处理和保存机制,数据的状态处理在合约中完成。智能合约作为一种计算机技术,不仅能够有效地对信息进行处理,而且能够保证合约双方在不必引入第三方权威机构的条件下,强制履行合约,避免了违约行为的出现。

约健的合约平台主要包括电子协议和可信评论,电子协议包括面向 B 端健身场馆签署的协议以及面向 C 端客户的用户合约。

可信评论:主要是 C 端用户的评论。目前无论是采用机器算法还是采用人工干预,都无法阻止刷单与差评这两种行为的存在。刷单通过虚假交易,对商家的商品或服务刷好评以赚取佣金；后者通过给商家恶意差评，以索取相应的赔偿。这些行为降低了评论的真实性与可信度，因此影响了潜在用户的信息使用以及监管部门对商家的有效监督。然而在区块链的信用评价中，信用其实是一个数学问题，通过数学便可以使信用评价结果准确地反映健身中心的真实运营情况，从而能够有效解决信息不真实、不对称的问题。

在业务应用平台上，约健提出的信用健身模式，从"信用优选"小程序到智能合约，激励机制以及代币的回购，可降低信息搜集成本，解决用户与健身场馆信息不对称问题，实现资源充分利用与有效配置，优化了整个健身行业的业务流程。此外，还规避了传统健身模式的不足与弊端，并且与当前"互联网＋健身"模式充分结合，不仅通过改变健身模式使用户受惠，而且对于健身场馆来说采用了创新性的商业模式，驱动了新的盈利方式，提升了利润的增长点，信用健身搭建了用户与健身场馆互利共赢的平台。

Token 回购：约健提出 Token 的回购，赋予了代币额外的增值，持有约健币的用户可以选择换取或对冲约健线上线下一系列的健身产品，也可以继续持有该代币，等到公司每年末或分发完代币当年年末回购时获得相应的现值。类似于看涨期权的原理，Token 的价值主要取决于用户对此的期望报酬率水平。

六、经营管理：迎刃而解

刘总在每周的例行会议上，都会强调信用健身从一开始的理念萌发到初具雏形，再到与阿里巴巴合作之后的基础架构的建立，都离不开约健团队所做的努力，但是信用健身不单单是为了刺激用户的健身需求，更重要的是要通过区块链这一技术与管理会计的契合来实现对产业业务流程的影响，以解决健身中心由于信息不对称、信息不完全带来的经营管理问题，进一步推动整个产业的持续发展。

约健的信用健身能够在一定程度上解决健身产业的经营管理问题：首先，通过"约健小程序"，潜在用户可以根据地理位置、时间以及场馆提供的健身项目等与自身需求相匹配，便可选择较为合适和满意的健身中心。已有的用户同样可以根据需求更换更加适合的健身场馆。由此，健身场馆的资源得到合理的配置，避免了因信息的不完全或不对称导致资源的过度集中消耗或利用不足的情形。

其次，在用户按需选择优质的健身中心，资源得以合理分配之后，以基于区块链的智能合约对用户与健身场馆进行双向监督,保证信息的真实性;"先享后付"的经营模式,避免了健身场馆的过度投资与扩张,保证了资金的合理使用。此外通过约健币的激励机制与Token的回购机制激励用户积极主动利用健身房的资源,从而使得资源得以充分利用,避免资源浪费的情形,有效降低了健身中心资源管理的成本。

最后,通过基于区块链的可信评论,避免刷单与恶意评价的情形,真实准确地反映健身场馆运营管理情况,可以对健身中心进行有效监督。健身中心由此也会积极主动地改善业务管理过程,从根源上完善业务流程,从而映射到用户的可信评论中。

因此,在资源得以合理分配、充分利用以及有效监督之后,整个健身行业的业务流程呈现用户合理选择——健身资源充分利用——健身中心有效管理的过程。并且该业务流程是主动良性循环的,由此解决了健身中心由于信息不对称、信息不完全带来的经营管理问题。健身企业业务流程创新如表2所示。

表2 健身企业业务流程创新

类型	传统业务流程	创新业务流程
对比	主要通过被动的营销方式拓展用户。用户主动参与的积极性较低,以至于健身资源未能充分利用,并且健身增值服务消费不足。用户参与少——增值服务消费低——健身产品滞销(盈利能力下降)	用户主动参与健身并且参与的积极性提高,甚至从消费者的角色转变到生产者,主动进行用户的拓展。健身增值服务消费提升。以健身活动带动线上线下健身产品消费。形成健身活动——产品消费——健身活动的闭环盈利模式(盈利能力提升)

七、尾声:任重道远

从冬的银装素裹,到春的万物复苏,再到夏的郁郁葱葱,见证了约健团队从构思的提出、技术的研发、策划讨论、方案的不断修改到现在进行得火热的试点推广。约健信用健身的智能合约已正式写入阿里巴巴的芝麻信用链上,这个看似空中阁楼的技术应用,在约健团队的努力下正逐渐搭建起层层信任的基础。这是区块链技术与实体行业紧密的应用,也是区块链技术一次完美的落地,乌云密布的健身行业,终于透露出一缕缕阳光。然而,区块链在解决信任源的问题上确实有局限,以及在其与实践结合的过程中出现了部分管理问题,这些都是接下来约健团队还要努力的方向,可谓士不可以不弘毅,任重而道远。

八、问题讨论

(1) 区块链技术在健身行业是如何重构信任机制的?

(2) 约健"信用健身"方案的优缺点有哪些?

(3) 区块链与管理会计的结合对企业会产生什么样的影响?

参考文献

[1] 许金叶,金光华,袁树民.基于信息共享上的信任治理:企业间集体IT投资的激励机制[J].中国管理信息化,2009(9).

[2] 王珍珍,陈婷.区块链真的可以颠覆世界吗——内涵、应用场景、改革与挑战[J].中国科技论坛,2018(2).

[3] 安萍.我国商业健身俱乐部发展现状及其支持政策研究[D].武汉:华中师范大学,2017.

[4] 章峰,史博轩,蒋文保.区块链关键技术及应用研究综述[J].网络与信息安全学报,2018(4).

[5] 王化群,吴涛.区块链中的密码学技术[J].南京邮电大学学报(自然科学版),2017(12).

[6] 袁康,冯岳,莫美君.从主体信用到算法信用——区块链的信用基础与法制回应[J].银行家,2018(5).

[7] 疯狂BP.MaxMarry区块链方案白皮书[EB/OL].(2018-02-04).http://www.nutsbp.com/article/dofoaadb-efeo-4f13-915f-b961ff3ead8a.

[8] 小李没有子.区块链应用案例:玩客云与链克,看区块链在C端应用[EB/OL].(2018-02-08).http://www.woshipm.com/blockchain/930531.html.

(执笔人:屠琳;指导老师:许金叶)

基于社交网络的商业模式对企业价值的影响
——以拼多多为例

适用课程： 管理会计理论与实务　财务管理理论与实务

编写目的： 本案例通过研究分析拼多多创新的"社交式购物"商业模式，寻找拼多多商业模式的盈利点，挖掘拼多多病毒式扩张的原因，发现基于社交网络的商业模式对企业价值的影响。商业模式对企业发展起着关键性的作用，因此对社交式商业模式的研究对于电商企业创新与持续发展有着重要的实践指导意义。希望学生通过学习这个案例，对企业商业模式运行及带来的影响有所认知，了解到更多影响互联网企业价值的因素。

知 识 点： 商业模式　拼多多　企业价值

关 键 词： 社交网络　商业模式　拼多多　企业价值

案例摘要： 2018年，拼多多在美国纳斯达克上市，一举成为中国电商行业市值第三的公司。在拼多多发展扩张的过程中，拼多多的社交式电商商业模式起到强大的推动作用。本案例从用户、运营、品牌效应三个角度分析了拼多多商业模式对拼多多企业价值的影响。

2015年9月拼多多正式上线；2016年拼多多拿到B轮融资，2016年底单日交易量突破1亿元；2017年拼多多长期占领ios总榜第一名；2018年7月26日拼多多在美国纳斯达克上市，此时，拼多多已经是一个市值240亿美元、活跃用户2.95亿人的互联网庞然大物。从成立到上市，拼多多仅用了不到3年的时间。是什么让它膨胀得如此之快？

是我，黄峥说，我白手起家、独具慧眼、嗅觉敏锐、努力拼搏，3年时间创下如此庞大的商业帝国；是我，微信说，微信用户超10亿人，拼多多是搭了微信的顺风车，才能有今天的规模；是我们，中国三、四、五线网友说，我们占据拼多多用户数量的60%，没有我们的花费，哪来1 412亿元的年交易额？是我们，拼多多100万家商户说，没有我们提供的商品，拼多多平台也就是个空壳。

英明的领导千千万，成功的拼多多就一家，可见黄峥不是充分必要因素；微信还搭载了京东，京东也没这么快的扩张速度，可见微信也不是充分必要条件；中国网友千千万，购物平台遍地开花，大浪淘沙，风口上的就这家，可见三、四、五线网友还不是充分必要条件；消费者货比三家，商家各平台开店，可见商户也不是充分必要条件。

世上没有无缘无故的成功，拼多多的成功，也有其背后的原因。基于社交网络的商业模式引来巨大人流量，便宜的价格促使消费产生，大量活跃用户吸引商家入驻，基于微信的闭环流量使竞争对手难以有效打击……单丝不成线，独木不成林，正是几方因素合力作用，才成就了一个商业奇迹。

一、拼多多公司概况

拼多多是创新和快速增长的"新电子商务"平台，为买家提供物有所值的商品以及有趣和互动的购物体验。该公司移动平台（拼多多网、拼多多APP）提供了一系列价格诱人的商品，利用社交网络作为买家购买和参与的有效工具为他们提供了动态的社交购物体验。拼多多通过社交分享购物打折的玩法，增强顾客互动，提高参加度，降低获客成本，在短短3年内病毒式扩展，成功挤入中国购物网站前三名。在商品零售总额和订单总量方面，拼多多是中国领先的电子商务企业之一。

2018年3月31日，拼多多平台上的活跃买家数量达到2.95亿人，活跃商户100多万，移动应用的月平均活跃用户为1.03亿人。2017年和2018年第一季度，拼多多的商品交易总额分别为1 412亿元和662亿元（约合106亿美元）。2017年和2018年第一季度，拼多多移动平台上的订单总数分别达到43亿份和17亿份。自2015年成立以来，拼多多一直在大幅增长。除市场服务外，拼多多还经营在线直销业务，两年内拼多多大部分收入由在线直销业务产生，直到2017年拼多多转变商业模式，直销业务被打入冷宫。拼多多的营业收入从2016年的5.049亿元增加到2017年的17.441亿元（约合2.78亿美元）；2017年第一季度的营收为3 700万元，2018年第一季度则增加到 13.486 亿元(约合 2.207 亿美元)。

二、行业概况

截至 2018 年 6 月,中国网民规模已经达到了 8.02 亿人,中国网民普及率高达 57.7%,与全球平均水平相比,中国网民的普及率超出了 4.1%,与亚洲平均水平相比高出了 9.1%。2017 年全年共增长网民 4 074 万人,与同期相比,增长率达到 5.6%,中国的网民规模正在持续不断地稳定增长。中国网民中的手机网络使用者可达到 7.53 亿人,和 2017 年同期的 95.1% 相比提升了 2.4%。通过电视上网的网民比例也达到了 28.2%,而诸多传统的上网设备,如台式电脑、笔记本电脑、平板电脑的比例都在不断地下降,手机逐渐成为当今互联网的基础设施。生活中的各个设施都和手机在进行着联系,进而使生活中的场景更加智能化。此外,移动互联网还在不断地丰富着自己的服务场景,通过加速提快移动互联网的速度,使移动互联网的用户数目不断地增加,未来中国移动互联网产业还有着庞大的发展空间。

根据中国国家统计局的统计,中国消费品零售总额从 2013 年的 24.3 万亿元增加到 2017 年的 36.6 万亿元。根据商务部第十三个五年国内贸易规划,预计中国零售市场将继续强劲增长,2020 年零售市场总规模将超过 48.0 万亿元。在线购物已经被中国消费者所接受,并且以更快的速度增长。据艾瑞咨询提供的数据,中国网络零售市场已从 2013 年的 1.9 万亿元增长到 2017 年的 6.1 万亿元,复合年增长率为 33.9%,预计到 2020 年将达到 10.8 万亿元。与此同时,根据中国互联网信息中心提供的数据,中国在线购物人数从 2013 年的 3.02 亿人,增加到 2017 年的 5.53 亿人;2017 年移动互联网用户已达 7.53 亿人。2017 年中国电子商务全年的交易额可达到 29.16 万亿元,与 2016 年相比增长了 11.7%,其中增幅主要是由商品服务类电商增长带动,而合约类电商则呈下降的趋势。自 2013 年来,中国电商市场就形成了良好的态势,不断地以每年 10% 的增长速度增长,中国的电商发展空间还非常庞大,还等待着去挖掘。

目前中国上市的电子商务企业中,以规模论淘宝稳居榜首,京东位列第二,拼多多迎头追赶,其余小购物平台不足为惧。正如图 1 所示。

阿里巴巴一家市值超过剩余几家总和,为中国电商行业当之无愧的领头羊;京东商城 10 年稳扎稳打,稳居电商二把手宝座;拼多多后来居上,以第三的市值力压前辈苏宁易购、唯品会、聚美优品。

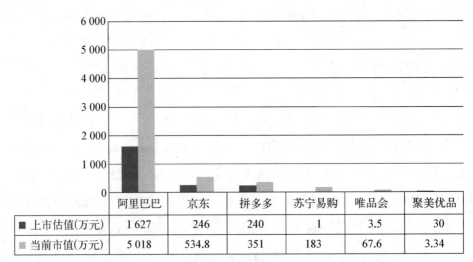

图1 我国主要电商上市估值及当前市值对比图

三、商业模式对企业价值的影响

(一) 用户带来的价值

互联网经济模式下,企业网络整体的创新能力比个体企业的创新能力更为重要。互联网经济本质上是一种创新型经济,相较于传统经济来说更具有优势。企业价值网创新路径主要包括利益分配机制、网络研发基金和知识产权联盟等,用户则作为新型企业价值的提供者进入价值网络。[①] 根据企业价值理论,互联网企业的价值在于其所掌握的客户资源,通过评估互联网企业所拥有的客户资源,可以计量企业价值。客户对互联网企业的影响有三方面:单位客户收入,注册用户数量,点击率。

2018年6月中国互联网移动用户达到8.02亿人,其中手机上网用户达到7.53亿人,大多数手机上网用户都会进行网购,如图2所示,移动端APP中,淘宝渗透率最高,拼多多与京东并列第二,这意味着有1.2亿人次在手机上安装拼多多——这与拼多多上市说明书中披露的移动应用的月平均活跃用户为1.03亿人较为吻合。互联网企业在研发、设计测试、市场开拓等阶段会有大量的费用支出,除技术升级和扩展投入外,正常运营期间只有较低的维护管理费用,所以互联网企业具有较高的沉没成本和较小的变动成本。企业注册用户数量越多,单位客户成本就越低,即使单位客户收

---

① 程立茹.互联网经济下企业价值网络创新研究[J].中国工业经济,2013(9).

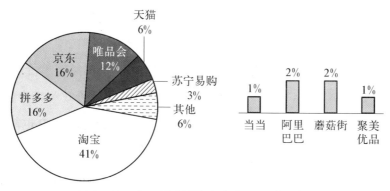

图 2 2018 年 6 月中国综合电商 APP 渗透率图

入贡献率不变,随着用户规模扩大以及随后的单位客户成本下降,企业利润空间也会逐渐扩大。拼多多通过社交网络飞速积攒起大量用户,为其带来了巨大价值。

拼多多的商业模式运行起来很简单:提供一个低廉的团购价格,诱使客户主动与他人组团团购,通过微信、QQ 等吸引了大量价格敏感型客户。如图 3 所示,拼多多平台鼓励买家在此类社交网络上分享产品信息,邀请好友、家人和社交联系人组成购物团队,享受"团购"选项下更具吸引力的价格。因此,拼多多平台上的买家积极向好友、家人和社交联系人推荐该平台,并分享平台上提供的产品。新买家转而将拼多多平台转推给他们更广泛的家庭和社交网络,产生低成本的有机流量和活跃的互动,推动买家基数的指数增长。拼多多庞大而活跃的买家群吸引商家来到平台,平台的销售规模鼓励商家为买家提供更具竞争力的价格与定制的产品和服务,从而形成良性循环。该"团购"模式把网上购物转变为动态的社交体验,平台正如一个"虚拟集市",买家在平台上可以浏览和探索各种产品,同时相互交流。与传统基于搜索的"库存指数"模式相比,该平台带来了发现和购物的乐趣与刺激。这种嵌入的社交元素培养了

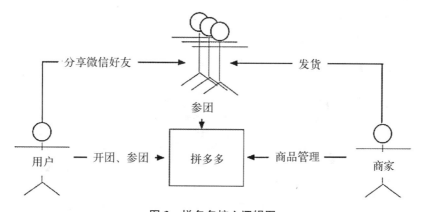

图 3 拼多多核心逻辑图

高度参与的用户群,规模庞大、参与度高的用户群为拼多多带来巨额商品交易数据。这个商业模型的核心思想,正是其进一步发展的桎梏——低价。

从图4和图5可以看出,淘宝人均年消费金额最大,京东每客单价最多,而拼多多每客单价最低,消费频次高于京东却远远不如淘宝。这是低价政策带来的影响:低廉的价格能吸引来大量价格敏感型客户,通过社交网络发展的新客户也能带来一笔笔交易,但这也是一把双刃剑,价格敏感型客户对平台黏度不够,容易转换到其他平台消费;为了吸引住这些客户,必须维持较低的商品价格,这势必会降低客单价格;而价格敏感型客户局限于收入,又难以提高消费频次,这就导致拼多多人均年消费远远低于淘宝、京东。

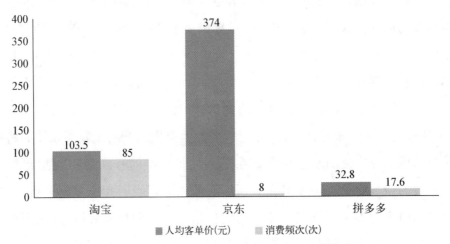

图4 三大电商2018年客户人均客单价及消费频次图

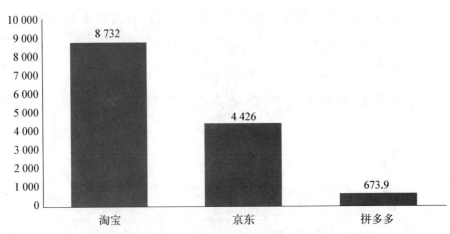

图5 三大电商2018年客户人均年消费对比图(单位:元)

而低廉的价格还有一个致命的弊端,就是"便宜没好货"。虽然三大电商体量不同,但拼多多客户投诉数量几近与淘宝、京东齐平,这正是低价带来的后果,如图6所示。拼多多最为人诟病的地方,正是平台上大量良莠不齐的商品,有人说,正是淘宝、京东打假成功,这些商家才跑到了拼多多,继续卖假货。一个品牌的口碑对品牌影响非常大,当拼多多被人叫作"拼夕夕"时,许多客户就会分流到其他平台去;而较高的投诉与退货率,无疑又增加了企业运行成本。面对这个问题,2017年开始,拼多多做了许多尝试。

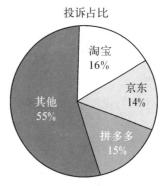

图6　2017年电商投诉占比图

（二）运营提高的价值

2015年10月—2016年12月,拼多多初创期,其团队重点打磨产品,快速验证商业模式。拼多多凭借"社交＋电商"的定位,借助微信8亿人活跃用户,快速笼络大批电商长尾用户。整个阶段最大的矛盾点在线下供应链管控及商家监管上,收到的负面评论主要集中在货品收不到、质量差、假货等问题上。

2017年开始,拼多多进入成长期,在这期间,拼多多将大量精力投入后端供应链的管理,加强企业内部反腐力度并制定了强硬的平台赏罚机制。在这些改革措施中,拼多多第一刀向商户砍去。在2017年以前,拼多多从商家销售中提取抽成,从2017年开始完全转向类似淘宝的模式——向商家收取运营费用。由于拼多多处于成长期,平台上相对竞争不如淘宝、京东激烈,商家销售成本远远低于淘宝、京东,大量商家涌入拼多多,给拼多多带来了众多低价产品。拼多多的商家入驻门槛很低。在拼多多上,企业开店的保证金大多是1 000元,个人开店为2 000元,只有海淘、水果生鲜和美容类需要交1万元的保证金。针对商家卖假货、延迟发货、不及时更新物流等情况,平台会向商家收取罚款,针对刷单、虚假发货等情况会冻结商家资金400小时。客流量大、开店保证金低、罚款额度不高、惩罚力度小,这些因素共同构成拼多多假货横行、售后约等于无的局面。

针对这种局面,拼多多采取了很多手段加以治理,包括:拦截侵权链接、删除不合格商品、改善退款体系、增加赔款补偿、收取更高保证金、提高扣押商家应付款比例、提高商户入驻门槛等,如图7所示。2018年2月,拼多多发布了《2017年拼多多消费者权益保护年报》:过去一年拼多多主动下架1 070万件疑似侵权商品,全年拦截4 000万条侵权链接,将95%的售假商家拒之门外。同时,还设立1.5亿元消费者保障基金,帮消费者处理售后纠纷并维权索赔。

图 7　2017 年拼多多消费者权益保护年报

经过成长期的调整,整个企业在后端供应链管理上已经达到合格线,通过实施内部反腐、严厉打假、精准扶贫等一系列动作,拼多多开始在运营端逐步发力,通过不断加持线下广告,赞助热门综艺节目等运营手段持续拉新,产品的下载量及好评率稳步上升。在 2017 年间,拼多多用户数量有了指数性的增长,GMV(成交总额)从年初的 20 亿元增长到年末的 100 亿元,入驻商户数量超过 100 万家,消费人数翻了 4 倍。拼多多加强了运营环节的管理,提高了企业口碑;企业良好的口碑又让企业发展更为顺利,可见加强运营管理有助于企业价值的提升。

(三)品牌权益带来的价值

有学者从资本市场和产品市场两个视角来研究品牌权益对于企业价值的影响路径[①]。

[①] 韩慧林,庄飞鹏,孙国辉.品牌权益对企业价值的作用路径研究——基于行业集中度的调节效应[J].经济经纬,2017(3).

其研究结果表明：良好的品牌权益能够提升企业价值，主要通过增加企业现金流和降低企业运行成本来提升企业价值；行业间的竞争越激烈，品牌权益对增加企业现金流和降低资金成本的作用效应越显著。

2017年，拼多多举办了第一个大型售卖活动，APP内狂撒1亿元红包，要想得到红包，需要额外找寻2名好友帮忙才能获得，而页面实时显示红包的被瓜分情况，让大家一边相信真的可以拿到红包，另一方面产生焦虑，产生邀请动力，快速邀请好友去瓜分红包。拼多多这种利用社交网络的推广方式，使得其获客成本很低，根据统计，拼多多获客成本远远低于淘宝、京东。

从图8中可以看出，淘宝获客成本逐年降低，京东获客成本涨幅惊人，拼多多2017年获客成本增长了5倍，但仍远远低于淘宝（206元）与京东（376元）。这就是拼多多通过社交网络发展的商业模式的优越性，通过低价商品、拉客红包等手段，诱使人们主动将社交网络中的伙伴拉入拼多多；比起淘宝、京东在吸引客流量方面投入的巨额广告费用、运营费用，拼多多这种人带人方式成本低、成功率高、范围广。而由于拼多多品牌初步建立，人们对拼多多的认同度增强，消费金额提升。

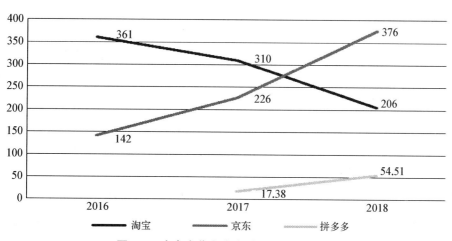

图8 三大电商获客成本对比图（单位：元）

正如那首大众耳熟能详的拼多多广告曲"拼多多，拼多多，拼得多，省得多"一样，拼多多在2017年开始加大运营力度，力图建立起企业的品牌。同年7月份拼多多进一步加大对影视及综艺节目的广告投入，从《极限挑战》《醉玲珑》再到《中国新歌声》，不管是综艺还是剧集，拼多多成为它们当年的大金主之一。仅《极限挑战》的特约赞助权，拼多多就豪掷了1亿元。拼多多赞助的都是彼时最热门和最流行的综艺及影视，一方面提升产品的知名度，刺激用户保持高速增长，进一步渗透一二线用户；另一方面也在试图建立品牌,树立自己是大平台值得信赖的形象。

通过树立自己的大平台形象,拼多多占据了优势地位,对商户的举措强硬起来。2017年起拼多多改变了向商户收取费用的方式,从自营直销方式转为向商户收取营销费用。同时,拼多多将物流成本转嫁给了商户。由于拼多多的低价政策筛选出一批没有话语权的品牌,拼多多面对商户比淘宝、京东更强势。拼多多的商户限制资金比淘宝、京东要多,每100万元交易额中,拼多多限制资金达到6.5万元,京东为3 100元,阿里巴巴为700元,拼多多是阿里巴巴的90多倍。大量商户涌入拼多多,给拼多多带来大量现金流:2017年,商家预付款和保证金为拼多多带来的现金流分别达到87.22亿元、15.59亿元。2016—2018年拼多多收入构成如图9所示。

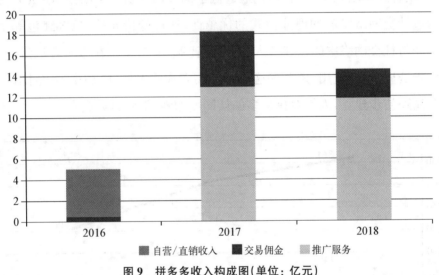

图9 拼多多收入构成图(单位:亿元)

新的收费模式给拼多多带来大量收入,在2017年间,拼多多营业收入增长了36倍。在此期间,拼多多获得C轮融资。拼多多通过运营建立了良好的品牌,品牌效应降低了获客成本和企业运营成本;在平台做大后改变了收入模式,不仅提高了企业收入,还获得较高的现金流。可以说,拼多多的品牌运营工作成功提高了它的企业价值。

四、拼多多面临的弊端

成也萧何败也萧何,拼多多的商业模式使它早期成长,却也使它后继无力。在拼多多商业模式中,对社交软件依赖性很强,特别是微信。可以说,拼多多客流量绝大多数由微信转化而来,微信10亿人的使用量给拼多多提供了一片沃土,但微信开始饱和了。2018年,中国互联网用户突破8亿人之后,环比增长速度逐渐放慢,根植于中国土壤的微信用户增长速度也在不断减缓。而依靠微信起家的拼多多,增速也在放缓,如图10所示。

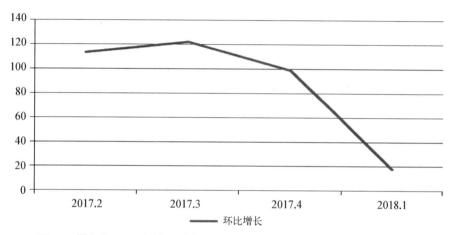

图10 拼多多2017年第二季度到2018年第一季度环比增长图(单位:%)

与其说是微信降速影响了拼多多,不如说拼多多已经逐渐用完了微信的流量红利。招股书显示,拼多多2017年营业收入同比增长245%;2018年一季度营业收入同比增长36.4倍,但在2016年、2017年、2018年第一季度,拼多多分别净亏损2.92亿元、5.25亿元、2.01亿元。创业3年,拼多多截至2018年第一季度累计亏损13.12亿元。招股书称,由于过去其净利润处于亏损状态,未来可能还会继续亏损。可见拼多多对未来的盈利前景多少有点信心不足。没有盈利、连年持续亏损,背后是投资方的钱在支撑。在用户数量增长缓慢、竞争对手频频出招、运营成本不断增加、国内外经济形势逐步紧张的2019年,上市的拼多多如何杀出重围,且让我们拭目以待。

五、问题讨论

(1) 拼多多的商业模式是什么?
(2) 拼多多的商业模式与其他电商有哪些不同?
(3) 拼多多的商业模式对拼多多的价值产生什么影响?
(4) 拼多多的商业模式对其他电商平台有何借鉴意义?

(5) 面临困境拼多多该如何发展?

参考文献

[1] 腾讯科技.拼多多招股说明书全文：2.45亿活跃用户的"新电子商务"平台[EB/OL].(2018-06-30).http://tech.qq.com/a/20180630/002739.htm.

[2] 邵力松.互联网企业价值评估方式及应用实践思考[J].经营与管理,2017(3).

[3] 姬旭.O2O盈利模式对企业价值的影响[D].哈尔滨：东北农业大学,2018.

[4] 宣晓,段文奇.价值创造视角下互联网平台企业价值评估模型研究[J].财会月刊,2018(2).

[5] 王晓婷,毕盛.企业价值评估市场法中可比公司选择研究——以文化传媒行业为例[J].会计之友,2018(9).

[6] 李然.基于关键价值因素相似度的互联网企业价值评估[J].财会通讯,2017(17).

[7] 方林.内部控制、非效率投资与企业价值[J].会计之友,2017(4).

[8] 韩慧林,庄飞鹏,孙国辉.品牌权益对企业价值的作用路径研究——基于行业集中度的调节效应[J].经济经纬,2017(3).

[9] 程立茹.互联网经济下企业价值网络创新研究[J].中国工业经济,2013(9).

(执笔人：金朱阁；指导老师：许金叶)

构建质量成本管控体系的路径与机制
——以碧桂园为例

适用课程： 管理会计理论与实务

编写目的： 本案例旨在引导学生加强对质量成本管理的重视，学习如何采取适当会计处理方法核算质量成本，了解质量与质量管理的相关概念，掌握质量成本的测量方法。

知 识 点： 质量成本管理　质量成本管理核算方法

关 键 词： 质量成本管理　分层法

案例摘要： 碧桂园作为地产界的龙头企业，却在2018年发生了多起安全事故，造成许多人员伤亡，这背后涉及质量管理会计的缺失和激励制度的不合理。双享机制促成的"高周转"并非一帆风顺，反而掀起了一场血雨腥风，接连发生了10多起事故。当前我国房地产行业公司的成本管理会计存在不少缺陷，这些缺陷严重影响着企业自身的发展，更有甚者影响了人身安全。因此，本案例着重构建企业质量成本管控体系，带领学生共同寻找建立该体系的路径，完善成本管理会计的核算方法。

碧桂园作为内地房地产龙头企业，现今遭遇了很大的困难，股权和债权面临双杀。2018年7月30日，碧桂园香港股市低开低走，当日收盘的时候其股价下跌幅度很大，为7.47%，直接跌至12.14港元/股，企业市场价值瞬间缩水约212.66亿港元。

此次碧桂园面临的债股双杀风波主要是因为公司2018年以来发生了多起安全事

故。2018年7月26日23时40分,安徽六安市的碧桂园项目中,围墙和活动板房受狂风骤雨的影响坍塌了,此刻正在兢兢业业工作的工人遭遇不幸,6人失去了宝贵的生命,1名工人情况危急,还有2名员工伤势严重。无独有偶,不止这一起事故,短短40天的时间,碧桂园接二连三地发生了10多起安全事故,造成了巨大损失,共7人死亡,多人受伤,许多家庭支离破碎。一场场的事故让我们深思碧桂园的"高周转"背后质量管理体系建设的缺陷。

一、背景简介

(一)质量管理的发展历程

质量管理是指公司在生产和销售过程中要求的管理活动,以满足质量要求。质量管理逐步从质量检验发展到质量统计再发展成全面质量管理。所谓全面质量管理是指在生产销售的各个环节设立明确的规章制度和考核指标,实行大数据管理分析,利用通信等现代先进的技术对质量进行管控。加大监管力度与广度,对整个过程进行实时管理,从产品设计时的质量管理到生产制造时的质量管理再到使用售后的质量管理,环环相扣,各部分紧密配合,及时反馈及时修正。积极引入全员参加的质量管理体系,通过基层活动小组、全员把关、质量意识培训等方式使全员共同监督质量。吸收六西格玛的核心思想,认为只要能够找出并测量到生产环节中质量的缺陷,就一定能从系统中找到对应的方法消除这些缺陷,从而达到质量缺陷接近为零的效果,可以将其思想引入企业质量管理体系中,完善企业质量成本管控体系。

(二)质量管理成本的构成

国际标准化组织(ISO9004)公布的《质量管理和质量体系要素指南》中把质量成本分解成内部工作质量成本和外部质量保证成本。内部工作质量成本又包括生产制造环节为达到规定质量标准所消耗的成本。外部质量成本是指销售后为保证产品正常使用以及为检验产品达到合格标准所做的客观论证的耗费。

以经济用途为分配标准,质量成本可以分为内部劣质成本、外部劣质成本、识别和测试成本以及预防成本,表1为以上成本的细分组成。

表1 质量成本的组成

质量成本			
1. 内部劣质成本	2. 外部劣质成本	3. 识别和测试成本	4. 预防成本
废品损失	保修费用	进料、工序检验费用	废品损失
库存积压	退货损失	设备维修费	库存积压
延期交货损失	折价损失	产品质量评审费用	延期交货损失
返修品损失	索赔、诉讼费用	检测材料消耗及劳务费	返修品损失
设备故障维修费用			设备故障维修费用

缺陷成本和鉴定及检测和预防成本的关系此消彼长,可以找到一个最低点的是总质量成本最小,这是企业质量管理会计的价值所在。

(三)质量成本的计量方法

质量成本的计量方法比较多样,且必须根据企业的实际情况选取合适的方法进行核算。存在以下方法:置换图方法、因果分析图方法、散点图方法、统计分析表方法、分层方法、控制图方法、直方图方法等。本案例主要探究房产行业的质量成本管理,引入管理会计的知识,利用其对质量成本进行监控,达到对成本进行预防、鉴定、内外部分析,建立一个以进度为自变量,质量为因变量的函数,达到质量管理进度和企业效益之间的可持续发展。

二、案例概况

(一)碧桂园企业概况

碧桂园成立于1992年,是中国房地产行业的龙头企业。碧桂园起初就像一颗毫不起眼的种子在广东省顺德市(县级市)北滘镇默默扎根,长期以来无人问津。直到2006年,它慢慢地走出广东省,以三四五线市场为战略发展点,积累资金与实力,厚积薄发。自2015年起发展速度飞速提升,一系列数据让人惊奇:2015年销售收入为1 400亿元,2016年销售收入达到3 000亿元,2017年销售收入达到5 508亿元,2018年销售收入为5 018.8亿元。而碧桂园高速发展的秘诀也是众所周知,通过"高周转"实现资金的快速回笼以及再投资,提高资金使用效率。比如说1亿元的资金在1年内周转1次就只能创造1亿元的价值,而如果周转10次就是10亿元,直接创收10倍。

(二)"高周转"背后的双享机制和狼群战术

碧桂园双享机制实施以来得到了集团内部的积极响应。2018年7月16日在微博上疯传着一张碧桂园在漳州市的御江府项目誓师大会的照片,照片上显示员工集体喝鸡血誓师,为实现"15天冲刺4 000万"的目标,采用如此野蛮的形式,看得出碧桂园集团的疯狂。虽然后期碧桂园回应鸡血是假的,照片只是摆拍的,但是这样的举动实在令人匪夷所思。集团的"高周转"要求渗透力极强,上传下达力度惊人,不但没有弱化反而变本加厉,不得不感叹项目公司以及集团的组织能力,更令人感叹的是双享机制给员工打的"鸡血"效果惊人。

双享机制由两个机制组成:一个是2012年推行的成就共享计划,该计划提出,只要项目做好,通过考核可以将项目利润的20%作为奖金发放给员工。另一个是于2014年末推出的同心共享计划。该计划更让人激动不已,它提出可以让员工进行跟投,利益共享,责任共担,成为项目的小老板。几周内就发放了好几次"成就共享"奖金,获奖人浩浩荡荡地拿着几十万几百万元的大支票,心里就像被打鸡血一样振奋,这比企业文化高喊梦想的效果好过千倍百倍。

合作伙伴制度的资深研究者、中国人民大学教授周浩将这种激励模型定义为一种高价值激励:我拿真材实料的金钱换你义无反顾的努力。这位合伙人制度理论体系的建立者称这样的高现金激励极大地利用了人力资本,使其变现性大大提高,短期内极大激发了员工的工作劲头。这是一种类似给员工打兴奋剂的方式,兴奋剂可以让肌体在短期内达到非常兴奋的状态,具有很强的爆发力,但不具有持续性,长此以往必然会损害肌体健康。

周浩认为,对于有能力创造价值的人更应当建立有效激励机制,不能追求短期效益,更应当加载担当机制,保证所有增值的部分持续增长,让责任充分加载于能不断创造价值的人身上,做到长期发展,责有所担。

碧桂园有着一套令人惊叹的项目管理规则,号称"4568"法则,即项目开始后4个月能建好楼房并出售,5个月就能收到回款,6个月就可以使现金流转负为正,8个月再投资到下一个项目。如此高速的周转令人咋舌,我们都知道房产的建设是需要很长时间的,如此快速的周转难免会在质量上有所差池,2018年碧桂园一系列的安全事故刚好印证了这点。还有一个更令人感到惊奇的法则——"789"法则,即新进入市场的项目,开盘一个星期内销售整体的70%以上;新买一块土地后,第一次开工前夕需要将存货的80%以上份额销售出去;刚刚进入市场参与售卖的项目在一个月内要销售90%。

碧桂园的高增长归功于双享机制。从2014年10月开始,同心共享计划要求核心职工和区域核心职工必须遵循机制要求进行跟投。这仿佛是想把碧桂园的项目和企业员工的身家绑定在一起,一荣俱荣,一损俱损,促使员工为了自己的利益努力工作,效忠企业。不同层级的员工还有不同的跟投额度,因此跟投资格也是荣誉的一种代表形式。董事长还非常关心跟投计划的实施情况,经常询问跟投情况,如果没有本金,董事长还会慷慨解囊。

此外,成就共享计划与同心共享计划相辅相成。员工每个月都会收到财务部发放的一张工资表,上面写着其最新累积奖金金额,数值不断攀升。6名区域总裁的奖金竟然高达上亿元,这是难以想象的金额,这比兴奋剂还让人振奋,他们就像红了眼的狮子,疯狂扩张。

双享机制的意义绝不仅仅在于释放人力的潜能,加之其他因素的共同作用,使得碧桂园成为全球最大的地产开发商。众所周知,一个地产项目的开发就要对应地在当地设立项目公司,每一个项目地点都有自己独特的区域文明或相应规定,而集团项目遍及世界各地,因此,集团对各个项目公司的管理鞭长莫及。跟投机制涉及的人员把自己的身家都投进了公司项目,他们肯定会对项目负责,努力创造更大的价值,因此,跟投机制在一定范围内可以解决管理范围较小的问题。碧桂园放心大胆地让区域总项目总负责人着手管理,给予他们充分权限。使用了多少资金和使用的地点,以及招聘的人才都由区域总裁决定并获得充分授权,更有甚者,连买哪块地,用怎样的价格买,只要符合公司基本规定就可以由区域总裁自己决定。这样的大尺度授权实在是令人匪夷所思,有的时候还会有超授权,比如现场拍一块地,超过预期五六千万元都没事,这样的无限授权让人的心不断膨胀。因为权力无限责任也无限,各区域总裁心里也是忐忑不安,万一预判不够,万一项目做不下来,万一项目亏损,这搭进去的也是自己的一切。

碧桂园的狼性文化口口相传,在房产界家喻户晓。但是维持这样的狼性文化需要众多因素的共同助力,光靠上述的高激励政策是远远不够的。碧桂园要求员工不仅要在外部竞争还要在内部竞争,大区的分化就极其讲究,集团将上海、北京、深圳、广州等核心城市同时分配给多个区域,就会导致有时在一个土地竞拍场中出现多个区域投资人员的局面。这个机制主要是为了剥离浑水摸鱼的群体,谁有本事谁就能获得高回报。但是,这些群狼像"插花"一样跑来跑去,辛苦工作,集团会突然采取除弱扶强的措施,有些规模小的区域公司面临倒闭,因此大家都非常焦虑,不仅要对抗外敌还要防御内患。

集团最引以为傲的还有一个"未来领袖"计划。此计划以4%的招录比在全国招录了超过1 122名博士,并给他们开出40万元以上的年薪。有消息称,碧桂园选择博士的规则主要是智商和情商都高,而且有快速实现自我价值的愿望,不愿将时间投入科研项目。未来领袖项目招录的这些博士就是碧桂园群狼战略中最聪明、最有发展潜力的狼。如今,项目总共产生了16位地区总裁,其中最具代表性的是现任集团副总裁兼营销中心总经理程光凯,他于2007年加入碧桂园,短短10年就有这样大的成就,一方面是自己的努力与智慧,另一方面就是未来领袖计划的培养力度及空间巨大。

如此的"高周转"与强竞争给企业资本结构带来了什么样的影响呢?其资产负债率由2015年的75.32%上升到2017年的88.89%。其负债总额从2015年的2 726.16亿元,攀升至2017年的9 330.57亿元。虽然这个数据中包含着期房的预收款,但总的来说这个金额以及这个增速都是令人叹为观止的。

(三)"高速行驶"下的管控漏洞

2017年9月8日,碧桂园斥资10.68亿元在上海奉贤区海湾镇购买转让地,楼面价为11 000元/平方米,溢价率为0.4%。这个名叫红墅林的项目是一个单纯的住宅项目。工人们每天加班加点施工,仅仅9个多月的时间,这块地上就出现了好几栋建筑物,2018年6月底已经可以看到高出地面好几层了。其实这个项目并不是很着急,因为上海的限价比较严重,建成早晚对整体来说不会产生太大的影响,但是为了树立一线城市也能实现"高周转"这样的标杆,工人加班加点,想要在暑假之前将售楼处盖好,对外开放。这种行为是由于职工急于获得项目奖金,建造出来的楼盘无法满足集团对项目质量和安全的要求,碧桂园非常果断,项目被当场拆除,相关负责人员受到了处罚。

还有一个坐落在杭州名为前宸府的项目进程也非常迅速。它于2017年8月16日被摘牌,8个月后获得了预售许可证,并于2018年6月底出售。另一个名为城市之光的项目,位于六安市的六安城,更令人惊叹。2017年2月28日,碧桂园竞拍下这块地时花了16亿元,楼面价为4 000多元/平方米,差不多半年以后这个楼盘就正式开盘销售了。

碧桂园的高周转速度令人匪夷所思,只要员工参与了跟投的项目,必须在12个月内完成资金周转才能获得奖金,1.5线城市等受到一些制度限制的城市可以放宽至20个月。自2018年以来,整个集团一直要求提高周转率。开盘周期如果达到3—4个月甚至3个月以下的会得到非常高额的奖金。但接二连三的事故都反映了碧桂园质量成本控制体系的缺失,一味追求快而忽视了产品质量,从而酿成大祸。

碧桂园目前大概80%的工程都采取外包的形式,可是外包并不能成为脱罪的借口。上述六安市的事故发生场所为员工宿舍,这起事故和其他类似事故都是外包项目,都是建立在主体工程之外的辅助设施,这反映了公司对配套项目缺乏重视。相关人士指出,配套工程主要由施工单位自行管理,是在主体工程的红线之外的工程,以前公司只会关心走电等问题,在发生诸如此类事故后,公司也采取了相应的应对措施,将一些配套工程也都纳入质量管控体系,进行严格监管,这也是碧桂园质量管理的一项改进。

2018年7月27日,发生了上述六安市安全事故后,公司实行了全面停工,进行自我检查。检查结果显示90%的项目不存在安全隐患,并且已重新开工,有10%的项目存在安全隐患,全部要求整改。碧桂园对于这一系列安全事故也采取了一票否决制来应对,即项目过程中出现任何问题就没有奖金,以前拿到的奖金也要退回。

三、问题讨论

(1) 如何识别本案例中"高周转"带来的质量管理问题?
(2) 如何制定规范的质量管理规则体系?
(3) 如何确定本案例中的质量管理决策会计?
(4) 本案例应采用哪种质量成本的计量方法?为什么?
(5) 如何在质量成本管理中应用会计核算规则?

(执笔人:詹婷;指导老师:许金叶)

价值链下的企业成本控制
——以联想集团为例

适用课程： 管理会计理论与实务

编写目的： 通过本案例的教学和讨论，使学生尽快了解和掌握价值链成本控制的研究方法与对策；同时，以案例分析为教学手段，将理论与实务相结合，帮助学生将所学的经典理论和方法应用到管理会计的实践中。

知 识 点： 价值链　成本控制　价值链管理模式　管理会计

关 键 词： 价值链整合　成本管理　联想集团

案例摘要： 联想集团创立于1984年，历经30多年的成长，目前已经是国内计算机行业的佼佼者。联想集团的成本管理模式主要以价值链为基础，这种模式有效推动了企业发展，也值得我们学习和借鉴。联想集团以战略并购为基础，细分为内部价值链和外部价值链，充分利用上下游的关系，以达到价值链有效整合的目的，按照其战略部署结果不断寻求完善价值链成本管理的方法，做到有效减少成本，争取到具有领先优势的市场份额，成为市场的主导者。

一、联想集团简介

联想集团初创于1984年，作为国内典型的信息技术产业综合多样发展的大型企业集团，它是在全球科技公司中极具创新精神的代表。

从1996年起，联想集团便稳居中国电脑市场销量冠军宝座；2004年，联想集团收购 IBM PC(Personal Computer,个人电脑)事业部;2013 年,联想电脑销售量跃居全球首位,成为最成功的 PC 生产、销售商。2014 年 10 月,联想集团宣布完成对摩托罗拉移动的收购。联想公司的主要业务范围包括生产销售各类电脑产品(如:台式电脑、笔记本电脑、掌上电脑、一体机电脑)、智能产品(如:智能电视、手机)、其他服务产品(如:服务器、打印机、主板)等。从 2014 年 4 月 1 日开始,联想集团创造性地成立了 4 个相对独立的业务集团,分别是 PC 业务集团、移动业务集团、企业级业务集团和云服务业务集团。2016 年 8 月,全国工商联发布"2016 中国民营企业 500 强"榜单,联想名列第四。

联想集团作为本土计算机行业的佼佼者,其扩张过程中选取的以价值链为基础的成本控制模式很经典,有必要成为我们的教学案例,也值得众多同行借鉴。联想集团在战略并购的基础上,在全球范围内进行有效的价值链整合战略,以内部价值链为基础、兼顾上下游价值链关系,持续创新改善价值链成本管理方式,做到有效减少成本,进而取得主导性的市场份额,促进企业壮大。

二、联想集团价值链成本控制

战略并购作为联想集团发展扩张的基础,能够帮助联想在世界范围内施行价值链整合,以包含内部价值链的各个环节,例如:研发、生产、销售、服务等,通过整合优化内部价值链尽量使各个流程的成本最小化。同时设立健全供应商管理库存系统、实施电子招标等方法,结合上下游价值链,采用"双业务模式"和"按应用定制"等对策,有效减少了采购、销售等各环节的成本,由此在市场上有较大的话语权,使联想集团占据了较大的市场份额。

联想集团主要是从内部和外部两个方面同时对价值链进行管理控制,以下将进行详细阐述。

(一)联想集团内部价值链管理模式

传统成本管理基本上仅仅关注生产成本的降低,这就产生了一定的局限性。为了克服此局限性,联想集团根据产品内部价值链所包含的研发、按单生产、销售、售后等主要环节,将内部价值链的成本构成划分为产品开发设计成本、采购成本、生产成本和营销成本,每一个环节都有其对应的成本控制方法来合理有效减少成本,如图 1 所示。

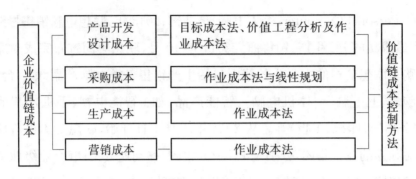

图 1　内部价值链成本及其对应的成本控制方法

1. 研发设计成本管理

在研发设计成本管理阶段,相较于生产制造和仓储物流,研发阶段给企业带来的价值增值要更大更多。根据研发作业的成本动因,联想集团整合了多方面的资源优势,其中针对研发环节的价值链成本管理展开了多重工作。

其一是全方位技术合作。联想集团通过与其他 IT 厂商进行技术上的合作来降低研发成本。譬如,2005 年与甲骨文合资建立软件研发中心,提高软件开发技术,巩固了在 PC 行业的地位;2007 年与微软在大中华区合资设立了联合创新中心,联想集团提供技术支持并配备研发人员,微软则提供创新理念和技术研发方面的实践经验,并提供相关的技术支持与开发指导,更加深入地加强了联想集团的综合优势。通过与这些技术实力雄厚的 IT 厂商的合作,联想还能借此提升自身的品牌影响力。

其二是逐年增加研发投入。联想集团自开创伊始就将创新放在公司长远规划的首位,历经 30 多年的发展,已然形成了一系列相对完美的更新换代的体系和机制。为了保证持续不断制造出领跑世界的产品和技术,联想集团以中、美、日三国为基地架构了创新研发"金三角"。联想逐年递增的研发投入为联想价值链上的增值活动做出了重大贡献。

联想集团 2012—2015 财年研发费用的投入如图 2 所示,联想研发费用的投入在 2013 财年已经超过 6 亿美元。目前联想已经将 5 000 多名有天赋的技术研发人员纳入麾下,产生了 11 000 多项世界公认专利。

2. 生产成本管理

联想集团以研发活动为基础,逐步裁剪、精练生产流程,构建了多种缩减成本的路径,在匹配市场需求、完善产品质量的前提下减少了产品的生产成本。

"两头在外、中间在内"的价值链整体布局:联想将产品的开发、销售环节放置到

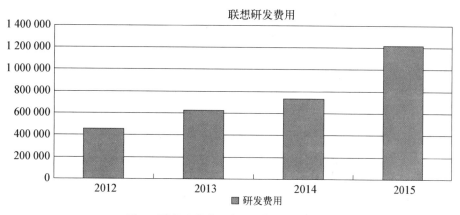

图 2　联想研发费用投入（单位：千美元）

中国香港地区，利用香港完善的、国际化的市场环境，及时的市场信息与技术信息，来缩短工期降低成本；将产品的生产环节设置在中国内地，利用其低廉的劳动力成本和房地产成本来降低生产成本。同时，联想集团还与本土其余厂商开展委托加工业务，规避大批集中的资金聚集建厂工作，降低了产品的生产成本，同时又能保证在订货量大时产品的充足供应。

联想集团还建立了弹性生产供应模式：采用库存进出额和余额实时监控与生产量和订单需求相捆绑的"弹性生产供应模式"来快速满足客户需求。对于用户经常大量采购的品种，联想通常会存放不超过3天的安全库存，而对于其他的产品，联想则依据订单迅速反应进行生产，这样使联想的生产成本得到了进一步的降低。

3. 营销成本管理

为减少销售成本，扩大更多市场份额以及巩固品牌形象在本土市场甚至是海外市场的不可替代性，联想集团持续推陈出新，最终诞生了独有的营销模式。

联想集团在初创伊始，便创造性地提出以计算机配件为先驱打开市场的策略。随后，为精准掌握客户的消费特点，节约销售环节的人工、包装、运输等开销，联想集团构建了"直销＋分销"的双体系营销模式。与此同时，联想集团还提出"一站式解决模式"等针对性服务策略以进一步强化品牌在客户心中的地位，这给消费者带来了便利。

联想集团在国内的营销现状还是以青年人为主要客户群体，主攻潮流文化方向。其营销战略则以传统的营销渠道为主，以网络宣传为辅，采用线上线下相辅相成的途径。这种具有客户针对性的营销模式很大程度上对联想集团产品的销售额的增加做出了重要贡献,也有效控制了营销成本及其他变动成本。而在国际化战略布局中,联想集团较竞争对手而言更加注重"保持有竞争性的价格""保证产品服务优势领先"和"减少中间商介入",为联想集团提升全球市场知名度做了良好铺垫,也吸引了更多的海外客户群体。

4. 质量成本管理

互联网技术的发展促使客户由产品的功能导向型向体验导向型发生转变,为最大化满足客户需求,联想集团相应地将质量成本管理的重点从产品转至客户,最终产生了集团独有的以客户和产品为中心的双引擎质量成本管理方法。

联想集团的产品引擎驱动质量管理模式是以产品为中心,在产品开发、设计、策划等环节进行质量管理计划、预警、测试和风险评估等,确保企业拥有竞争力。联想集团的客户引擎驱动质量管理模式是以客户为中心,通过收集客户的信息、体验感受、对客户进行访谈等方式来提高客户对联想产品的满意度。在对客户满意度进行测评时采用退货率、返修率、净推荐值等指标进行衡量,以此来促使客户、产品引擎驱动质量管理模式功能的发挥。同时,联想集团积极完善售后人员的素质与硬件技术。

联想集团还积极寻求服务创新,以降低隐性成本。在企业价值链中,与消费者最为接近的一环是服务,服务质量在客户的回头率以及对产品的口碑中占据极大的比重。优质的售后服务尤其可以提高客户的忠诚度,减少一系列可避免的成本,例如:口角纠纷、退换货等。联想集团十分看重售后服务作为向社会传达爱心的重要渠道的地位,坚持改进客户服务标准,如三年质保、登门服务、全年轮岗轮班保证随叫随到等。除此之外,目前联想已经做到了尽可能使世界各地都能享受到联想集团近乎全部部门的所有服务,从而为客户带来优质的产品服务体验。

(二)联想集团外部价值链管理模式

企业在日常的成本管理活动中,除了要关注内部价值链的建设,还应关注外部价值链的建设、关注竞争同行业企业的价值链成本管理,只有拥有性价比高于竞争者的产品,才能获得竞争的优势。因此,对企业的成本管理进行外部价值链分析十分有必要。

1. 建立供应商管理库存(Vendor Managed Inventory,VMI)系统和实施电子招标

联想集团将其供应商管理库存设置在工厂周边,由第三方物流服务商伯灵顿全球货运物流有限公司进行供应商和库存问题的管理,并进行物料的配送。

联想集团依照市场的销售量预期数制定生产规划,然后把物料采购清单发送至

供应商,接着供应商会依据 VMI 仓库的库存情况和订单要求进行货物的生产,生产完成后将货物运送至 VMI 仓库。VMI 仓库只作为联想集团的一个"中转站",仓库中的物料仍属于供应商,只有当联想集团有实际的需求时,物料的所有权才转移给联想集团,这大大降低了联想集团的采购成本。当联想集团有实际的物料需求时,由伯灵顿公司将 VMI 仓库中的物料配送至联想集团,避免了因供货不足而发生的停工损失,并且加快了对客户订单的应激反应,降低了不必要的成本支出。于供应商而言,可因精准把握联想集团的物料需求量而降低因库存堆积造成的不必要损耗,则供应商库存成本将会下降,进一步使联想集团的采购成本减少。

联想集团还在采购环节中引入了电子招标系统以进一步减少该环节的不必要损耗。当联想集团出现物料缺口,则可以到相关网站预订,系统会对订单作出判断处理,物料需求订单便会转化为零件采购订单,接着与采购网站上的价格逐一匹配,向给出最低价的供应商提出供货申请。

2. 采用"双业务模式"和"按应用定制"

为满足不同类型消费者需求,联想集团推出了"双业务模式",即对中小消费者采用交易型模式,对大客户采取关系型模式。普通消费者和小客户对价格比较敏感,追求产品外观的时尚,需要销售人员对产品有详细的介绍。大客户更追求产品的与众不同、保密性、运行稳定性,对个性化服务非常看重,这就要求和 PC 厂家一对一交流才可以完成。由于交易型客户对产品的要求具有同质性,联想集团采用大批量的生产方式和渠道销售的方式来进行,对于关系型客户则采用分批次生产和客户代表销售的方式进行。

3. 进行横向价值链成本管理分析

联想集团通过将自身的价值链与当前或潜在同行业有力商家的价值链进行深入剖析探讨,对自身成本地位进行定位,从中得出同行业成功案例优秀的成本管理方法,以提升自身的成本管理水平。

2006 年,联想集团建立了电话直销和网上直销,加上联想集团自身有非常强大的分销渠道,这样联想集团形成了"分销+直销"的双销售体系,进一步扩大了联想集团 PC 的销售额。联想集团 60%—70% 的目标群体来自中小企业和个人,因此联想集团采取了"库存进出量严格监管"与"产量匹配订单对应生产"的"弹性生产供应模式",中小企业和个人对 PC 产品要求标准化配置,可保留一定的安全库存,而大客户需要定制生产,可在接到产品订单时安排生产,这样一来,可以快速满足各种类型客户对产品的需求。

联想集团和戴尔作为个人电脑行业两大著名企业,都有着各自的竞争优势和商业模式。两大企业在发展过程中曾不断相互借鉴,联想集团引入了戴尔大量高管人员,戴尔也借鉴了联想集团的分销模式。如图3所示,戴尔凭借独具一格的直销模式、供应链管理思想取得了很大的竞争优势,这些都是联想集团业务发展中需要借鉴的地方。

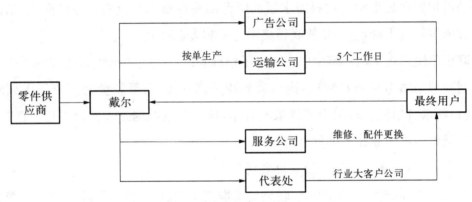

图3 戴尔直销模式运作过程

近乎完善的供应链系统是戴尔直销模式脱颖而出的核心。戴尔、供应商和客户之间的强势联盟,形成了供应链的虚拟整合,使得戴尔拥有了成本上的优势和坚实的客户基础。戴尔将市场上客户的需求通过信息流及时传递给供应商,这样供应商的生产计划就能够依势而变。在库存的物流管理方面,戴尔形成了供应商管理库存模式。戴尔在采购环节之前实现了对销售产品的全款预先收取,在这之后,能通过供应商管理库存模式"领料后才记为自有库存",这样戴尔实际上就做到了"零库存",极大程度上降低了库存对流动资金的占用。

联想集团通过学习戴尔高效的供应链管理系统,建立了供应商管理库存模式即VMI模式。通过与供应商签订协议,进行信息共享,将库存的物流外包给第三方物流公司,提高了供应链的响应速度,使联想集团获得了成本上的优势。联想集团无论在内部还是外部采取的成本管理方法都对企业降低成本、优化结构起到了很大的作用。联想集团双引擎质量管理以及直销与分销结合的方式也取得了很大的突破,为PC行业的成本管理理论的完善做出了贡献。

(三)价值链整合

企业在价值链整合中,往往需要做到垂直整合与虚拟整合均衡以提高其成本管理效益。

垂直价值链整合是指企业将上下游资源进行整合,将上游企业的产出投入到下游企业,作为下游企业的生产要素。近年来垂直整合的案例不在少数,宏碁通过垂直整合建立 PC 从制造到销售的一体化企业,Microsoft 通过垂直整合实现了软件服务、多媒体服务等多领域业务,提高了市场地位。垂直整合之所以吸引了大量的企业,是因为其不仅可以帮助企业扩大市场份额,增强抵御市场风险的能力,同时,还可以让企业涉及"产品研发"与"产品销售"两个微笑曲线的顶端环节,增加企业的利润。联想集团也进行了价值链整合:2004 年 12 月以支付对价的方式并购了 IBM 公司的 PC 业务部门;2014 年以支付 23 亿美元对价的方式收购了 IBM 的 X86 服务器业务。

虚拟整合是通过与供应商、销售商等建立合作伙伴关系,不追求对价值链的完全控制,形成一种"战略联盟",使得合作多方之间能够充分共享信息,从而促使企业降低成本。随着信息技术的提升,市场各个环节主体之间的交易成本较以前大幅下降,很多企业通过不同企业间的合作来整合资源,响应市场需求。虚拟整合的典型例子就是戴尔通过虚拟整合的方式将供应链中的各个环节整合到一起,通过实现需求供应的动态平衡,做到供应链的计划和控制双线并行,由此提高企业竞争优势。然而联想集团并没有投入虚拟整合的行列。联想集团与戴尔相比,在虚拟整合方面表现得十分不足,并没有采取相应的战略。

垂直整合自身存在很多优势,但是与虚拟整合相比,要付出更多的代价。没有充分利用战略结盟等方式获取更多有利的竞争优势,对联想集团而言较为遗憾。所以在联想集团未来的整合过程中应充分考虑两者的均衡,充分整合上下游企业之间的资源,同供应商、销售商之间建立战略合作伙伴关系,以提升整个价值链、供应链的运营效率,降低企业的成本,在满足消费者需求满意值最大化的基础上实现整个行业构成体收益的最大化。

(四) 后记

随着经济社会的飞速发展,企业所处的市场环境必定愈发复杂、更加不可预测,企业之间的竞争愈演愈烈,这使得传统的成本管理模式已无法满足企业保持竞争优势的需求,而基于价值链的成本管理模式能够很好满足集团未来发展的需求。基于价值链的成本管理研究范围包括产品由研发至消费完成而形成的完整的价值链条,通过研发—生产—销售—服务各个环节,帮助企业全面分析产品价值的增值过程,使企业自身获得成本上的优势,形成企业价值链成本管理体系。

我国本土企业可以以我国市场经济为基础,通过汲取国外价值链成本管理的有效方法和经验教训,使价值链分析方法能够在我国企业有效控制成本中得到更好的应用。

参考文献

[1] 洪茁.基于价值链理论的联想PC业务成本管理研究[J].财会通讯,2017(5).

[2] 杨振,白鸽.联想集团持续改进价值链成本管理的探索与实践[J].财务与会计,2015(7).

[3] 黄永春,郑江淮.价值链视角下的企业自主知识产权名牌的成长路径——来自联想品牌的个案研究[J].财经论丛,2012(1).

[4] 李斌.联想供应链管理的理论分析[J].中国商贸,2011(26).

[5] 王满,王越.价值链战略成本管理[J].财务与会计,2015(7).

[6] 张赛娥.基于价值链整合提升PC制造企业竞争优势研究[D].南昌:江西财经大学,2010.

[7] 冯禹丁.联想供应链整合——最复杂的问答题[J].商务周刊,2007(z1).

(执笔人:李逸旸;指导老师:许金叶)

基于虚拟价值链视角的 O2O 盈利模式创新
——以滴滴出行为例

适用课程： 管理会计理论与实务　财务管理理论与实务

编写目的： 本案例旨在引导学生从虚拟价值链的视角，进一步学习当今"互联网＋"时代的 O2O 企业盈利模式。根据本案例，一方面学生可以深入理解 O2O 盈利模式的运作方式；另一方面，学生在重点掌握 O2O 盈利模式的运作基础上，将价值链体系与盈利模式相结合，学会通过非财务角度（价值链的角度）来分析盈利模式，拓宽学习企业盈利模式的思维方法。

知 识 点： 虚拟价值链　"互联网＋"企业　O2O 盈利模式

关 键 词： 虚拟价值链　滴滴出行　O2O 盈利模式

案例摘要： 滴滴出行公司的盈利模式建立在对价值链体系的扩展与运用的基础上，本案例以滴滴公司为例，从价值链等相关理论视角，将企业不同发展阶段的价值链构造与盈利模式相结合，以不同发展阶段的价值链体系为基础，围绕其每个阶段的价值链体系模式，将其盈利模式归类为自发形成化、专业发展化以及多元商业化 3 种盈利模式进行分析，深入探讨 O2O 盈利模式的运作方式。

一、背景简介

"互联网＋"时代的到来，使得人类社会在移动互联网的推动下，继农业时代、工业时代、信息时代之后，又迎来了一次巨大变革。如今大数据把经济带入了"互联网+"发展的新时代,我们社会也由IT(信息化)进入了DT(数据化)的新阶段。随着大数据时代的到来,社交网络、搜索引擎以及云计算的出现,特别是移动支付的普及化,互联网作为当代信息技术的主要载体,已对现代人的生活产生了颠覆性的影响。

根据截至2019年6月的CNNCI数据,中国网约出租车用户规模达3.37亿人,占网民整体的39.4%;网约专车或快车用户规模达3.39亿人,占网民整体的39.7%。

随着我国移动端互联网使用人数的飞速增长,O2O作为一种新兴的盈利模式正在全球范围内引起广泛关注。许多"互联网+"企业抓住O2O这一机遇,实现了迅速发展。方便快捷的移动端APP使得O2O模式下企业的运作效率得到了提高,远程供需得到了快速的对接。如今的打车软件已经充分认识到了移动O2O入口的价值,滴滴出行公司便是其中的典型案例。滴滴出行公司在我国引领着行业范围内盈利模式的发展,通过其价值链体系的构造,充分利用及整合企业的资源、产品与服务结构,保持核心竞争力,通过多种经营活动促进企业盈利,从而促使企业与客户共赢。

二、滴滴出行的发展历程及价值链分析

(一)移动端出行行业现状

国家在《国务院关于大力推进大众创业万众创新若干政策措施的意见》里提出了需要通过不断改善体制机制、投资服务以及财税金融以促进创业市场发展,着重发展大众创业、万众创新,移动端出行服务行业发展势头良好。2017年中国移动端出行服务行业用户规模如图1所示。

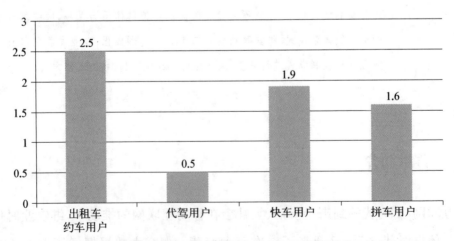

图1 2017年中国移动端出行服务行业用户规模图(单位:亿人)

（二）滴滴出行发展历程

滴滴出行是北京小桔科技有限公司于 2012 年 9 月 9 日推出的基于移动互联网的移动网络约车出行平台，经过了多年发展之后，滴滴出行已经稳坐国内移动出行的第一把交椅。艾瑞咨询最新数据报告表明，滴滴出行目前在我国移动端出行服务行业召车软件市场已达到 99% 的市场占有率，专车用户数量达到 88.4%，业务范围已经覆盖全国大多数城市。

滴滴出行自 2012 年 9 月上线以来，主要的发展经历如图 2 所示。

（三）滴滴出行公司价值链

图 3 为滴滴出行的价值链示意图。

辅助增值活动。如图 3 所示，每个企业必备的辅助增值活动包括企业的人力资源管理、财务、法律等活动。而滴滴出行作为线上打车平台，需要较高的技术开发水平来开发维护产品，这也是与传统打车行业的区别之一。再加上滴滴出行与同为打车软件公司"快的"的合并，使其通过并购这一辅助增值活动，迅速提升了自身的价值。

基本增值活动。如图 3 所示，作为服务的提供方，APP 平台的开发、信息处理、整合资源、第三方交易平台的引入是滴滴出行在价值链上游环节中的主要组成部分。① APP 平台的开辟和借助第三方交易平台。滴滴出行通过研发一个成熟的 APP 平台，依靠愉快的用户体验来赢得消费者的关注。同时，滴滴出行通过与以微信为代表的第三方交易平台的合作，支持线上快捷支付，不但将第三方交易平台引入了价值链体系，也使得其借助第三方平台的流量优势扩大了用户数量。② 信息处理。滴滴出行作为一个线上的打车平台，需要对路线信息、消费者信息、司机信息等大量的信息进行处理，因此不但要对消费者的路线做出规划，而且要及时更新司机的接单信息，以及处理对订单的评价等信息。③ 整合资源。滴滴出行通过对市场、资金、司机、路线等各方资源的全面的多重的整合，使其发挥最大作用。

滴滴出行的价值链体系是该行业中较好的示范。随着滴滴出行几年间在市场中的起起伏伏，其价值链体系是在其发展的 4 个阶段中不断形成并丰富的。下面我们从滴滴出行探索积累时期、加速增长时期、爆发式增长时期、业务多元化发展时期的 4 个阶段来看滴滴出行公司不同发展阶段的价值链体系模式。

1. 探索积累时期

滴滴出行自上线至 2014 年 1 月，是公司的探索积累期，在 2012—2013 年行业群雄逐鹿的时期，滴滴出行处于对市场的摸索和用户的培养阶段，其规模有着平稳而缓

时间	事件	阶段
2012		
2012年09月	上线	探索积累时期
2012年12月	获得A轮融资300万美元	
2013		
2013年04月	获得B轮腾讯融资1 500万美元	
2013年05月	打车APP市场份额占比第一	
2013年11月	覆盖32座城市，涵盖用户1 000万人	
2014		
2014年01月	获得C轮融资1亿美元(含腾讯跟投)	加速增长时期
2014年05月	产品正式更名为"滴滴打车"	
2014年08月	滴滴专车上线(开启商业化探索模式)	
2014年12月	获得融资7亿美元(腾讯领投)	
2015		
2015年02月	滴滴与快的合并，出租召车市场占有率达99.8%	爆发式增长时期
2015年05月	推出快车业务	
2015年06月	推出顺风车业务	
2015年07月	推出代驾、巴士业务	
2015年09月	滴滴快的融资30亿美元	
2015年10月	滴滴推出试驾业务	
2015年10月	滴滴获得国内第一张专车平台资质许可	业务多元化发展时期
2016		
2016年05月	滴滴获得多家国内外知名金融及产业机构支持	
2016年06月	滴滴获得中国人寿超6亿美元战略投资	
2016年08月	滴滴与Uber中国业务合并、进入租车领域	
2017		
2017年03月	滴滴获得天津、成都网约车经营许可证	
2017年04月	ofo小黄车正式接入滴滴出行	
2017年04月	完成新一轮超过55亿美元融资	

图2 滴滴出行2012—2017年主要发展经历图

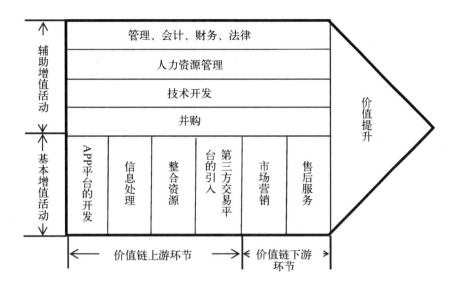

图 3 滴滴出行的价值链

慢的增长。用户的需求是滴滴出行发展的起点,滴滴出行着重于对市场份额的占领。滴滴出行从一个鲜为人知的小众软件逐渐发展为占据数百万市场份额的普及软件,离不开用户在其价值链基本体系构建中起到的基础性的市场拓展作用。与此同时,滴滴出行在此阶段还着重于对产品功能的优化升级和用户体验提升,优化银行这一重要支付渠道在软件中的应用,重视数据积累,不断完善软件运营商的技术,为用户提高了在出行方面的效率,也为自己的发展迈出了坚实的第一步。在这段探索和积累的时期,滴滴出行面对许多挑战,此时,移动端网络约车还是一种全新的出行方式,滴滴出行作为网络约车的平台提供者,在运营方面也有着极大的困难。而它也克服了这些困难,完成了对用户和市场的初期教育并且优化完善了自身产品的体验。

根据移动互联网的特殊性,滴滴出行打通线上与线下的联系,坚持以用户需求为出发点,借助移动终端的不断普及以及自身软件的不断优化,加强同银行支付渠道的合作,线上提供信息,线下提供服务,着力以此初步构建自己的价值链体系。在此阶段,如图4所示,滴滴出行的价值链还处于培养和形成方面,主要依靠价值链中的主体,由乘客、司机、车辆、软件平台出发,通过软件的推广,进行资源的收集、数据的积累,优化软件,培养司机和乘客对移动终端——智能手机的使用习惯,培养价值链的初步形成。

这一时期滴滴出行的主要资源供应商为出租车与出租车司机,与滴滴出行在市场中同样活跃的另外两家打车软件公司为快的打车和摇摇招车。根据移动端出行行

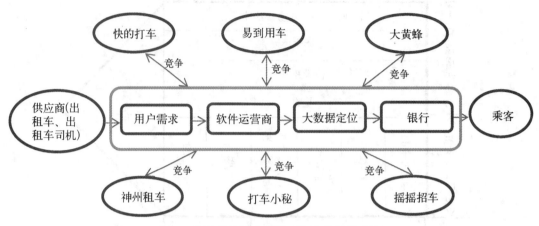

图 4 滴滴出行探索积累时期价值链模式图

业报告公开数据显示,截至 2013 年底,中国手机打车应用的用户注册分布份额中,滴滴打车(当时为"嘀嘀打车")为 54.7%,快的打车为 26.7%,摇摇招车为 6.7%。每日订单量的份额统计中,滴滴打车("嘀嘀打车")占 59.4%,快的打车占 29.4%,摇摇招车为 2.9%。滴滴出行在市场份额中相比竞争对手占有一定的优势,并且伴随着智能手机的不断普及,逐渐呈现更好的发展趋势。

2. 加速增长时期

2014 年 1—9 月是滴滴发展过程的加速增长时期。滴滴通过与微信开展补贴活动,以微信为代表的第三方支付机构被纳入价值链体系当中。这时的微信已经坐拥 6 亿用户量,是当下移动互联网领域里用户量最多的软件。在这次合作中,微信支付进入滴滴出行的价值链体系,使滴滴出行通过微信得到了一个通往 6 亿用户的移动互联网入口,成为互联网风口下的新焦点。

在这一时期里,逐渐形成了滴滴出行与微信、快的打车与阿里巴巴支付宝的两个合作联盟,腾讯、阿里巴巴两家公司基于对移动支付入口的抢夺,开始分别输血滴滴出行与快的打车,进而促成了两家公司疯狂地利用红包补贴抢夺用户,双方的红包大战轰动一时。在这场滴滴出行与快的打车的补贴大战中,用户成为最切实的受益者,以近乎免费的价格体验到了移动打车服务,而两家公司也在媒体对补贴大战的各类报道中获得了极大的关注度。通过与网络出行平台的合作,也带动了餐饮服务、旅行酒店、休闲娱乐等生活服务类软件的迅速发展,并且衍生出了包括线上到线下服务、大数据收集处理、GPS、云计算、精准广告推送等多种商业模式。

在此阶段,如图 5 所示,滴滴出行主要围绕价值链中的移动支付扩展,通过与第三方支付机构的合作,开展各种红包活动,并培养用户对支付手段的使用与习惯,同时通过红包等促销手段刺激用户乘坐需求的增长,扩大移动终端的使用范围及频率,同时与第三方支付机构展开完美的合作,增加滴滴出行在市场中的占领优势。

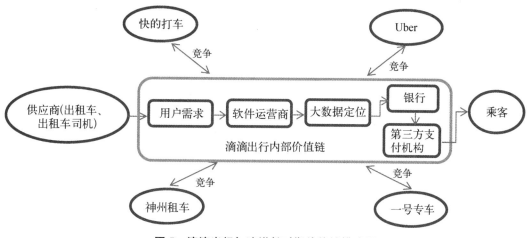

图5 滴滴出行加速增长时期价值链模式图

3. 爆发式增长时期

滴滴出行在第三阶段属于爆发式增长期,其自2014年9月开始,推出了"滴滴专车"业务,使得资源配置效率大大提升,这一全新的业务开发了增量市场,并希望通过滴滴专车解决过少的出租车同大量的打车需求之间的矛盾。在这一阶段中,滴滴出行大力推广其专车业务,对专车进行了近10亿元的补贴,与此同时,它积极与各大品牌商进行了有影响力的跨界营销活动,这些举措使得滴滴专车用户数量激增。

通过该阶段滴滴出行爆发式的推广营销,最大的亮点无疑是优化了企业的资源配置,通过发展专车业务,不仅弥补了价值链中出租车辆和司机数量不足的缺点,还开发了自身增量市场、扩展了业务配置范围,将企业价值链由单一的出租车业务进行拓展,围绕服务定位与定价更加多样化、人性化的专车业务共发展,同时与多企业展开跨界、深度合作,滴滴出行的企业形象不断得到推广、业务范围不断扩大。

经过这一阶段的战役,滴滴专车的市场占有率已达八成,滴滴出行由此稳居出行市场行业领导地位,此时其价值链如图6所示。

4. 业务多元化发展时期

从2015年2月至今,滴滴出行处于发展的第四阶段——业务多元化发展时期。2015年2月,滴滴出行与快的打车的合并,宣告曾经在国内移动端出行服务业争

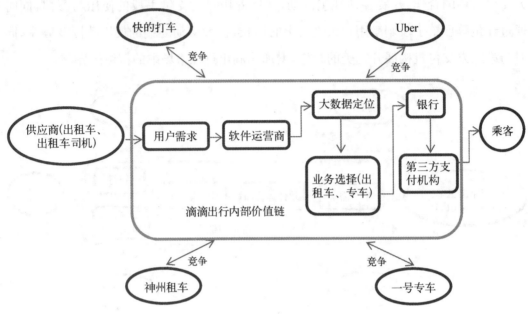

图6 滴滴出行爆发式增长时期价值链模式图

斗最为激烈的两家公司走上了发展新阶段。此时的移动出行市场的用户在经历了前一阶段的爆发增长之后已经趋于饱和,滴滴出行的用户增长速度也随之减慢。

在此期间,虽然滴滴出行一直保持着市场占有率上的优势,但其并没有故步自封。滴滴出行通过收集与处理大量的用户数据,不断地在产品细节上进行优化,接连推出了"合乘拼车""推荐上车地点"等软件新功能。此时其也不再局限于"打车""专车",而是利用大数据的算法以及越发先进的信息匹配技术,通过推出快车、顺风车、滴滴巴士等多种新业务,不断细分发展领域,力图将业务扩展到出租车、专车、拼车、代驾以及城市物流等全方位的城市交通服务平台,用以扩张自己的商业版图。此外,滴滴出行在软件中加入了"积分商城""游戏中心"等功能,为其提供了商业模式上的新可能。

滴滴出行的快车和顺风车的业务线是两大条用户价值极高的业务线。顺风车指向的是之前已经较为成熟的拼车市场,借助大数据与信息匹配技术的应用,借由滴滴出行已较为成熟的"高频入口"侵占市场,在拼车市场中的竞争压力给对手很大的打击。而滴滴快车定位于平价的专车,与出租车行业直接竞争。随着滴滴快车的上线,滴滴出行的产品也全面覆盖了从滴滴快车面向的大众再到滴滴专车服务的中高端用户。试驾业务不仅是一次试驾活动,而是借由已有的广告产品和试驾产品来拓展自己市场的手段,通过线上为用户提供一个可供选择的平台来给用户一个良好的体验。

在这个业务呈现多元化发展的阶段,滴滴出行不再局限于当初简单的一两条价值链的束缚,而是借助于前期价值链带来的价值辐射,通过更加多元化的资源配置展开优化,增强价值链所带来的增效,借由差异化精准化的不同定位,锁定不同层次的用户,为各个层次的用户提供相应的服务。如图7所示,在这一阶段,滴滴出行的价值链不断发散,囊括的业务以及利益相关方逐渐增加,不断描绘着自己的商业帝国。

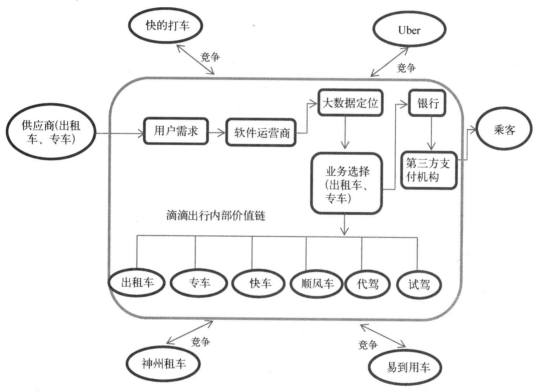

图7　滴滴出行业务多元化发展时期价值链模式图

(四)滴滴出行的虚拟价值链

虚拟价值链的研究主要是由价值链的优化视角展开的。在新的信息时代里,价值链模型在信息系统中的应用扩展为虚拟价值链。美国学者 Jeffrey F. Rayport 和 John J. Sviokla 在《开发虚拟价值链》一文中首次提出了虚拟价值链,他们将企业的竞争环境分为两个:"实体市场"和"虚拟市场"。企业间以信息资源为原料,将企业的价值活动附着于企业的价值链上就可以构成虚拟价值链,从而促进价值创造进而产生新一代价值链。

虚拟价值链理论就是强化了企业在信息化过程中的价值创造,作为电子商务的有力竞争手段,也有利于促进社会化商务环境的发展。滴滴出行应用O2O电子商务模式的虚拟价值链如图8的详细描述。从用户选择滴滴出行APP开始,用户线上输入信息,并能够掌握周围的车源位置分布,进而司机了解用户的出发地和目的地,并使得双方能在平台上或者用电话联系交谈;从用户上车到下车,滴滴出行及时准确的地图信息使得用户对自己一路上的位置了如指掌,并通过支付平台在线上快捷支付。滴滴出行利用其移动APP的特点,将线下的资源进行整合,通过线上提供打车服务,使得线上资源与线下资源相互融合。滴滴出行的虚拟价值链使其在一些重要环节具有较为优越的竞争优势。

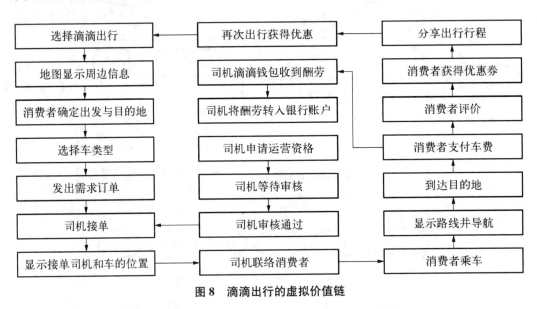

图8　滴滴出行的虚拟价值链

其一,系统层面的优势。滴滴出行将线上和线下的优势相结合,把出行服务放在线下,为消费者提供更加人性化的服务,把资金流转、信息处理放在线上,使得支付资金更加便捷且有保障、资源更加齐全、信息处理更加准确和快速。作为一个打车软件平台,滴滴出行不仅做到了在线上使消费者享受打车的便捷优惠,而且在线下为消费者提供人性化的出行服务。总而言之,O2O电子商务模式,使得滴滴出行在整个系统层面占据绝对的优势。

其二,实时的导航与准确的定位。现代化的信息技术使滴滴出行在显示出行路线、周边车辆情况以及省时导航环节拥有实时导航和准确定位的优势。首先,在显示出行路线环节,消费者可以根据地图和导航系统找到自己的定位,输入出发地和目的地之后还可以根据自己的需要选择自己的出行线路。其次,在显示周边车辆情况环节,消费者不仅可以利用自己目前的定位看到周围的街道和店铺等信息,还可以看到周边的车辆信息,了解周围车辆的概况。最后,在省时导航环节,消费者可以实时追踪自己的位置以及司机的开车路线,根据地图和导航实时地选择最近或者堵车风险最小的路线。

三、基于价值链理论的滴滴出行盈利模式

（一）自发形成化盈利模式

在滴滴出行的探索积累和加速增长时期,增长速度并不很快,伴随着价值链体系的初步构建,盈利模式也处于自发形成阶段,在这一时期里滴滴出行还处于着重培养市场与摸索前进的阶段。

1. 市场占领模式

在这段探索积累时期,滴滴出行主要的商业需求利润点是满足需要乘出租车的乘客对打出租车便利性的需求,在市场中占据更大的份额。其在这一阶段所服务的主要利润对象是日常出行会选择出租车方式的用户,核心用户需求为提高日常打车效率。该阶段,其主要利润杠杆在于改善现阶段用户打车难的问题,同时也降低出租车的空驶率,在用户与出租车之间建立信息沟通桥梁。

2. 渠道获利模式

在此阶段,滴滴出行通过支付手段与信息的渠道获利。其通过与第三方支付平台的合作,将第三方支付平台纳入价值链体系当中,开创了移动支付的新领域,这在价值链第三方支付平台中是一个较大的突破。

滴滴出行其实主要是面对闲置车辆资源和出行者的需求而提供一种供需的对接服务。其与地图和导航的互助合作使得双方都取得了大数据以及信息资源的支持;利用点击率与各大软件平台商合作,在合作中实现互惠互利,从而获取利润分成。

合作的盈利模式使滴滴出行不断将更多合作方纳入价值链中,在经历了几个月的营销活动之后,其迅速提升了品牌知名度,在消费者群体中打开了市场,培养了用户使用打车软件打出租车的习惯。

（二）专业发展化盈利模式

在滴滴出行爆发式增长期,伴随着其价值链体系初具规模,商业需求主要围绕商业盈利模式探索展开,针对的是业务的细分领域。在此阶段,其主要将利润对象锁定

为对乘坐交通工具更有品质追求的用户人群,核心用户为追求便捷、高效、品质的用户。

1. 专车盈利模式

滴滴专车是该阶段滴滴业务拓展的亮点之一,也是价值链体系中业务拓展的内容之一。滴滴专车定位于中高端车型,相较于出租车业务,滴滴专车业务的商业模式则更为清晰与简单,其盈利方式为从专车司机每单的收入中收取一定比例的佣金,这也是滴滴出行的基本盈利点。一般在对接完成后,滴滴出行将收取司机20%的软件服务费和信息费。

2. 广告盈利模式

广告业务在滴滴出行的价值链体系中是重要的利润来源。滴滴出行可以联合微信、支付宝等进行广告推送,这也是其主要盈利模式之一。滴滴出行在此期间推出了多种多样的广告来吸引用户,此外还与腾讯、华硕、京东等上百家企业开展跨界合作,建立了品牌统一战线,从联合的角度开展营销战。滴滴打车会按照点击率,向这些广告推送收取相应的广告费。而通过微信、支付宝等带来的流量客户基础越大,其广告的效益也会越显著。

(三)多元商业化盈利模式

自2015年2月至今,在滴滴出行的业务多元化发展时期,滴滴出行与快的打车合并,价值链体系中的竞争对手变成了一家人。现如今,滴滴出行的业务范围涵盖快车、专车、顺风车、出租车、自驾租车、公交、代驾、试驾、敬老出租、商城、同城物流、广告业务等。

在此阶段,滴滴出行价值链体系不断多元化发展,把整个出行行业进行了细致的划分,针对不同领域提供不同的出行解决方案,提供差异化服务。本阶段主要利润对象为所有有出行需求且不乘坐公共交通的人群,核心用户需求是便捷、舒适、实惠、品质,并且能在不同场景下提供不同的服务。

1. 资本运作模式

滴滴出行重要的盈利点之一就是资本运作,在其价值链初具规模后,这一盈利点贯穿其发展历程。一般来说,资金会随着打车人使用第三方支付平台进行交易结算的过程而被汇集到第三方支付平台,但是资金在第三方支付平台中并不是立即返还给司机的,而是每一个周期才进行一次结算并进行发放的。这样大量的滞留资金就会形成一个巨大的资金池,可以利用这些资金进行一些资本运作来谋取更多利润。如在微信支付中,资金就是扣除 20% 费用后,每周与司机账户结算一次的。

2. 数据运作模式

数据运作是自始至终贯穿于滴滴出行盈利模式的重要因素。在前期阶段,通过价值链中积累的数据和客户资源,加以价值链体系中的大数据和信息定位的扩展运作,滴滴出行的信息价值和用户资源价值被逐步挖掘,为后续的价值创造埋下伏笔。

而在业务多元化发展时期,滴滴出行推出的拼车模式以及顺风车等业务的基础就是建立于数据信息盈利模式之上,大数据的运作则是其在信息发展方面的又一大优势,也是其价值链体系发展的重要资源依托。

例如,根据滴滴出行数据报告,能够对全国城市的高峰拥堵延时情况通过数据分析进行排序,比较清晰地得到城市的交通出行状况和机动车出行的密度分布,有助于城市的交通管理。再例如,通过对用户终点为书店、图书馆的出行量进行数据分析,而得出的最爱读书的城市排名,也是通过其数据运作分析而来。由此,其立即针对该排名内的城市开展相应的与书籍相关的业务活动。

3. 商业化发展盈利

伴随着价值链体系的业务拓展,滴滴出行的盈利模式现在还在不断的扩展与完善中,目前体系中还是以汽车方向的产品和商业广告为主。线下的服务主要是通过试驾产品和已有的广告产品拓展市场,以经销商提供更加完善的服务体系、打通用户和经销商之间的渠道为主。在滴滴出行主营的汽车方面,除了常用的出租车、专车、快车这几块之外,还有滴滴巴士、滴滴代驾、滴滴试驾等。

不论是主营的汽车方向业务,还是后来不断扩展的线下多元化业务,滴滴出行的盈利模式体系都在不断地扩充、发展,其盈利点也在朝着多元化的方向不断增加。

四、滴滴出行盈利模式对其价值的影响

滴滴出行通过近几年的发展,价值链体系不断扩散,其盈利点已不局限于自身的移动出行业务,而是在广告合作、资本运作、服务推广等各方面都获得了较好的利润发展,企业估值不断提升。苹果公司、中国人寿等各个巨头对滴滴出行的投资,也是代表了对其商业模式和盈利能力的认可。下面将从盈利能力、成长能力、资产价值等方面对滴滴出行价值的影响进行分析。

(一) 盈利能力

看一个企业的价值,最主要的还是看这个企业的盈利能力。只有当企业有强有力的盈利能力的时候,企业才会有可观的收入,从而可以实现良性循环,不断发展自己,提升自身的价值。如表1所示,前期的滴滴出行并没有很好的盈利能力,净利润一直处于负值,但也抢占了市场先机获得了巨大的用户量,这些都为其以后的商业化打下了坚实的基础。疯狂的补贴大战之后,市场格局逐渐趋于稳定,滴滴出行也开始进行商业化转型,庞大的用户基础使其得到了广告商的青睐,其也通过广告推广合作开始增强自身的盈利能力。

表1 滴滴出行2014—2017年度主要财务指标

年份 项目	2014	2015	2016	2017
平台交易额(百万元)	11 933	34 714	99 147	262 777
净收入(百万元)	70	2 589	13 334	40 986
净利润(百万元)		−12 238	−11 754	12 150
净利润率(%)		−472.8	−88.1	29.6

资料来源:2016年滴滴出行融资报告

根据滴滴出行主要财务指标显示,截至2018年底,滴滴出行的净利润尚且为负,其并未从前几年的补贴投资中转亏为盈,何时能实现真正的"收益",犹未可知。

滴滴专车业务也是滴滴出行寻求商业获利的尝试,通过对社会闲置车辆资源的利用,分食出行市场。基于滴滴出行庞大的用户量和专车业务的迅猛发展,激增的订单量为其提供了可观的佣金收入,在与包括本地生活服务、地图导航服务商、线下商场超市等的合作中,其也获取了利润,并且资本运作的基础也为之带来了更多收益。由以上的分析可以看出,滴滴出行公司充分发挥了自身优势,为企业日后的利润获取提供了良好的基础。

(二) 成长能力

从诞生至今,滴滴出行获得了包括腾讯、阿里巴巴、苹果公司、招商银行等大型企业以及各大资本投资公司的融资,并且合并了快的打车、Uber等公司。这些融资合并活动使得滴滴出行的估值节节攀高,也表现出各大公司对其成长能力的一片看好。

根据表2数据,滴滴出行的用户数量不断增加,且其日订单峰值一度攀升,不断刷新记录、实现突破。由此可以看出其有着强劲的盈利能力,现阶段的盈利模式下,滴滴出行还可以发挥出更多潜力,不断成长。

表2 滴滴出行公司用户数量与订单量增长趋势图

年份 项目	2014	2015	2016
用户数量(万人)	15 000	30 000	40 000
高峰期日订单量(万次)	1 217	1 670	2 000

资料来源:滴滴出行2016年度报告

由于我国人口数量巨大,城市交通状况并不乐观。滴滴出行首先推出的网络约出租车业务为乘客和司机提供了信息共享平台,让乘客更快打到出租车,让司机减少空载率。滴滴出行的O2O运行模式利用共享经济基础,为用户的出行提供更多选择,并且缓解了部分交通压力,其在基础业务方面的发展前景是广阔的。滴滴出行在大数据分析、共享经济模式等方面也走在前列,不断推出的新业务和技术上的新进步也为其未来的发展带来了无限可能,发展空间巨大。

(三)资产价值

伴随着滴滴出行商业版图的不断扩展、市场份额的逐渐稳定,其收获融资的实力不断增强,根据滴滴出行2016年度估值报告数据显示,公司估值在2016年9月达到了338亿美元。

对于滴滴出行来说,所有的盈利模式都是以用户为基础的,其在各个阶段也是围绕着用户来发展的,大量的忠实用户是其最大的资产价值。从最初的抢占市场先机,到竞争激烈的烧钱补贴,再到后来的合并,这些无一不是为了争夺珍贵的用户资源。有了用户,就有了足够的影响力,为其带来丰厚的广告收入;有了用户,就有了大数据,提升了其效率,也提供了其更多的发展可能;有了用户,就有了消费行为,为其提供了最为直接的利润来源。

五、从管理会计角度看滴滴出行盈利模式

目前滴滴出行主要是靠出租车、快车、专车、顺风车这4类出行方式盈利,但是,这4类方式的不足之处也在最近几年的发展中愈发显示出来。

对滴滴出行来说,过去的红包大战导致的巨额补贴曾致其连年亏损,那么其未来实现可持续经营是否有保障呢?再者,目前的盈利模式能否满足未来决策的需求呢?

这就需要从管理会计的角度分析当下的盈利模式。

管理会计要求企业除了关注财务数据之外,要更加关注非财务数据,帮助高层管理者加强战略管理,提高决策水平。2016年,北京、上海两大直辖市不约而同发布了"网约车新规草案",这就使得滴滴打车司机的准入门槛直接提高,也从政策上让滴滴出行的经营陷入了一定的困局当中。从滴滴出行近几年的数据来看,不再有巨额补贴之后,通过滴滴平台打车也已经变得很困难,往往需要加价才可以提高成功率。滴滴出行急于实现盈利,已然不知不觉地提高了用户的打车成本。

站在管理会计的角度来讲,滴滴出行目前最为重要的着力点和发力点就是加强业务与财务的融合,公司迫切需要在财务会计的基础上,应用管理会计的工具来使企业的财务分析能力得到提升、战略决策能力得到提高。因此,一方面滴滴出行在政策方面面临着对网约车业务的不断制约的压力,另一方面又承受着来自竞争对手的竞争压力,拓展自驾租车等业务无疑是一种不错的选择,附带兜售保险业务获取盈利也不失为良策。同时,滴滴出行对无人驾驶技术已经投入了大量的资金,而未来无人驾驶时代的到来或许会为滴滴出行带来无限商机;再加上滴滴出行对北京一九付支付科技有限公司的收购,其正在试图曲线拿到支付牌照,也就是说未来滴滴出行很可能通过支付业务获得又一个盈利点,再通过沉淀资金进行一系列的资本运作,构筑其金融版图,滴滴出行可能会在其盈利格局上有历史性的突破。

六、结束语

与同行业其他竞争对手相比,滴滴出行的确有很多独特之处,其盈利模式如今已逐渐清晰并获得了良好的发展前景,但是发展之中,问题依然存在。滴滴出行内部价值链体系中,还存在目前尚未产生价值盈利的部分。其盈利模式虽然在不断发展过程中逐渐清晰,但依旧存在一定的自发性,需要行业制定更多标准进行规范。在很长一段时间内滴滴出行的运营还需要不断丰富其价值链体系,创造更多能够为企业提供价值的环节,从而提升企业竞争力。

七、问题讨论

(1)滴滴出行的盈利模式是怎样的?

(2) 关于价值链角度的 O2O 盈利模式,本案例的适用性如何?

(3) 滴滴出行的 O2O 盈利模式对其价值链的影响有哪些?

(4) O2O 盈利模式在增加企业价值、实现价值链增值、提升企业竞争力方面有什么途径?

(5) 从管理会计角度看滴滴出行的盈利模式分析,有什么启发?

(执笔人:王向;指导老师:许金叶)

上海电气财务共享与财务管理创新

适用课程： 管理会计理论与实务

编写目的： 本案例通过对传统制造业企业——上海电气公司建立财务共享中心进行财务管理创新优化改革，广泛使用集成财务信息工具系统，并逐渐展开财务再造、业务再造、组织再造、业财融合的过程进行分析，从而了解其如何提高了流程透明度及处理效率，如何降低了公司风险。此外，上海电气财务共享中心运营时间较短，将业务纳入共享中心的子公司数量较少，并且诸如成本核算、税务管理、预算管理等职能还未纳入共享中心，基础作业如纸质凭证装订邮寄较烦琐，员工变革心理难克服，业财融合还未真正展开，因此还会面临接二连三的挑战。本案例针对这些挑战提出了相应的应对方案，最后在总结全文的基础上得出相应的结论与启示，希望能够为其他公司建设财务共享中心提供有益的借鉴。

知 识 点： 财务共享　财务管理　风险管理

关 键 词： 财务共享中心　财务管理创新　业务再造　风险管理

案例摘要： 财务管理作为公司至关重要的环节，公司经营效率的提升、风险的管控离不开财务的巧妙管理与支持，而经济全球化、企业全球化以及管理思想变革、信息技术突飞猛进更是将财务管理推进了一个全新的财务共享时代。各大企业为了应对大量跨国跨地区兼并以及业务的急速大规模扩张所带来的财务管理散漫、资金使用效率低下、管理成本激增、管理风险难以把控等难题，将企业集团能够标准化、流程化的财务职能如应收、应付等剥离出来，成立一个新的部门或者公司即财务共享中心进行统一的财务业务处理，从而达到集团对各大子公司的统一控制，实行一体化管理的目的。

引言

财务共享中心的建设是一个不断演进、持续改善的动态过程,从资源分散或资源分配不当的状况,直至改善服务以满足内部客户乃至外部客户的需要,均是以管理层和员工的相互协调配合及积极参与为基础的。将公司的业务流程标准化并迁移到共享中心不是一朝一夕之事,公司规模越大以及业务越多元化,建设财务共享中心的成本就越高,所需要的时间也就越漫长,拥有几十个分支机构的跨国集团通常需要5年或5年以上的时间。共享中心是一个具备专业化知识人才,以影像管理系统、ERP系统、客户服务系统等信息技术为支撑的独立商业实体,其通过对集中起来的不同业务单位的非标准化业务流程加以标准化,建立统一规范的操作模式及流程,执行统一的标准,从而减少了业务部门的循环重复工作,使财务管理成本得以降低,管理效率得以大幅度提升。通过对大批量业务流程的整合,以及业务和财务的逐渐融合,使集团得以便捷有效地利用财务数据为经营决策提供支持,得以集中精力和资源、专注于高增值的业务板块,进而提升集团经营绩效。也正因为如此,越来越多的跨国集团纷纷涌入共享中心的建设队伍中,将共享模式及理念深化到集团的管理当中。

一、背景介绍

财务管理作为公司至关重要的环节,公司经营效率的提升、风险的管控离不开财务的巧妙管理与支持,而经济全球化、企业全球化以及管理思想变革、信息技术突飞猛进更是将财务管理推进了一个全新的财务共享时代。各大企业为了应对大量跨国、跨地区兼并以及业务的急速大规模扩张所带来的财务管理散漫、资金使用效率低下、管理成本激增、管理风险难以把控等难题,将企业集团能够标准化、流程化的财务职能如应收、应付等剥离出来,成立一个新的部门或者公司即财务共享中心进行统一的财务业务处理,从而达到集团对各大子公司的统一控制,实行一体化管理的目的。

上海电气是一家装备制造业领域的跨国集团,专注于能源装备、工业装备、集成服务三大业务板块。为了迎合集团的管理需求以及完成战略目标,2017年,上海电气积极同国际知名咨询公司埃森哲合资成立了专门提供共享服务的服务公司,开创了中国国内首例外企咨询公司与国有企业集团共同合资创办财务共享中心的新模式,因此本案例的研究对其他公司财务共享工作的创新实施具有重大现实意义。

二、案例概况

（一）上海电气简介——路漫漫其修远兮,吾将上下而求索

上海电气是装备制造行业中的龙头企业,主打产品有各种类型发电设备电机组、电梯、机床等。如图1所示,上海电气拥有三大业务板块,即能源装备、工业装备以及集成服务板块。在能源装备板块,上海电气专注于为其客户提供火电、核电、风电、太阳能、分布式能源以及输配电的装备制造服务。在工业装备板块业务,上海电气致力于为客户建设安全的产品,包括电梯、自动化装备、基础件、空调压缩机以及机床。在集成服务板块,上海电气关注5个层面的业务,分别为工程承建、环保建设、运维服务、金融投资以及最近几年上海电气极力发展的企业服务业务。上海电气致力于建设成为一个拥有众多核心优势、业务突出、可持续发展的,国际化、现代化的大型装备集团。

图1 上海电气主要业务

随着后工业时代的来临,中国制造业面临重大挑战,其中产能过剩问题尤为严重。此外,在大数据、AI智能以及物联网工程的高速发展对制造业的大力冲击下,行业内部面临着一次前所未有的深刻变革。在严峻的外部环境下,上海电气仍坚持着"清醒的头脑",走正确的发展之路,坚持自主创新,丰富业务线条,优化结构。

2017年度上海电气营业收入达到795.44亿元,净利润26.6亿元,在主要行业竞争对手中位列前列,远超行业平均值。图2和图3分别为2017年度上海电气营业收入与行业主要竞争对手对比情况和其净利润与行业主要竞争对手对比情况。

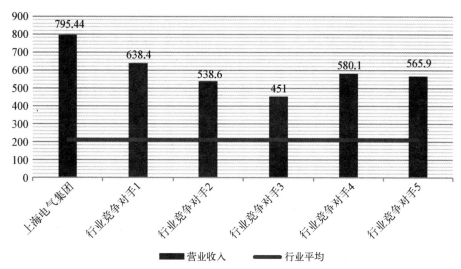

图 2　上海电气 2017 年度营业收入与行业主要竞争对手对比（单位：亿元）

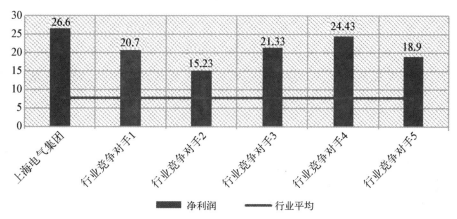

图 3　上海电气 2017 年度净利润与行业主要竞争对手对比（单位：亿元）

（二）财务共享中心与公司流程再造和管理优化——清歌一曲梁尘起，腰鼓百面春雷发

1. 组织再造

上海电气采用的是母子公司体制，集团总部依旧对子公司的财务采取严格把控。为了严格控制子公司的财务，集团财务组织结构是金字塔式的结构，建立了以集团公司财务中心为中心，以各子公司财务部及各县区财务处为网络的三级财务管理网络体系：一级财务管理机构是集团公司财务中心，二级财务管理机构是公司财务共享中心，三级财务管理机构是各子公司财务管理部门。

其中公司财务共享中心组织架构的建设也遵循了"扁平化"理论，成立了 5 大管理中心,分别为财务共享中心、人力资源共享中心、采购共享中心、卓越运营中心(专注于绩效管理和流程改进,强调创新与增值)和后台支持部门。这种模式使公司的决策层和操作层之间的中间管理层级尽可能地减少,加强了集团管控,又便于信息的有效传递,使企业快速地将决策权延至企业生产、营销的最前端,最后有利于节约管理费用的开支。

在上海电气选址的过程中,人力成本、商务环境、基础设施是主要的考虑因素。上海电气从这3个因素进行了详细的计划。

人力成本用于比较各个城市在人才选取和人才培养等方面的差异。其中主要考核因素为人才教育水平、基本素养、当地高校数目及培养质量等。上海、北京等一线城市在人力资源水平上会明显高于其他地方,而上海电气成立初期尤其需要对业务和财务都比较熟悉的综合性人才。

商务环境主要是从城市的综合竞争力、当地政府工作效率、城市的可持续发展性等方面来考虑的。所选择的城市必须具有好的发展前景和一定的竞争力,财务共享中心与当地政府相关财政政策息息相关,因此当地政府的工作效率也会显得相当重要,以上这些因素都会对财务共享中心未来发展前景有着很大的影响,也是提供给财务共享中心健康发展的一个基础保障。而商务环境中以上海、北京这些一线城市尤为突出。

基础设施的建设主要包含网络设施建设情况和出行设施综合情况,基础设施的完善程度将直接影响财务共享中心的建立。而上海可以说是这方面基础设施最完善的城市之一。

通过对以上3个因素的定性考虑和评估,上海电气认为上海是建立财务共享中心、负责全国各个分公司的财务集中核算业务的最佳城市。

2. 流程再造

2017年,上海电气致力于实现企业的财务、人力资源、采购业务"三步走"目标:第一步,争取一年,不超过两年,集团营业收入要跨千亿;第二步,力争到2021年,中国共产党建党100周年的时候,上海电气要迈入世界500强企业行列;第三步,力争到2025年,成为真正的现代化、国际化的跨国企业集团,成为中国的西门子、GE,成为像华为一样受人尊敬的、具有强大竞争力和盈利能力的企业。

上海电气建立的财务共享中心,建立在对原有组织单元的各项资源选择、配置并重新配置的基础上,将企业各分、子公司的财务业务剥离出来集中在财务共享中心进行处理,这些业务通过标准化、专业化的批量处理可以发挥资源配置的优势。从2017年初期到目前为止,上海电气在遵循"资源配置"理论的基础上,其财务共享中心的现有范围主要为应收、应付、总账和费用、资金这5项,如图4所示,其中应收服务包括收入确认、收款销账、应收账款对账、应收账款报告;应付服务包括供应商发票校验、供应商付款、应付账款清账、应付账款对账、应付账款报告;总账服务包括固定资产核算、关联方对账、进项税认证、期末结账、标准财务报告、凭证装订;费用服务包括员工报销、员工借支、员工还款、对公报销;资金服务包括资金支付、票据管理、资金计划执行、资金预算提醒。这些业务通过标准化、专业化的处理可以有效发挥资源配置的优势。

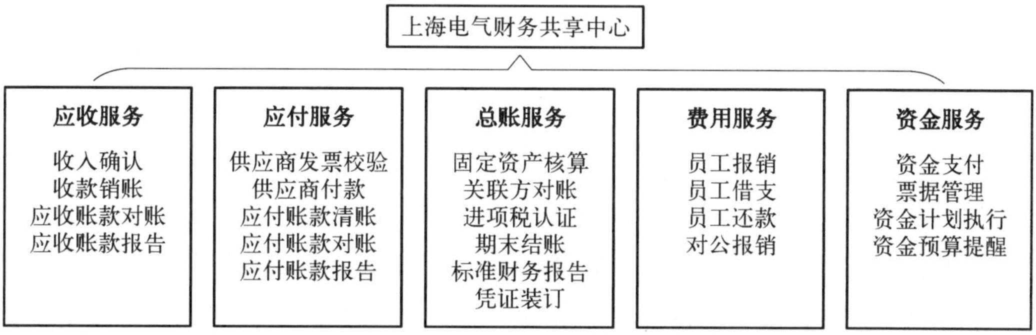

```
                        上海电气财务共享中心
    ┌──────────┬──────────┬──────────┬──────────┬──────────┐
    │ 应收服务  │ 应付服务  │ 总账服务  │ 费用服务  │ 资金服务  │
    │ 收入确认  │供应商发票 │固定资产核算│ 员工报销  │ 资金支付  │
    │ 收款销账  │   校验   │ 关联方对账 │ 员工借支  │ 票据管理  │
    │应收账款对账│供应商付款 │ 进项税认证 │ 员工还款  │资金计划执行│
    │应收账款报告│应付账款清账│  期末结账  │ 对公报销  │资金预算提醒│
    │          │应付账款对账│ 标准财务报告│          │          │
    │          │应付账款报告│   凭证装订  │          │          │
    └──────────┴──────────┴──────────┴──────────┴──────────┘
```

图4 上海电气财务共享中心业务

3. 管理优化

上海电气目前已完成试点模板和业务集中,并将致力于流程工序化和信息化,如图5所示,逐步形成"即插即用"平台。初期主要是业务集中化,确保操作型工作平稳有序地进入共享范围内,同时完成初步流程与组织设计。近期主要是服务于集团的存量和增量产业,助力集团透明化运营,尽快完成针对服务项目的产品化和信息化。中远期就是具备平台式即插即用的服务能力,准备进入更远的外部市场。

组织结构的优化:第一,对分公司财务的监督职能进行强化。财务的核算模式从传统的模式到财务共享服务的模式转变,向下对业务财务提供一些辅助,可以为业务提供他们所需要的一系列数据,可以帮助他们去做业财融合的事情。向上也可以为管理层提供管理用财务报告,而且出报表的时间也是非常及时的,总部一旦要数据,共享中心第一时间就可以提供。第二,各地子公司财务的具体化、自动化。举个例子,如收款销账,以前公司银行收到一笔款项,出纳要去通知到企业的业务部门,然后企业业务部门要去弄清楚是哪种款项然后再告诉财务部,这个过程是通过线下来沟

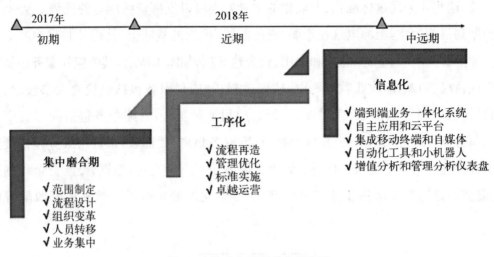

图5 上海电气管理优化进程图

通的。然后财务部会计根据业务部门提供的款项明细告诉公司是哪个项目上的收款,再记账进去。现在财务共享中心会有一个收款销账的小程序,它可以自动从网银下载收款的明细,并自动生成收款通知单发送到企业相关的业务部门。业务部门就在这个收款通知单上把这笔钱拆分好,属于哪个项目的再自动返回到财务共享中心的邮箱里面。财务共享中心在收到了款项的确认结果之后,审核完成没有问题就会自动生成凭证。这种方式不仅缩短了项目之间沟通的时间,提高了入账的准确性,也提升了财务共享中心的工作效率。

核算流程的优化:第一,费用报销的优化。企业原先的报销方式不尽相同,有手工填报销单的,有电脑打出来的,但是流程上都是人手工去签的,因此到了共享中心之后就会有一个弊端,就是单子交上来之后不知道到了哪个环节;而且记账也是要手工去记凭证的,银行支付也是要手工录入的,效率比较低下。现在财务共享中心开发了一个费控系统,从源头开始提报销单。员工在网上提报销单,然后单子在网上审批,到了共享中心之后,流到哪个处理环节都可以看到,而且凭证是自动生成的,之后也自动录入到网银,钱就自动充进去了。在这个过程当中每个环节都是透明的,员工是可追踪的,而且编制凭证也是一个预设好的逻辑,于是整个财务共享中心的准确性、即时性都得到了很大的提高。第二,应付账款的优化。2018年初,财务共享中心就上线了一些小工具,比如OCR系统(发票扫描、影像扫描系统),发票要及时地扫入发票的系统当中,有过期没有处理的发票及时通过系统向业务人报备。然后和供应商之间保持随时联系,对应付账款的情况进行及时了解,在业务单位审批之后再进行付款工作。这样在付款成功之后,再依照系统给供应商发送通知,供应商的查询更加便捷,提高了人力管理的效率。

(三)财务共享中心建设与公司风险管理——随风潜入夜,润物细无声

1. 信息不对称风险应对

以往上海电气若想获得子公司的一些财务数据都是通过子公司的财务部进行获取。但是子公司的财务部不直接对上海电气负责,而是对其所在的子公司直接负责,这就使得财务部以子公司的利益为中心,很有可能向上海电气隐瞒了部分财务信息,造成上海电气和子公司之间的信息不对称。

设立了直接对总公司负责的财务共享中心之后,子公司的部分财务业务直接由共享中心进行统一处理,共享中心可以直接获得最原始的数据,这样就可以在第一时间为上海电气提供不经遮掩的数据,大大增加了数据的透明度,降低了信息不对称的风险。

2. 操作风险

企业存在操作风险主要是由于人为操作流程过多、操作难以达到标准化造成的。人为操作的准确性没有系统机器高,人为操作流程越多错误就可能出现得越多,而企业没有一个统一的标准,使得操作的过程千人千种方式,千人千种结果,最终得出的报告也不尽如人意。启用财务共享中心后,就大大减少了人为操作流程并极大地解决了标准化问题。

在报销方面,原来报销都是先通过领导审批再提交至子公司的财务人员处进行审核。但上海电气子公司众多,各子公司财务人员审核的标准参差不齐,极易出现乱报销的现象。设立共享中心后,共享中心设立费用报销审核岗,子公司的财务部不再设立报销审核岗。员工在报销时需要先由领导进行审核认定、签批,但是领导审核可能不够严格,造成乱报销的状况发生。但对于这一问题,上海电气并不需要担心。因为共享中心对报销的审核非常严格,所有财务人员按照上海电气的统一标准进行审核。除了审核原始凭证形式上的合理合法性,还非常重视票据的真实性。共享中心会检查发票是否在填单日期范围内,交通费、住宿费是否符合公司标准,津贴是否准确等,从而规避乱报销的风险。

上海电气还全面上线了费控平台,通过费控平台,员工可以随时查询自己的报销进度。一些以前需要人工进行的审核,现在通过费控平台可以直接在系统中进行审核,减少了一些人工流程,从而降低了错误率,也降低了风险。

现金付款方面,目前共享中心负责企业付款的执行,企业负责做资金的计划。当企业将付款指令提交至共享中心后,共享中心会审核付款是否在计划之内,从而使得企业的付款更加审慎,并且共享中心运用的一系列系统可以消除手工记录的错误风险,如将来会纳入的银企直联。将子公司报销业务纳入财务共享中心消除了用现金和POS机进行费用报销带来的现金风险。人工流程的减少,大大减少了付款的风险。

3. 人力资源风险

公司招聘的员工容易由于培养、发展机制不完全,激励程度不够等原因而造成员工的不稳定性和员工专业能力不够等问题。上海电气在建立财务共享中心后,财务人员的培养晋升机制更加明确,绩效也有所改变,对于稳定公司员工有很大的作用。首先,上海电气对财务员工有着清晰的职业规划,从而消除员工的后顾之忧。上海电气为共享中心财务人员设计了3条发展通道,分别为管理型财务人员通道、分析型财务人员通道和基层人员发展通道,通过绩效考核,员工可以进行纵向发展,也可按照意愿进行横向发展,从而明确了自我转至共享中心后的发展空间。同时,公司也考虑到老员工离职的问题,因此做了招聘应届大学生的准备,对于大学生也有相应的职业通道。大学生先在共享中心基层锻炼2—3年,之后回归企业的财务部门做成本分析,2—3年后再回共享中心担任管理层职务。其次,公司为了保证员工的专业能力过硬,对员工进行系统的培训,对纳入财务共享中心的每一项业务都有高阶、详细的流程图以及具体的操作手册,某些重要的相关的知识点都会有详细的指导,从而使得财务人员能够迅速学习业务,成为与时代相适应的新型财务人员。最后,公司采用新的考核方式促进财务人员提高工作效率。公司采用"三向考核"的方式管理员工绩效。一方面,下属子公司会针对财务共享中心员工的满意度、投诉等进行打分,与共享中心员工绩效挂钩;另一方面,共享中心每月要向总公司提供管理服务报告,总公司会评价共享中心的准确度、及时率等,从而影响共享中心员工的绩效;此外,共享中心自己有专门的团队记录每月处理单据的错误率、完成期限等,与员工绩效挂钩。由此,促进了员工的工作积极性。除了财务人员变得更加积极、更加专业以外,业务人员也对公司的服务更加满意。财务共享中心的设立增加了流程的透明度,能够使业务人员看得到财务流程的进展。比如公司的报销流程,业务人员在网上提交报销单后,单子由共享中心工作人员审核,业务人员可以在费控系统上实时看到处理环节、申请状态,系统还可提示人员缺少的材料。相对于以前不能实时监控报销的进度,现在这种方式使业务人员更加方便、放心。通过网络平台连接业务人员和共享中心员工,使得流程透明化,由于共享中心的集中处理使得报销快速化,这些都大大提升了业务人员的满意度。

(四) 现存问题与未来展望——莫道浮云终蔽日,严冬过尽绽春蕾

由于诞生时日较短,相比于其他企业比较成熟的财务共享中心,上海电气财务共享中心尚有很多需要改善和进步的空间,其存在的问题主要有:业财融合、人员配置、基础作业和服务费用定价问题。结合公司的实际情况和管理层的远景,上海电气财务共享中心对现有问题提出了未来展望,以期在不久的将来有效地解决问题,如图6所示。

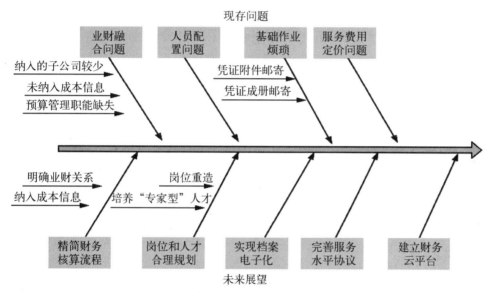

图 6 上海电气财务共享中心现存问题与展望

(五) 结论与启示——欲穷千里目,更上一层楼

财务管理创新是企业发展壮大之根本,上海电气始终重视创新管理理念,从内控手册、零库存、看板管理、全面预算管理到财务共享中心的建设,无不彰显着上海电气在财务管理创新领域的独特风采,财务共享中心的建设又进一步推动了上海电气的财务管理创新改革。

上海电气在财务共享中心的运营模式上直接跳过了在公司内部成立一个共享中心职能部门的基本模式,直接选择与经验丰富的国际知名咨询公司合资成立子公司统一发展财务、人力资源、采购业务,由最初的成本中心转变为独立运营的利润中心,这一举措十分具有颠覆性,也会带来诸多变革上的挑战,如员工的变革心理障碍、人心不稳、管理措施与组织的不适配等。上海电气在共享中心的建立过程中始终保持

稳中求进的心态，从试点企业开始，一步步进行推广，分批次将集团下属企业上线，从而减轻员工变革心理上的阻碍。在业务纳入方式上，上海电气首先借鉴其他公司的管理经验，学习其他公司的做法，如果其他公司将某项业务纳入了共享中心并运行良好，上海电气也会考虑将该项业务纳入财务共享中心实行标准化、统一流程。经过一年的财务共享中心的建设，上海电气已经将17家子公司的应收、应付、费用控制、资金、总账等非核心业务纳入财务共享中心，并通过资金管理系统、网络报销系统、财务核算系统、辅助管理系统、发票扫描识别管理系统（OCR）和电子档案系统这六大信息工具系统之间的相互协调运作，实现了公司财务业务的专业化和标准化，进而提高了集团的效率和效益。

由于上海电气的财务共享中心才刚刚成立不久，其规模效益首先体现在应收、应付、费用控制、资金、总账等业务的统一标准化、流程化处理上，在其后的建设过程中，上海电气还会面临诸多的挑战，如下批次的国内子公司乃至跨国子公司的业务纳入、业财融合、纸质发票处理、服务费用定价、基于大数据的财务云建设等。这些问题的解决是公司跨入高速成长期以至成熟期的基础，是公司进行财务管理创新必须面对的难题。因此，上海电气需要继续精简财务核算流程，逐步纳入预算管理、税务管理、成本管理等核心，逐步推进业财融合，让财务数据更好地为经营决策提供强有力的支持。随着电子发票时代的来临，纸质发票将逐步淘汰，财务共享中心的规模效益将会得到更大的体现。

基于以上研究，本案例得出如下3点启示：

（1）财务共享中心的建立是财务管理创新的推动器，财务共享服务使得企业会计核算中那些应收管理、应付管理、总账业务、收入管理、费用管理、资产成本管理等重复性高、业务量大、标准性高的业务，成为财务共享中心自身的核心业务。通过业务流程再造，获得高效率，使财务人员把时间和精力花在从事具有附加值的财务管理业务上，这也对财务管理人员的业务水平提出了更高的要求。如今的财会人员必须增强自身的综合素质，学会应用大数据分析工具以及建模方法对财务数据进行分析、决策。

（2）财务共享中心的运行模式要结合公司的财力、物力、人力、政策制度、组织文化等要素进行制定，在各个要素均符合要求的条件下，与在共享领域经验丰富的公司合资创办财务共享中心无疑是不错的选择。财务管理创新路径要跟一定的组织环境、组织文化相匹配，并一步步推行新的管理措施，结合一定的激励手段，减轻变革中可能存在的员工消极对待、政策难以执行、建设效率低下等问题。

（3）财务共享中心也是集团的人才培养中心，新招聘的财会人员首先在财务共享中心进行轮岗培养，熟悉各项业务以及各大信息系统的操作流程，掌握数据分析手段，之后进入集团的一线业务领域，为生产经营决策提供强有力的支持。

参考文献

[1] 马孟夏.论企业财务管理创新[J].哈尔滨商业大学学报（社会科学版），2009(3).

[2] 陈虎,孙彦丛.财务共享服务[M].北京：中国财政经济出版社,2014.

[3] 张盛勇.财务管理创新：影响因素、模式选择与路径规划[D].大连：东北财经大学,2016.

[4] 许建国.适应转型发展　创新预算管理——上海电气集团探索新常态下全面预算管理的实践[J].中国总会计师,2016(7).

[5] 创新财务管理　促进转型发展——上海电气（集团）总公司财务价值品牌建设纪实[J].中国总会计师,2014(1).

[6] 北京国家会计学院.2015 中国企业财务共享服务中心调研报告[EB/OL].(2016－10－30).http://www.nai.edu.cn/index.php? m＝content&c＝index&a＝show&catid＝201&id＝64.

（执笔人：赵萌菲；指导老师：戴书松）

海尔的破茧前行之路

适用课程： 管理会计理论与实务　财务管理理论与实务　财务会计理论与实务

编写目的： 本案例旨在通过对海尔集团的分析使学生了解传统制造业行业的特点，并认识到该行业现状和由这些特点所导致的行业缺陷以及"互联网＋"时代的市场特点、互联网盈利模式及其能够迅速覆盖全行业的优势所在；使学生从案例中学习到一个企业只有主动拥抱时代，主动寻求变化以更好地适应市场，不断地创新自己、提高自身，而不是被动地转型，它才可能发展得更长久，才更能够在市场上立足得更高、更远；引导学生思考：在我国当前的市场背景下，如何选择企业战略转型的方向和战略盈利模式；引导学生分析企业转型前后的盈利模式差异，并启发他们思考海尔集团成立30余年来为什么一直在走转型之路，为什么在不断改变自己，并且这一路走来的变化和结果又是怎样的。

知　识　点： 企业转型的动因和方向　股权激励的动因、形式和应用　对赌协议的形式和应用　盈利模式的框架与概念　企业盈利模式的转变过程与比较　财务绩效指标的计算与分析

关　键　词： 海尔集团　互联网转型　盈利模式　对赌激励　股权激励

案例摘要： 本案例以海尔集团成立30余年来不断进行自我突破和转型，并在2012年拉开互联网序幕实行"平台共享"的颠覆式转型为主线，结合企业财务管理、盈利模式等要点，从海尔集团最初的创立，步步扩张和次次转型到后来的转型互联网模式，直至最终建立生态圈，逐步解密海尔集团的破茧之路。

引言

近年来,随着社会的不断进步、科学技术的发展和人们生活方式的改变,传统制造业受到了前所未有的冲击。2014年是品牌电商化的重要一年,传统企业受政策、产业供应链、物价等方面的不利影响,很多品牌的毛利率下降。这股互联网浪潮的强势来袭,给传统家电企业的发展带来了挑战,考验着企业掌舵者智慧的是如何应对互联网革命,让互联网作为一种平台和工具辅助企业的运营与发展。众所周知,当年的柯达、诺基亚和摩托罗拉犹如绚烂的烟花,有着鼎盛时期的美好与绽放,但稍纵即逝,好景不长。究其根本原因,这些世界性的知名企业恰恰就是没有根据时代变革制定相关的战略调整,最终退出历史的舞台,淹没在时间的长河。在时代的进步带来的产业更迭期中,企业遭遇发展困境最终衰败的案例数不胜数。如今,互联网正在改变传统产业,并引起了几乎所有企业都在思考和焦虑的一个问题,那便是如何在互联网时代实现更快更好的发展。

有一家老牌制造企业,在这场没有硝烟的战争中不仅未被时代抛弃,反而是抓住时代的先机摇身一变成为一家"互联网+"服务企业,堪称企业转型的标杆与典范——海尔集团(以下称为"海尔")。从一个只有几十人的厂子到如今的"世界500强",不禁让人浮想联翩,这对"海尔兄弟"究竟有什么秘密武器?

一、筚路蓝缕起山林,居安思危促发展

中国商业史上,1984年是个值得纪念的伟大年份。这一年,中国改革从农村推进到城市,"下海"现象冒出苗头后,中国第一代企业家开始登上历史舞台——柳传志创办了联想,王石创立了万科,张瑞敏也临危受命,被任命为青岛日用电器厂的厂长。在张瑞敏上任之前,这家集体工厂一连换了几任厂长,但没有一位厂长能够改变它的状况。然而,历经30余年的发展,它已经从一家年营业收入仅有346万元、亏损148万元的濒临倒闭的小厂成长为市值千亿元的行业巨头海尔,根据年度报告,2017年海尔全球营业额达到2 200亿元,同时利润高达203亿元。可以说,在家电行业,海尔的发展犹如奇迹般的存在,当人们提起这家老牌企业的时候,不禁啧啧赞叹。

如图1所示,从1984年开始至今的30余年内,海尔共经历了5次大变革,这使得海尔从最初的品牌战略开始,一路完成多元化、国际化、全球化的品牌战略,走向2012年开始的网络化战略,每7年一次的转型更是让海尔明白什么是企业、怎样做企业,开拓新城必须破旧立新,故步自封只能被人遗忘。海尔成立以来,每个阶段的战略主题都与时俱进,然而改革非易事,海尔的转型之路也并非一帆风顺,每一次凤凰涅槃,背后都有无尽的心酸和血泪。

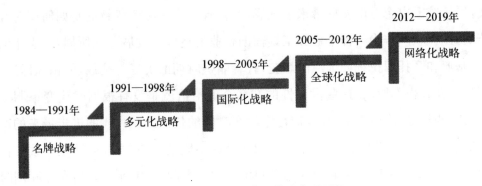

图1　海尔自创立以来的战略发展历程

(一) 砸掉旧观念,管理初创新

20世纪80年代初,我国工业技术普遍落后,管理水平较低。张瑞敏刚到青岛日用电器厂时,这家小厂连工资的发放都成困难,无奈之下,他只能四处借钱以维持工厂的正常运转。工人们也消极怠工,早晨上班8点钟来,9点钟就走,人浮于事的结果,就是家电的产量、质量都上不去。好在那时国家的政策让青岛日用电器厂拥有一些自主权,张瑞敏抓住时机,在管理和技术上都有所革新,利用西方管理观念迅速做出变革——制定出13条规章制度整治工厂,随后又与德国利勃海尔公司签订合同,引进德国生产技术,此后,青岛日用电器厂被国家轻工部定为我国电冰箱最后一个定点生产厂,这对可爱的"海尔兄弟"商标图案也由此诞生。

那个时代,中国的商海刚刚开始发展,经济短缺让很多企业抱着"捞一把金就走"的心态,它们目光短浅,不会考虑企业的长远发展。海尔则恰恰相反,它的目标是长期占领市场。海尔通过一系列的措施改善生产和销售流程。张瑞敏1985年"砸冰箱"的故事家喻户晓,但恰恰是这次事件唤醒了工人们的质量意识,让3年后的海尔拿到中国冰箱行业的第一枚质量金牌,6年后成为全国十大驰名商标,并且一路发展为如今白色家电行业的规则制定者。海尔在名牌战略阶段打造出了冰箱行业第一个中国名牌,更用过硬的质量留住了用户,留住了未来市场。

(二)扩张之路,荆棘密布

在时代的背景下,邓小平当年"胆子要再大一些,步子要再快一些"的这句鼓励一时间成为众多企业进步发展的动力。已经完成名牌战略的海尔,此时也抓住国家经济扩张的机遇,初次在白色家电圈内开始多元化尝试。胆子大、步子快的张瑞敏将青岛电冰柜总厂和青岛空调器总厂兼并。海尔集团于1991年12月正式成立,自此,海尔进入多元化战略阶段,用了7年时间,将企业文化不断延伸直至海外,先亮东方,再亮西方。

看到大势的张瑞敏步子越来越快。1993年11月19日,海尔冰箱股票成功上市,用现代资本运作手段完成了从传统冰箱工厂向现代化企业的第二次转变。1995年,张瑞敏又提出"二次创业"的口号,兼并了大小企业共18家,并让亏空企业全部扭亏为盈。从那时起,海尔的产品开始形成以冰箱为主体,洗衣机、空调等家电共同发展的多元化结构。1997年,海尔开始涉足彩电制造,巩固"白电",踏入"黑电"。为了追赶市场脚步,在多元化经营上开拓更广阔的空间,海尔与此前一样,用激活"休克鱼"的思路收购多家企业。可以说,在计划经济向市场经济转变的关键时期,海尔时刻注意着市场变化和国家宏观政策,同时牢抓内部管理,通过软实力与硬实力的协同发展,将一个以单一产品主打的企业发展为多元化产品共同发展的多元化企业。

然而事物都有两面性,这种多元化在给海尔带来无尽光环的时候,也给它带来了问题与麻烦。

1996年,海尔药业有限公司成立,海尔开始发展保健品产业。海尔在健康产品的研发和生产上投入巨大,"采力"健康品牌就是一个很好的例子。"采力"发展迅速,销售规模增长很快,但当时保健品市场正是竞争激烈的时候,太阳神、延生护宝液等大打城市攻坚战,农村市场又有红桃K死死把守,张瑞敏自然比不过这些老江湖。果真好景不长,一年后"采力"保健品如昙花一现般经历短暂辉煌后未经受住市场的考验迅速衰落,而后一直陷于不温不火的尴尬境地。2008年,泰国正大集团以3 825万元收购了海尔药业有限公司51%的股权,海尔药业更名为正大海尔制药。

1998年,海尔开始进入家居业,但这并没有让海尔的发展像从前的电冰箱产品时代那样顺利,反而让其陷入更加尴尬的局面。海尔本想以家电、厨房、卫浴这些基础产品与自身的设计施工相结合,在发挥自身低成本优势的同时,借助当下大热的"智能一体化"概念与家电相结合以赢得更多的市场,然而,由于过高的目标设置和产品要求,浅薄的功底让海尔并不能与专业的装饰公司相竞争。虽然起初两年海尔的家居业的确有所发展,分支遍布全国,但也是昙花一现,随着时间的推移,相关经营业务遭受挫折,与材料配套商欧贝德的合作更是压垮海尔家居业的最后一根稻草。2002年,海尔与欧贝德联合投资 2.8 亿欧元,成立了"欧海家居"连锁店,但由于欧贝德在中国区出现了重大战略失误导致其最终被百安居收购,海尔也不得不撤出其在欧贝德的巨额投资,结束了让其原以为可以成功却最终以失败告终的闹剧。

后来,随着时代的发展,海尔的多元化"菜园子"里并非只有药业和家居,同时期涉足的产业还包括金融、通信、物流和生物工程等科技产业以及食品、餐饮和旅游业这样的人文产业,然而这些形形色色的产品又有多少能够在市场相关领域内算得上数一数二呢?

(三)走出国门,又遇挫折

1998—2012 年的 15 年是海尔实施国际化和全球化战略的时期。随着 2001 年中国成功加入 WTO 组织,国内企业在全球市场上的发展空间越来越大,20 世纪 90 年代以来,海尔就一直在为迈向国际市场做准备:1997 年,海尔首次喊出"海尔中国造",随后的几年间,海尔加快海外市场开拓的步伐,先后打入美国、意大利;1999 年,海尔在美国建立了运营管控中心,两年后再度进军意大利,收购了冰箱制造商迈尼盖蒂的一家工厂。海尔一贯坚持"下棋找高手"的思路,能率先挺进竞争激烈的欧美市场,其他国家就相对容易些。企业出海一段时间后,张瑞敏发现,和国际巨头竞争必须将自己的业务流程重组,于是海尔于 1998 年开始了全面流程再造,通过"市场链"理论把外部市场挪到内部,将职能变为了流程。同时,为了在国际上"与狼共舞",而不是被"狼"吃掉,海尔不断加快在外的步伐。国际化战略的 5 年内,海尔共建立了 18 个海外工厂、17 家营销公司和 9 家研发中心,小有成就。

张瑞敏意识到,只有采取新的思路,才能将本土化品牌发展壮大,与世界上现有的跨国大企业相抗衡,故与大多数国内企业不同,海尔没有直接将中国员工派驻在外,而是用海外资源建立起本土化集产品设计、制造和营销三位于一体的中心架构。2011 年 10 月,海尔与日本三洋公司签订协议,收购日本和越南等东南亚国家三洋公司的白色家电业务。一年后,海尔继续开辟亚洲市场,于 2012 年 9—11 月以增持斐雪派克 80% 的股权全资拥有了这家新西兰最大的家电制造商,打开了海尔进入新西兰的大门。这两次重大收购是海尔海外并购之路上的里程碑,让海尔从以自有品牌开辟海外市场过渡到直接收购海外品牌,这不仅是对海尔产业基础的挑战,也是对海尔资本运营能力的提升,让其在最短时间内产生了"1+1>2"的良好效果。

这样看来，海尔的国际化进程取得了一系列成就，似乎如履平地，一帆风顺，但这些并不能说明海尔的国际化进程毫无问题，或许可以从企业纳税方面看出部分端倪——由《中国税务》发布的2002—2003年度中国纳税百强排行榜上并未看到海尔的身影。海尔2003年的营业额高达806亿元，时居全国第一，然而这样具有竞争力的业绩带来的税额又去向何方？此外，从海尔迈出国门伊始，其在施行本土化思路过程中也付出了巨额成本，"三位一体中心化"的方法在具体操作过程中亦是问题百出。由于海尔的本土化理念，海尔在国外的公司大多由当地的员工组成，但这些员工较国内员工费用高昂，大大加大了海尔在管理费用方面的投入。此外，由于员工的作息习惯不同，国外员工对加班行为和国内的薪酬管理模式也产生了抵抗心理，无形之中又增加了海尔管理上的压力。

可以说，这对"海尔小兄弟"就是直面问题的"革命家"，而它们的家长张瑞敏又是不折不扣的"行动家"，他永远不会驻足不前，从未停下过迎接时代挑战的步伐。在稳居家电行业霸主的几年间，海尔居安思危，在管理之道上不断创新，获得了业界的大幅好评甚至纷纷效仿，然而在转型这条道路上又有谁人敢保证只赢不输，又有哪家企业能做到只盈不亏？

二、内忧外患，危机又现

常言道，"时势造英雄"，同样，"没有成功的企业，只有时代的企业"，正如前文所言，改革开放的绝佳时机让许多企业从无到有，由弱到强，也培养了中国第一代企业家们。张瑞敏正是抓住了社会发展的每一次机会，带领海尔进行一次又一次的跳跃，一步步做大做强。

互联网革命对传统行业带来的威胁随着时代的进步和人们思维模式的转变正在悄然显现，而"中国制造2025"的提出将这场革命推向高潮。整个"制造圈"或将面临生死抉择，而这也拉开了这家一直深谙管理之道的企业第五次转型的序幕——网络化转型。

（一）"黑白"混战，四面楚歌

1. "黑电"危机四伏

互联网的蔓延仿佛让整个世界都发生了翻天覆地的变化。2010年后，互联网行业带给传统家电制造业的威胁逐渐变大。2012年，受到互联网品牌的价格战影响，整个电视行业价格一直在降，传统的家电制造企业损失惨重。"黑电"巨头长虹披露2012年其亏损额度高达50亿元,另一巨头康佳的亏损也有十几亿元,这两家公认的彩电巨头在2012年出现如此大的亏损,引起了市场的一片哗然。面对危机,与传统制造企业相比,互联网企业具有渠道优势。2012年乐视电视的全年出货量约300万台,尽管市场的变化让其也遭受了一定亏损,但作为一家非传统家电企业,乐视可以通过其他渠道获得盈利,如平台运营产生的收益,以此来弥补家电销售带来的损失。相比之下,主营家电销售业务的传统家电企业,其日常产量都是以千万台来计量,亏损很难弥补。

2. "白电"举步维艰

2011年市场宏观经济出现下滑导致全国商品房销售面积急剧下降,又进一步影响了家电的销售。同时,随着2012年下半年以后国家政策的变化,家电企业的补贴大幅下降,各个企业不仅要重新适应市场经济的考验,还要消化产能过剩带来的不良后果。受到之前补贴政策的驱动,各家白电企业加大投入,扩大了生产规模,但异常激烈的竞争环境让"白电"企业也纷纷从产品价格上做文章。2012年的价格战让格力的市场份额提升了4%—6%,致使其他空调厂商的生存空间被大大挤压,同年,创维的毛利率也从22%下降到了20%,家电业的发展遭遇到了严重打击。

3. "互联"深入人心

如今,人们的感官无限延伸,创造力被释放,低分享成本让知识的获取变得容易,低成本、高效率的互联网正以摧枯拉朽之势迅速、广泛、深入地渗透到各个行业,由此产生的网络经济威胁着传统经济,使传统产业发生了翻天覆地的变化。百度、腾讯、阿里巴巴等大型互联网企业创造了一个新的经济形态,它们用新的模式和思维重新定义了传统的制造业与零售业,各大电商平台圈了很多卖家,原本很多线下的订单都跑到了线上,且网上的中小卖家直接面向终端的买家用户,传统企业陷入了前所未有的困境。

时任海尔CEO的张瑞敏意识到,过去是以企业为中心的,信息和主动权都掌握在企业手中,消费者只能被动接收。随着互联网的发展,消费者的地位逐渐上升,他们的信息量并不亚于企业,他们也逐渐拥有更大的发言权和选择权。没有互联网时,商家通常钻信息不对称的空子建立与消费者之间的关系,即人们常说的"买家没有卖家精"。有了互联网之后,信息的互通改变了游戏规则,消费者可以根据其他买家的评论和多家店铺的对比来让自己在同等的付出下获得最有价值的消费,传统的经营方式早已不能满足当前市场的需求。为了获得更高的销售额,抢占更多的市场,企业以前通常是更注重市场部,以产品为卖点,开发更多的市场与渠道,而现在很多企业开始注重品牌效应,关注如何做营销,通过互联网解决推广渠道难题。同时,由于用户的需求,生产线条也需要迎合市场趋势变得更加柔性化与个性化,打破传统的大规模生产,从消费者的角度出发,思考如何创新流程,获取消费者的价值资源。

(二)外敌之争,萧墙之患

1. 市场疲软,竞争激烈

2008年的经济危机给各行各业造成了沉重打击,此后的4年间,海尔的发展速度已经没有了之前惹人瞩目的成绩。对于海尔来说,2011年是一个低迷时期,如前文所述,海尔以洗衣机、冰箱、空调三大品类为代表的"白电"市场由于价格战依旧不景气,除了洗衣机在上半年共实现了1 617万台的销售量,略有小幅增长以外,冰箱和空调的销售份额都有一定程度的下降,分别为7.3%和1.3%,下半年情况也未有好转,形势愈发严峻。

海尔旗下的两大上市公司分别为青岛海尔和海尔电器。年报显示,2012年青岛海尔实现864亿元的销售收入和约41.68亿元的净利润,海尔电器2012年实现622亿元的销售收入和约20.37亿元的净利润。整个海尔的全年销售收入接近1 500亿元,净利润达到62亿元,就行业来看,这个数据确实不低,但如果将海尔与家电行业其他领军者相比,其盈利能力稍显逊色,如图2所示。

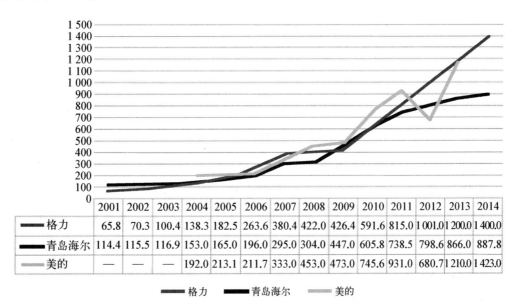

图2 海尔、美的、格力2001—2014年营业收入比较(单位:亿元)
资料来源:中商产业研究院官网

2012年,作为竞争对手的美的年营业收入约为1 210亿元,净利润突破百亿元,格力约为1 200亿元,以73亿元的净利润超越了海尔。总体来看,海尔集团的营业收入位于三家之首,但净利润却不如其余两家,作为第一家千亿级别的家电企业,海尔在盈利能力方面的表现不尽如人意,这不仅让海尔的管理层陷入深深的危机感中,就连股民对海尔似乎也失去了部分信心。青岛海尔2001—2014年净利润及增长率走势如图3所示。

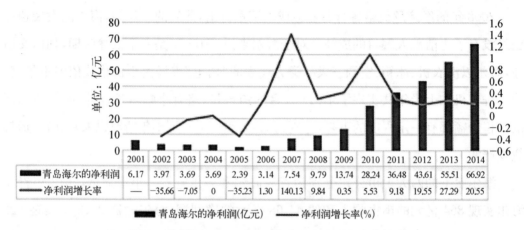

图3　青岛海尔2001—2014年净利润及增长率走势

资料来源:中商产业研究院官网

2. "大"而不治,管理谜团

1996年,意识到传统组织模式存在"大一统而不够灵活"问题的张瑞敏,毅然启动了事业部制改革,将传统的组织模式调整为多个事业部,各自根据自有市场和产品实行独立核算。1999年,海尔采取"细胞分裂"的方式进行了组织模式的再次调整,将原本的多个事业部下又分了5个层级,每个层级又设定了投资工作、成本中心和利润中心等。当时的海尔有6个产品本部和对应的产品事业部,每个事业部内都设有职能部门,与集团下设8大职能中心是上下级关系,事业部按其职能部门汇报工作,既接受事业本部的行政管理,又接受集团总部职能中心的行政管理,虽然获得了一定程度上的授权,但其若干行动都需要受到总部的制约。这样一来,倘若一家商场购进了海尔的多种产品,就需要与多个营销人员打交道,负责人之间的沟通也较为混乱,对双方工作效率的提升都产生了很大的阻碍,这种纷繁复杂的模式一直持续到了2005年。

事业部庞大的处室设置虽然使其获得了灵活性,然而,它们的销售活动和产品宣传缺乏全面规划,导致资源浪费,除了接触市场的部门外,其他部门和员工层面并没有被市场的力量激活,2000年开始,集团整体投资回报率开始下降。

显然,"大企业病"伴随着海尔的不断发展逐渐产生,这几乎是企业做大之后必然走入的怪圈。互联网时代给传统制造业带来的变化和挑战有3个方面:零距离、分权和分布式资源。传统官僚组织的核心性质是统一性,管理层下达的指令顺着层级一路下传,下面员工照做即可,而每个员工的薪酬往往与职级相关,因此他们往往只关心自己,并不关心用户的真正需求是什么。此外,复杂的层级结构让员工沟通麻烦,工作效率低、速度慢,但在互联网时代,随着用户的地位越来越高,这种传统僵化的组织模式一定会被颠覆。过去,海尔盛行的是一种执行力文化,员工不加思考,执行管理层的要求和指示,而现在,市场需要的是企业的灵活性和适应性,需要的是员工从心底里认知自己的岗位作用,建立并保持自身与用户之间的关系,从用户端切入企业的价值增长点。

张瑞敏认识到,科层式企业已经走近尾声,企业需要一个永远保持创新活力的模式。那么,将海尔与互联网结合的路,该如何走呢?

三、愿"自以为非",敢为天下先

(一)冰冻三尺,非一日之寒:互联模式,早有先见

早在2005年,张瑞敏便首次提出了"人单合一"的双赢模式,开始了海尔的互联网探索之路。顾名思义,"人"即企业员工,"单"是用户需求,而非传统意义上的订单,"人单合一"的核心内涵就是要让企业内部员工与用户需求相连,让企业与市场融为一体。此时海尔已经完成名牌化、多元化和国际化战略阶段,正在准备进入全球化战略,人单合一的提出似乎有较大反响,2005年海尔的收入突破1 000亿元,成为第一个突破千亿大关的家电制造业企业。

随后,吃到甜头的张瑞敏带领海尔继续进行一系列的探索。2006年海尔全力推进信息化日清,即将资金流、信息流、物流和薪酬流"四流"的相关信息都整合在一张日清表上。2008年海尔取消了全国20多个中心仓库,从原本的"为产品找客户"逐步转向"以客户找产品",并且在生产制造方面打破了从前传统的大规模制造的生产模式,以规模化定制取而代之。海尔空调率先进行了商业模式变化的尝试,2009年9月,借助互联网平台,海尔空调开启了基于平台的信息交流模式,消费者可以通过平台上的在线互动交流他们的偏好,同时企业从家装的风格、大小等多维度为用户选定

最适合的产品种类和产品位置的摆放,真正实现了从初始设计到最终安装的一系列全过程服务和交互。同年,海尔的组织再次进行革新,结合市场的变化趋势建立自主经营体全新机制,这是海尔用逆向思维打破传统模式的表现,也是海尔不断适应互联网时代新模式下的研究与探索。

在企业里,财务恐怕是最难量化的部门之一,但海尔内部却通过"人人抢单"实现了工作效率的大幅度提升,海尔以人单酬机制下的驱动为基础,让海尔财务部的应收应付、费用和税票等9大模块全部自主抢单,将单量与绩效挂钩,用自主性带动员工的工作效率,在服务量高达要用8种工作语言对接19个国家的900余家公司的情况下,员工总数从千人压缩到百人,人力成本约减少到原来的1/8,票据处理效率由每个月的1 000笔提升到20 000笔,提高了10多倍。

此外,海尔的"人单合一"理念还打破了传统的财务三大表,独创了新"海尔三表"和新的评价体系。海尔的"新三表"分别是战略损益表、日清表和人单酬表,它将海尔的自主经营体从战略、预算到绩效评价、最终激励的工作进行了顺序统一,让经营团队能够更好地进行数据评估。海尔对传统预算体系进行创新,形成"三预"体系和"三赢"体系,既保证目标的成功实现,同时也能帮助自主经营体不断调整方案的实行以应对市场变化,最终实现企业利益相关方的共赢。绩效评价方面,海尔也用二维点阵代替了传统的绩效评价方法,系统地评价了企业价值和用户价值、市场绩效和战略绩效,更迭了海尔财务绩效的管理方式,提高了工作效率,但转型期间模式的颠覆,也让海尔在管理上付出了一定代价,如图4所示。

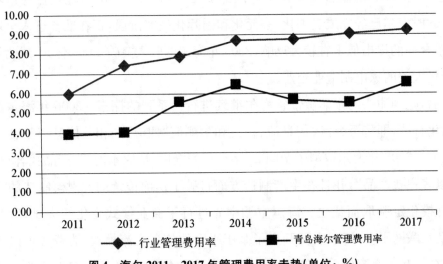

图4 海尔2011—2017年管理费用率走势(单位:%)

(二)再谈"双赢",初探转型

1. 构建平台,小微诞生

人已经被激励起来了,但只停留在激励层面的"人单合一"还是无法迎合大势,必须要将"人单合一"上升到"互联网+"的生态层面。2012年12月,海尔正式进入网络化战略,全面拥抱互联网,做一个无边界的开放式组织。从前的工业经济时代,不同资源的合作也只能产出标准化产品,并不能俘获个性化定制的溢价,现如今,互联网时代需要的是开放、合作和共赢。海尔打破从前的封闭化状态,要做"云",开放的"云"、生态的"云",于是海尔开启"人单合一2.0"模式,这是一个共创共赢的生态圈模式。

合作共赢的核心是平台共享,当一个组织中的资源呈现一个网络结构时,这个组织就真的变成了一个平台,基于平台的海尔开始开放:一方面开放用户交互,另一方面开放资源的涌入。2013年,海尔开创"虚实交互平台",依靠海尔平台和社交网络工具吸引用户,使其在平台上开放交流,海尔研发端通过听取用户吐槽来完善产品。同时期,创新平台"HOPE"也应运而生,这个平台就好比一个大型的资源超市,海尔将其所有的创新资源进行整合并在该平台发布,用户可以随时随地获得他们想要的资源和解决方案。资源和方案的质量也大可不必担心,它们大多是来自世界各地的专家给出的专业建议,截至2015年,海尔已经成功与来自全球的两百多万专家资源信息无缝对接。

海尔让消费者与企业研发端进行零距离交流,同时利用自身的全球研发资源平台,改变生产方式,让用户能够按照自身的个性化需求为自己设计空调。随着2016年海尔空调互联工厂的成功运营,海尔开始逐步开发冰箱、洗衣机、热水器等产品的互联工厂,并取得了一定的成效。

从进入互联网时代开始,海尔就一直在强调"企业平台化,员工创客化,用户个性化",2014年,海尔再次创新管理体系,开启"小微模式"的时代。小微的存在让员工由被动变为主动,由命令的接受者变成信息的发起方,从一名执行人变为一名事业主。这不仅提高了员工的劳动积极性,更利用互联网平台推动企业从封闭走向开放,将多个线性信息传递相互交叉形成关系网,进而融在一个生态圈,从而将员工、企业与合作方三者圈在一起,从前的博弈关系已经转变为今天的共赢合作。从此,平台主、小微主和小微成员替代了企业原有的职工岗位。

2014年3月,B2B生意管理平台"巨商汇"正式上线。在这个平台上,经销商只有经过厂家的有关认证才能进入品牌商的线上渠道管理体系,与品牌公司合作,完成支付、产品交付等一系列工作。巨商汇的收入并非来自佣金,而是以平台为基础,以服务为盈利,它以为买卖双方提供免费的交易平台和提供相关服务获得收益。如图5所示,巨商汇为海尔带来了显著的互联网效果——三减一加,即减人、减产品、减流程、加服务。

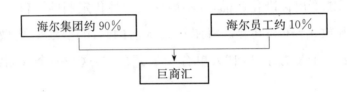

图5　巨商汇融资前股权架构

但是这种纯市场的转化并非一蹴而就,海尔仍然进行了区别对待。对于从无到有的创业小微,海尔基本放开任其发展,如海尔的"车小微",就属于海尔的日日顺平台,日日顺平台将海尔原本上千家服务商的配送服务进行资源整合,任何一个服务需求方都能够看到公开、透明的服务商信息,不仅"车小微"可以为这些需求方提供服务,社会车辆也可以参与进来,这样的创新模式也的确吸引了许多民间车辆的加盟。海尔自2010年增加了渠道综合服务业务后成绩不菲,2011年公司实现单业务收入97.42亿元,为海尔的营业收入增长做出了一定的贡献,2014年海尔的物流业务收入增长近乎翻了一番,2016年海尔的"车小微"已经发展到9万余辆,他们既可以选择配送海尔的订单,也可以与京东、阿里巴巴等大型电商或者其他任何品牌商合作,为其提供运送服务。2016—2017年"车小微"平台微店数量及平台交易额如图6所示。

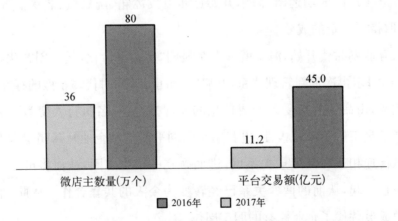

图6　2016—2017年"车小微"平台微店数量及平台交易额
资料来源:前瞻产业研究院官网

2014年,雷神科技的崛起是海尔平台孵化小微的一个成功案例。"雷神小微"的创始人就是海尔内部的3个年轻员工,他们从网友对游戏笔记本30 000多条抱怨中得到启发,总结成13个产品的痛点,通过与游戏玩家沟通交流,整合研发、制造、物流等上下游资源,最终推出了雷神笔记本,"雷神小微"也设有超利分享原则,根据超出预期利润的多少按比例分享,2014成立其独立的法人团体——"雷神科技"。在同一年,它获得了500万元天使投资,为雷神公司的成立奠定了基础。半年后,雷神科技成功完成了一轮融资——紫辉创业投资1 500万元。随着雷神科技的发展壮大,2015年,雷神科技成功脱离海尔,开始以科技企业的身份与上游企业进行独立核算。小微发展到一定程度可以上市,并且海尔也鼓励小微上市,对于上市了的小微,海尔作为其发家之源对其可以进行优先回购,这就让海尔在资本运营方面有其他企业所无法追赶的优势,2014年,雷神科技实现了2.5亿元销售额,荣登行业第二,市场估值4 000万元,经过了3年的探索,雷神科技2017年的市值已超10亿元,是新三板名副其实的"游戏生态"第一股。雷神科技融资前股权架构如图7所示。

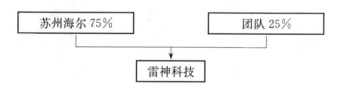

图7 雷神科技融资前股权架构

海尔对其原有成熟产业的小微转型仍持谨慎态度,因为转型太慢则"转不动",太快则容易失控,2013年初,海尔的小微模式将各地的工贸公司转型为"商圈小微",如今,海尔下面的42家工贸公司已经全部完成转型。

2. 对赌薪酬,激"微"活力

如图8所示,在激励机制方面,海尔通过不断地进行组织平台化建设和小微生态圈建设,初步形成了一个对赌激励系统,旨在调动员工和创业者的积极性,实现企业与人的共享共赢。小微与海尔平台事前确定对赌承诺,也就是小微会设定一个自己即将完成的目标和分享空间,目标实现后,按先前的约定分享对赌薪酬,小微成员的薪酬由小微体内部根据目标和绩效自行分配。在这个共享平台中,一个小微即为一个整体,小微内部具体的薪酬分配方式由自己决定。在创业初期,只有简单的生活费可供小微成员使用,当然,生活费可以通过小微账户预支或小微主自筹实现,当达到预期目标时,小微成员可以按照初始协议分享薪酬。有的小微发展很好,能够引领行业风潮,当这些在行业中发展势头迅猛的小微实现了超额利润时,成员们可以额外获得报酬,并可自行投资获得小微的虚拟股份。当小微的价值进一步提升,能够吸引到外部资本风投时,海尔将根据小微成员的贡献分配股份。此时小微可以脱离海尔,成为独立公司并上市,对于小微成员而言,持股数量和股票价值的增长成为他们的重要收入,有了这份薪酬激励,员工实现从做事到做事业的彻底转变,更加愿意为企业贡献自身的力量。

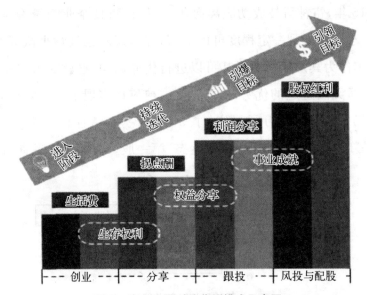

图8 海尔小微对赌薪酬模式示意图

此外,在传统家电产品上,海尔也从未放弃其一直以来的核心竞争力——专利产品的竞争优势,至2016年,海尔在全球几十个国家都有自己的专利布局,在专利布局方面,海尔是行业的佼佼者,荣摘行业第一的桂冠;同时海尔重心打造高端化产品,结合当下最热的人工智能技术,建立起多方共赢的生态圈。

四、转型阵痛,质疑声声

(一)小微之小,危如累卵

按照传统的观点,一个企业大致可用组织、营销、管理三维坐标进行定位。可如今,海尔这个全球最大的家电帝国进行了一次又一次"破茧",传统企业遵循的"正三角"科层制架构被打破,西方盛行的线性固定管理流程被废除,最为常见的员工雇佣制被舍弃。为了达到真正的"人单合一",张瑞敏把海尔作为实验室,进行了一次又一次的变革试验,每次也的确都让海尔迈向了更高的层次,但事不在多,任何事情若太过频繁反而适得其反。2012年以来,海尔提出了"小微企业""人单合一""创客"等一系列复杂的概念,但这些概念并没有起到最初为了转型服务的作用,反而让海尔的内部员工倍感迷惘,也让海尔受到来自行业的声声质疑。尽管表面看去整体规模依然庞大,还是以家电为核心产品,可如今人们最熟悉的海尔却已变得面目全非。

任何的企业变革,归根结底都是人的变革。在互联网风暴的冲击下,在企业不断自我颠覆和探索试错中,可以说,每个海尔员工经历的转型都是痛苦的。张瑞敏原本希望,"员工不再做生产线的附庸,成为自己的CEO",帮助每一个员工都迅速孵化出来,从内部破壳而出,可事实上,多数人从执行者转向创业者却并非朝夕之功。

员工角色的转变让海尔内部出现了上千个"自主经营体"。然而值得关注的是,虽然许多小微企业在创业平台上孵化成功,如雷神科技、巨商汇这样的案例,但大量的小微体因为不能熬过创立期而最终被市场淘汰。相关资料表明,海尔至2014年共形成了2 000多个自主经营体,但是最终结果是仅仅有200多个孵化成功,发展为各类小微企业,而这仅有的212个小微企业也有相当一部分尚处于微盈利的阶段,支撑它们活下去的只有风投。

在海尔的这场大变革中,除了千千万万个小微倒闭给它带来风险之外,自身的经营业绩也堪忧。季报显示,2015年1—9月公司实现626亿元的销售额,较上一年下降11.14%,净利润只有34亿元,相比前一年降低了十几个百分点,同时,按照产品分类来看,2015年海尔空调、冰箱、洗衣机的市场份额也都相应有大约5%的缩小,处境十分不利。由于互联网转型更多是强调与用户的沟通,因此海尔停掉了不少传统广告,加上家电业深度探底,对于经销商来说,这块生意更是难上加难。

(二)员工出路在何处

随后,海尔对员工薪酬制的取消让这个平台更是多了"小微主"这样的角色,职工从传统的工作岗位被调到小微公司,管理人员变成了一线员工,这对于很多人来说,岗位和待遇以及个人发展都出现了一定的变动。

海尔希望让每个人都成为创业者,但同时业务指标也会如同一座大山压在每位员工的头上,很多员工觉得坚持不下来,都选择了辞职。更加有趣的是,海尔公司内部的许多员工,也都无法说清楚小微公司究竟是怎么一回事,那么,企业的未来究竟在何处?

留下的员工就能在海尔的小微之路上大展身手吗?实不尽然。一位海尔老员工回忆道,转型的几年中,留下的海尔员工人心惶惶,要么担心被裁掉,要么担心业绩完不成。由于取消了雇佣制,海尔不与员工签订任何劳动合同。小微团队创业后,员工虽然依旧任职于海尔,但其身份从海尔的直系员工变为关联关系方,不能直接与公司签订劳动协议,员工几乎无安全感可言。

不仅基层员工如此,当年与张瑞敏一起开创海尔的元老们也因各种原因相继选择离开。2012年,时任海尔集团高级副总、在海尔任职了20余年的元老之一柴永森从海尔离职,次年4月,原董事曹春华、喻子达离开了海尔董事会,随后,中国区总经理靖长春也于2014年辞职。还有其他被海尔劝退的老一辈员工,仅仅2014年上半年海尔中高管理层的员工数量变动就已逾百人。

网络化战略初期时,至2012年底,海尔登记在册的员工共有8.6万人,随着转型的进行,一年后减少为7万人,2014年5月末继续减少为6万人左右。至2014年6月,公司还在不断缩减员工数量,直至2015年年初又减少了近5 000人,其中不乏大量的中层管理人员。

对于大规模的人员变动,海尔给出的解释是并未主动裁员,只是精简中层管理者,这是企业发展的必然经历,海尔转型的最终结果必定是减员增效,精简人马,且接下来还会继续有万名员工的减少。但果真如此吗?作为一家大型家电制造企业,生产工人的员工占比高达70%—80%,管理者的数量再多,也经不住海尔如此大规模的动作。通过海尔年报可知,在海尔改革的几年中,其员工总数减少了约2 000人,职工薪酬投入共减少了约2.5亿元,如此大幅度的降低成本,让不少人对海尔的转型深怀疑问,这究竟是企业的一次华丽变身,还是一家制造企业承担不起高额的人力成本,为了翻越低利润的围墙而打着转型的幌子,大幅瘦身?

此外,转型的另一大争议点在于,员工创客引发的企业风险将变得更加难以调控。在新模式下,海尔对人力资源、品牌资源和财务资源进行了分解,使其从原来的系统中被分散到千万个自主经营体,这种过度的资源下放将增加企业的经营风险,一旦经营风险失控,这家存续了30年的企业就会变得岌岌可危,若是财务失控,偌大一个家电集团又将何去何从?

组织颠覆、人员裁撤本已招致诸多非议,由此引发的业绩下滑(如图9、图10所示)更是把海尔的转型推向了舆论的中心,一时间,"海尔要完了"的言论甚嚣尘上,身处舆论漩涡,张瑞敏把自己的境地比作变法中的王安石,那句"天变不足畏,祖宗不足法,人言不足恤",也成了这位变革中的 CEO 留给自己的安慰。

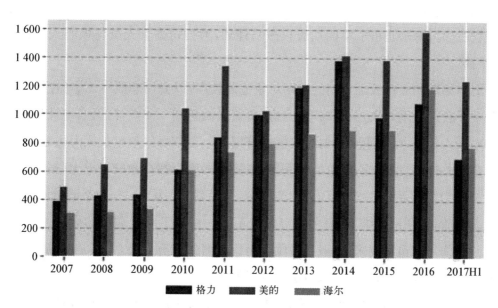

图 9　海尔、美的、格力营业收入对比(单位:亿元)

资料来源:中商产业研究院官网

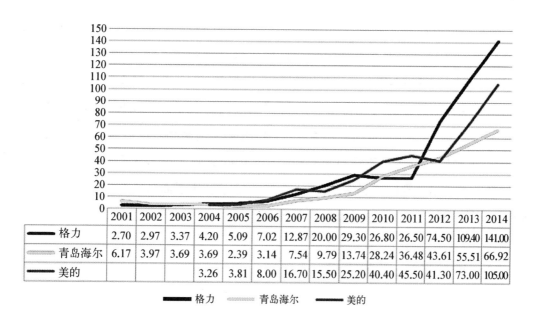

图 10　海尔、格力、美的净利润对比(单位:亿元)

资料来源:中商产业研究院官网

五、股权激励,再稳军心

转型带来的阵痛期让正全力应对互联网浪潮的海尔在一段时间内成为舆论焦点,就在这时,海尔颁布了第四期股权激励计划,为公司高管人员与核心人员戴上了"金手铐"。

海尔第四期股权激励计划的激励对象范围较广,以公司总股本1.6%左右的股票期权授予公司激励对象,共4 267.9万份,覆盖人数达到454人,与第三期计划激励对象200余人相比,此次激励计划的数量显著增加。青岛海尔董事长梁海山、副董事长谭丽霞、财务总监王晓楠、副总经理龚伟、董秘明国珍等都在激励名单上,授予的期权数量分别为225万份、132.5万份、22.2万份、21万份、17万份。一边是减员增效,一边是激励高管,互联网思维下,海尔在寻求变革。一些员工对张瑞敏的做法并不理解,而或许从海尔减员情况来看,股权激励则是稳定海尔现有人员,尤其是中高层管理者的最好方法。那么,海尔的股权激励能够奏效么?

对此,海尔表示,此期激励计划的目的是充分调动管理人员的积极性,促进网络化战略转型更加顺利地进行,同时也能更好地稳定军心激励核心人才,推动企业更好地发展。

海尔的股权激励之路始于2009年,2009年10月,海尔推出了首期股权激励计划,随后,在2010年9月和2012年5月,海尔分别又推出了第二期和第三期激励计划,这3期股权激励覆盖对象人数逐渐增加,由最初的49人上升至第三期的222人,第四期激励计划的覆盖人数在第三期的基础上又有所增加。第四期股权激励之后的4年间,海尔仅有9名激励对象离职:2013年有4名激励对象离职,2014和2015年情况更加好转,仅有1名激励对象离职,2016年的离职人数为3人。看得出来,股权激励降低了海尔高管的离职率,管理层人员的稳定也让下面员工吃了一颗定心丸,减轻了人事管理的负担,节约了公司管理成本。

六、拨云见日,破茧成蝶

转型的过程是痛苦的,但沉淀之后的海尔仿佛用尽10年的力气绽放出了最美丽的花朵,从2015年四季度表现中就能看出海尔转型的调整效果似乎已经逐步体现:2015年四季度收入增幅环比改善,在市场份额方面,海尔冰箱零售额份额和洗衣机零售额份额分别增加了1.4%、0.33%,空调市场由于格力的大力打压虽微降了0.3%,但也基本保持稳定水平。2016年1—3月,海尔再度蓄力,实现净利润16亿元,增幅近乎一半,毛利率为28.6%,相较前一年也有一定增长。2010—2017年海尔营业收入及增长率走势如图11所示。

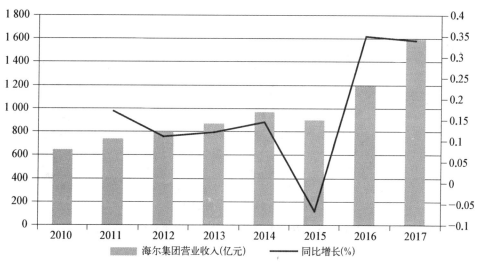

图11　2010—2017年海尔营业收入及增长率走势
资料来源:前瞻产业研究院官网

2018年1月12日,在"海尔集团2017年转型成果发布会"上,一系列实打实的数字仿佛是阵阵和煦的春风,拂在每一个陪伴海尔凤凰涅槃终见天日的海尔人的脸上。2017全球冰箱业前三大品牌分别是海尔、LG和三星,各自的市场份额分别为17.3%、6.9%和6.1%,海尔冰箱以绝对的优势在激烈的竞争中遥遥领先,这是海尔冰箱的市场份额第十次居全球第一,也是海尔大型"白电"产业第九次蝉联全球第一,第十六次蝉联中国最有价值品牌第一。2017年海尔总收入达到2 419亿元,同比增长了近20%,这是海尔改革10年来成绩增长最快的一年,2017年全年海尔总利润301亿元,首次实现42%的全球经营增长率,突破了300亿元大关,这也是这些年以来利润增长最快的一年。同时,海尔在2017年的辉煌成绩除了核心产品冰箱以外,洗衣机、冷柜和热水器的销量也全部碾压世界其他品牌,跃居世界第一。海尔的产品遍布五大洲的160多个国家,通过全球6大品牌让全世界都看到了中国家电企业的发展与兴盛。可以说,海尔正在以独特的发展模式带领中国家电成为世界家电的引领者。

2017年,在家电行业原材料价格上升的情况下,海尔家电产品业务收入大幅回升,作为主营几大类产品的空调、电冰箱、厨卫和洗衣机共实现营业收入1 353.14亿元,较上年同比增长39.98%,实现逆势增长。其中电冰箱产品实现营业收入471.14亿元,占全部营业收入的29.58%,较上年比重略有下降,空调产品和厨卫产品营收占比较2016年有所上升。这方面的情况如图12、图13、图14所示。

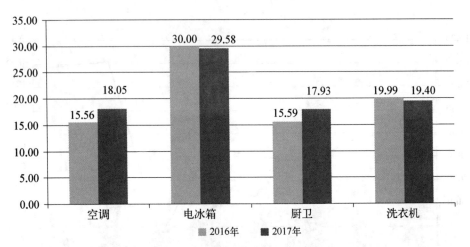

图12 2016—2017年海尔家电产品营业收入占整体营业收入比例(单位:%)
资料来源:前瞻产业研究院官网

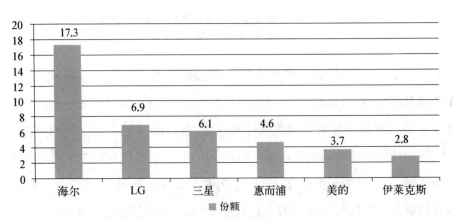

图13 2017年全球冰箱品牌份额排行榜(单位:%)
资料来源:中商产业研究院官网

10年间,全球首富的宝座经历了沃伦·巴菲特、卡洛斯·斯利姆、阿曼西奥·奥特加、贝索斯4次更替,而全球冰箱行业第一的位置,就像被按上了暂停键,10年始终不变。[①]

---

① 中国家电网.欧睿国际为海尔颁出世界第1张"10连冠"证书[EB/OL].(2019-01-10). https://news.cheaa.com/2019/0110/548078.shtml.

图14 2008—2017年海尔冰箱品牌市场份额情况(单位：%)
资料来源：中商产业研究院官网

转型至今,共有4 300多个小微和上百万家微店在海尔平台上成立,部分小微运营良好,获得了一定的经营成果,在这4 300多个小微中,已经营收过亿元的约有150个,成功熬过初创期并引入风投的有52个,值得一提的是,还有23个估值过亿元的小微,其中5个超过5亿元,2个高达20亿元。平台上还有2 000多个创客项目,这些创客项目也有100个产值过亿元,为海尔创造了42%的利润增长,为海尔的2017年的骄人成绩做了突出贡献,在传统制造业步履维艰的背景下,这样的转型结果着实让人羡慕。

海尔的平台业务在稳定运行的基础上也在逐渐扩大规模,创业共享平台聚集了大量的项目、资源、机构和风投,极大地满足了创客的资源需求：2 000多个创业项目、4 000余家创业孵化资源、1 300家风投机构和百亿元创投基金。转型过程中,海尔坚持去中心化,提升了企业内的信息传递效率,虽然在册员工减少近半,但这仅仅是对于从前那个封闭的组织而言,而今的市场是一个生态的市场,社会是一个开放的社会,海尔减少了自身的岗位需求,却依托海尔平台为全社会提供了超过百万个的就业机会。从传统经济角度看,海尔2017年全球营业额超过2 000亿元,利润超过200亿元,从互联网交互产生的交易额看,海尔产品在线平台、交易总额达2 727亿元,已经超过了海尔传统家电销售所带来的全部业务收入,海尔正在将其重心逐步向互联网平台服务转移,相信在不久的将来,海尔一定会成为首个将家电制造完全融入互联网的复合型互联网企业。

一家传统制造业企业前无古人的如此大规模的转型,引起了社会各界的关注和评价。那么海尔的转型究竟是成功还是失败呢？大概每个人对于成功与否的评判不同。但可以肯定的是，海尔的"互联网+"平台共享转型已初见成效。不论是雷神科技的崛起，还是无数个小微的壮大，都至少在向社会证明，海尔的一只脚已经迈入了互联网的大门，开启了传统制造业转型"互联网+智能制造"的序幕。

七、尾声

海尔创立至今，和其他公司一样，一路走来既有令人艳羡的成功，也有不为人知的辛酸。"互联网+"转型这几年，对时势的把握和判断，对自身的反省与认识，使得海尔成功迈过了"七年之痒"，交出了不错的成绩单。

没有成功的企业，只有时代的企业，30年的光辉，30年的破茧，踏破了行业的围栏，冲出了自身的束缚，海尔用"变"向世界诠释什么才是企业发展亘古不变的理念，而今的海尔已经创造奇迹，也陆陆续续与多家互联网及通信合作商进行战略合作，踏入新领域的海尔似乎正面临着新的机遇和挑战。那么，在下一个挑战到来之时，海尔是否能够再续传奇？

附录1 青岛海尔2017年度利润表及现金流量表相关科目变动分析表

单位：元　币种：人民币

科　目	本期数	上年同期数	变动比例(%)
营业收入	159 254 466 909.46	119 132 261 662.60	33.68
营业成本	109 889 621 609.45	82 166 530 321.02	33.74
销售费用	28 276 014 979.78	21 254 103 195.32	33.04
管理费用	11 133 225 318.88	8 404 150 036.49	32.47
财务费用	1 392 872 274.21	720 408 216.53	93.34
经营活动产生的现金流量净额	16 086 588 028.31	8 135 878 351.88	97.72
投资活动产生的现金流量净额	−5 621 820 618.20	−39 625 802 967.02	85.81
筹资活动产生的现金流量净额	922 886 793.22	29 849 765 650.55	−96.91
资产减值损失	655 916 881.23	490 548 371.52	33.71

(续表)

科 目	本期数	上年同期数	变动比例(%)
公允价值变动收益	614 071 259.47	94 648 076.07	548.79
资产处置收益	10 764 209.65	231 246 918.49	−95.35
其他收益	908 561 990.40		100
营业外收入	692 963 237.76	1 170 564 378.20	−40.8

资料来源：青岛海尔2017年年度财务报告

附录2　青岛海尔2017年度主营业务分行业、分产品、分地区情况

单位：万元　币种：人民币

主营业务分产品情况						
分产品	营业收入	营业成本	毛利率(%)	营业收入比上年增减(%)	营业成本比上年增减(%)	毛利率比上年增减(%)
空调	2 874 455.50	1 960 798.49	31.79	53.91	55.05	减少0.50个百分点
电冰箱	4 711 359.49	3 198 458.88	32.11	29.95	31.84	减少0.97个百分点
厨卫	2 856 036.26	1 720 507.33	39.76	50.21	53.78	减少1.40个百分点
洗衣机	3 089 540.91	1 990 340.38	35.58	31.58	29.70	增加0.94个百分点
装备部品	302 483.38	283 388.23	6.31	14.09	14.98	减少0.72个百分点
渠道综合服务业务及其他	2 038 758.31	1 830 188.76	10.23	10.21	13.69	减少2.75个百分点
中国大陆地区	9 168 668.15	6 235 336.38	31.99	28.34	28.89	减少0.29个百分点
其他国家/地区	6 703 965.70	4 748 345.69	29.17	42.23	41.21	增加0.51个百分点

资料来源：青岛海尔2017年年度财务报告

（执笔人：杨勤；指导老师：邵建军）

财务报表分析

CAIWU BAOBIAO FENXI

控股股东股权质押对公司价值的影响

适用课程： 财务报表分析

编写目的： 本案例分析控股股东股权质押对公司价值的影响，其教学目的在于使学生通过案例所给出的数据了解九鼎投资股权质押事件，进一步结合案例相关背景资料，分析该公司股权质押的原因和过度质押对公司的不利影响。

知 识 点： 财务造假的概念　财务造假的原因及其特征　财务造假的手段

关 键 词： 股权质押　公司价值

案例摘要： 近年来，股权质押成为一个热门的新融资渠道，大量上市公司已采用股权质押融资，有些甚至是过度质押。但随着股票市场不断走低，过度质押导致的不利后果逐渐凸显。本案例选取了私募股权投资行业中的翘楚——九鼎投资进行分析，该公司大量质押股票，本案例计算了九鼎投资的托宾 Q 值，目的是揭示股权质押对公司价值的影响。虽然股权质押是一种方便的融资方式，但过度质押最终会对公司产生深远的负面影响。

一、公司简介

昆吾九鼎投资控股股份有限公司(以下称为"九鼎投资")的原名是江西中江地产股份有限公司(以下称为"中江地产")，中江地产的主营业务是房地产开发和经营业务。2015 年 5 月 15 日后，九鼎投资以 41.49 亿元的价格收购了中江地产控股股东江西中江集团有限公司 100% 的股权，间接控制中江地产 72.37% 的股份，并及时向中江集团以外的所有股东发起全面收购要约。九鼎投资现已获得中江地产 100% 的股权。

2015年11月30日,九鼎投资完成重大资产购买及关联交易,从事私募股权投资(PE)管理业务的昆吾九鼎成为九鼎投资的全资附属公司。到目前为止,公司已形成了并行开发房地产和私募股权投资管理的商业模式,在业务性质、资产构成、行业特征和发展战略方面发生了重大变化。

2015年,九鼎投资面临的市场状况是:一方面,国务院于2014年颁布了《私募投资基金监督管理暂行办法》,表明私募股权基金的发展已正式纳入国家监管体系,私募股权基金正在走向标准化和合法化;另一方面,近年来房地产调控政策趋于紧缩。

2015年,中江地产面临的情况是:业务几近停滞,最终的控股股东江西省国资委一直有退出房地产的计划。此时,同创九鼎投资管理集团有限公司(以下称为"同创九鼎")一直在寻找合适的上市公司借壳,以使集团的私募股权业务上市。

因此,两者一拍即合,2015年5月15日,同创九鼎以414 959.20万元取得中江集团100%的股权。在半年的时间里,江西省国资委顺利地剥离了房地产业务,而同创九鼎也找到了合适的壳公司。

二、九鼎投资股权集中度变化

2015年底以来,九鼎投资股东人数一直在不断减少,2017年中,股东人数只有2015年末的一半,显然,股权正在集中到少数人手里。

虽然已经引入了程万庆、徐浪等个人投资者,但控股股东江西中江集团有限公司对公司拥有高度的控制权,达到72.37%,这极易导致董、监、高人员缺乏独立性,内部控制风险较高,使公司治理制衡机制弱化、失效。若控股股东通过行使表决权等方式对公司的经营决策进行不当控制,很可能给少数股东的权益造成损失。

三、九鼎投资控股股东股权质押状况

据九鼎投资公司公告显示,2015年底—2017年初,公司控股股东累计质押307 034 500股,占其股份的97.86%,占股份总数的70.82%。

2016年2月2日的股权质押的实质是一笔担保,是中江集团为其控股股东同创九鼎在银行的融资提供质押担保。这是九鼎投资借壳上市不久后发生的,此次质押的267 837 300股股份占持有股数的28.37%,仅3天后,公司于2016年召开第二次临时股东大会,宣布非公开发行股票,募集资金120亿元。由此可见,整个集团内部的资金其实非常紧张。

截至2017年12月8日,全年累计进行了20次股权质押,其中针对6月16号的一次质押之后就接连发生了9次补充质押,这是因为九鼎投资的股价已下跌至平仓线附近,为了避免被平仓,股东只有不停地补充质押。

四、九鼎投资控股股东股权质押动机及款项用途分析

(一)股权质押动机

1. 解决资金周转问题

九鼎投资作为一家主营PE业务的企业,其主要业务活动就是找寻国内最具增值潜力的公司对其增资并购,待目标公司价值增加后将其卖出以此获利。这一过程需要大量资金且回收期长,因此,九鼎投资迫切需要找寻资金支持。在其他途径受到限制的情况下,股权质押的融资方式既简单便利,又容易操作,而且可融入资金的数额可以完全由市场股票价格决定,没有必要聘请专门的评估机构来评估公司的内部资产,节省大量的费用和融资时间。

2. 维持或增加控制权

这取决于股权质押的特征。如果公司通过二级市场转让股权融得资金,公司很可能被恶意收购。但是,通过股权质押,控股股东保留了对公司的控制权并"谋杀"了大量资金。因此,通过股权质押,公司既得到资金,还保持控制权,而且还可以灵活地将所筹资金用于再次购买本公司的股份,增加控制权。从表面上看,公司似乎能够通过股权质押获取看似免费的资金。

3. 转移风险

在股权质押期间,若股价上行,股权所含经济利益是溢价的,股东可以解除质押,赎回股权,从中获利;若股价下行,股权所含经济利益降低,尤其是股价下跌到融资金额以下时,实在没有资金补充,股东可以选择放弃赎回。由此可见,无论股价是上升还是下降,大股东都能选择对自己最有利的方式,避免股价下降带来的风险[1]。将风险转移给市场。

---

① 石建超.股权质押融资方式研究——对庞大集团100%股权质押融资事件分析[J].内蒙古电大学刊,2014(3).

九鼎投资将质押而来的款项用于下面的几项用途来达到自己的目的。

（二）款项用途

1. 控股股东将质押所得资金借给上市公司用于PE项目投资

九鼎投资目前很大一部分业务就是在全国范围内找寻合适的项目进行投资。九鼎投资已在消费、服务、物流、旅游、文化、物资、互联网、房地产等20多个子行业建立业务。且九鼎投资通常参与种子期的天使轮投资、初创发展期的创业投资。这种类型的投资回收期很长，收入不稳定，因此易造成现金流短缺。九鼎投资通过长期应付款和其他应付款两个科目占用九鼎集团资金共计15.79亿元，这部分资金不少都用于公司的PE业务。

2. 控股股东对关联方增资

2017年12月9日，九鼎投资的最终控制方同创九鼎宣布附属公司嘉兴嘉源信息科技有限公司扣除相关负债的100%股权，来增加关联方仁兴控股有限公司的资本，增资金额约19.40亿元。

本次增资的时点恰好为公司一系列补充质押之后。而且，在投资金额方面，如果假设为五折，计算2017年6月16日—12月6日期间的股权质押资金约为5.07亿元。这个数字恰好和公司拟投资额相近。

因此，可以推测，这一系列的补充质押是中江集团为其控股股东同创九鼎在银行的融资提供担保，而同创九鼎融资所得也用于对关联方的投资。

3. 大股东抽逃资金

根据公司2018年2月13日召开的第七届监事会第十五次会议，九鼎投资受让拉萨昆吾持有的九泰基金管理有限公司25%的股权，收到九鼎集团持有的北京黑马自强投资管理有限公司70%的股权。值得注意的是，该股权转让交易的价格为零，没有附加其他条件。

五、股权质押对公司价值的影响

（一）市场价值变化指标的确定

九鼎投资公司作为新三板挂牌企业，股价波动频繁，相较其他数据指标，托宾Q更适合用于衡量其公司价值。鉴于九鼎投资没有发行债券，为易于分析，我们选用每股市价作为反映市场价值变化的指标，以每股净资产反映重置成本：

托宾 Q＝企业市场价值/企业重置成本＝每股市价/每股净资产

(二) 参照样本的选择

我们选用与九鼎投资公司规模相近、业务相似、同为新三板挂牌公司的公司作为参照样本,以九鼎投资公司控股股东就上市以来质押公告披露后1个交易日的收盘价为基础,计算每个样本公司的托宾 Q,计算结果如表1和表2所示。

表1 九鼎投资股权质押前后公司价值的变化

时间	股价(元)	每股净资产(元)	托宾 Q
2016-03-28	40.62	2.708 0	15
2016-03-29	39.32	2.708 0	14.52
2016-10-12	49.72	3.884 2	12.80
2016-11-10	45.13	3.884 2	11.62
2017-03-29	39.50	4.568 0	8.65
2017-04-06	39.51	4.083 5	9.68
2017-05-12	34.97	4.083 5	8.56
2017-07-21	33.99	3.926 6	8.66
2017-11-03	28.26	3.926 6	7.20
2017-11-20	24.84	3.926 6	6.33
2017-12-06	26.32	3.926 6	6.70

资料来源:WIND资讯

表2 KKR同时间段公司价值的变化

时间	股价(元)	每股净资产(元)	托宾 Q
2016-03-28	12.95	11.29	1.15
2016-03-29	13.22	11.29	1.17
2016-10-12	13.17	12.06	1.09
2016-11-10	13.58	12.06	1.13
2017-03-29	17.26	12.63	1.37
2017-04-06	17.17	12.63	1.36
2017-05-12	18.02	13.22	1.36
2017-07-21	19.04	13.22	1.44
2017-11-03	20.02	13.49	1.48

(续表)

时　　间	股价(元)	每股净资产(元)	托宾Q
2017-11-20	19.5	13.49	1.45
2017-12-06	19.19	13.49	1.42

资料来源：Wind资讯

(三) 计算结果

计算表明，九鼎投资公司的托宾Q值的变化幅度明显比对照公司快。

控股股东第一次股权质押前，九鼎投资的托宾Q远大于对照公司；虽然对照公司的托宾Q始终没有九鼎投资大，但是这是由于对照公司的每股净资产远大于九鼎投资导致的，而且KKR的托宾Q最大涨幅为35.78%。

在质押后，股价波动有所下降，影响到托宾Q也出现下滑情况，尤其2017年以来，股权质押日益频繁，股价降幅越来越大，到最近一次股权质押日，其托宾Q已经不到最初的一半。

六、结尾

通过对九鼎投资托宾Q的计算发现，从短期上来看，股权质押的信息一经披露就会在短时间内迅速对股价造成负面影响。而通过与同行业其他公司的托宾Q进行比较发现，相较于那些股权质押手段使用不那么频繁的公司而言，九鼎投资于2016年—2017年频繁进行股权质押，导致公司价值下跌。

因此，股权质押是一把双刃剑，当以看似不花钱的方式获得资金时，其实自身价值已被这种行为在偷偷削弱(通过信号方式或其他方式)，很多股东只看到前者的利益而没有看到后者带来的损失，这可能才是股权质押真正可怕的地方。

参考文献

[1] 李洪涛.上市公司大股东股权质押对公司价值的影响——以华映科技为例[D].锦州：辽宁石化职业技术学院,2017.

[2] 刘媛.大股东股权质押对上市公司价值的影响[D].杭州：浙江财经大学,2014.

［3］李志启.什么是 ABS 融资模式［J］.中国工程咨询,2015(4).

［4］王炯业.41 亿摘牌中江集团九鼎投资入主中江地产［N］.上海证券报,2015-05-16.

［5］石建超.股权质押融资方式研究——对庞大集团 100% 股权质押融资事件分析［J］.内蒙古电大学刊,2014(3).

［6］刘欣然.九鼎投资:王的诱惑［J］.南方人物周刊,2011(38).

(执笔人:冯梦雅;指导老师:陈溪)

恒瑞医药的高额研发投入来自哪里？

适用课程： 财务报表分析　财务会计理论与实务

编写目的： 引导学生关注医药行业研发投入与企业自身现金持有政策的选择问题；思考医药行业研发投入与其他行业研发投入的区别；拓宽企业针对研发投入可能采取的不同现金持有政策的研究思路。

知 识 点： 现金持有动机　研发投入的平滑效果　企业的融资方式

关 键 词： 研发投入　现金持有　融资方式

案例摘要： 在我国，医药行业是支撑国民经济的重要组成部分，其持续发展源自药品的刚性消费，其研发活动具有周期性强、不确定性大的特点，在研发投入方面需要很高的资金投入并且具有很高的调整成本，因而需要有效的途径来保障研发投入的持续进行。本案例将通过研究恒瑞医药的研发投入情况，探讨其维持研发投入持续性的资金来源渠道，并提出相关建议。

引言

医药行业是一个兼具高科技研发和高研发投入成本，同时在财务上又具有高风险、高收益等特征的特殊行业。随着居民可支配收入的不断增长，以及民众健康意识的不断提高等一系列因素，人民群众对医药的需求不断增加，基于当前国情，我国的医药企业近几年发展迅猛，潜力巨大。企业的发展依靠强大的科研实力，才能与同行业的其他企业有所差异，获得核心竞争力。同样，作为一家关乎民生健康，能为国家的发展进步做出贡献的企业，只有在科技创新上与众不同，才可以更高更快更强地发展。

医药行业与其他行业有着显著的不同,主要体现在研发投入的资金需求巨大,投资时间相当长,因此企业考虑进行外部渠道筹措资金显得不太可行,不仅需要支付高额利息或承诺投资回报,资金使用的期限也受到限制,使得外部筹资的成本太高。因而,研究研发投入的资金来源有很强的现实意义。

一、恒瑞医药简介

恒瑞医药创建于1970年,于2000年在上海证交所上市,股票代码SH600276。目前公司的主营业务主要涉及药品研发、生产和销售领域,主要产品涵盖抗肿瘤药、手术麻醉类用药、特殊输液、造影剂、心血管药等众多领域,已形成比较完善的产品布局,其中抗肿瘤、手术麻醉、造影剂等领域市场份额在行业内名列前茅。恒瑞医药是国内规模巨大的抗肿瘤药、手术用药和造影剂的研究与生产基地之一,公司总市值从2006年的约30亿元上升到2018年9月的2 178亿元,涨幅高达70倍。其总市值在制药、生物科技与生命科学领域中排名第一位。

二、恒瑞医药研发投入情况

恒瑞医药自成立以来始终坚持研发创新战略,这也是恒瑞医药未来推动公司发展的动力源泉。当前,恒瑞的研发投入主要集中在抗肿瘤药、手术麻醉用药、造影剂、重大疾病以及尚未有有效治疗药物的领域,并因此形成了规模庞大的产品研发管线。

近几年来其科研成果逐渐转化,并且先后承担了27项"国家重大新药创制"专项项目、23项国家级重点新产品项目及数十项省级科技项目,申请了400余项发明专利,其中149项国际专利申请。据其资料汇总,2001—2017年,恒瑞医药累计申报了26个创新药的临床研发,创新药艾瑞昔布片和甲磺酸阿帕替尼片已获批上市。

从恒瑞医药2011—2017年的研发成果来看,其一直持续进行研发投入,并且研发投入能够转化为相应的成果,每年都有新的专利获批,同时坚持创新药的研发投入,如表1所示。

表 1 2011—2017 年研发成果一览表

年份	成果
2011	6 个品种获临床批件、2 个产品获得生产批准、14 件获得国内专利授权、9 件获得 PCT 专利授权
2012	9 个品种获临床批件、1 个产品获得生产批准、创新药阿帕替尼和 19K 完成Ⅲ期临床研究、法米替尼和瑞格列汀基本完成Ⅱ期临床研究、18 件产品获得国内专利授权、19 件获 PCT 专利授权
2013	20 个产品完成创新药、仿制药临床申报,6 个取得批件;成功开发国内外领先的第二代 ADE 药物,7 件获得国内专利授权、26 件获得国际 PCT 专利授权
2014	42 个产品完成创新药、仿制药申报临床研发,11 个取得批件、16 件获得国内专利授权、32 件获得国际 PCT 专利授权
2015	41 个完成创新药、仿制药申报临床研发,14 个取得批件、17 取得国内授权、2 件取得中国台湾地区授权、28 件获得国外授权
2016	44 件取得创新药、仿制药批件,17 件取得中国大陆授权、4 件取得中国台湾地区授权、29 件获国外授权
2017	17 件取得创新药临床开发批件、154 件提交国内新申请、45 件提交国际 PCT 新申请、23 件获得国内授权、30 件获得国外授权

2011—2017 年间,恒瑞医药在研发投入的金额上保持着上升态势,如表 2 所示。特别是 2014 年之后,研发投入的力度明显加大。通过研发投入水平的汇总数据,可以发现,2013 年、2014 年出现下降,随后小幅增长,总体来看,恒瑞医药的研发投入水平还是比较稳定的,维持在 0.1 左右。

表 2 2011—2017 年研发投入表

年份 项目	2011	2012	2013	2014	2015	2016	2017
研发投入总额(万元)	43 008	53 501	56 312	65 198	89 167	118 434	175 913
期初总资产(万元)	389 563.53	481 802.32	589 250.92	722 026.63	908 686.09	1 149 670.04	1 433 005.87
营业收入总额(万元)	455 039.18	543 506.76	620 307.44	745 225.31	931 596.02	1 109 372.41	1 383 562.94
研发投入水平	0.110 4	0.111 0	0.095 6	0.090 3	0.098 1	0.103 0	0.122 8
营业收入/期初总资产	1.168 1	1.128 1	1.052 7	1.032 1	1.025 2	0.964 9	0.965 5
研发强度(%)	9.45	9.84	9.08	8.75	9.57	10.68	12.71

恒瑞医药在研发投入上的重点是创新研发即专注于研发创新药,2017年恒瑞医药投入17.6亿元资金用于研发活动,在A股生物医药板块上市企业中排名第一,研发支出金额占其营业收入的12.71%。

自2011年之后,恒瑞医药营业收入总额呈现出持续上涨的态势,根据公司年报,主要得益于3个方面原因:

其一是前期的研发投入获得了成果。恒瑞医药一直坚持创新药的研发制造,目前,恒瑞医药已经有甲磺酸阿帕替尼片和艾瑞昔布片两个创新药在国内上市,加之国家对于创新药的鼓励,创新药的上市为恒瑞医药带来了丰厚的收益。

其二是对外出口制剂。恒瑞医药一方面积极推动研发成果在国内审批上市,另一方面更加重视出口药品到国外,近几年,其制剂在国外市场销售额持续增长,制剂出口创收在其营业收入中占据的比重不断加大。

其三是恒瑞医药不断进行产品结构优化。前期,恒瑞医药的主要业务方向定位为研发抗肿瘤药,随着企业的规模不断扩大、整体研发能力增强之后,又积极推动麻醉剂、造影剂等产品的发展,提高市场份额。根据表2数据,可以看出恒瑞医药营业收入占期初总资产的比重是不断下降的,结合年报披露的内容可知,主要是近几年公司存在大量的应付利息、预付款项等,以及不断增加的工程项目,带来了在建工程和固定资产的大幅增长,使得营业收入的增长率低于资产的增长。

根据图1,可以看出恒瑞医药研发强度在2012—2014年有小幅下降,2014年之后迅速上升,企业的研发投入水平与企业的研发强度变化态势相关。恒瑞医药最大的

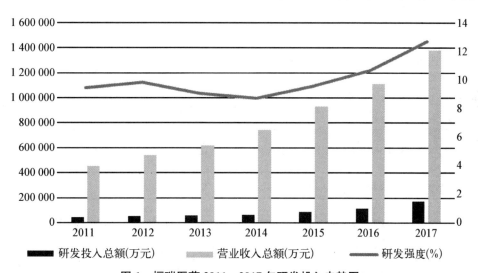

图1 恒瑞医药2011—2017年研发投入走势图

核心竞争力来源于其技术优势。恒瑞医药每年都坚持投入大量的资金，大力引进研发型人才，在同行普遍研发投入强度约为营业收入的2%水平时，恒瑞医药却保持着研发投入水平为营业收入的10%左右。

在研发战略上，主要采取快速跟随仿制药和创新药并行的举措，积极有规划地调整产品结构：观察国际化学药品制剂的主流发展态势以及我国药品审批政策的变化，跟随政策变化选择相应仿制药抢先进行注册申请，提高新药的上市速度；在创新药研发方面，攻占技术制高点，保证每2—3年都有创新药上市，从而使得恒瑞医药在研发投入上实现良性循环。

三、恒瑞医药现金持有量分析

根据WIND数据整理，恒瑞医药2011—2017年期初关于现金持有量的相关年报数据如表3所示，2011—2016年，恒瑞医药的期初现金持有量保持着高增长的趋势，2017年出现小幅下滑。结合年报披露的内容分析可知，近年来恒瑞医药期初现金持有量保持着高速增长主要得益于银行存款的大幅增加，主要归因于企业销售收入的增长和回笼的货款资金不断增加。

表3 2011—2017年期初现金持有水平表

年份 项目	2011	2012	2013	2014	2015	2016	2017
期初货币资金（万元）	99 504.96	94 938.98	132 946.50	216 913.85	344 900.91	513 311.97	491 215.47
期初交易性金融资产（万元）	0	0	0	0	0	0	0
期初现金持有量（万元）	99 504.96	94 938.98	132 946.50	216 913.85	344 900.91	513 311.97	491 215.47
期初总资产（万元）	389 563.53	481 802.3	589 250.92	722 026.63	908 686.09	1 149 670.04	1 433 005.87
现金持有水平	0.255 54	0.197 0	0.225 6	0.300 4	0.379 6	0.446 5	0.342 8

从图2可以发现，恒瑞医药的期初总资产一直呈现出稳定增长的趋势，资产规模一直在稳定增长，增长速度维持在24%左右。资产的稳定增长，原因之一在于恒瑞医药始终坚持稳定增长的研发投入，并且不断完善和优化研发与销售系统。增加销售

收入的同时,应收货款的资金回笼情况良好,银行存款的增加也使应收存款利息相应地增长;除此之外,与国内外其他企业的合作、投资基金股票、增加工程建设项目等,均对资产规模的进一步扩大起到了促进作用。相对应的,良好的运作模式以及及时回笼的应收货款,使得期初现金持有水平与资产规模水平同向增长。综上分析,恒瑞医药的现金持有水平维持在相对稳定增长的状况,现金持有水平比较可观。

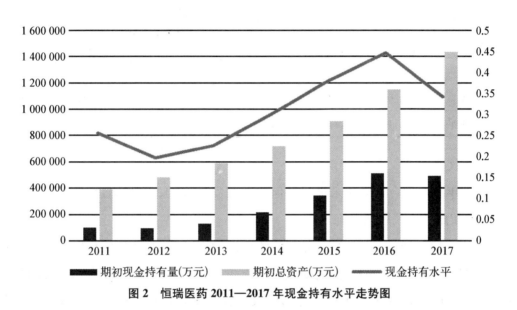

图 2 恒瑞医药 2011—2017 年现金持有水平走势图

四、恒瑞医药现金持有对研发投入的影响

(一)外部融资情况

参阅表 4 可知,在研发投入方面,恒瑞医药一直坚持着资金投入为本。随着研发能力不断提升,公司在研发投入方面也持续增大力度。纵观恒瑞医药的外部融资渠道,有以下几种渠道,如表 4 所示。

表 4 2011—2017 年外部融资情况表

年份 项目	2011	2012	2013	2014	2015	2016	2017
股权融资(万元)	0	0	1 630.00	13 606.17	1 851.66	1 421.16	53 699.66
债券融资(万元)	0	0	0	0	0	0	0
银行贷款(万元)	0	0	1 000	0	0	0	0

(续表)

年份 项目	2011	2012	2013	2014	2015	2016	2017
政府补助(万元)	3 264.81	4 716.68	3 305	4 076.55	2 705.46	3 089.24	15 541.53
期初总资产(万元)	389 563.53	481 802.32	589 250.92	722 026.63	908 686.09	1 149 670.04	1 433 005.87
股权融资比重	0	0	0.002 8	0.018 8	0.002 0	0.001 2	0.037 5
债券融资比重	0	0	0	0	0	0	0
银行贷款比重	0	0	0.001 7	0	0	0	0
政府补助比重	0.008 4	0.009 8	0.005 6	0.005 5	0.003 0	0.002 7	0.010 8
研发投入水平	0.110 4	0.111 0	0.095 6	0.090 3	0.098 1	0.103 0	0.122 8

1. 股权融资

2011年和2012年,公司未进行任何股权融资,从2013年开始,恒瑞医药开始通过外部股权融资来获取现金流。

如图3所示,通过股权融资比重的折线可以发现,恒瑞医药的股权融资所占比重很小,并且变化波动大、不稳定,与研发投入曲线并没有一致性,看不出两者之间是否存有正相关关系,因而恒瑞医药的外部股权融资并没有为研发投入的持续性做出明显贡献。

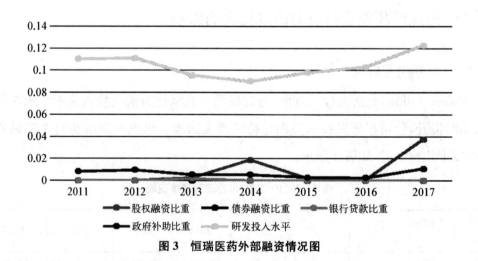

图3 恒瑞医药外部融资情况图

2. 债券融资与银行贷款

从表4中明显地看出,恒瑞医药几乎未从这两个渠道获得资金支持,仅在2013年通过银行借款1 000万元，相比于大金额的研发投入支出，这些资金并未起到实质性作用，因而，恒瑞医药并不依靠债券与银行贷款来进行研发投入。

3. 政府补助

恒瑞医药获得政府补助主要依靠财政补助、科技发展金、人才补贴、知识产权奖励和创新药研究补助等方面。

2011—2016年间，政府补助在总资产中所占比重很小，2017年政府补助金额的变动幅度较大，主要得益于国家鼓励创新药研发的新政策实施，综合来看，政府补助具有不稳定性。相较于研发投入的变化趋势，两者之间并无同向变动的趋势，无法清楚地辨别出政府补助与研发投入之间的关系，所以说政府补助资金也无法对研发投入的持续性起到促进作用。

综上，在外部融资的这几个渠道中，总体特点就是融资金额少，变化幅度大且方向不稳定，远低于近几年恒瑞医药花费在研发投入的资金量。因此，恒瑞医药外部融资渠道所获得的资金不能维持研发投入的持续性或者仅能为研发投入提供微弱的支持。

（二）内部现金流

采用经营活动产生的现金流量净额与期初总资产的比值代表内部现金流所占比例，如表5所示。

表5 2011—2017年内部现金流与研发投入情况

年份项目	2011	2012	2013	2014	2015	2016	2017
经营活动产生的现金流量净额（万元）	52 735.77	95 836.89	136 495.87	157 430.60	227 729.31	259 262.84	254 738.54
期初总资产（万元）	389 563.53	481 802.32	589 250.92	722 026.63	908 686.09	1 149 670.04	1 433 005.87
内部现金流	0.135 4	0.198 9	0.231 6	0.218 0	0.250 6	0.225 5	0.177 8
研发投入水平	0.110 4	0.111 0	0.095 6	0.090 3	0.098 1	0.103 0	0.122 8

整体来看，恒瑞医药内部现金流呈现上升的趋势，但是2014、2016和2017年出现下滑趋势，主要是由于最近几年，恒瑞医药加快了资产规模的扩张速度，而内部现金流的增长速度并未赶超资产规模扩大的速度，因而呈现出下滑的趋势。

从经营活动产生的现金净流量的金额来看，2011—2016年是不断上升的，2017年相对于2016年有略微下滑，但总体上也高于以前年度。2016年之后，恒瑞医药年经营活动产生的现金净流量均超过25亿元，恒瑞医药保持如此快速的增长主要得益于近年来良好的销售状况，稳定且同步发展的国内外市场大环境，坚持对抗肿瘤药物的研发投入，保证了在抗肿瘤药物领域的领先地位，对其他领域涉猎面的逐渐扩大，完备的货款及时回笼体系。

根据图4的内部现金流折线与研发投入折线的变化走势，可以发现两者之间并没有同向变动的趋势，因而，也无法就此断定经营活动产生的现金流量一定会对其研发投入的持续性起到正向促进作用。

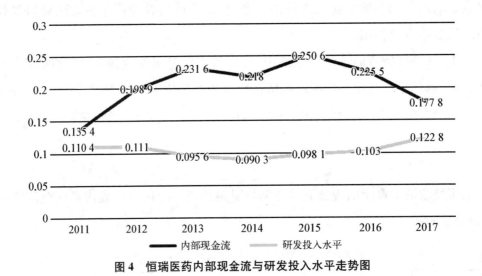

图4　恒瑞医药内部现金流与研发投入水平走势图

（三）现金持有量

从图5中可以看出，2012年之后到2016年间，现金持有水平曲线一直保持着高速增长，2017年出现下降。结合2011年年报披露的情况可知，2012年期初现金持有量下降主要是因为新的生产质量管理规范（GMP）实施使得医药产品的生产成本上升，为保障后续研发投入更好地进行，恒瑞医药在2011年投入更多的资金购买商品、接受劳务、购买机器设备以及支付土地款。2017年期初现金持有量下降，主要是由于企业在2016年购买固定资产和银行理财产品所支付的现金增加；对比现金持有水平折线的变动，研发投入水平曲线则维持着较为平缓的状态，因而并不能准确说明恒瑞医药的现金持有量与研发投入的持续性之间是否存在必然的联系。

将现金持有的变化量与企业研发投入水平的相关系数作为指标，可以说明现金

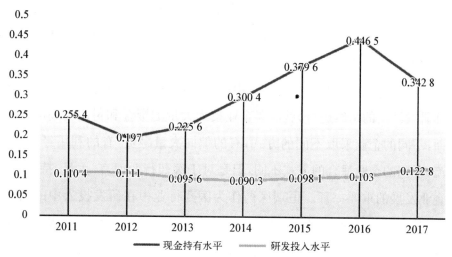

图 5　恒瑞医药现金持有水平与研发投入水平走势图

持有量与其研发投入间的关系。表 6 计算了恒瑞医药现金持有的变化量①与企业研发投入水平的相关系数②。可以看出,相关系数约为 −0.73,说明现金持有与研发投入呈负相关,表明恒瑞医药是将自身持有的现金投入于研发活动,使得企业期末的现金持有水平减少,说明该企业的研发投入具有持续稳定性。

表 6　2011—2016 年现金持有变化量与研发投入水平数据表

项目＼年份	2011	2012	2013	2014	2015	2016
现金持有变化量	−0.011 7	0.078 9	0.142 5	0.177 3	0.185 3	−0.019 2
研发投入水平	0.110 4	0.111 0	0.095 6	0.090 3	0.098 1	0.103 0
相关系数	−0.733 868 667					

五、结尾

通过上述分析,不难发现,恒瑞医药的研发投入一直维持在总资产的 10% 左右;外部融资少,且远低于研发投入的金额,无法在研发投入中起主要作用;内部现金流

---

① 现金持有变化量表示企业在一个经营周期中现金储备的增量变化,数据来源于企业的现金流量表,比较企业期初现金持有量与期末现金持有量的差额,并用期初总资产标准化处理。

② 衡量标准借鉴 Brown 和 Peterson(2011)的衡量标准:正常情况下,现金持有变化量与研发投入水平的相关系数为负,说明企业将持有的现金投入到研发活动中。

虽未起到平滑企业研发投入的效果,但是由于企业近几年发展迅猛,销售业绩走势良好,经营活动给企业带来的现金持有量也迅猛增加,这也为恒瑞医药的研发投入能够持续、稳中有升地进行提供保障。

恒瑞医药身处于研发密集型行业之中,研发投入的效果与企业发展息息相关,而为了保证研发活动的持续进行,就需要企业投入大量的资金和付出更高的调整成本。在这方面,不同的企业采取不同的方式,有的偏向大量融资,有的利用经营活动产生的现金流,不同的企业适合的方式不同,但是对于医药行业而言,大量、持续的研发投入就是企业发展的重要一环。恒瑞医药作为医药行业中在研发投入中的佼佼者,其模式也许并不适用于所有企业,但是这一模式应能为行业内其他企业起到借鉴作用,至于今后会出现什么问题,应留待时间来检验。

参考文献

[1] 陈敏.现金持有量与上市公司研发支出的相关性研究[D].合肥:安徽大学,2013.

[2] 黄振雷,吴淑娥.现金持有会影响研发平滑吗?[J].经济与管理研究,2014(2).

[3] 苏德贵.分阶段研发视角下政府资助、现金持有与企业研发平滑关系研究[J].财会月刊,2016(9).

[4] 吴淑娥.融资来源、现金持有与研发平滑——来自我国生物医药制造业的经验证据[J].经济学:季刊,2016(2).

[5] 许英.经营现金流波动、现金持有与企业研发投资[J].商业会计,2015(23).

(执笔人:徐琨;指导老师:陈溪)

看我七十二变：从财务风险角度探索熊猫金控战略转型

适用课程： 财务报表分析

编写目的： 本案例旨在通过梳理熊猫金控战略转型实施的前因后果，分析其如何从烟花制造业跨界转型至互联网金融行业，通过对比战略转型前后财务数据的变化分析其战略转型的实施效果，最后结合案例提供的信息，让学生了解企业实施跨界转型的动因、途径及对财务风险的影响。

知 识 点： 跨界转型　财务风险

关 键 词： 熊猫金控　战略转型　互联网金融　现金流　财务风险

案例摘要： 在近年来全国各地烟花禁放限放政策频出、环境污染问题日益突出、烟花外销市场扩张乏力等因素的影响下，烟花市场需求骤减，熊猫烟花净利润持续下滑。在内忧外患的境况下，熊猫烟花被迫进行主营业务的战略转型。在试水影视行业失败后，2015年熊猫烟花正式更名为熊猫金控，更改主营业务为互联网金融相关业务。但是，在其高调布局互联网金融刚有起色之时，政府为防范金融风险，加强对互联网金融合规性监管，P2P平台"爆雷"不断。大量投资者退出，逾期率居高不降加上自动投标工具带来的期限匹配等问题，熊猫金控深陷兑付危机。资金链紧张的同时也带来了财务风险的转移，熊猫金控不得不通过剥离互联网金融资产缓解现金流压力。企业传统经营面临风险，转型升级更面临风险，而现金流是一家企业的"血液"，如何基于现金流角度识别熊猫金控战略转型导致的财务风险转移，也成为本案例研究的重点。

2018年春节是《北京市烟花爆竹安全管理规定》修订后的首个春节,也是五环内恢复禁放的首个春节,北京市各个烟花爆竹销售网点都设置在五环以外,只有87个,同比下降82.97%。投资者不禁再度想起曾经的烟花行业第一股——熊猫烟花(股票代码:600599)。实际上,在宏观政策的客观限制下,烟花市场不断萎缩,熊猫烟花已走上了向互联网金融的转型之路。转型升级之路风险不断,从烟花制造行业向互联网金融行业的转型是"另辟蹊径"还是"病急乱投医",着实让人深思……

一、漫天华彩,暗埋隐患

2008年8月8日,第29届奥运会在北京国家体育场"鸟巢"隆重开幕。载有29个"脚印"、2 008张"笑脸"等多种图案的烟花绽放鸟巢,惊艳世界。2010年4月30日,盛况空前的烟火盛宴更是为上海世博会营造出了"潋滟随波千万里,浦江处处烟火明"的氛围。2014年中国APEC峰会上,烟花用它独特的艺术向各国领导人阐释了中国民族产业的魅力。而这一场场视觉盛宴,无一不归功于其缔造者之一——熊猫烟花。

熊猫烟花地处烟花之乡浏阳,其前身为浏阳花炮股份有限公司(以下称为"浏阳花炮"),并于2001年8月在上海证券交易所上市。2005年8月起,赵伟平控股的广州攀达国际投资有限公司(银河湾的前身)先后投资1.53亿元收购上市企业浏阳花炮57.67%的股权,并于2006年底带领浏阳花炮叩开了监管森严的北京市场大门。为扩张国际版图,熊猫烟花还在美国、瑞典、英国等多个国家建立了自己的销售公司及网点,并相继收购了多家国外知名烟花公司。凭借着公司上市,产、供、销一条龙,国内外销售并举等综合优势,浏阳花炮一跃成为行业领军者。2008年8月,公司简称正式变更为"熊猫烟花"。

进京后的几年里,熊猫烟花就连逢4起大事件——2008年北京奥运会、国庆60周年庆典、上海世博会、广州亚运会的烟花燃放项目。虽然受金融危机爆发、海运费上涨以及出口通道受阻等多重不利因素对行业的冲击影响,熊猫烟花依然依靠"稳定外销、发展内销"的战略和品牌优势实现了内销与燃放业务的大幅增长。2008年一年就完成营业收入17 275.51万元,比上一年同期增加了4.11%,其中国内燃放业务收入2 367.07万元,比上一年同期增加了29 488%,取得了重大飞跃。

借助北京奥运燃放、世博会燃放以及2005年以后多地对烟花爆竹燃放实行"禁改限"的东风,熊猫烟花趁势迈开了全国性扩张的步伐,先后在北京、太原、郑州、武汉等地成立地方公司,并在江西成立了国家级烟花研究院,从事烟花产品的研发及创新工作。2012年,熊猫烟花更是一举拿下烟花出口最大一单——阿尔及利亚庆祝独立日50周年焰火燃放项目,获得阿国全部48个城市焰火晚会的独家承办资格,在美国经济复苏缓慢,欧债危机影响国际市场需求的大背景下抢滩欧洲、亚、非、拉美等新兴市场,带动了当年外销59.98%的增长、营业利润21.57%的增长。

熊猫烟花异军突起的迅猛态势一直延续到了2012年。但是,2013年熊猫烟花的营业收入遭遇了断崖式的下滑。随着现代社会人们生活水平的逐步提升,对美的定义不断更替,对烟花产品各方面的要求更加严格,传统烟花爆竹的表现形式已无法满足市场大众的需求。加之受到监管标准、政策环境、社会舆论、消费者喜好等因素的影响,烟花市场需求不断降低,重重危机下的熊猫烟花也褪去了繁荣的表象,变得岌岌可危。

二、烟花易冷,转型初探

(一) 内销市场:屋漏偏逢连夜雨

由于烟花行业高度依赖政策的特殊性,在环保及安全的两大高压下,烟花行业国内市场的发展明显受到限制。2010年,国务院办公厅发布的《关于进一步加强烟花爆竹安全监督管理工作的意见》提高了烟花爆竹行业准入条件,并计划严格控制全国烟花爆竹生产企业数量。2013年2月,《烟花爆竹安全与质量》公布并于3月1日正式实施,对外包装、药量都进行了新调整和规定的同时,明确规定1.2寸以上的内筒型组合烟花产品不能再进行个人燃放。同年,随着中央八项规定的出台,加大了对贪污腐败的打击力度,公款消费烟花现象不复存在,各级政府取消了各种传统烟花焰火晚会,中央纪委还发布了《关于严禁元旦春节期间公款购买赠送烟花爆竹等年货节礼的通知》。

除了国家标准、政策环境的调整使得烟花行业消费缩水,社会舆论也呈现一边倒的趋势。2013年,大气污染、雾霾频发使得环境污染问题受到重视,烟花爆竹首当其冲被列为重点关注对象受到口伐笔诛,各大媒体平台、专家、民众纷纷把日益恶化的环境问题归因于烟花产品,烟花爆竹企业不可避免地成为矛盾焦点,形象一落千丈。

在社会舆论的导向作用下,烟花行业的总体销量在2013年可谓是折戟沉沙,全国烟花爆竹的总销量在 2013 年跌幅达到 30%。数据显示,烟花销量进入历史低迷期,以北京为例,2014 年除夕夜至元宵节,烟花总销量仅 28 万箱,相较同期下滑 27.3%(2013 年销量为 38.5 万箱)。无独有偶,全国其他省市如江苏、天津、上海的烟花购买量也出现了断崖式的下滑,甚至明令禁止企业从事烟花爆竹的生产。

对此,熊猫烟花开始加大研发力度,有针对性地进行了产品的改良并在马年推出了贴有环保标志的零污染绿色无硫烟花。但新产品的推出仍然敌不过外部消费意愿的变化,市场需求锐减导致整体销量下滑,历来占全年营收大头的一季度销量也难以"挑起大梁"。销售市场萎缩的同时,燃放业务波动幅度也增大了。受反腐政策等因素的影响,燃放业务只能依靠大额订单维系,国内市场收入增速放缓,2013 年虽贡献了 63.7% 的收入,但与 2012 年相比却出现了 3.93% 的负增长。

除了如海水退潮般日趋冰冷的市场,如烟花般冲天而起的成本费用也让熊猫烟花承受着不小的压力。烟花的主要原料是火药、颜料、纸、导火线和黏土,受市场需求等多方面因素的影响,制造成本应声上涨使得销售利润空间进一步被挤压。同时,虽然熊猫烟花部分子公司采用了相关机械进行生产,但是全部 12 道工序的机械化生产程度仍偏低,各个环节仍需人工介入,在人员成本的持续推涨下,熊猫烟花利润进一步被压缩。

(二) 外销市场:船迟又遇打头风

如果说国内市场的境遇是"屋漏偏逢连夜雨",那国外市场的状况就可谓是"船迟又遇打头风"了。随着 2008 年金融危机引发的全球金融风暴,世界经济陷入一片泥潭,一系列的金融连锁反应使得本就比较突出的债务及货币危机更加严重。美国陷入 1929 年大萧条以来最严重的金融危机,失业率高企,欧洲债务危机也随之爆发,原本支持中国出口行业的西方国家收入降低,无力扩大进口,市场需求骤减使得出口导向型企业出口额迅速下降。熊猫烟花也难逃厄运,海外市场持续低迷。同时,欧盟 CE 指令①的实施继续产生适应性影响,客户订单相对保守,至 2013 年熊猫烟花外销收入已不及 2008 年的 55%。

2010 年以后,为了响应人民币国际化的战略规划,利率、汇率双率联动推进市场化改革,长期以来中国对外贸易顺差所积累的对人民币升值预期由此显现。熊猫烟花出口普遍采用外币计价,随着离岸市场人民币不断升值,且短期内并不存在太大的

---

① 不论是欧盟内部企业生产的产品,还是其他国家生产的产品,要想在欧盟市场上自由流通,就必须加贴"CE"标志,以表明产品符合欧盟《技术协调与标准化新方法》指令的基本要求。

回调和贬值空间,致使外国消费者减少购买以人民币为最终货币标的的商品,熊猫烟花出口所带来的人民币收入也随之不断下降。

由于烟花的高危特性,作为烟花内外销售的重点关注问题,运输难题在这时也开始"雪上加霜"。2008年,随着广东三水烟花仓库爆炸,广东省三水港关闭,出口通道受阻的同时也带来了库房租金上涨、港口吞吐量受限等问题,部分烟花也只能退而选择较远的上海港出口。而陆路运输中,对"危货"运输的监管标准不断提高和细化,限载、监装、严执法等都成为熊猫烟花风险扩大和成本飙升的一道道难题。

内忧外患的境况将熊猫烟花推上了风口浪尖,内销市场的遇冷以及海外市场的低迷如同一枚枚苦果,让熊猫烟花的管理层难以下咽。面对里外夹击的尴尬境地,熊猫烟花该何去何从,此时大热的影视行业似乎让管理层们看到了希望……

三、试水影视,又陷泥潭

为与人们日益提高的精神文化水平相得益彰,党的十八大配套出台了相关政策把大力发展文化产业上升为国家战略,使得影视行业呈现出一片欣欣向荣的景象。2010年颁布的《关于金融支持文化产业振兴和发展繁荣的指导意见》中明确提出,要适时适当降低上市门槛,大力推动符合条件的文化企业进入资本市场进行融资,对于已上市的文化企业,鼓励其通过定向增发等方式进行再融资,支持通过兼并重组扩大经营规模。国家发改委《产业结构调整指导目录(2013年修正)》,也将广播影视等列入鼓励发展的行业。文化影视概念成为中国资本市场新的风口,成为资本炒作的对象,A股市场应声掀起了一股影视热潮,相关题材股备受追捧,成为上市公司进行股权并购的"香饽饽",不少上市公司借此概念在A股市场异军突起,走势喜人。2013年下半年至2014年上半年,已有19家上市公司正在或已经完成了影视文化传媒公司的股权收购,合计金额已达到175.35亿元。而对于主营业务经营艰难,需要谋求新发展方向的熊猫烟花来说,趁机搭上影视热的快车完成转型,似乎也在情理之中。

2013年12月12日,以筹划重大资产重组事项为由,熊猫烟花宣布停牌。3个月后,熊猫烟花正式向外界公布重组方案,该方案拟向万载华海发行约6 000万股,每股作价9.17元,从而完成对华海时代100%控股,该方案估值约为5.5亿元,较华海时代净资产账面价值6 006.72万元增值815.97%。

根据并购重组的原定方案，熊猫烟花完成对华海时代100%股权收购后，应通过拓展客源、扩大销路继续深耕原烟花销售与燃放的主营业务，同时根据华海时代的剧本储备，从内容质量和出品数量双管齐下进行提高，发行优质影视剧作品，促进熊猫烟花的业务多元化，从而稳步提高盈利能力。

但是发布重组预案以来，预案进展情况一波三折，熊猫烟花向影视的转型计划步履维艰。数据显示，华海时代2012年、2013年的电视剧产出为《箭在弦上》和《娘要嫁人》，这两部电视剧是华海时代首次出品的电视剧，也是其主要的收入来源。2011年、2012年、2013年华海时代的净利润分别为11.97万元、1 488.57万元和3 839.88万元，在整个影视行业属于中下游，盈利能力一般。此次熊猫烟花的定增计划也因此受到市场质疑，认为溢价8倍收购价格过高。紧接着，2014年4月熊猫烟花年报被出具非标准无保留审计意见再次让转型之路蒙上阴影。公司表示，年报"非标"事项影响尚未消除前，本次资产重组由于受到影响将会暂停直至影响消除。同年8月21日，熊猫烟花发布公告表示"非标"事项的影响已经消除，资产重组事项继续进行。

但是距"非标"事项影响消除不到短短24天，预案进展情况却急转直下。9月13日，熊猫烟花宣布拟终止此次资产重组，并且对外回应称"由于本次重大资产重组涉及环节较多，无法在发出资产预案后6个月内完成相关工作，最终决定终止本次重大资产重组事项"。

此消息一出，不少业内人士也开始质疑熊猫烟花此次并购重组或许只是一场资本游戏。截至9月，重组预案发布前持有部分股权的熊猫烟花十大流通股东，只有1位仍在持有股份，其他9位将股份售罄。而在3月熊猫烟花宣布并购华海时代以来，其股票连续4个交易日"1"字涨停，股价上涨近50%。至2014年3月19日，赵伟平此前通过万载银河湾投资认购的4 000万股市值已突破5.71亿元，已经大幅增至近两亿元。

"华海时代虽然是影视企业，但本身并没有制作出优秀、有影响力的作品，因而熊猫烟花的收购意图可能并不在于转型做影视，而是利用影视这一概念进行炒作，一旦股价上升就可抛售套现。"华夏电影发行有限责任公司负责人这番话似乎道出了熊猫烟花向华海时代抛出橄榄枝的真实意图。

2012年，禁售股份解禁仅过去半年，熊猫烟花实际控制人赵伟平就开始大肆减持手中股份。在这之前，类似的非常规操作也并不鲜见：2008—2012年期间，赵伟平累计减持14次，总减持超过3 560万股，套现金额近7亿元，累计套现盈利5.4亿元。2010年11月25日,熊猫烟花控股股东银河湾及实际控制人赵伟平因违规买卖公司股票遭到证监会处罚。8个月后,赵伟平辞去熊猫烟花董事长以及其他一切职务,由李民接任,而李民正是赵伟平的妻弟。熊猫烟花职位变更之后,赵伟平虽在名义上已经从前台走向幕后,却通过控制银河湾和万载银河湾,仍然实际控制着熊猫烟花。

一系列的负面消息也让熊猫烟花原有主营业务受到影响。熊猫烟花2014年半年报显示,2014年上半年,熊猫烟花营业收入约为1.1亿元,同比下降17.25%,归属于上市公司股东的净利润约为3 045万元,同比下降9.27%。扣除非经常性损益之后,归属于上市公司股东的净利润则只有约538万元。烟花爆竹业务贡献了约1亿元的营业收入,毛利率为32.46%,但毛利率同比下降了16.48%。

2014年9月,转型影视行业的计划正式搁浅,原本想要大展拳脚却未曾想到竟变成了昙花一现。随着"熊猫烟花弃收华海时代被疑炒作"类似报道的渲染,原本主营业务低迷的熊猫烟花变得更加岌岌可危。在仓促收购华海时代失败后,熊猫烟花是否还会继续试水影视行业呢?互联网金融的迅速崛起似乎让赵伟平重新燃起了新的希望……

四、熊猫金控,未挽狂澜

(一)进击:失之东隅,收之桑榆

"东边日出西边雨",虽然熊猫烟花想要跻身影视行业最终无功而返,但是其越挫越勇,成功闯入互联网金融领域并且逐渐风生水起。2013年,"互联网金融"概念登上舞台,成为二级市场热议的焦点。作为跨界转型的追逐者,熊猫烟花也乘势加入了"互联网金融"盛宴,想要分一杯羹。

"不成功便成仁,誓将互联网金融进行到底。"伴随着这样的豪言壮语,2014年7月,在赵伟平的控制下熊猫烟花出资1亿元推出了P2P网贷信息中介平台银湖网,此后注册资金增加到2亿元为其保驾护航,并开出千万元年薪为其招募CEO,一跃成为所有进军P2P平台的上市公司之首。银湖网上线以来,各种高调行为接连不断。为加快互联网金融探索步伐,在2015年3月的短短一周内,熊猫烟花先后投资成立了熊猫金融、熊猫众筹、熊猫小贷、熊猫科技、熊猫支付等金融类子公司,合计出资超过5.5亿元,并将证券简称变更为"熊猫金控"。

考虑到传统烟花业务不断萎缩,熊猫金控开始将原烟花资产进行出售、关停和剥离,并且将主营业务和未来发展方向更改为互联网金融。此后,熊猫金控大踏步进军互联网金融,2015年4月13日,熊猫金控宣布拟通过支付现金的方式收购网贷平台你我贷51%的股权(此次收购于2015年6月终止);2015年12月,熊猫烟花以2.6亿元收购莱商银行5%的股份,以此为主要业务平台银湖网提供支撑;2016年3月,又投资1亿元成立熊猫金库;2016年8月,投资1亿元设立西藏熊猫小额贷款有限公司。

2015年,互联网金融业务井喷式发展,熊猫金控由互联网金融业务所产生的营业收入逾1.55亿元,较2014年同比增长679.59%,布局互联网金融业务的战略决策取得明显进展。同时,2015年熊猫金控金融理财产品营收正式超过烟花业务,以仅占14.97%的成本率带来了52%的营收占比。

至2017年末,熊猫金控主营两大业务中,销售烟花产品所获得的营收占比已降至23.50%,近7成的营收来自互联网金融(以下称为"互金")业务。熊猫金控将自己定位为金融信息中介,即通过沟通匹配金融信息提供方和需求方,从而获得中介费用,主要通过旗下熊猫金库和银湖网运营。此外,熊猫小贷主营资产端业务,其定位为小贷平台,开展小额贷款业务。

(二) 突变:转型受阻,无处容身

正如雷军的飞猪理论所说,风潮起时,"猪都能上天"。但潮退后,"裸泳者"的尴尬境遇也逐步显现。

金融业务向来以高风险高收益著称,新兴的互联网金融行业更是如此,更高的风险代表着更大的收益,同时也意味着需要更加严厉的监管和调控。经过了几年野蛮生长,金融管理部门通过出台一系列政策法规,逐步收紧了互联网金融业态,使得行业持续处于出清状态。同时,对现金贷的严格把控,使得小贷业务规模大幅收缩,支付牌照价格飞涨。在如此严格的宏微观调控和监管之下,最近两年P2P平台"雷潮"不断。在此背景下,"烟花业务边缘化,互联网金融为主要业务"的熊猫金控也逐渐从原来的高调布局转而处于转型瓶颈。

之后,熊猫支付业务全线关停,其他支线业务如熊猫众筹和熊猫大数据也不再贡献营收,成为公司组织架构中的傀儡之城。熊猫小贷作为熊猫金控曾经的盈利排头兵也风光不再,2017年总营收1 491.47万元,较2016年营收规模下降超过50%,盈利规模也从前一年的1 898.4万元骤减到1 054.28万元。而银湖网和熊猫金库两大P2P平台盈利虽稳步提升,但也被爆出现了挤兑危机。

为规范国内互联网金融经营业态,调控经营风险,银监会联合其他三部委发布了《网络借贷信息中介机构业务活动管理暂行办法》,自办法发行以来,一部分平台以不同方式被淘汰。2017年2月和8月,银监会分别下发的《网络借贷资金存管业务指引》和《网络借贷信息中介机构业务活动信息披露指引》,将银行存管、备案、信息披露三大网贷行业合规政策悉数落地。同年7月1日实施的中国反洗钱监管新规也在此时为互联网金融的合法合规化"加码",互联网金融行业全面纳入反洗钱监控,监管部门对互金平台的资金流动监管力度又上了一个新的台阶。随着互联网小贷最严监管的来临,熊猫金控合规成本上升,经营面临的合规压力也不断提高,以往依靠设置风险准备金、承诺刚性兑付以吸引投资者投资的销售手段在新规下显得无所适从。2017年,熊猫金控扣除非经常性损益后归属于母公司所有者的净利润亏损1 348万元,2018年前3季度净利润亏损2 633万元。而另一方面,P2P平台的频频"爆雷"、维权无门也引得人心惶惶,恐慌情绪蔓延导致新客户减少。受严格的行业监管以及互联网金融行业自身频频"爆雷"的影响,熊猫小贷虽然已经取得了互联网小贷和地方小贷的经营牌照,却仍然很难拓展新的客户来源,只能通过维护老客户来开展业务。与此同时,熊猫金控也更加注意对现有经营风险的把控,避免陷入互联网金融雷池。在内外因素的共同影响下,2017年熊猫小贷贷款余额仅为3 800万元,较年初的1亿元下降明显。

冰冻三尺,非一日之寒。如果将熊猫小贷的业务缩水归咎于监管政策的趋严,那么相比较之下银湖网和熊猫金库的挤兑危机的缘由可就不能一概而论了。

熊猫金控2018年上半年的实业收入为1.53亿元,较前一年同期下滑29.79%;实现归属于上市公司股东的净利润302万元,较前一年同期减少67%,半年的经营业绩甚至买不到长沙城区的一套房。然而,实际情况可能更糟。

2018年8月27日,赵伟平在一项直播工作中透露:在进行一项上市公司的收购项目时,熊猫金控旗下银湖网和熊猫金库两大平台却因大量投资者提前退出而出现了挤兑危机,此时正值收购计划收尾环节,而两大平台每天均有两千万到三千万元的退出金额,因此公司只能暂时挪用筹集的收购资金用以应对两大P2P平台的挤兑危机。

其实,两大互金平台的资金链紧张早有端倪。为了进行更有效的风险评估和事后风险管理,熊猫金控设置融信通为银湖网和熊猫金库提供交易前风控与违约垫付服务,从而成为实际上的资产推荐方。融信通根据具体风险指标计提风险准备金,在借款方出现违约情况时,向投资者垫付其投资本金和利息收益。2016年12月7日,熊猫金控发布公告称,自2014年7月1日截至2016年10月3日,融信通已为银湖网和熊猫金库垫付共9912.01万元的逾期标的到期还本息,融信通垫付的金额已达到个人贷款总额的7.95%。随后,考虑到融信通手中逾期债权涉及债务人数量众多,地域跨度大,催收成本高,债权回收风险高等因素,熊猫金控将9912.01万元的逾期债权6折转让给深圳市森然大实业有限公司(以下称为"森然大")。同时,相应的逾期罚息、违约金等近2.95亿元的费用也被无偿打包转让给森然大。此次坏账让熊猫金控亏损4000万元,对2016年业绩也带来了不小影响,股价也开始崩盘式下跌。

融信通逾期率居高不降,年底亏损扩大已成板上钉钉,同时为银湖网和熊猫金库所有借款人逾期款项进行垫付,涉嫌触碰到"直接或变相向出借人提供担保或者承诺保本保息"这一条禁令,2017年5月,熊猫金控与森然大达成一致协定,以1200万元的价格转让融信通100%股权。同时,公告中也承诺,此次交易之后,融信通还是会承担以前的债务,以后也将会继续承接银湖网、熊猫金库平台所有借款人逾期款项先行垫付责任。

一时之间众说纷纭,融信通成立于互联网金融兴起之时,但是经营了两年后却以巨亏76%转让告终,让人唏嘘。那么,换了新主人的融信通真的还能继续兑付所有逾期坏账吗?

2018年7月,熊猫金库曾发布公告称将注册地址从广州迁往江西宜春万载县,虽然对来公司考察的投资者给出的解释是"广州平台多,备案竞争激烈,而江西宜春是熊猫金控原烟花事业的发起地,在当地有更多资源,迁过来更有利于平台备案",但实际却是因为希望江西政府和警方帮助进行债务催收。然而,由于行业的形势恶化,江西方面无法提供帮助。8月17日,熊猫金控发布子公司更名及迁址公告,熊猫金库运营方广东熊猫镇投资管理有限公司变更为湖南银港咨询管理有限公司,注册地落在了浏阳。

熊猫金库不容乐观的逾期形势,在"用户体验"上也表现得淋漓尽致。起初熊猫金库最让投资者印象深刻的,便是它的活期"秒提"体验,提现不分节假日,速度媲美支付宝的操作让熊猫金库收获了一大票粉丝。但是从2018年7月起,这一平台亮点却变了味儿,改变了"秒提"方式并采取补偿计息等配套措施。

"秒提"变成"排号"让投资者们措手不及,也在心里画下了无数个问号,人们不禁要问:挤兑问题缘何而起?两大P2P平台是否已经偏离了信息中介的定位?

熊猫金库和银湖网的自动投标产品具有自动匹配出借人与借款人的功能,双方在交易完成前互相并不知晓详细信息。因此,对于投资者和监管者来说,自动投标产品降低平台的透明度,也使得第三方机构监管难度上升。尽管平台声称不存在期限错配,却普遍存在将短期资金匹配给长期借款标的的不合规现象,兑付风险应运而生,甚至有可能形成资金池的风险。熊猫金控作为从烟花行业转型而至的"新生儿",不得不面临金融基因缺失这一"拦路虎"。管理经验缺乏的同时风控专业人才缺失,平台坏账率飙升,再加上"爆雷"催化引发投资者提前退出,由此引发的流动性困难让熊猫金控苦不堪言。

(三)困境:进退两难,绝地求生

大量投资者提前退出,债转匹配不能及时完成。截至2018年7月,熊猫金库退出操作平台显示已排至700多号,每天仅能处理30个左右转让标。银湖网虽从7月下旬才开始出现债转慢的问题,但截至8月30日,债转区转让标已增至860个。

为了缓解资金链紧张的问题,赵伟平进行了"兜底刚兑",自掏腰包受让了部分债权,至2018年底累计受让金额约3亿元。但此举并不能解决熊猫金控的燃眉之急,借款端回款资金周期普遍都在2—3年,银湖网回款周期集中分布在2019年1月—2021年2月,熊猫金库回款周期集中分布在2019年3月—2020年12月。回款周期长,债转排队情况仍然存在,预计两年内才能完成兑付。受债转慢的影响,平台成交量也几近归零。

对于熊猫金控来说,P2P业务曾经为其带来了巨额营收和利润。但是面对"爆雷"风波后流动性压力、信任危机和合规备案的三重压力,P2P业务光环不再,总营收迅速下跌,由此成为熊猫金控股价一路走低的罪魁祸首。为了控制风险以及提振股价,熊猫金控于2018年9月14日对外宣布剥离熊猫金库所有业务,理由是合规性差以及抗风险能力弱;将湖南银港70%的股权出售给赵伟平,通过剥离熊猫金库的方式集中公司全部资源优势保全银湖网,全力发展这个核心平台。

距赵伟平剥离熊猫金库后仅1个月,熊猫金控又有了新动态。为降低金融业务风险,改善财务状况,提高资产流动性和偿债能力,熊猫金控将广州熊猫小贷100%股权以及浏阳银湖投资有限公司(主营地产投资)100%股权分别以2.1亿元和1688万元的价格转让给深圳正前方金融服务有限公司与湖南华晨投资置业有限公司。

银湖网虽然成立时间最长,但2018年半年度营收为4 108万元,盈利1 813万元,在盈利能力上并未比熊猫金库、熊猫小贷具备更大的优势。那么,此番大刀阔斧甩卖互金资产真的是明智之举吗?互联网金融在政策寒冬中或许很挣扎,公众对互联网金融行业的前景也并不看好,然而,短期周期性因素并不是判定一个行业优劣的决定性因素,在经历几轮淘汰和规整之后,P2P以及小贷平台的价值或许仍会展现出来。届时,存活下来的互联网金融企业可能会因其稀缺性重新成为资本追逐的风口。"雷潮"前的2018年5月,银湖网成交额3.6亿元,而"雷潮"发酵的7月,成交额为2亿元,到了9月,平台成交额已降至2 500万元。从2018年近半年的还款压力来看,银湖网这块硬骨头似乎更难啃。截至2018年9月底,银湖网的待收余额仍有34亿元之多,比熊猫金库多出1/2。同时,银湖网于2019年农历年关到来之时开始陆续回款。也就是说,银湖网集中回款的时候,正是市场资金回笼和业务催收更难之时,若无法顺利回款度过危机,未来只怕更难。

五、尾声

烟花散下,光芒顿失,熊猫金控当年的意气风发已如秋叶凋零,寒冬即将来临。熊猫金控上市以来,原有的生产销售花炮因环保、雾霾受到打压,转型影视行业失败后增加主业互联网金融,2016年取得了净利润3 768万元的较好成绩。又因近两年P2P爆雷不断,政府防范金融风险,对互联网金融进行严厉整顿,公司业绩再遭打击,2017年扣非归母净利润亏损1 348万元,2018年前3季度净利润又是亏损2 633万元。

一波未平,一波又起。2018年年底,熊猫金控的跨界游戏又有了新动作,将所持莱商银行1亿股股权按2.75亿元的价格卖给光阳安泰。同时,熊猫金控计划以支付11.55亿元现金的方式收购欧贝黎电力55%的股权成为其控股股东。然而,近年来互金业务入不敷出,亏损额不断扩大,收购日前其账面资金仅剩9 164万元,相对于收购欧贝黎电力所需资金来说,熊猫金控支付能力严重不足。公司2017年扣非归母净利润是-1 348万元,标的公司2017年净利润却有1.21亿元,如何完成"蛇吞象"的高难度收购?将业绩增长希望寄托于新能源电力行业是否只是追逐时事热点?互联网金融行业从最初的蓝海变为红海,相关业务该何去何从?看着前方的漫漫转型路,赵伟平不乏信心,但是也感觉任重而道远……

附录1 熊猫烟花发展历程

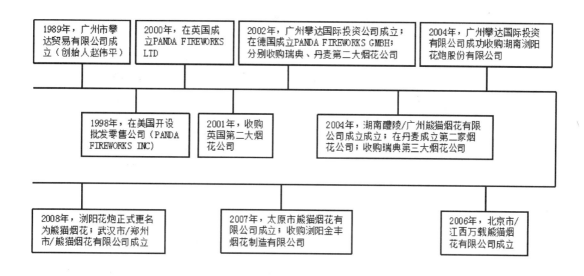

附录2 熊猫烟花2008—2013年内外销市场营收情况

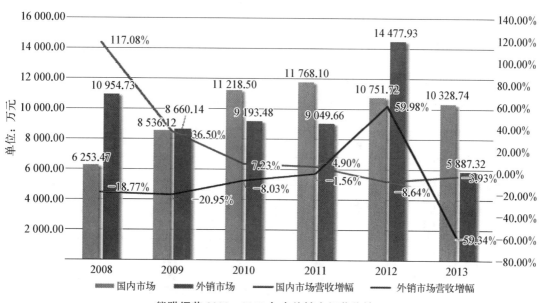

熊猫烟花2008—2013年内外销市场营收情况

附录3 熊猫金控经营情况(2014—2018年)

表1 熊猫金控剥离烟花业务过程

时 间	被转让子公司	转让价格	受 让 方
2015-05	北京熊猫烟花有限公司100%股权	3 500万元	泰兴烟花制造有限公司
2015-12	浙江京安烟花爆竹经营有限公司100%股权	800万元	浏阳市美盛出口花炮厂
2016-05	浏阳市熊猫烟花有限公司80%股权	1 000万元	杨远仁
2016-05	万载县熊猫烟花有限公司100%股权	700万元	杨远仁
2016-05	广州熊猫烟花有限公司100%股权	1 200万元	黄刚
2017-05	云南熊猫烟花有限公司100%股权	620万元	林海
2017-12	太原熊猫烟花有限公司100%股权	1 500万元	太原市裕祥顺贸易有限公司

表2 熊猫金控旗下三大平台运营情况

控股公司	2017年		2016年		2015年	
	营收(万元)	盈利(万元)	营收(万元)	盈利(万元)	营收(万元)	盈利(万元)
银湖网	5 695.72	419.77	5 091.27	240.5	2 564.18	-1 093.61
熊猫小贷	1 491.47	1 054.28	2 887.32	1 898.40	245.66	-26.81
熊猫金库	5 425.04	1 011.90	1 311.11	-967.98	—	—

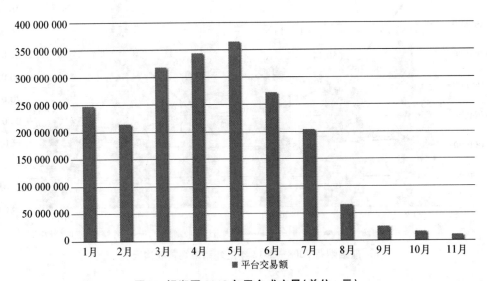

图1 银湖网2018年平台成交量(单位:元)

表3 熊猫金库运营状况　　单位：万元　币种：人民币

项　　目	2018-06-30	2017-12-31	2016-12-31
总资产	12 839.33	18 952.79	4 306.62
总负债	4 945.38	12 710.86	74.59
所有者权益	7 893.95	6 243.93	4 232.02
项　　目	2018年度1—6月	2017年度	2016年度
营业收入	3 501.54	5 425.04	1 311.11
净利润	1 650.02	1 011.90	-967.98

附录4　熊猫金控各年资产负债表补充资料［2014—2018(1—6)］

单位：元　币种：人民币

项　　目	2014	2015	2016	2017	2018(1—6)
流动资产合计	699 300 355.84	375 654 538.54	719 428 972.89	894 951 858.17	671 446 976.71
货币资金	466 676 712.19	166 990 857.59	269 814 983.87	537 157 471.70	190 143 884.11
应收账款	61 810 773.45	45 655 825.79	59 535 580.02	35 122 708.62	89 686 483.84
预付款项	17 709 645.07	7 847 386.46	14 698 486.33	1 565 752.81	1 602 624.89
存货	45 101 890.53	22 063 262.34	12 480 316.56	11 456 774.12	7 654 200.99
一年内到期的非流动资产	66 571.65	715 865.93	1 484 668.32	32 331 531.14	25 427 368.09
非流动资产合计	203 277 444.21	488 217 814.60	476 420 108.01	374 473 557.48	370 339 417.65
发放贷款和垫款		96 359 042.26	99 996 146.61	19 989 965.54	2 439 237.14
可供出售金融资产		264 894 500.00	264 894 500.00	264 894 500.00	264 894 500.00
资产总计	902 577 800.05	863 872 353.14	1 195 849 080.90	1 269 425 415.65	1 041 786 394.36
流动负债合计	204 352 760.81	152 629 290.42	433 426 043.21	526 975 438.80	298 122 144.73
短期借款	75 000 000.00	23 550 000.00	250 000 000.00	250 000 000.00	100 000 000.00
应付账款	50 581 849.38	39 790 151.80	31 180 125.45	31 872 245.43	48 070 898.58
预收款项	21 290 681.26	46 879 577.23	53 156 727.24	63 230 521.51	4 699 194.57
非流动负债合计	257 857.99	6 139 557.88	36 210 150.57		
长期借款					
负债合计	204 610 618.80	158 768 848.30	469 636 193.78	526 975 438.80	298 122 144.73
所有者权益合计	697 967 181.25	705 103 504.84	726 212 887.12	742 449 976.85	743 664 249.63

附录5　熊猫金控各年利润表补充资料[2014—2018(1—6)]

单位：元　币种：人民币

项目	2014	2015	2016	2017	2018(1—6)
营业总收入	186 634 085.63	296 193 728.64	334 205 135.21	342 995 588.77	153 259 806.74
营业收入	186 634 085.63	296 193 728.64	334 205 135.21	342 995 588.77	153 259 806.74
营业总成本	260 208 344.53	283 011 881.31	284 922 593.93	346 798 906.12	108 708 841.33
营业成本	127 696 162.67	95 939 187.96	82 382 207.36	86 414 368.37	54 227 402.65
营业税金及附加	7 468 857.33	6 541 157.07	5 387 962.18	1 699 301.63	856 813.38
销售费用	26 691 288.50	64 424 769.77	75 934 700.49	48 941 804.38	13 083 597.28
管理费用	61 270 649.36	86 550 012.24	80 532 045.02	74 515 767.28	31 589 677.45
财务费用	6 533 996.78	−1 832 839.53	4 996 246.26	18 564 618.56	5 068 480.28
资产减值损失	30 547 389.89	31 380 679.30	35 678 265.30	116 652 013.40	3 872 457.23
投资收益	102 216 666.67	19 532 014.66	8 945 540.04	50 485 657.25	97 408.56
营业利润	28 642 407.77	32 713 861.99	62 958 920.91	18 263 390.78	18 981 192.38
利润总额	262 557 836.28	27 052 855.47	24 494 263.34	22 309 880.11	18 986 036.54
净利润	13 298 752.21	20 035 738.98	17 629 324.13	23 197 089.73	7 854 272.78

附录6　熊猫金控各年现金流量表补充资料[2014—2018(1—6)]

单位：元　币种：人民币

项目	2014	2015	2016	2017	2018(1—6)
经营活动产生的现金流量净额	−63 598 142.41	−118 536 089.59	−60 415 813.61	175 671 497.04	−124 905 596.5
销售商品、提供劳务收到的现金	164 008 498.83	348 814 752.00	307 396 275.38	275 418 959.70	78 671 043.07
收取利息、手续费及佣金的现金		1 524 458.35	30 747 242.24	26 682 323.18	9 804 194.84

(续表)

项 目	2014	2015	2016	2017	2018(1—6)
经营活动现金流入小计	278 349 507.83	467 719 325.85	414 331 981.94	347 149 570.01	130 784 457.33
购买商品、接受劳务支付的现金	106 572 634.11	97 717 846.94	98 264 346.44	99 073 604.12	45 794 983.98
客户贷款及垫款净增加额		148 027 432.84	76 820 986.68	−81 799 394.61	82 388 999.23
支付其他与经营活动有关的现金	184 851 806.05	216 651 436.90	172 827 632.26	77 772 430.74	99 777 502.34
经营活动现金流出小计	341 947 650.24	586 255 415.44	474 747 795.55	171 478 072.97	255 690 053.84
投资活动产生的现金流量净额	503 204 372.47	−144 983 668.51	−59 918 224.35	−28 873 112.06	−22 870 739.11
收回投资收到的现金	535 025 000.00	30 660 986.30	40 023 159.83	58 698 777.21	11 942.80
取得投资收益受到的现金	63 015 000.00	14 322 666.69	17 123 360.20	10 754 978.04	
处置子公司及其他营业单位受到的现金净额		21 693 187.98	26 151 816.96	15 121 566.96	500.00
投资活动现金流入小计	598 040 000.00	448 120 362.07	85 725 338.36	90 462 739.69	6 565 054.93
投资支付的现金	85 000 000.00	264 894 500.00	132 966 098.74	97 059 769.09	6 250.00
支付其他与投资活动有关的现金		318 000 000.00			
投资活动现金流出小计	94 835 627.53	593 104 030.58	145 643 562.71	119 335 851.75	29 435 794.04
筹资活动产生的现金流量净额	−38 016 933.31	−38 016 933.31	222 651 054.00	−26 256 491.20	−158 837 455.50
筹资活动现金流入小计	113 000 000.00	23 550 000.00	264 500 000.00	253 000 000.00	

(续表)

项　　目	2014	2015	2016	2017	2018(1—6)
偿还债务支付的现金	111 000 000.00	45 000 000.00	23 550 000.00	250 000 000.00	150 000 000.00
筹资活动现金流出小计	118 506 049.16	61 566 933.31	41 848 946.00	279 256 491.20	158 837 455.50
期末现金及现金等价物余额	466 676 712.19	166 990 857.59	269 814 983.87	388 059 919.20	81 508 863.06

附录7　实际控制人赵伟平控股情况

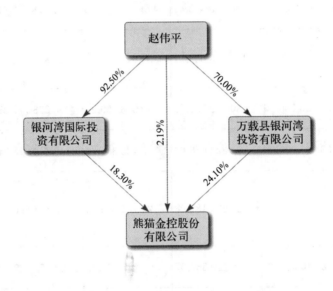

(执笔人：顾吉；指导老师：邵建军)

昔日"明珠"昆明机床的陨落

适用课程： 财务报表分析

编写目的： 本案例旨在通过对昆明机床的分析，首先让学生思考在我国制度背景下上市公司进行财务造假的主要动机以及与盈余管理的区别，其次使学生掌握通过财务报表分析识别上市公司财务造假的典型手段，熟悉收入、费用、存货的会计处理及其对企业盈余的影响，最后让学生掌握会计差错更正处理。

知 识 点： 会计差错更正　财务造假

关 键 词： 昆明机床　虚增收入　少提薪酬　会计差错更正

案例摘要： 2018年2月5日，证监会发布了对沈机集团昆明机床股份有限公司的行政处罚决定书，证实了*ST昆明机床2013—2015年财务报表存在虚增收入、虚增利润等财务造假行为。昆明机床这颗昔日闪耀的南方明珠，为何跌落凡间？本案例以其发展历程为线索，着重分析其虚增收入、少提成本费用等违规违法的财务行为，帮助学生掌握会计利润的三大影响因素即收入、费用和成本，理解它们的确认、计量最终会对公司利润产生什么样的影响，并如何调整这些差错，帮助学生识别财务报表的合理性。

　　2017年3月，当瑞华会计师事务所对沈机集团昆明机床股份有限公司（以下称为"昆机"）2016年的年报进行审计时，他们发现公司的账务存在着与实际经济业务有出入的地方，昆机的存货账实不符，多笔收入违反会计确认原则，存在跨期问题，审计人员向管理层提出了问题并出具了无法表示意见的审计报告。这个举动引起了证监会的关注，刚上任的昆机高层领导班子怕波及自己，自知公司的造假行为已无法掩盖和持续,不得不揭露多年来财务造假、信息披露违法违规的事实,主动承认错误,将家丑公之于众。

在2016年年报披露前,为避免连续亏损完成"保壳",并应对上级股东单位考核以及银行等金融机构的信贷审核等任务,*ST昆机施展了高超的"财技",管理层策划了从生产、物流到销售的全链条的造假方案,公司各业务部门层层传导任务,部门之间心照不宣,各司其职,开始了"从上至下,上下配合"的系统性造假工程,连续3年主要通过4种造假"套路"瞒天过海。

本案例通过重现昆机发展过程,展示其财务造假的缘由以及方法,帮助学生掌握收入、费用以及利润之间的勾稽关系。

一、明珠初现

昆机于1993年10月19日注册成立,专攻大型精密机床制造,创造了100多个"中国第一台"的记录,成为行业翘楚。其前身是中央机器厂,1953年正式更名为昆明机床厂,1954年研制出了我国第一台卧式镗床。随后经营期间不断钻研,提高产品精度、准度和效能,在80多年的风雨历程中,荣获多项科研荣誉,作为国家经济发展的支柱产业,获得国家领导的极大关注和嘉奖,以高质量获得多方青睐。高技术、高精密、高质量沉淀和积累让昆机被誉为机床行业的"一颗明珠"。

1993年12月昆机作为股份制规范化试点企业成功赴港上市,次年1月登陆上海证券交易所,成为国内装备行业唯一在境内、外上市的A+H股上市公司[①],从根本上转变企业经营机制,引进外资,加速技术改造,提高劳动生产率和资本利润率。

一流的技术,再加上上市之后充足的资本注入,本就前途一片光明的昆机应大展身手,扩大规模,提高生产效能,增加效益。但是20世纪90年代中国正处于计划经济向社会主义市场经济转变初始阶段,中国经济放缓,宏观环境不乐观,昆机遭遇了严峻的考验,一直处于微利状态的昆机由于未能及时采取有效的适应措施,在1998—1999年出现较大亏损(如表1所示),股价也一路跌跌撞撞,上市6年,股价才较发行价翻了一倍,经营陷入低迷的下坡路。

---

① 石楠.昆机:风光无限的"ST"[J].吉林财税,2001(1).

表1 昆机1994—1999年主要财务指标

年份 项目	1994	1995	1996	1997	1998	1999
每股净资产(元)	2.32	2.35	2.35	2.36	2.25	2.06
主营业务收入(万元)	5 330	6 126	6 179	7 435	4 731	4 625
主营业务利润(万元)	3 491	611	14	−252	1 154	1 113
净利润(万元)	3 799	727	209	119	−2 567	−4 657
扣除非经常性损益后净利润(万元)	—	—	—	—	—	−4 657
经营活动产生的现金流量净额(万元)	—	—	—	—	−1 674	−1 008
现金及现金等价物净增加额(万元)	—	—	—	—	6 008	−9 223
总资产(万元)	68 756	66 328	65 997	64 687	61 327	57 590

资料来源：http://quotes.money.163.com/hkstock/cwsj_00300.html

二、曙光来临

(一)拥抱交大产业

进入21世纪，昆机顺应市场经济的供求关系，以新思路努力进行改革创新，贴紧国家经济体制，改善管理机制，促进技术升级，主动引入战略合作观念，发挥自身的强势之处，弥补薄弱的地方，提升生产力，实现协同。①

希望总会在绝望中迎着阳光从天而降，西安交通大学产业集团(以下称为"交大产业")缺少集中的产研基地，正在寻觅能够强强联手的合作伙伴，此时的昆机正好符合要求，双方一拍即合。作为省级政府大力支持的地方产业，云南省政府积极帮助昆机寻找发现战略伙伴，因此当交大产业前来表明合作意向时，双方商讨后达成战略合作，昆机提供系统的资源配置，交大产业则带着自主研发的、行业前沿的高新技术加入，重组昆机，"强强联手"打造光机电产业链。

2000年昆机正式实施战略性资产重组，两年后的3月29日，昆机以"交大昆机科技股份有限公司"(以下称为"交大科技")的全新身份开始新的征程，意味着真正全身心一体地融入交大产业。时任交大产业总裁的岳华峰教授很看好这次的重组，他认

---
① 贺承明.昆明机床"明珠"为什么依然闪亮[J].装备制造,2011(8).

为交大的高新技术研究和昆机成熟的流水线资源能够达到"1+1＞2"的效用,打造南制造北研发的机电融合。以西安交大的机动电科研基地和项目孵化基地为研发前端,昆机作为产业成型的制造后端,交大产业全面布局光机电一体化,坐拥多项高科技项目的西安交大承诺将倾力发展昆机。通过重组,昆机一举成为时髦的"高校概念股",2000年股价上涨4倍,由重组前的1块多涨到5块多(如图1所示),大红大紫,风光无限,可谓"嫁入豪门"。尽管当时昆机盈利能力下降,但是在A股市场上凭借高校概念大放异彩。

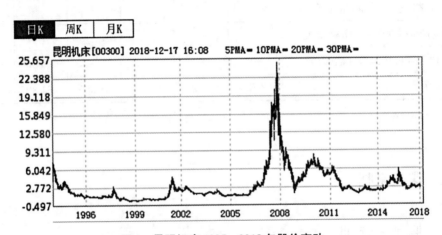

图1 昆明机床 1995—2018 年股价变动
资料来源：http://quote.eastmoney.com/hk/00300.html

这次的互补性战略重组,让昆机轻装上阵,主营业务将围绕交大产业的两大核心技术展开,分别是全可控涡节能离心压缩机技术和激光快速成型制造技术。西安交大的入主,帮助昆机盘活资产,实现盈利。昆机的营业收入从2000年的不足1亿元猛增至2005年的6.73亿元,净利润也从2000年的400万元增长至2005年的2 900万元,重组方的优质资产以及良好的行业发展环境使重组后的交大科技如虎添翼,更上一层楼。

经过一系列的重组改革,在产业整合阶段不断磨合,交大科技的制造优势完全释放,各生产要素的潜能被激活,公司运营活力被广泛地调动了起来①,资产周转速度加快,生产能力翻番,经济效益呈现增长态势,协同效能随着融合在不断释放。在2002年重组的基本业绩基础上,2003年4个主营项目带来13 236.60万元经济收入,创造980.10万元净利润,较上年同期分别增长了162.57%和62.24%。

---

① 贺承明.中国机床"明珠"重放异彩——交大昆机科技股份有限公司[J].中国机床工具工业年鉴,2005.

交大科技在资本市场上高歌猛进,但是实际业绩不尽如人意。通过报表,我们可以看到其主营业务收入虽然在上升,从2000年的28 573万元增加到46 944万元,4年间翻了一番,利润却在下降,产品的盈利能力不足,重组后的经营能力被质疑,总资产使用效率不足(如表2所示)。众人千呼万唤却雷声大雨点小,主业转换耗时耗力耗财,新业务在整合,老业务被剔除,缺少主心骨的交大科技摇摇欲坠,虽然有了新生,但前途漫漫。

表2 交大科技2000—2004年主要财务指标

项目 \ 年份	2004	2003	2002	2001	2000
每股净资产(元)	2.06	2.13	2.07	2.04	2.08
每股经营活动产生的现金流量净额(元)	0.44	0.38	−0.02	−0.06	0.05
主营业务收入(万元)	46 944	33 061	17 963	10 249	28 573
主营业务利润(万元)	13 014	10 112	5 934	2 497	6 753
营业利润(万元)	2 674	1 800	548	−236	3 401
利润总额(万元)	−971	1 961	773	205	3 969
净利润(万元)	−1 708	1 506	608	205	3 195
扣非净利润(万元)	757	762	371	—	225
经营活动产生的现金流量净额(万元)	10 720	9 398	−448	−1 369	−3 888
现金及现金等价物净增加额(万元)	2 112	288	4 781	−740	1 466
总资产(万元)	112 584	96 580	83 947	77 444	77 329
股东权益不含少数股东权益(万元)	50 477	52 184	50 678	49 903	51 155
净资产收益率加权(%)	−3.33	2.93	1.2	0.41	—

资料来源:2000—2004年年报

(二)沈阳机床入主

交大产业并未能实现当初的重组梦想,双方为保存实力,交大产业只能选择放弃交大科技,交大科技只好另谋出路,踏上了前身昆机同样的道路,这不禁让人疑惑为什么即使注入了新的血液,也并未使交大科技焕发活力。2005年"救星"终于出现,沈阳机床集团(以下称为"沈阳机床")接手,脱离了交大产业的昆机重拾旧业,重新出发。

2005年9月21日,交大科技(原昆机)向公众披露了收购报告书,原第一大股东交大产业以1.83亿元的转让价向沈阳机床出售了其所拥有的71 052 100股交大科技股权[①]。这次的股权转让完成后,沈阳机床以29%的股份持有比例成为交大科技的第一大

---

① 陶俊.交大科技投奔沈阳机床集团[N].中国证券报,2005(9).

投资者,直接影响交大科技的经营决策(如图2所示)。2007年6月,公司以沈机集团昆明机床股份有限公司这个身份重新沿袭原来的血统,拥有总资本为531 081 103元,其中,第一大股东沈阳机床持有133 222 774股,占比25.08%;云南省工业投资控股集团有限责任公司以58 772 913股紧随其后;A股流通股总共198 190 604股,为总股本的37.32%;流通H股有140 894 812股,A+H股共占据63.85%。截至2009年底,公司有职工2 700人,厂房面积达到143 683.24平方米;总资产价值为20.73亿元,产品占有整个市场的30%以上,可见昆机的产品在市场中还是有一定的支持企业的。[1]

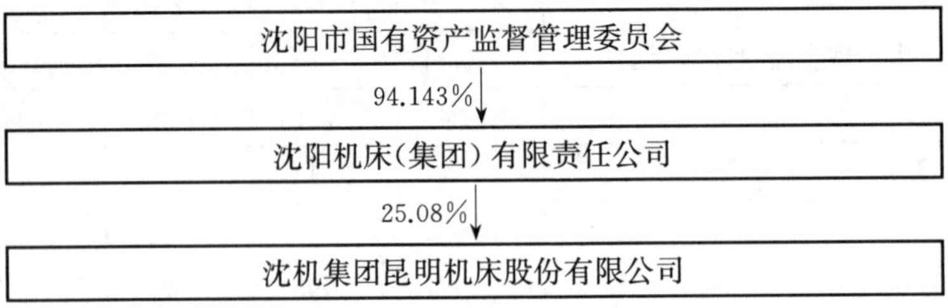

```
┌─────────────────────────────────┐
│   沈阳市国有资产监督管理委员会   │
└─────────────────────────────────┘
              │ 94.143%
              ▼
┌─────────────────────────────────┐
│    沈阳机床(集团)有限责任公司   │
└─────────────────────────────────┘
              │ 25.08%
              ▼
┌─────────────────────────────────┐
│  沈机集团昆明机床股份有限公司   │
└─────────────────────────────────┘
```

图2 公司实质控股情况
资料来源:2017年年报

有了沈阳机床在生产资源组织上的经验指导,昆机蓄势待发,希望重回巅峰,实现公司价值。作为中国机械工业的龙头企业,沈阳机床透彻地了解行业需求。为挽救昆机的发展,沈阳机床结合自己发展的先进经验,2006年下半年在昆机实施业内先进的生产方式,"一次涂装、分序装配、准时生产、标准制造",增强流水线的生产力和协调水平,实行内涵式的规模扩张,这样既解决昆机当时的经营困境,又不至于一口气吃个胖子。到2007年,重组完成一年多,昆机生产了1 000台机床,平均每天有3台机床完成组装开始它们的使命,生产效率较上年增长了52.85%;实现了13.23亿元的总收入,创造2.42亿元的净利润,同比增长147.76%,体现企业盈利能力的总资产报酬率、净资产收益率分别增加了14.79%和16.52%[2],昆机在慢慢恢复元气,逐渐成长。战略重组的协同效应在慢慢扩散,昆机实现了规模与效益的平衡发展,重回机床行业的前列。

进入工业4.0时代,中国制造业的发展蓝图"推动中国制造向中国创造转变、中国

---

[1] 中财网.昆明机床(600806)2009年年度报告[EB/OL].(2010-03-25). http://www.cfi.net.cn/p20100325000621.html.

[2] 邵振伟,杨云红,谢宏.昆明机床:"世家"的活力[J].装备制造,2009(9).

速度向中国质量转变、中国产品向中国品牌转变"为陷入行业发展瓶颈的制造企业带来了发展转型的理念,也给昆机的发展带来了机遇和挑战。

三、明星陨落

虽然沈阳机床与昆机的发展十分契合,沈阳机床助力昆机2011年的营业收入突破18亿元,达到历史巅峰,股价也创下历史新高,但是机床行业长期供大于求,国内机床企业积弱积贫,难与国外企业相竞争,也难以适应信息化变更潮流,昆机逐步显示出经营疲态。复杂的经营环境让本就基本面一般的昆机不堪重负。

经审计公告,2014年、2015年昆机的公司业绩均为亏损,上交所在2016年3月给昆机戴上了特别处理的帽子,警示资本市场投资者这家公司有退市的风险,投资需谨慎。假如2016年业绩仍亏损,那么退市之灾难以避免,昆机也曾想力保自身扭转亏损,2016年曾计划出售多家子公司的股权、部分镗床产品的专用权、应收账款及办公室房产等资产,但无人问津。

2017年3月,已经连续3年ST的昆机在2016年年报正式披露前夕掷出一枚惊雷,自爆以前年度存在疑似虚假财务行为,引发证监会调查。经查实*ST昆机在2013—2015年间涉嫌财务造假:跨期确认收入、确认虚假收入、虚增合同价格制造收入增加的假象,3年的收入总共掺杂了4.8亿元的水分;同时,有意减少辞退员工福利和高管薪酬的计提,使管理费用在账上的支出减少,虚增利润2960.8万元;此外,公司在存货方面也存在问题,实际业务和记录存在差异。据证监会核查,2013—2015年,*ST昆机设置账外产成品、虚构生产业务、虚假降低实际产品制造成本等方式,多计各期营业成本,少计各年度期末存货,虚增利润2.28亿元。经调整后,2016年年初未分配利润减少228 101 078.73元,最终导致2016年净利为负,惨遭停牌,面临退市风险,明珠陨落,不再闪亮。

(一)虚增收入

经查,昆机2013—2015年通过虚构合同、虚构发货单、虚构运输协议、设置账外存货、跨期确认收入等系列方式进行财务造假,涉及客户123户,交易417笔,其中收入跨期问题222笔,收入虚假问题195笔[①]。2010—2017年的销售收入情况如图3所示。

---

① 证监会.中国证监会行政处罚决定书(沈机集团昆明机床股份有限公司、王兴、常宝强等23名责任人员)〔2018〕9号[Z].2018-02-05.

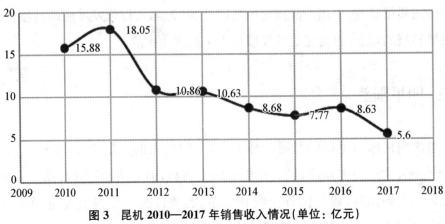

图 3　昆机 2010—2017 年销售收入情况（单位：亿元）
资料来源：2010—2017 年年报

另外，在这 3 年间，昆机与有经营往来的经销商或者客户私下达成销售协议，虽签订真实的销售合同，但采取"预发货"方式。在经销商或客户支付了部分货款后虚拟发货，伪造发运凭证，或者在后续年度才陆续发货，但*ST昆机提前确认收入，将当年未实际按合同履约生产、发运机床的收入跨期确认至该年度，以达到虚增当年利润的目的（如图 4 所示）。此外，昆机还存在将 2014 年实际履行合同取得的 3 笔收入调整确认至 2015 年度的情况。经查，昆机 2013 年跨期确认收入 56 笔，共计 76 268 051.39 元；2014 年跨期确认收入 59 笔，共计 41 229 649.47 元；2015 年跨期确认收入 107 笔，共计 141 460 512.63 元。

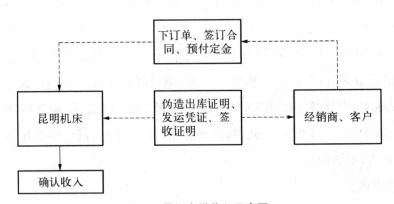

图 4　昆机虚增收入示意图

知道审计人员在审计财务报告时会对收入的来源格外注意，为避免被发现收入形成存在虚假，昆机在账外设立了"第三方库房"，将其作为中间流通环节，先把存货以正常销售手续出库，但背后却把存货运往账外库房，然后通过借助这个账外库房虚构销售退回或者以零配件的样子购回公司。自己销售出去，自己再买回来，原来虚计的应收账款无法冲减,达到了收入虚增的效果。为了避免被审计人员察觉,昆机可谓是上下一条心,每一环节都做到最逼真,相关业务凭证都完备,比如让库房出租方协助将租金业务发票开具成运输费用发票。通过这种方法,2013 年昆机虚构了 155 笔收入虚增 1.22 亿元,2014 年收入造假 0.79 亿元,2015 年则为 0.20 亿元。

此外,2013—2014 年,昆机把主意打到了合同价格上,与部分客户签订合同后,单方面地私下修改合同价格。2013 年涉及 14 家客户 44 台机床,合计 1 485 581.20 元;2014 年有 10 家客户的 22 台机床价格遭到修改,总价为 620 205.13 元①,共计虚增收入 2 105 786.33 元。

由此,2013—2015 年,昆机通过上述 3 种方式虚增 483 080 163.99 元主营业务收入,其中 2013 年虚增 200 106 213.92 元,2014 年虚增 121 309 854.58 元,2015 年虚增 161 664 095.50 元(如图 5 所示)。3 年虚假的营业收入金额分别占公开披露的当期营业收入的 19.44%、13.98%、20.82%。

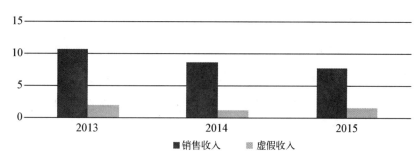

图 5　昆机 2013—2015 年销售收入和虚假收入构成情况(单位:亿元)
资料来源:2013—2015 年年报

(二)少记薪酬

昆机在各会计年度中不予全部计提辞退福利,隐藏内退人员,减记高管薪酬,造成管理费用与实际发生不符,虚减 3 000 万元。据统计,昆机 2013—2015 年通过少计薪酬方式虚增利润 29 608 616.03 元。

昆机在审批通过员工的内退申请后应当及时向员工支付辞退福利并确认相关损益。根据企业会计准则对职工薪酬的确认计量的要求,企业在计提员工辞退福利时,首先要判断职工是否具有选择权,如果没有,应全额计入当期损益,如果有,则应根据预计数计提,但 2013—2015 年,昆机刻意隐瞒内退人数数量、少计提高管薪酬,当期损

---

① 证监会.中国证监会行政处罚决定书(沈机集团昆明机床股份有限公司、王兴、常宝强等 23 名责任人员)〔2018〕9 号[Z].2018-02-05.

益减少,达到了虚增利润的结果。

其中,在辞退福利方面,2013年昆机内退了143人,根据应计制原则,管理费用应该计提6 553 232.16元,但财务记录中只有131人的费用支出,少计1 179 330.06元管理费用。2014年实际有225人内退,发生管理费用19 264 460.57元,但财务只确认了123名内退人员的福利,使管理费用较实际数降低了11 079 001.74元。2015年昆机应有289人内退,应当确认21 337 006.61元的当期管理费用,但财务记录内退人员120人,只确认了7 109 273.09元管理费用,隐藏了169人的辞退福利,修饰管理费用14 227 733.52元。①

昆机每年都会对高管人员的薪酬考评进行修改,应以此为依据计量高管薪酬费用,确保相关性和可靠性,但是财务却在2014年少计100元的专项奖励;甚至2015年在基本年薪上做了手脚,减少了200多万元的费用,致使管理费用一共虚减了3 122 550.71元②。

通过上述手段,2013—2015年间,昆明机床通过辞退福利和高管薪酬两项内容减少当期管理费用29 608 616.03元,影响利润增加29 608 616.03元。2010—2017年间的行政开支情况如图6所示。其中,2013年辞退福利少计提1 179 330.06元,虚增利润1 179 330.06元;2014年隐藏11 079 001.74元辞退福利和1 000 000元高管薪酬,导致管理费用少计12 079 001.74元,利润虚增12 079 001.74元;2015年虚减14 227 733.52元辞退福利,2 122 550.71元高管薪酬被排除在计量金额外,净额增加16 350 284.23元。

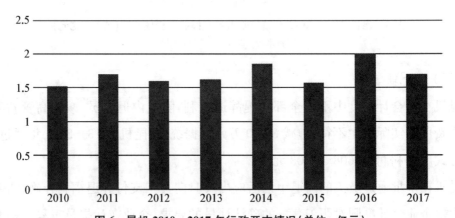

图6 昆机2010—2017年行政开支情况(单位:亿元)

资料来源:2010—2017年年报

---

① 证监会.中国证监会行政处罚决定书(沈机集团昆明机床股份有限公司、王兴、常宝强等23名责任人员)〔2018〕9号[Z].2018-02-05.

② 王永贵.财务造假的甄别与案例分析[J].财会学习,2018(5).

（三）存货不实

昆机利用机床制造行业的专业性和复杂性，虚构机床设计清单和生产指令，并以机床生产工序复杂、成本核算难度较大为理由，选用实地盘存的成品核算方法，给人为调整存货数量和单价留下操纵空间。审计报告中标注"2013年末账外存货结存1.28亿元；2014年末结存高达1.76亿元；2015年期末存货成本为1.22亿元；2016年末剩余6 366万元"[①]。昆机2010—2017年存货及增幅情况如图7所示。

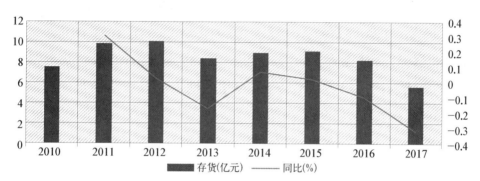

图7　昆机2010—2017年存货及其增幅情况（单位：亿元）

资料来源：2010—2017年年报

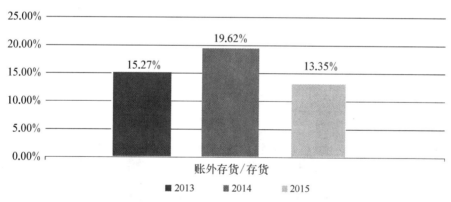

图8　昆机2013—2015年存货情况

资料来源：2013—2015年年报

2013—2015年，昆机通过设置账外存货、虚构生产业务、虚假降低实际产品制造成本等方式，多计各期营业成本，少计各年度期末存货。3年间累计多计成本235 272 252.56元，其中2013年多计成本120 871 685.64元，2014年多计成本

---

① 大华会计师事务所（特殊普通合伙）.沈机集团昆明机床股份有限公司2016年度无法表示意见涉及事项的专项审核报告[EB/OL].(2018-04-27).http://pdf.dfcfw.com/pdf/H2_AN201804281133216304_1.pdf.

69 014 625.10元,2015年多计成本45 385 341.82元;3年累计少计存货505 985 325.86元,其中2013年少计存货120 871 685.64元,2014年少计存货184 926 310.72元,2015年少计存货200 187 329.50元。2013—2015年间的存货情况如图8所示。

因此2016年度对该无法表示意见事项的审计结论为"调增2016年主营业务成本13 677 961.65元,调减期末存货13 677 961.65元,计提存货跌价准备13 563 099.26元,调增期末存货跌价准备13 563 099.26元"。

综上所述,在2013—2015年这3年间,昆机通过操纵收入、薪酬福利费和存货,造成收入虚增483 080 163.99元,减少29 608 616.03元管理费用,少计存货505 985 325.86元,多计成本235 272 252.56元,虚增利润228 101 078.73元。其中,2013年虚增利润70 179 444.39元,虚增利润占公开披露的当期利润总额的706.21%,昆机在2013年年度报告中将亏损披露为盈利;2014年虚增利润50 827 156.90元,减少了公开披露的当期利润总额的亏损额,减少金额占公开披露利润总额的29.47%;2015年虚增利润107 094 477.44元,减少了公开披露的当期利润总额的亏损额,减少金额占公开披露利润总额的48.82%。昆机从2013年起的连续3年间有目的地修改公司的财务数据,造成数据失真,扰乱市场。其2010—2017年间的利润情况如图9所示。

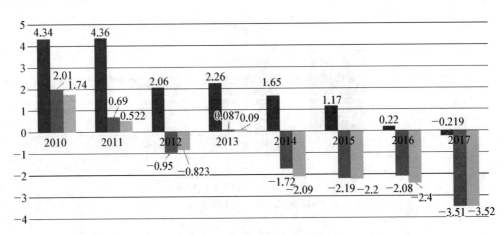

图9 昆机2010—2017年利润情况(单位:亿元)

资料来源:2010—2017年年报

根据《企业会计准则》,公司就这3年的违规事项进行前期会计差错更正事项,并于2017年4月25日出具提示性公告(如图10所示),公告表示:因公司内控缺陷等原因,对于合并利润表,此会计差错导致多计主营业务收入470 670 958.87元;主营业务成本多计 190 267 128.61 元；坏账准备多计 36 094 476.58 元；以及与主营业务收入相关的各项计提多计 2 589 621.36 元；主营业务税金及附加多计 9 601 687.58 元；管理费用少计 29 608 616.03 元。对于本公司 2015 年度的合并资产负债表和资产负债表，此会计差错导致应收账款多计 273 118 462.19 元；预收账款少计 213 952 083.23 元；存货少计 166 745 761.09 元；应付职工薪酬相差 29 608 616.03 元；应交税费多计 85 617 118.23 元；其他应付款少计 2 589 621.36 元。

大華會計師事務所
Da Hua Certified Public Accountants

大华核字[2018]003047 号专项说明

三、对比较期间财务状况和经营成果的影响

受影响的比较期间报表项目名称	调整前期初金额	累积影响金额	调整后期初金额
应收账款	259 904 634.81	18 969 238.75	278 873 873.56
存货	816 377 484.79	-63 912 709.40	752 464 775.39
固定资产	509 534 030.42	-47 922 397.96	461 611 632.46
无形资产	192 817 805.86	-5 998 752.04	186 819 053.82
应付账款	396 549 135.80	10 216 008.98	406 765 144.78
预收账款	256 093 986.41	946 819.48	257 040 805.89
应交税费	14 826 486.29	256 996.06	15 083 482.35
长期应付职工薪酬	43 770 952.86	5 371 442.46	49 142 395.32
预计负债	9 946 277.60	1 295 504.91	11 241 782.51
年初未分配利润	-232 779 810.15	-123 671 181.56	-356 450 991.71
营业收入	624 778 109.07	21 099 124.06	645 877 233.13
营业成本	614 902 261.60	49 879 530.09	664 781 791.69
营业税金及附加	12 275 598.43	1 189 726.77	13 465 325.20
销售费用	72 737 122.64	11 511 513.89	84 248 636.53
管理费用	199 462 959.80	8 316 751.61	207 779 711.41
财务费用	55 088 902.60	344 375.00	55 433 277.60
资产减值损失	126 750 277.44	50 830 657.07	177 580 934.51

注：因上年审计报告意见类型为无法表示意见，因此调前期初数为客户提供财务数据。

图 10　会计差错更正情况

资料来源：沈机集团昆明机床股份有限公司前期重大会计差错更正的专项说明

四、何去何从

昆机连年亏损，出售房产以自救，甚至在年报公告前的 2018 年 3 月 15 日发出公告,以公开挂牌方式出售上海市杨浦区黄兴路 2077 号 801—810 室办公房产,但最终无力回天。其由于重大违规行为,同时经过会计差错调整 2016 年、2017 年业绩亏损,连续 4 年的业绩亏损结果,最终把昆机逼到了退市的悬崖边,上交所正式于 2018 年 5 月 22 日决定终止昆机股票上市交易。一代明星黯然退场。

但是昆机与其他的 A 股退市公司又有些不同,因为它还在香港上市,港股公司退市条件是连续 20 个交易日没有成交额,因此港股昆机可能仍会继续交易。如今香港市场正在推进新上市规则,作为 H 股,昆机会出现柳暗花明又一村的触底反弹吗?其能否在迷雾中找准方向,能否经受住风雨洗礼,重新闪耀在晴朗的天空?

(执笔人:陆晶;指导老师:毛丽娟)

"猪"事不易：从安佑生物首发被否看生物资产要点

适用课程： 财务报表分析　财务会计理论与实务　审计理论与实务

编写目的： 本案例旨在让学生了解到生物资产会计的重要性和复杂性。通过安佑生物首次公开募股（IPO）被否，让学生理解到生物资产会计准则在实施过程中存在的问题，从而加深对生物资产会计的理解。

关 键 词： 安佑生物　生猪养殖　生物资产　会计计量

案例摘要： 本案例借由2018年安佑生物科技集团股份有限公司首发上市被否这一事件，从生物资产的会计准则要求出发，依次比较业界普遍处理方法与安佑生物相关会计政策的选择及其个体差异，将生物资产会计政策、会计核算、监督管理的问题展现给学生。通过本案例的学习，能够引导学生将生物资产会计准则与实际情况相结合，进一步熟悉生物资产的会计分类标准、各类生物资产的披露、后续计量等会计核算要点，同时学生们需要讨论潜在计量方式的可行性，并对生物资产可能出现的盈余管理问题进行思考。

引言

行驶在江苏省太仓市岳王中路上，有一座两层楼高的博物馆格外引人注目。显眼的不仅仅是徽派建筑的八角造型，更是命名中用了以往难得一见的"猪"为主题。环顾博物馆四周，与之毗邻的便是出资修建该博物馆的公司，也是本案例故事的主角：安佑生物科技集团股份有限公司（以下简称"安佑生物"）——一家主要从事猪饲料研发、生产、销售与生猪养殖业务的公司，一家成就斐然的家族企业，也是一家年均收入达到41.67亿元、年均利润2.14亿元的公司。

然而,成也萧何,败也萧何。在2018年1月23日召开的发审委会议上,接受审核的安佑生物以失败告终,未能如愿通过监管部门对其进行的首发审核。仔细翻阅当天的会议审核结果公告,在发审委提出的一系列问题中,有一个重要问题涉及安佑生物对其生物资产的划分、管理与后续计量,便是围绕着这个帮助安佑生物从发家到日益壮大的"猪功臣"而展开的。

养猪公司上市已有先例,资金上又拥有鼎晖投资的加持,安佑生物为何却因其最熟悉不过的"猪"而首发失败?生物资产会计上的哪些问题成了发审委对安佑生物"无情"拒绝的理由?而生物资产的不同会计操作又如何影响着财务报表?让我们从安佑生物的发家与扩张谈起。

一、背景介绍

(一)猪市场也有大未来

为什么安佑生物决策层决心要依托饲料业务拓展生猪养殖业务,在生猪养殖市场里分一杯羹呢?统计资料告诉我们:天天出现在餐桌上的"猪",背后蕴藏着巨大的商机和未来。以下从宏观、中观、微观层面,各举一个代表性的例子。

1. 2012—2016年生猪出栏量和猪肉产量整体增长,但存栏量下降

我国是世界第一大猪肉生产和消费国家,猪肉产量长期占全部肉类产量比重的60%以上,2012—2016年间我国猪肉产量稳居全球第一。2016年我国全年肉类总产量达8 540.00万吨,其中猪肉产量5 299.00万吨,占肉类总产量比例为62.05%;而据美国农业部统计,2016年我国猪肉的消费量为5 498.00万吨。仅靠国内猪肉产量已经不能完全满足国人的需求。

另一方面,自2012年以来,随着对生猪养殖的环保要求越发严格,中小散户退出生猪养殖,加上生猪价格的波动性和周期性的影响,我国生猪存栏量总体处于下降的趋势,已由2012年年末的47 592.24万头下降至2016年年末的3 504.00万头。

由此可见,存量与需求产量之间的空白部分存在相当大的市场空间留给企业竞相发展。

2. 行业集中程度提高,规模化养殖是未来市场的主流

长期以来,我国生猪养殖行业以散养为主,规模化程度较低。但近年来随着外出打工等机会成本的增加造成的招工困难,以及环保监管等因素的影响,散养户退出明

显,国内生猪养殖规模化的程度正在明显提升。2015年我国生猪养殖户减少大约500万户,减少的养殖户基本都是养殖规模在500头以下的中小散养户,而规模化养殖场进一步增加,截至2014年年底,养殖规模在10 000头以上的养殖场数量已经超过4 700家。目前一些大型的以"公司＋农户"为主要养殖模式的企业也紧跟转型脚步,已将合作养殖户的养殖规模标准提高到500头以上。

未来一段时期内,规模经济仍将驱动我国生猪产业的转型发展,规模化养殖将是生猪养殖行业的主要趋势,中小散养户退出的市场空间,将由大型的规模化企业来填补,市场竞争也将主要表现为大规模养殖企业的规模扩张对中小散养户退出的替代。

3. 安佑生物的个体优势

从整体来看,根据《中国畜牧兽医年鉴2016》,2015年我国生猪养殖场(户)中年出栏5万头以上的养殖场为261个,同年安佑生物生猪出栏量为13.43万头,其生猪养殖规模居行业前列。

从上下游业务的联动来看,安佑生物的主营业务为饲料的研发、生产和销售,产品包括猪饲料、水产饲料、禽饲料和反刍饲料等,其中猪饲料是最主要的产品。安佑生物在以饲料业务为核心的基础上,向产业链下游拓展生猪养殖业务,确保饲料品质的同时减少饲料采购中的运输成本、谈判成本等交易成本,有助于进一步增强公司养殖业务抵御猪价下跌风险的能力。

从环保政策的执行来看,安佑生物成立了低碳环保研究所,构建符合中国国情的养猪业状况碳排放测算模型,很好地适应了国内更加严格的监管机制。凭借环保方面的优势,安佑生物于2015年2月荣获世界环保大会(WEC)颁发的"2014年度国际碳金奖——碳金生态实践奖",并于2015年10月获得第二届中国环保型畜牧业发展论坛组委会颁发的"2015年度十大畜牧业环保创新企业"奖。

从技术专利来看,安佑生物对种猪的研究主要包括母猪分娩前的保健、解决母猪难产及产后炎症、改善种猪皮毛营养等;对仔猪的研究主要包括防止仔猪腹泻、提升断奶仔猪体重等;其他研究还涉及提高动物健康水平、提升病弱猪身体素质、动物疾病预防、改善猪肉肉质等。

至此,无论是从客观还是从主观层面来看,安佑生物决定进入生猪养殖市场可谓是顺理成章、顺势而为。

(二) 骑在"猪背"上前进

安佑生物成立于2009年5月6日,集团公司位于江苏省太仓市,2014年完成股份有限公司的转型,现注册资本达3.78亿元,公司实际控股方为洪平家族,5位家族成员共持股64.06%。主营业务包括饲料板块、养殖板块、绿色添加剂板块、新发展事业板块,员工共计4 000余人,控股参股公司多达76家(见图1),产品销售覆盖26个国内省市,2016年建立了越南安佑,标志着公司正式进军东南亚地区。

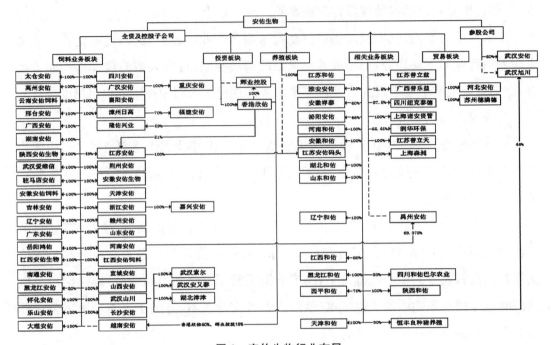

图1 安佑生物行业布局

资料来源:《安佑生物集团股份有限公司首次公开发行股票招股说明书》

虽然与猪饲料和与猪打交道的业务,给人的第一印象往往是低端、辛苦、工作环境恶劣等,可安佑生物的研发与生产活动则是实打实地包含着高端学问和广大市场的。一方面,以创始人洪平为例,他不仅是动物营养专家、华人首席猪料配方师,著作等身,他还是中国畜牧业协会猪业分会副会长、"改革开放三十年推动饲料工业发展的十大开拓人物""乳猪教槽料之父",享誉业内。另一方面,公司产品受众广,更难能可贵的是产品的市场认可度相当高,公司业绩优异,2014—2016年以及2017年上半年,实现营收分别达40.96亿元、38.82亿元、46.05亿元和25.41亿元,同期净利润分别为1.93亿元、1.52亿元、2.98亿元和0.9亿元,这个业绩即使放在上市公司之中也是相当优异的。

骑在"猪背"上前进,安佑生物从小企业已然发展为大集团,业务范围除了传统的养猪行业外,还涉足投资、贸易、食品等产业。在安佑生物主营业务聚焦的养猪行业内,母公司将饲料的核心原料出售给饲料模块子公司进行饲料的生产和出售;饲料模块子公司将饲料成品一部分对外出售,另一部分则对内出售给养殖模块的子公司进行生猪养殖,最终实现生猪销售。这样,母、子公司之间形成了联系紧密的上中下游产业链。

(三)从饲料到生猪——业务的扩张

公司自成立以来,一直将营业重心放在饲料业务上。以2016年全年为例,饲料业务收入占营业收入的比例高达86.77%。但从2014年开始,安佑生物将生猪养殖和销售纳入主营业务范围中,正式开始了向生猪养殖与销售行业进军。2014年、2015年、2016年、2017年1—6月各期财务资料显示,公司生猪业务收入占主营业务收入的比例分别为0.85%、4.21%、10.96%和21.20%,呈现年年攀升的态势。此外,在接受审核的招股说明书中还写道:"根据公司业务发展规划,公司可能进一步适度拓展生猪养殖业务",更是说明了公司向养殖方向拓展业务的决心和信心。

由此可见,猪这一生物资产,无论是从战略高度上还是从企业经营运转方面,都整体影响到安佑生物的未来发展,不可谓不重要。

(四)首发失败的疑惑

然而,2018年1月23日进行的发审委会议,"无情"地让这位"猪骑士"在证券市场门前停下了脚步。对于这样一个规模庞大、业绩优秀的集团公司,上市失败让公众颇感意外,难道这是发审委委员们集体"看走了眼"吗?

人们从会后公布的发审委委员们重点关注的五大类问题中寻找答案时,发现有一个大问题围绕着"生物资产"会计处理提出。作为公司的主要资产——猪,安佑生物每天与其打交道,对这一资产再熟悉不过,为何对其的会计处理却成为安佑生物上市的绊脚石了?"生物资产"这个科目,就像在水桶上凿出洞的锥子,接连引发安佑生物关于"划分标准缺乏惯例""跌价准备计提""折旧规则"等的问题,有待我们思考和分析。

二、分歧所在

(一)猪的分类方式

招股说明书中显示,安佑生物按照《企业会计准则第5号——生物资产》的要求,将存栏的商品猪(包括产房仔猪、保育猪、育肥猪、后备猪共4类)划分为消耗性生物资产,将存栏的种公猪和生产母猪划分为生产性生物资产;种公猪和生产母猪又是按照成熟阶段的考核标准(见图2)从商品猪中划分出来的。

> 生物资产成熟的认定标准为：公猪第一次采精后认定为成熟阶段，列入生产性生物资产，母猪第一次配种后认定为成熟阶段，列入生产性生物资产；其余为非成熟生物资产，列入消耗性生物资产。

图 2　安佑生物生产性生物资产非成熟和成熟的标准
资料来源：《安佑生物科技集团股份有限公司首次公开发行股票招股说明书》

从直观上看，安佑生物的分类方法确实科学严谨，而且划分标准也符合准则中"为产出农产品、提供劳务或出租等目的而持有的生物资产"的原则要求，但是仍然存在如下的问题：

首先，如发审委所问，"划分生产性生物资产和消耗性生物资产非成熟与成熟的标准是否符合行业惯例，是否和同行业可比上市公司一致"。以沪市的通威股份、深市的温氏股份两家公司为例，前者的分类依据直接将公司涉及的所有生产性资产枚举出来，后者则直接将公司涉及的所有消耗性生物资产枚举出来，分别对应入账（见图3、图4），是否符合准则一目了然。诸如此类的，还有雏鹰农牧、大北农、牧原股份等，而安佑生物多设置了一个成熟期的判断环节，则没有同业公司做法可循。

> （1）生产性生物资产的分类
> 本公司生产性生物资产分为：种猪、种鸭、种鱼（种虾）等。
> （2）生产性生物资产的计价
> ① 外购生产性生物资产的成本计价，包括购买价款、相关税费、运输费、保险费以及可直接归属于购买该资产的其他支出；
> ② 自行营造或繁殖的生产性生物资产的成本包括达到预定生产经营目的（成龄）前发生的饲料费、人工费和应分摊的间接费用等必要支出。

图 3　通威股份生产性生物资产分类标准
资料来源：通威股份有限公司 2017 年年度报告-生物资产

> （1）存货的分类：存货分为原材料、在途材料、在产品、自制半成品、产成品、发出商品、包装物、低值易耗品、消耗性生物资产等大类；消耗性生物资产包括种鸡蛋、种鸭蛋、种鸽蛋、胚蛋、鸡苗、鸭苗、鸽苗、猪苗、羊苗、仔牛、肉鸡、肉鸭、肉鸽、肉猪、肉羊、海鱼、塘鱼、林木；

图 4　温氏股份消耗性生物资产分类标准
资料来源：广东温氏食品集团股份有限公司 2017 年年度报告-存货

其次，根据安佑生物"经营模式——生产模式"中的描述，2017 年 1—6 月农户契约养殖占比从 2016 年末的 9.26% 跃至 44.52%（见表1），不由得让人怀疑，缺乏公司统一养殖的基础，各个承包农户是否都有能力按照公司标准严格将猪区分为"生产性生物资产"和"消耗性生物资产"。

表 1 安佑生物报告期内生猪销售收入与生产经营模式情况表

生产模式	2017年1—6月		2016年		2015年		2014年	
	销售收入（万元）	占比（%）	销售收入（万元）	占比（%）	销售收入（万元）	占比（%）	销售收入（万元）	占比（%）
公司自养	29 850.80	55.48	45 693.56	90.74	16 295.08	100	3 464.99	100
农户契约养殖	23 952.98	44.52	4 664.13	9.26	—	—	—	—
合　　计	53 803.78	100	50 357.69	100	16 295.08	100	3 464.99	100

最后，安佑生物的生猪分类流程在管理上还会面临这样的质疑：公司是否存在动机，人为地控制成熟期的判断？那么需要思考的是，除了采集生猪指标的专业性较强、会计审计人员难以对所有的生猪进行判断等问题，公司是否会因为消耗性生物资产和生产性生物资产的财务差别而进行人为控制分类呢？

（二）猪的折旧方法

《企业会计准则第5号——生物资产》第三章第十七条、十八条规定了生产性生物资产应当仿照固定资产计提折旧。然而，在折旧问题上，安佑生物又针对母猪使用了一种常见又罕见的方法：工作量法——将母猪按照6胎的使用寿命计提折旧（见表2）。

表 2 安佑生物生产性生物资产折旧标准

类　　别	预计使用寿命	预计净残值	折旧方法
种公猪	2年	1 500元/头	年限平均法
生产母猪	6胎	1 200元/头	工作量法

（1）种公猪：年限平均法（生产性生物资产原值－预计净残值1 500元/头）/24月，按月计提分摊及计提折旧，新转入或购置的种公猪次月计提折旧；

（2）生产母猪：工作量法（生产性生物资产原值－预计净残值1 200元/头）/6胎次，按实际分娩的时间计提（如新转入或购置的生产母猪在4个月后分娩，则在第4个月计提该胎次折旧，按年产2.2胎次计算预计使用年限为2.7年）。

预计净残值的认定：种公猪1 500元/头（根据平均淘汰时体重250 kg，平均淘汰价格6.00元/kg测算）、生产母猪1 200元/头（根据平均淘汰时体重200 kg，平均淘汰价格6.00元/kg测算）。

说它常见，是因为对汽车、生产线，或是对用于产蛋的母鸡、母鸭，常常按工作量法进行折旧计算；说它罕见，则是因为《企业会计准则第5号——生物资产》虽然将工作量法列为可选方法之一,业内却无可比上市公司使用(见表3)。

表3 同行业公司生产性生物资产折旧标准

证券代码	公司简称	使用寿命	预计净残值	折旧方法
600438.SH	通威股份	3年	残值率5%	平均年限法
603609.SH	禾丰牧业	4年	300元/头	平均年限法
000702.SZ	正虹科技	4年	残值率10%	平均年限法
000876.SZ	新希望	1.5年/3年	500—1 400元/头	平均年限法
002100.SZ	天康生物	3—10年	残值率3%	平均年限法
002124.SZ	天邦股份	1.5—3年	—	平均年限法
002157.SZ	正邦科技	3年	1 000元/头	平均年限法
002385.SZ	大北农	3—5年	残值率5%—30%	平均年限法
002548.SZ	金新农	3年	残值率5%	平均年限法
002567.SZ	唐人神	3年	残值率10%	平均年限法
603363.SH	傲农生物	3年	1 200—1 400元/头	平均年限法
300498.SZ	温氏股份	1—3.5年	1 100元/头	平均年限法
000735.SZ	罗牛山	1.5年/3年	残值率10%/50%	平均年限法
600975.SH	新五丰	1.5—3.5年	—	平均年限法
002714.SZ	牧原股份	2.5年	残值率30%	平均年限法
002477.SZ	雏鹰农牧	4年	残值率10%	平均年限法
	安佑生物	2年/6胎(约2.73年)	1 200—1 500元/头	平均年限法/工作量法

注:未查到海大集团具体的折旧方法,因此本表未将海大集团纳入对比范围

面对行业内上市公司清一色的年限折旧法,安佑生物也清楚自己使用的折旧方法可谓特立独行,因此在解释段中额外注明了"本公司使用工作量法计提折旧换算成折旧年限约为2.73年""折旧年限和残值率与同行业公司基本相似"。

截至2017年6月,安佑生物的生物资产中应按此方法折旧的母猪有4.19万头,原值合计1.52亿元。《企业会计准则第4号——固定资产》第四章第十九条规定"企业至少应当于每年年度终了,对固定资产的使用寿命、预计净残值和折旧方法进行复核"。可想而知,当缺乏养殖经验的财会人员进行折旧复核时,需要对数以万计的母猪进行分娩检查、胎次检查,很难保证结果的说服力和专业性。倘若要保证报告使用者相信检查结果,即使聘请专家,公司依旧需要花费大量的人力物力。

(三)猪的跌价准备

据发审委问题显示,生物资产中还有一项值得注意的问题:"2014年末和2017

年 6 月末存货跌价准备计提比例显著高于同行业可比上市公司,而 2015 年末和 2016 年末未予计提存货跌价准备"。对此,安佑生物招股说明书中的解释是 2014 年、2017 年猪肉销售均价较低,按公司处理规范提取减值准备,而 2015 年、2016 年猪肉价格一直处于高位,不存在减值风险。通过比对安佑生物的消耗性生物资产的成本和猪肉价格趋势图(见表 4、图 5),两者确实存在明显的相关性,这一解释显得很有说服力。但是仔细思考一番则仍然会发现一些问题。

表 4 安佑生物存货跌价计提表(2014 - 12 - 31—2017 - 6 - 30)

项 目	2017 年 6 月 30 日		2016 年 12 月 31 日		2015 年 12 月 31 日		2014 年 12 月 31 日	
	金额(万元)	计提比例(%)	金额(万元)	计提比例(%)	金额(万元)	计提比例(%)	金额(万元)	计提比例(%)
库存商品	0.60	0.01	0.57	0.01	0.53	0.01	9.01	0.15
原材料	23.46	0.07	21.55	0.06	19.81	0.08		
周转材料	0.28	0.03	0.27	0.01	0.25	0.02		
自制半成品	—	—	—	—	—	—	—	—
消耗性生物资产	1 755.94	3.85					534.22	14.86
合 计	1 780.28	2.00	22.39	0.03	20.59	0.05	543.23	1.70

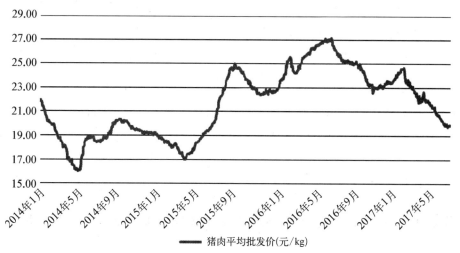

图 5 猪肉平均批发价趋势图(2014 年 1 月—2017 年 5 月)

数据来源:Wind 资讯;农业部

其一,逻辑上讲,这段文字仅仅解释了后一个问题,而未能解释为什么 2014 年末和 2017 年 6 月末存货跌价准备计提比例高于同行业可比上市公司。以 2014 年为例,平均价格约为 19.25 元,猪肉价格全年下降的最大幅度约为 17.4%,面对这样的市场情况,附录3中随机抽取的其他可比公司均未计提减值准备,禾丰牧业甚至在2014年还将以前提取的减值准备全额转回,可见这种阶段性价格浮动明显是可以接受的。

其二,2015年、2016年,猪肉价格稳定在高位,按照《企业会计准则第1号——存货》的要求,前一年导致跌价的影响因素已经消失,应该予以恢复,而不应不作任何跌价准备处理。显然,安佑生物在2015年和2016年的跌价准备上没能保持"一贯的严谨",这让人不禁想到一种盈余管理的方法:在存货价格处在低位时,通过当期计提存货跌价准备降低成本和利润,为以后的高额毛利和高额利润增长做铺垫。

三、尾声

生物资产因其异于一般资产的"生物特性"而单独具备一项会计准则进行约束。然而远有蓝田股份造假事件,近有獐子岛扇贝的"消失"事件,生物资产在重点监管下仍旧是盈余管理的重灾区。那么,基于生物特性,准则是否可以将原则适度细化以缩减生物资产科目的可变范围?如果要在安佑生物现行模式的基础上进行调整,是否可以拓展出令人信服的生物资产会计核算方式?随着技术的发展,养殖业内普遍采用的会计核算和计量方式又是否存在可以改进的空间?这一连串的问题,需要我们在生物资产的方向进行更加深刻的思考和研究。

本案例中,专业老练的发审委员们不被优秀的业绩蒙蔽,层层拨开管理制度和财务数据,发现了背后潜伏的深层次问题,这无疑是给处于上升期的安佑生物上了一课。同样,我们在针对生物资产进行了分析与思考后,安佑生物首发失败的疑惑终被揭开了一角。我们期待安佑生物这个"猪骑士"在重整旗鼓后,发起又一次上市的冲锋。

附录1 安佑生物存货构成明细表(2014-12-31—2017-06-30)

项目	2017年6月30日		2016年12月31日		2015年12月31日		2014年12月31日	
	金额(万元)	占比(%)	金额(万元)	占比(%)	金额(万元)	占比(%)	金额(万元)	占比(%)
库存商品	7 927.15	9.10	7 445.96	10.18	6 281.14	16.07	5 952.08	18.94
原材料	32 909.35	37.79	38 010.99	51.99	24 101.30	61.65	20 294.63	64.57
周转材料	1 121.87	1.29	2 148.40	2.94	1 641.78	4.20	1 175.90	3.74

(续表)

项目	2017年6月30日		2016年12月31日		2015年12月31日		2014年12月31日	
	金额(万元)	占比(%)	金额(万元)	占比(%)	金额(万元)	占比(%)	金额(万元)	占比(%)
自制半成品	874.48	1.00	1 331.88	1.82	719.31	1.84	947.77	3.02
消耗性生物资产	44 243.01	50.81	24 177.80	33.07	6 351.70	16.25	3 059.93	9.74
合计	87 075.86	100.00	73 115.03	100.00	39 095.23	100.00	31 430.31	100.00

附录2 安佑生物生产性生物资产各期明细(2014—2016年度及2017年1—6月)

时间	类别	期初存栏		本期增加		本期减少		期末存栏		累计折旧	累计减值准备
		数量(头)	金额(万元)	数量(头)	金额(万元)	数量(头)	金额(万元)	数量(头)	金额(万元)		
2017年1—6月	种公猪	567.00	260.72	268.00	168.04	132.00	87.88	703.00	340.88	79.28	—
	种母猪	31 723.00	12 051.34	15 894.00	6 577.76	5 730.00	3 397.16	41 887.00	15 231.94	2 655.99	—
	合计	32 290.00	12 312.06	16 162.00	6 745.80	5 862.00	3 485.04	42 590.00	15 572.82	2 735.27	
2016年	种公猪	221.00	93.00	598.00	275.65	252.00	107.94	567.00	260.71	62.54	—
	种母猪	12 430.00	3 933.15	27 890.00	11 345.72	8 597.00	3 227.53	31 723.00	12 051.34	1 570.60	—
	合计	12 651.00	4 026.15	28 488.00	11 621.37	8 849.00	3 335.47	32 290.00	12 312.05	1 633.14	
2015年	种公猪	79.00	35.02	281.00	118.72	139.00	60.74	221.00	93.00	18.52	—
	种母猪	3 752.00	1 413.34	12 487.00	3 818.63	3 809.00	1 298.82	12 430.00	3 933.15	663.53	—
	合计	3 831.00	1 448.36	12 768.00	3 937.35	3 948.00	1 359.56	12 651.00	4 026.15	682.05	
2014年	种公猪	2.00	1.33	99.00	45.27	22.00	11.58	79.00	35.02	5.21	—
	种母猪	173.00	62.83	4 941.00	1 745.25	1 362.00	394.74	3 752.00	1 413.34	315.59	—
	合计	175.00	64.16	5 040.00	1 790.52	1 384.00	406.32	3 831.00	1 448.36	320.80	—

附录3 2014—2017年同行业可比公司的消耗性生物资产减值准备(随机抽取样本)

公司名	年份	2017	2016	2015	2014
安佑集团	计提比例(%)	3.85	0.00	0.00	14.86
禾丰牧业		0.00	0.00	0.00	−14.60
通威股份		无数据	0.00	0.00	0.00
牧原股份		0.00	0.00	0.00	0.00

数据来源:各公司2014—2017年年度报告

附录4 安佑生物合并资产负债表(2014-12-31—2017-6-30)

合并资产负债表　　　　　　　　　　　　　　　　单位：元

资　产	2017年6月30日	2016年12月31日	2015年12月31日	2014年12月31日
流动资产：				
货币资金	422 547 012.08	333 025 121.77	283 145 952.99	248 506 974.16
以公允价值计量且其变动计入与期损益的金融资产	—	—	—	—
衍生金融资产				
应收票据	6 872 734.43	27 651 621.65	26 795 070.87	8 588 618.75
应收账款	323 250 330.75	255 041 718.40	280 640 238.98	290 993 326.75
预付款项	37 371 584.10	55 573 420.17	29 362 780.75	36 540 008.41
应收利息	217 525.65	103 982.37	313 471.16	—
应收股利	—	—	1 200 000.00	
其他应收款	42 417 211.29	39 547 316.03	24 731 933.50	33 967 144.93
存货	870 758 638.12	731 150 374.67	390 952 235.79	314 303 112.62
划分为持有待售的资产	—	—	—	—
一年内到期的非流动资产				
其他流动资产	7 169 502.38	374 818.09	14 678 947.70	7 205 035.85
流动资产合计	**1 710 604 538.80**	**1 442 468 373.15**	**1 051 820 631.74**	**940 104 221.47**
非流动资产：				
可供出售金融资产	3 240 000.00	3 240 000.00	3 240 000.00	3 240 000.00
持有至到期投资	—	—	—	—
长期应收款				
长期股权投资	37 278 323.58	35 901 094.25	30 093 131.31	29 031 054.63
投资性房地产	9 763 476.22	10 001 000.00		
固定资产	961 872 679.24	967 265 023.64	765 888 131.30	521 429 267.45
在建工程	100 425 134.07	47 252 032.46	98 798 759.18	172 849 346.45
工程物资	—	—	—	—
固定资产清理				
生产性生物资产	128 375 615.76	106 789 237.10	33 441 066.56	11 275 612.30
油气资产				
无形资产	204 441 173.44	205 342 662.09	191 424 539.69	155 336 802.41
开发支出	—			
商誉	16 362 472.88	15 183 266.94	13 673 303.48	13 673 303.48
长期待摊费用	94 315 708.35	77 643 599.92	39 791 553.26	7 560 186.51
递延所得税资产	14 205 748.93	12 563 058.89	9 268 336.33	10 013 094.24
其他非流动资产	34 065 520.73	46 408 875.88	70 897 796.45	59 800 757.16
非流动资产合计	**1 604 345 853.20**	**1 527 589 851.17**	**1 256 516 617.56**	**984 209 424.63**
资产总计	**3 314 950 392.00**	**2 970 058 224.32**	**2 308 337 249.30**	**1 924 313 646.10**

(续表)

负债和股东权益	2017年6月30日	2016年12月31日	2015年12月31日	2014年12月31日
流动负债：				
短期借款	771 276 299.25	663 769 388.16	331 945 467.07	379 776 793.67
以公允价值计量且其变动计入当期损益的金融负债	—	—	—	—
衍生金融负债	—	—	—	—
应付票据	5 590 067.82	5 161 096.84	4 520 952.02	5 888 738.81
应付账款	298 549 918.11	393 848 722.11	290 411 307.75	273 404 078.49
预收款项	24 834 861.08	30 104 396.87	13 819 874.26	19 770 584.45
应付职工薪酬	33 869 533.77	54 208 646.29	38 069 565.35	31 466 116.93
应交税费	16 392 791.24	13 407 898.95	20 633 607.74	21 093 548.23
应付利息	3 505 620.21	1 107 609.08	1 176 919.41	916 026.82
应付股利	78 456 831.45	856 000.00		
其他应付款	126 702 734.87	74 495 146.22	65 403 022.14	82 758 395.37
划分为持有待售的负债	—			
一年内到期的非流动负债	74 348 981.57	96 642 900.00	591 000.00	588 300.00
其他流动负债	261 754.65	270 373.18	10 067.09	16 172.37
流动负债合计	**1 433 789 394.02**	**1 333 872 177.70**	**766 581 782.83**	**815 678 755.14**
非流动负债：				
长期借款	313 052 883.21	82 426 823.98	274 668 500.00	229 733 750.00
应付债券				
长期应付款				
专项应付款				
预计负债				
递延收益	18 880 031.10	16 669 871.52	12 252 145.56	7 317 980.20
递延所得税负债	6 377 402.44	6 487 910.78	5 790 171.63	5 990 695.57
其他非流动负债	—	—	43 659.65	—
非流动负债合计	**338 310 316.75**	**105 584 606.28**	**292 754 476.84**	**243 042 425.77**
负债合计	**1 772 099 710.77**	**1 439 456 783.98**	**1 059 336 259.67**	**1 058 721 180.91**
股东权益：				
股本	377 600 000.00	377 600 000.00	377 600 000.00	337 358 775.00
其他权益工具	—			
资本公积	414 002 275.22	413 348 807.64	414 185 861.20	163 622 855.91
减：库存股	—			
其他综合收益	1 649 826.83	1 390 853.55	−341 708.37	−395 527.21
专项储备	—			
盈余公积	31 339 945.18	31 339 945.18	20 688 793.97	9 955 823.05
未分配利润	645 947 657.65	640 446 474.83	396 663 940.08	317 565 824.45
归属于母公司股东权益合计	1 470 539 704.88	1 464 126 081.20	1 208 796 886.88	828 107 751.20
少数股东权益	72 310 976.35	66 475 359.14	40 204 102.75	37 484 713.99
股东权益合计	**1 542 850 681.23**	**1 530 601 440.34**	**1 249 000 989.63**	**865 592 465.19**
负债和股东权益总计	**3 314 950 392.00**	**2 970 058 224.32**	**2 308 337 249.30**	**1 924 313 646.10**

附录5　安佑生物合并利润表(2014—2016年及2017年1—6月)

合并利润表　　　　　　　　　　　　　　　　单位：元

项　目	2017年1—6月	2016年度	2015年度	2014年度
一、营业总收入	2 540 978 475.05	4 605 044 711.86	3 882 119 387.87	4 095 686 996.91
二、营业总成本	2 418 381 897.42	4 247 229 199.86	3 684 996 470.03	3 847 900 347.97
其中：营业成本	2 084 532 027.32	3 607 200 234.88	3 147 112 520.24	3 381 313 149.10
税金及附加	7 172 789.48	10 376 562.30	1 581 981.63	1 787 597.50
销售费用	151 482 618.28	290 885 090.41	268 271 981.63	225 316 897.64
管理费用	126 679 371.74	249 487 317.96	221 435 927.39	194 815 096.51
财务费用	25 322 762.19	42 454 987.54	41 117 086.27	23 086 356.63
资产减值损失	23 192 328.41	46 825 006.77	5 476 967.39	21 581 250.59
加：公允价值变动收益	—	—	—	—
投资收益	1 377 229.33	5 169 117.29	9 525 957.49	4 362 060.26
其中：对联营企业和合营企业的投资收益	1 377 229.33	4 927 962.94	3 813 747.33	4 282 819.26
其他收益	3 147 042.74			
三、营业利润	127 120 849.70	362 984 629.29	206 648 875.33	252 148 709.20
加：营业外收入	2 489 775.02	12 373 723.52	14 566 050.30	13 381 603.13
其中：非流动资产处置利润	1 955 761.46	4 858 307.45	3 963 430.05	721 680.42
减：营业外支出	9 249 425.25	12 280 440.99	7 892 116.21	4 358 794.14
其中：非流动资产处置损失	8 248 431.21	10 133 130.13	5 260 146.12	2 358 983.78
四、利润总额	120 361 199.47	363 077 911.82	213 322 809.42	261 171 518.19
减：所得税费用	30 099 944.98	65 257 509.08	61 239 541.02	67 680 914.93
五、净利润	90 261 254.49	297 820 402.74	152 083 268.40	193 490 603.26
归属于母公司所有者的净利润	84 797 182.82	284 641 685.96	150 689 086.55	194 328 377.98
少数股东损益	5 464 071.67	13 178 716.78	1 394 181.85	−837 774.72
六、其他综合收益的税后净额	742 605.86	2 992 474.22	109 834.36	−807 198.39
归属于母公司所有者的其他综合收益的税后净额	258 973.28	1 732 561.92	53 818.84	−395 527.21
（一）以后不能重分类进损益的其他综合收益	—	—	—	—
（二）以后能重分类进损益的其他综合收益	258 973.28	1 732 561.92	53 818.84	−395 527.21

(续表)

项　　目	2017年1—6月	2016年度	2015年度	2014年度
1.外币财务报表折算差额	258 973.28	1 732 561.92	53 818.84	−395 527.21
2.其他	—	—	—	—
归属于少数股东的其他综合收益的税后净额	**483 632.58**	**1 259 912.30**	**56 015.52**	**−411 671.18**
七、综合收益总额	**91 003 860.35**	**300 812 876.96**	**152 193 102.76**	**192 683 404.87**
归属于母公司所有者的综合收益总额	85 056 156.10	286 674 247.88	150 742 905.39	193 932 850.77
归属于少数股东的综合收益总额	5 947 704.25	14 438 629.08	1 450 197.37	−1 249 445.90
八、每股收益：				
（一）基本每股收益	0.22	0.75	0.42	0.61
（二）稀释每股收益	0.22	0.75	0.42	0.61

（执笔人：胡力川；指导老师：毛丽娟）

"业绩王"还是"造假王"
——尔康制药财务造假风波始末

适用课程： 财务报表分析

编写目的： 通过分析尔康制药财务造假案例，使学生了解企业集团内部商品交易的合并处理，尤其是购买企业集团内部的商品未实现对外销售时的抵销分录处理，了解销售退回的会计核算处理及财务影响，掌握前期会计差错更正的处理，并思考如何发现可能存在的公司财务舞弊行为。

知 识 点： 差错更正　财务造假

关 键 词： 尔康制药　合并报表　销售退回　差错更正

案例摘要： 本案例描述了上市公司尔康制药在被质疑虚增利润和虚构资产，存在隐瞒关联交易和大股东精准减持等行为后，从公开否认公司存在财务造假行为、证监会对其正式立案调查、承认出现重大会计差错，到最终受到证监会处罚并面临着巨额赔款的过程。

2017年5月9日，著名上市公司研究机构"市值风云"发布质疑文章，称湖南尔康制药股份有限公司(以下称为"尔康制药")涉嫌"较严重的虚构利润和资产"，有严重财务舞弊的嫌疑。文章一出，迅速引起了社会公众的广泛关注和讨论。正是因为这篇文章的发布，5月9日中午开盘后，尔康制药的股票放量跌停，公司当晚发布公告称将于次日开市起停牌核实相关报道。停牌后隔日，公司发表声明回应了媒体诸多质疑，否认存在财务造假行为。8月9日，证监会正式宣布对尔康制药展开立案调查。在停牌长达半年多后，尔康制药发布声明，称其2016年年度报告中财务上存在重大会计差错问题,需将净利润调减2.31亿元。2018年4月18日,在进行了8个多月的调查之后,湖南省证监局认定尔康制药2015年和2016年的年度报告均存在虚增营业收入与利润的情况,并对其采取了罚款60万元的处罚措施。

那么,这跌宕起伏如同过山车一般的剧情究竟是什么样的呢?尔康制药究竟是如何虚增营业收入和利润的呢?

一、公司简介

尔康制药成立于2003年10月,公司以药用辅料为主,成品药和原料药为辅,这3类产品齐头并进、综合性发展。公司的业务分布在全国30多个省市和自治区,在欧美国家和东南亚地区也有所涉及。公司在深交所于2011年9月27日正式挂牌上市,股票代码300267。凭借其优秀的业绩,公司荣获"上市公司百强""创业成长公司20强""全国医药上市公司前十强"等多项称号。

尔康制药的实际控制人为公司创始人、董事长帅放文(如表1所示)。公司前两大股东,排名第一的是帅放文,排名第二的是湖南帅佳投资股份有限公司,加起来占到总股比的56.99%。尔康制药共有18家子公司,具体股权结构如图1所示。

表1 公司实际控制人信息

实际控制人姓名	国籍	主要职业及职务
帅放文	中国	尔康制药创始人,于2003年创办公司。现在公司担任董事长一职,同时兼任湖南省辅料战略联盟副理事长、中国麻醉药品协会理事、湖南药学会中药天然药物专业委员会委员、美国药典委员会-东亚专家委员会委员

资料来源:尔康制药2016年年度报告

二、"业绩王"深陷"造假门"

(一)"业绩王"的辉煌业绩

在"造假门"发生前,尔康制药一直被市场誉为创业板的白马股,正是因为其业绩的亮眼表现。自2011年在深交所上市以来,尔康制药的净利润始终呈现大幅增长的

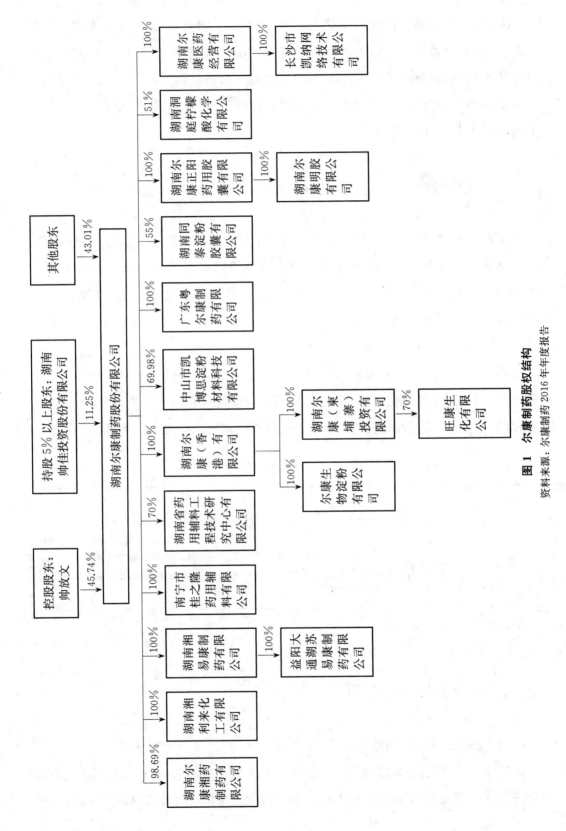

图1 尔康制药股权结构

资料来源：尔康制药2016年年度报告

趋势,从 2011 年的 1.18 亿元一举增至 2016 年的 10.26 亿元。根据公司年报披露的信息,以"造假门"发生时的最近 3 年为例,2014—2016 年,公司的净利润分别达到了近 2.9 亿元、6.1 亿元和 10.3 亿元,增幅分别高达 49.43%、109.71% 和 69.78%(如图 2 所示)。与稳步增长的业绩相对应,其上市以来股价也在不断走高。在 2017 年 5 月 10 日股票停牌前,公司的市值高达 236 亿元。

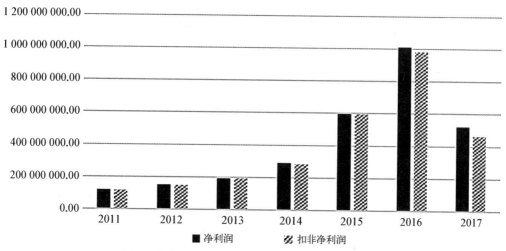

图 2 尔康制药 2011—2017 年经营业绩(单位:元)

(二)初遇质疑

尔康制药近年来的优秀业绩表现除了获得一片赞扬之声外,也引来了外界对它的一些质疑的声音。2017 年 5 月 9 日,金融微信公众号"市值风云"发布了文章《强烈质疑尔康制药涉嫌严重财务舞弊:中国海关喊你来对账了!》,颇为强势又充满吸引力的标题迅速将这个医药白马股公司推上了风口浪尖。这篇文章对尔康制药的质疑主要集中在以下几个方面。

1. 虚增利润

首先受到强烈质疑的,便是 2016 年为尔康制药实现了高达将近 6.2 亿元净利润的"年产 18 万吨药用木薯淀粉生产项目"。根据年报信息,这一项目是湖南尔康(柬埔寨)投资有限公司(以下称为"尔康柬埔寨")的重要生产项目。该公司的工厂所在地建在柬埔寨,于 2013 年成立,是尔康制药的子公司,业务范围包括生产和销售药用辅料,如乙醇和木薯淀粉等,以及进出口和代理药品以及医疗制药设备。从 2016 年年度财务报告中可以看出,尔康制药 2016 年最主要的利润来源便是这家子公司,它带来的高达 6.2 亿元的净利润,在尔康制药全部的净利润中占比达到 60.8%。而值得我们注意的是,这 6.2 亿元的利润都来源于"年产 18 万吨药用木薯淀粉生产项目"。

尔康制药在 2013 年 11 月公布了《关于使用部分超募资金投资建设药用木薯淀粉生产项目的可行性分析报告》。在报告中,这一生产项目预计"年销售收入为 5.328 亿元,年均利润总额达到 0.629 亿元(如表 2 所示)。年平均项目投资利润率是 31.5%,含 1 年建设期的投资回收期为 4.5 年,按收益期为 10 年来计算,财务内部收益率为 22.4%"。

表 2　项目预计经济效益分析　　　　　　　　　　　单位:万元

产　品	销售收入	利润总额
木薯淀粉	50 400	5 354
木 薯 渣	2 880	936
合　计	53 280	6 290

资料来源:《关于使用部分超募资金投资建设药用木薯淀粉生产项目的可行性分析报告》

而据尔康制药 2016 年的年报显示,这个项目在当期实现的利润为 61 560.67 万元,总投资收益率达到了 427.04%。这些数据远远超过可行性分析报告的预期,是当时预估出的利润总额的 9.79 倍,投资利润率的 13.58 倍。项目的投资、收益情况如表 3 所示。

表 3　项目 2016 年投资及收益情况

调整后投资总额(1)(万元)	本报告期投入金额(万元)	截至期末累计投入金额(2)(万元)	截至期末投资进度(3)=(2)/(1)	项目达到预定可使用状态日期	本报告期实现的效益(万元)
14 409.28	450.92	14 415.73	100.00%	2014 年 03 月 31 日	61 560.67

资料来源:尔康制药 2016 年年度报告

尔康制药官网的新闻声称这个生产项目"主要用途是作为原料提供给公司以生产淀粉胶囊"。而查询中国海关发布的统计数据后我们发现,中国从柬埔寨 2016 年进口的木薯淀粉的金额在整个进口榜上位列第三名。中国 2016 年 1—12 月从柬埔寨进口的木薯淀粉总共 30 936.5 吨,折合人民币大约是 7 234.11 万元。假设中国从柬埔寨进口的所有木薯淀粉全部来自尔康柬埔寨,也不过只有 7 200 多万元的营收,但 2016 年年报中给出的实际情况却是净利润达到了 6.2 亿元。这个数据只能说明,尔康制药这个项目所生产出来的产品,很大一部分并没有通过进口的方式进入中国,自然也就不会如新闻所称的那样,是卖给了尔康制药及用作原材料来制造淀粉胶囊。既然如此,我们不禁怀疑,这么多的淀粉究竟销往何方了?

表 4 尔康制药 2016 年海外销售情况

地 区	营业收入(元)	毛利率(%)	毛利润(元)
境外地区	560 868 316.09	77.33	433 719 468.8

资料来源:尔康制药 2016 年年度报告

根据表 4 所示,尔康制药 2016 年境外地区销售总收入只有不到 5.61 亿元,毛利润不足 4.34 亿元。按照上面的分析思路,如果假设这些在境外地区的销售额全部来源于这一特殊的木薯淀粉生产项目所生产出来的产品,中国 2016 年从柬埔寨进口的木薯淀粉又全部来自该项目,且进口贸易 7 234.11 万元的销售额及年报中的 4.34 亿元毛利润全部形成净利润,那么这一项目在 2016 年能够达到的净利润的最大值为 5.06 亿元,远低于 2016 年年报中披露的 6.15 亿元。

或者反过来推算。根据中国海关数据,中国 2016 年全年从柬埔寨进口的木薯淀粉总计 30 936.5 吨,根据 2016 年年底的汇率折合成人民币约为 7 234.11 万元,计算后可以得出木薯淀粉的进口单价约为 2 338.37 万元/1 万吨。这样算来,尔康制药 18 万吨药用木薯淀粉的总销售金额约为 4.2 亿元,即使销售净利率达到 100%,也只不过是 4.2 亿元的净利润,同样远低于 2016 年年报中披露的 6.15 亿元。

综上所述,尔康制药 2016 年年报中披露的 6.15 亿元净利润,其真实性和可靠性令人高度怀疑。

2. 虚构资产

接下来受到质疑的是尔康制药可能存在虚构固定资产的情况。从表 5 中可以看出,公司自 2014 年以来,固定资产的数量飞速增加。2014—2016 年,3 年间固定资产数额从 7.19 亿元涨至 17.69 亿元,年复合增长率高达 56.86%。其中,2015、2016 年两年涨幅惊人,分别增长了 7 亿元和 6 亿元之多。

表 5 尔康制药 2014—2016 年固定资产变动情况　　　　单位:元

年份 项目	2014	2015	2016
期末账面价值	718 834 269.04	1 276 609 140.05	1 768 742 210.34
本期增加额	490 150 875.45	705 596 421.82	601 324 056.46

资料来源:尔康制药 2014、2015、2016 年年度报告

而增加的这些固定资产中,大部分都是房屋及建筑物。尤其是2015年和2016年,通过在建工程转入的房屋及建筑物分别达到了5.61亿元和4.04亿元,两年合计转入了9.65亿元,如表6所示。

表6 尔康制药2014—2016年房屋及建筑物变动情况   单位:元

年份 项目	2014	2015	2016
期末账面价值	357 284 174.64	906 513 374.29	1 279 102 634.86
本期增加额	227 837 470.86	572 602 227.73	415 391 085.68
其中在建工程转入	129 953 762.24	560 921 460.09	404 470 688.32

资料来源:尔康制药2014、2015、2016年年度报告

除此以外,2016年年末的合并资产负债表中,尔康制药还有7.72亿元的在建工程尚未转入固定资产,如表7所示。

表7 尔康制药2016年在建工程情况

年份	期初余额(元)	期末余额(元)	期末余额占总资产比例
2016	197 996 431.68	772 034 322.51	13.66%

资料来源:尔康制药2016年年度报告

因此,从表6、表7中的数据我们可以看出,算上尚未转固的在建工程,尔康制药在两年内固定资产增加了接近20亿元,期末账面价值达到了25.41亿元。单纯的数字可能无法产生直观的感受,那么可以和另一家制药企业恒瑞医药进行对比。恒瑞医药是化学制药行业的一家龙头企业,也是该行业唯一一家市值超过千亿的企业。然而根据其2016年的年报,这家企业固定资产的期末余额约16.77亿元,在建工程的期末余额约7.97亿元,全部加起来也只不过24.74亿元(如表8所示),少于尔康制药的固定资产余额。

表8 恒瑞医药2016年固定资产及在建工程情况   单位:元

名称	2016年期末余额
固定资产	1 676 890 696.05
在建工程	797 050 959.86
合计	2 473 941 655.91

资料来源:恒瑞医药2016年年度报告

除了非正常的大额固定资产增加以外,尔康制药 2016 年缴纳的房产税数额也存在着与其房屋及建筑物账面情况不相符之处。2016 年营改增实施前,年报信息中尔康制药从未单独标明其房产税的缴纳金额,只是在管理费用这一科目的明细中登记了应缴税金的金额。而在这些税金发生额中,不仅有房产税,还涵盖有印花税和土地使用税等其他税费。2016 年全面实施营改增后,财政部发布了新的规定,要求把原来这些小税种全部在"税金及附加"项目下列报。根据这一规定的要求,在尔康制药 2016 年的年报中我们看到,2016 年 5—12 月,也即营改增实施的时点之后,尔康制药产生的房产税为 263.09 万元,而本年度前 4 个月的房产税额仍旧归类为管理费用,金额为 302.33 万元,如表 9 所示。这 302.33 万元的税额中,既包含有房产税,也包含有印花税和车船使用税等一系列的其他税种。换句话来说,整个 2016 年尔康制药所发生的房产税,最多也就是前 4 个月整个管理费用科目和后 8 个月单列的房产税项目的总和,即 565.42 万元。

表 9　尔康制药 2016 年房产税及管理费用情况　　　　　　　　　　单位:元

项　　　目	2016 年本期发生额
房产税	2 630 910.27
管理费用——税金	3 023 305.14
合计	5 654 215.41

资料来源:尔康制药 2016 年年度报告

而尔康制药 2016 年实际应缴纳的房产税金额很难从报表中看出。因为仅仅根据年报上的数据没有办法明确公司实际所拥有房产的具体金额到底有多少,能掌握的信息只有公司房屋及建筑物的总金额,但其中房屋占多少无法判断。因此,只能找一些与此相关的关键信息,对其 2016 年实际应缴纳的房产税金额进行估测。根据 2015 年和 2016 年年报信息,尔康制药有很多尚未办妥产权证书的固定资产,具体如表 10 和表 11 所示。

表 10　2015 年尔康制药未办妥产权证书的固定资产情况　　　　　单位:元

项　　　目	账面价值
倒班宿舍	15 037 541.17
固体车间	25 163 904.55
液体车间	18 190 309.27
工程技术研究中心办公楼	18 673 179.54

(续表)

项　　目	账面价值
长沙市浏阳河大道一段 588 号红橡华园	19 344 000.00
淀粉植物胶囊一车间	16 628 434.63
淀粉植物胶囊二车间	16 218 664.27
淀粉植物胶囊三车间	18 082 721.04
淀粉植物胶囊四车间	13 166 025.95
淀粉植物胶囊五车间	49 001 081.10
淀粉植物胶囊六车间	48 153 572.42
淀粉植物胶囊七车间	24 950 161.82
淀粉胶囊项目宿舍一	28 732 039.65
淀粉胶囊项目宿舍二	27 575 748.88
淀粉胶囊项目宿舍三	28 395 141.85
淀粉胶囊项目宿舍四	27 832 498.80
淀粉胶囊项目宿舍五	28 282 430.94
淀粉胶囊项目-办公楼	31 799 083.83
小计	455 226 539.71

资料来源：尔康制药 2015 年年度报告

表 11　2016 年尔康制药未办妥产权证书的固定资产情况　　　　单位：元

项　　目	账面价值
中盈广场 A 栋 101-401	77 825 000.00
粤尔康厂房	15 418 686.18
小计	93 243 686.18

资料来源：尔康制药 2016 年年度报告

刨去表 10、表 11 所列示的项目以外，尔康制药账面上还有价值 2 696.73 万元的投资性房地产，这几项的金额合计 57 543.75 万元。按照税法的规定，这种自建房遵循的是从价计征的原则，以房产的原值的 80% 为基数，乘以 1.2% 来缴纳税金。由此可以计算出，上述房产应该缴纳的房产税为 552.42 万元，已经非常接近估算出的最大值 565.42 万元。然而值得注意的是，上面这些公开数据仅仅是未办妥产权登记的房产，不会是公司总房产中的大部分，而且前面估算的房产税金额的最大值中还包含了 2016 年前 4 个月无法从管理费用科目内剥离的印花税和土地使用税等，因此尔康制药的实际房产数量应该远不及年报中披露出的金额所对应的数量。想要佐证这个猜想,还可以用2015年尔康制药房产税的情况进行类比。公司管理费用项目中,税金2015年的发生额仅426万元,除了房产税以外,还包含了印花税和土地使用税等一系列税种。可是当年年报中披露的光是尚未办理好产权登记的房产金额就有约4.6亿元,据此计算出的房产税已经达到了437万元,已然是超过了税金科目的实际发生额。那么那些已经办理了产权登记的房产所缴纳的房产税又在何处呢?同理也可推论,尔康制药2016年的实际房产金额与房产税发生额之间也存在不相符的情况。

综上所述,有理由认为,尔康制药实际拥有房产的数量和金额少于年报中披露出来的数据,存在着严重虚构资产的可能性。

另外,一般来说根据公司管理的要求,固定资产的购入需要执行公开的招标采购流程。而从前面的分析数据中可以了解到,尔康制药2015—2016年进行了约20亿元的固定资产投资,正常来说应该有大量的公开招标信息。但是浏览公司网站,只能找到3个公开披露的招标新闻,且公布出的这3个建设项目也并非非常重大的项目。因此,从这个信息透露出的证据来看,尔康制药数十亿元的固定资产投资与之具有极大的不匹配性,其真实性令人怀疑。

(三)一石激起千层浪

1. 隐瞒关联交易

在自媒体"市值风云"于2017年5月9日发布了对尔康制药的质疑文章后,舆论一片哗然,对尔康制药其他方面进行质疑的文章纷至沓来、层出不穷。5月23日,网易清流工作室又发布文章,质疑尔康制药与下游经销商SYN PHARMATECH INC.(以下称为"SYN公司")公司之间存在关联关系,但在年报中对这件事有所隐瞒。

文章称,自2013年宣布投产淀粉业务以后,尔康制药便没有再披露公司排名前五的大客户的名称。面对各方询问,尔康制药数次以涉及商业机密为由拒绝透露。通过查询进出口记录、与接近尔康制药的核心信源的访谈以及实地走访调查发现,尔康制药的核心产品"淀粉及淀粉胶囊系列"在加拿大的下游经销商SYN公司,也即公司年报中唯一披露过的该核心产品的重要客户,一方面从尔康制药采购"软胶囊改性淀粉"至加拿大,另一方面又将产品运输回了中国境内,销售给了同样在中国的江西睿虎化工有限公司。

2. 股东精准减持

另一个遭到很多质疑的就是尔康制药股东帅放文及其一致行动人精准减持股票

的问题。2016年12月7日，尔康制药发布了《关于控股股东、实际控制人及其一致行动人股份减持计划的提示性公告》，如图3所示。

> 公司控股股东、实际控制人帅放文先生及其一致行动人曹再云女士合计持有公司股份957 803 022股，持股比例为46.49%，计划以大宗交易的方式，自本公告之日起两个交易日后六个月内，拟减持不超过199 000 000股公司股份，即不超过公司总股本的9.66%。

图3　股份减持公告

公司于2017年5月10日接到了减持计划实施完毕的通知。具体股份减持情况如表12所示。

表12　尔康制药股东减持股份情况

股东姓名	减持方式	减持时间	减持均价（元）	减持股数（股）	减持比例（%）
帅放文	大宗交易	2017年5月5日	11.93	1 671 000	0.081 0
帅放文	大宗交易	2017年4月28日	11.93	86 000 000	4.169 5
		2016年12月19日	12.64	3 450 000	0.167 3
		2016年12月16日	12.37	4 000 000	0.193 9
曹再云	大宗交易	2016年12月15日	12.02	3 000 000	0.145 4
		2016年12月14日	12.35	3 000 000	0.145 4
		2016年12月13日	12.62	2 009 016	0.097 4
合计				103 130 016	4.999 9

资料来源：尔康制药关于控股股东、实际控制人及其一致行动人减持计划实施完毕的公告

两位股东在减持前后的持股情况如表13所示。

表13　股东减持前后持股情况

股东姓名	股份性质	减持前股份		减持后股份	
		股份数（股）	占总股本比例（%）	股份数（股）	占总股本比例（%）
帅放文	持有股份数	942 344 006	45.687 1	854 673 006	41.436 6
	其中：有限售条件股份	706 758 004	34.265 3	620 758 004	30.095 8
	无限售条件股份	235 586 002	11.421 8	233 915 002	11.340 8

(续表)

股东姓名	股份性质	减持前股份		减持后股份	
		股份数（股）	占总股本比例（%）	股份数（股）	占总股本比例（%）
曹再云	持有股份数	15 459 016	0.749 5	0	0
	其中：无限售条件股份	15 459 016	0.749 5	0	0

资料来源：尔康制药关于控股股东、实际控制人及其一致行动人减持计划实施完毕的公告

有媒体质疑称，尔康制药股东减持这一行为的时间线太过精妙。2017年4月21日，尔康制药发布了2016年年报，年报中披露2016年取得的净利润为10.26亿元，同比2015年增长了69.7%。年报发布的当天，尔康制药股价飘红，收于13.17元/股。短短几天之后，4月28日和5月5日，尔康制药相继集中发布关于帅放文和曹再云减持公司股票的提示性公告。5月5日当天，公司股价微跌，收于12.88元/股。停牌前的最后一天，即5月8日，尔康制药的收盘价为12.73元/股。而2017年11月23日，也即复牌首日，尔康制药股票就呈现巨量跌停板，股价仅收于10.31元/股。5月10日，已经开启打着"保护中小股东利益"口号的停牌之旅的尔康制药发表公告，称帅放文和曹再云减持计划已经实施完成。那么，实际上减持人最多于5月8日交易时间截止前就已经完成了减持的实施。帅放文及妻子曹再云最终实际减持了公司股份的4.999 9%，套现总额达到约12.37亿元。避开了本次"造假门"事件的4.999 9%减持比例和恰好在停牌前完成减持套现的时间节点，不可不谓之精准减持。

三、自查认错一波三折

（一）回应质疑，否认造假

"市值风云"自媒体发布了质疑文章后，尔康制药的股票在2016年5月9日下午开盘后，受利空消息影响，股价在成交量大幅增加的情况下仍迅速跌停。5月10日尔康制药开始停牌并着手开展内部自查工作。5月11日上午，深交所向公司下发了关注函问询，要求其针对媒体质疑的问题给出解释和说明。

2016年5月12日，尔康制药召开了年度股东大会。公司大股东兼董事长帅放文在股东交流环节针对网上流传的质疑文章做出了回复，称："第一，尔康制药的财务数

据全部是由会计师事务所进行了严格审查的,都是真实且有效的,没有财务舞弊行为;第二,截至目前,中国海关并没有像文章里说的那样叫我们去对账;第三,公司将会在必要时拿起法律武器捍卫自己的合法权益,同时也是捍卫各位中小股东的合法权益。目前,公司已经针对媒体提出质疑的相关内容,逐条进行了回应,并将回应文件及相关资料提交给了监管部门,在收到他们的批准回复之后,将在国家正规的媒体平台予以披露。"

针对"市值风云"及各个媒体报道的对尔康制药的六大质疑,帅放文一一做出了解释:

质疑一:尔康柬埔寨被认为存在利润造假行为。这家公司设立于2013年,公司所在地位于柬埔寨,主营业务有:木薯淀粉和乙醇等药用辅助材料的生产和销售;药品和医疗制药设备的进出口以及代理。大家质疑的关注点在于其2016年取得了近6.2亿元的净利润,在尔康制药总净利润额的占比达到60.79%,而这一利润主要源于"年产18万吨药用木薯淀粉生产项目"。

回应:通过持续不断的研究和实验,公司最终选择在柬埔寨生产,因为柬埔寨的气候条件所生产出来的木薯,其性能优于其他地区,制作出来的淀粉胶囊质量更好。而尔康柬埔寨的销售数据是由普通木薯淀粉销售数据和改性淀粉销售数据两部分组成。这其中,普通木薯淀粉的主要用途是作为原料用于制造改性淀粉。

质疑二:尔康柬埔寨的药用木薯淀粉生产项目盈利极高,远远超过了预期。2016年当年,相较于可行性分析报告,其实际取得的净利润是估算利润的9.8倍;总投资回报率更是达到了惊人的427%,是估算的投资回报率的13.58倍。

回应:2013年的可行性分析报告是基于当时的效益来预测的,现在仍采用这个数据来计算投资回报率是不科学不严谨的。因为在2013年投资时,公司对改性淀粉的研究和开发还没有完全成功,当时的回报率是参考普通木薯淀粉往年的生产规模和销售利润来测算的。2014年改性淀粉的研究开发成功后,其毛利率相当高,可以做到90.99%。2016年,改性淀粉的营业收入为6.96亿元,支撑起了尔康柬埔寨绝大部分的销售收入。而普通木薯淀粉的生产量只有1.094万吨,主要用途是为生产改性淀粉提供原料,获得了6 331.07万元的毛利润。所以尔康柬埔寨的利润额并非如同质疑中所说的那样,全部来自普通木薯淀粉,而是绝大部分由改性淀粉所产生。

质疑三:根据中国海关的数据信息,中国2016年从柬埔寨进口的木薯淀粉的数量为 30 936.5 吨,按照 2016 年 12 月 31 日的汇率,金额折合人民币约 7 200 万元。这样一来可以看出,尔康制药这一项目的绝大多数产品可能是运往海外销售了,而没有进口到中国境内。即使假定这 7 200 万元销售收入的利润转化率为 100%,也无法与年报中披露境外销售盈利情况相匹配。

回应:尔康柬埔寨所产生的利润并非来自普通木薯淀粉,而是源于新研究开发出的改性淀粉。在海关那里,新型改性淀粉和普通木薯淀粉实际上采用的是两个不一样的产品编码。质疑文章中采用的是错误的产品编码,因而查询到的海关数据也是不正确的,所以得出的结论自然有误。

质疑四:尔康制药 2014—2016 年的固定资产增幅较大且增速较快,除去在建工程以外,固定资产的金额从 7.19 亿元增至 17.69 亿元,在这些固定资产中,房屋建筑物的占比从 49.7% 涨至 72.3%。甚至和同行业的龙头公司相比,尔康制药拥有的固定资产金额也毫不逊色。

回应:2014—2016 年增长的固定资产中,从在建工程转入的占了绝大部分,在后期即将公布的年报和对此次事件的解释公告里会对这些数据做出详细的说明。

质疑五:公司房产税发生额与披露的房产应缴纳的房产税额不相符。

回应:根据柬埔寨现行的法律法规,房产税的征收对象为市级以上地区的房产,尔康制药共计有 47 886 平方米的房屋不符合这个条件,不征收房产税。除此以外,另有 32 033.9 平方米的房产是公租房,免予征收房产税。子公司当中也有 15 650 平方米的房产,由于种种原因可以享受免征房产税的税收优惠政策。因此,仅根据缴纳房产税的数额这样表面的数据,就断定公司的固定资产金额存在虚构情况,会造成误导投资者的严重后果。

质疑六:在被怀疑公司存在财务舞弊问题之前,公司的实际控制人大额精准减持了公司股票。

回应:减持是为了增加公司股份的流动性,因为之前已经收到市场的反映意见,认为大股东一股独大;此次减持后所获得的资金,之后会用于处理公司日常业务以及投资和并购等项目。而受到国家短线交易规则的限制,帅放文近 6 个月内不允许再增持公司股票,但 6 个月之后不排除有择机增持的可能。

(二)立案稽查,业绩变脸

2017 年 8 月 9 日,尔康制药发布公告表明其已经收到了中国证券监督管理委员会对公司的《调查通知书》。公告的具体内容如图 4 所示。

> 证券代码：300267　　证券简称：尔康制药　　公告编号：2017-065
>
> **湖南尔康制药股份有限公司**
> **关于收到中国证券监督管理委员会调查通知书的公告**
>
> 本公司及董事会全体成员保证公告内容的真实、准确和完整，对公告的虚假记载、误导性陈述或者重大遗漏负连带责任。
>
> 湖南尔康制药股份有限公司（以下简称"公司"）于2017年8月8日收到中国证券监督管理委员会（以下简称"证监会"）下发的《调查通知书》（编号：湘稽调查字0607号）。调查通知书内容为：因公司涉嫌信息披露违法违规，根据《中华人民共和国证券法》的有关规定，证监会决定对公司进行立案稽查。
>
> 在调查期间，公司将积极配合中国证监会的调查工作，并将严格按照相关要求履行信息披露义务。目前，公司经营状况正常。
>
> 公司指定的信息披露媒体为巨潮资讯网（http://www.cninfo.com.cn），公司所有信息均以在上述指定媒体刊登的信息为准，敬请广大投资者理性投资，注意投资风险。
>
> 特此公告。
>
> 湖南尔康制药股份有限公司
> 董事会
> 2017年8月9日

图4　尔康制药关于收到证监会调查通知书的公告

次日，尔康制药发布公告，修正了《2017年半年度业绩预告》。预告中提示投资者将要对公司2017年上半年的净利润做调减处理，净利润的下降幅度约为25%。具体的修正内容如表14和表15所示。

表14　2017年半年度业绩预告

项　目	本　报　告　期	上年同期
归属于上市公司股东的净利润	比上年同期变动：0.00%—15.00% 盈利：52 706.37万元—60 612.33万元	盈利：52 706.37万元

资料来源：尔康制药2017年半年度业绩预告

表 15　修正后的 2017 年半年度业绩预告

项　目	本　报　告　期	上年同期
归属于上市公司股东的净利润	比上年同期变动：−25.00%—0.00% 盈利：39 529.78 万元—52 706.37 万元	盈利：52 706.37 万元

资料来源：尔康制药 2017 年半年度业绩预告修正公告

（三）会计差错还是财务造假

2017 年 11 月 22 日晚间,在停牌自查长达半年多之后,尔康制药发布了《关于对前期会计差错更正的公告》,宣布 2016 年公司财务报告出现了重大会计差错,当年的净利润将调减 2.31 亿元。公告的具体内容如图 5 所示。

> 一、 2016 年度会计差错更正原因
> 1、2016 年度,公司从子公司内部采购备货未实现销售部分在合并报表时中未进行合并抵销会计处理,应调减营业收入 229 315 853.50 元,调减营业成本 20 334 723.32 元,调减利润 208 981 130.18 元。
> 2、公司负责国际销售部门未及时将销售退回及其后续处理的期后事项告知公司总部,导致财务部未按企业会计准则中对于销售退货的原则进行处理,2016 年度财务报表应调减营业收入 25 759 338.34 元,调减营业成本 2 486 019.72 元,调减应收账款原值 12 236 868.00 元,调减应收账款坏账准备 1 223 686.80 元,调减利润 22 049 631.82 元,调增应付账款 11 036 450.62 元。

图 5　尔康制药 2016 年度会计差错更正原因

尔康制药将此次虚增营业收入及净利润的行为定性为一次会计差错,公司给出的公开理由是"在日常生产经营活动中,公司人员的内部控制意识明显不足,原本制定出来的内部控制制度没有得到有效执行,因而才产生了收入确认行为的不规范,出现了重大会计差错等一系列的问题",认为公司内部控制制度执行的有效性存在以下两项缺陷:"1. 公司近年来持续增加对普通淀粉及改性淀粉等新型业务的投入,同时境外业务保持持续增长,在转型发展的过程中精细化管理水平未得到有效提升,母公司与境外子公司之间,以及公司业务、财务等各部门间的内部信息存在未能及时、准确传递的情形。2. 公司内部审计部门未能充分发挥作用,没有及时发现部分新型业务开展过程中存在的内部控制缺陷和异常事项,没有做到及时向董事会和审计委员会以及监事会进行报告,导致公司内部审计部门存在未能充分履行沟通、监督和核查职能的情形。"

除了解释了公司未进行合并抵销会计处理和未进行销售退回的原因之外,自查公

告再一次以书面文件的形式回应了之前各家媒体对尔康制药的种种质疑。公告详细列示了所需的相关数据,否认了尔康制药与SYN公司存在关联关系,解释了改性淀粉的高收益问题、海关进口数据问题、固定资产增长规模问题、房产税问题以及固定资产及在建工程项目招标问题,并针对自查出的问题提出了4点整改计划,为消除该事项及其影响提出了包括优化公司治理结构、强化内部风控建设等在内的5项具体措施。

(四)顶格处罚,天价赔款

2018年4月25日,尔康制药公布了《关于前期会计差错更正的公告》,对前期差错事项的原因进行了详细阐述,并对此进行了相关的差错更正会计处理,追溯调整了相关的财务数据,说明了前期差错更正措施的实施对财务状况以及经营成果所造成的影响。

具体导致差错事项出现的原因为:

(1) 2015年度公司本部通过第三方供应商,间接向子公司尔康柬埔寨的客户采购生产空心胶囊用的改性淀粉,涉及的营业收入金额为1 805.89万元,成本金额为219.92万元。截至2015年末,前述改性淀粉尚未投入生产使用并实现对外销售。公司未在合并财务报表层面将上述交易及未实现内部交易利润进行合并抵销,导致营业收入和营业成本分别虚增1 805.89万元与219.92万元,虚增净利润1 585.97万元,不符合企业会计准则的相关规定。

(2) 2016年度公司本部通过第三方供应商,间接向子公司尔康柬埔寨的客户采购生产空心胶囊用的改性淀粉,涉及的营业收入金额为22 931.59万元,成本金额为2 033.47万元。截至2016年末,前述改性淀粉尚未投入生产使用并实现对外销售。公司未在合并财务报表层面将上述交易及未实现内部交易利润进行合并抵销,导致营业收入和营业成本虚增22 931.59万元和2 033.47万元,虚增净利润20 898.11万元,不符合企业会计准则的相关规定。

(3) 2016年度公司向SYN公司销售改性淀粉387.94万美元(折合人民币2 575.93万元),由于与最终客户的要求存在质量差异,经协商后,公司同意SYN公司自行处置该部分货物,并由公司承担相应损失。SYN公司于2017年4月处理完毕该批货物。但公司负责处理该事项的国际销售部门没有做到及时将SYN公司的销售退回事项及其后续处理结果等报告期后事项上报公司总部,导致公司财务部门在2016年度没能对上述事项作为期后销售退货进行会计处理,营业收入和营业成本分别虚增2 575.93万元和248.60万元,虚增净利润2 327.33万元,不符合企业会计准则的规定。

(五) 其他

因上述事项进行追溯调整,相应影响应收账款计提的坏账准备金额和外币财务报表折算差异,影响净利润117.13万元,影响其他综合收益-98.83万元。

2018年6月13日,尔康制药收到了湖南证监局下发的《行政处罚决定书》。公司2015年和2016年总的虚增收入和净利润如图6所示。

> 综上,尔康制药2015年年度财务报表虚增收入18 058 880.00元,虚增净利润15 859 735.04元,占当期合并报表披露营业收入1 755 998 915.76元的1.03%,披露净利润604 578 672.02元的2.62%。2016年年度财务报表虚增营业收入255 075 191.84元,虚增净利润232 254 448.80元,占当期合并报表披露营业收入2 960 896 815.03元的8.61%,披露净利润1 026 434 494.30元的22.63%。

图6 证监局查明的尔康制药虚增营业收入及净利润的数额

公司具体涉嫌违法的事实内容如图7所示。

> 经查明,当事人存在以下违法事实:
>
> 一、2015年,尔康制药全资子公司湖南尔康(香港)有限公司(以下简称尔康香港)将从另一全资子公司湖南尔康(柬埔寨)投资有限公司(以下简称尔康柬埔寨)购入的200吨改性淀粉通过广州某食品公司、上海某实业公司等中间商间接销往尔康制药,为此尔康香港确认营业收入18 058 880.00元,确认净利润15 859 735.04元。
>
> 二、2016年,尔康香港将从尔康柬埔寨购入的1878吨改性淀粉通过广州某食品公司、上海某实业公司等中间商间接销往尔康制药,为此尔康香港确认营业收入229 315 853.50元,确认净利润208 981 130.18元。
>
> 尔康制药从全资子公司全额现款购入原料不具有商业合理性,商品所有权上的主要风险和报酬没有发生转移,相关经济利益没有实际流入,商品的实际控制权没有发生转移。尔康香港的会计处理不符合现行《企业会计准则第14号—收入》的规定,上述经济业务不应确认为销售收入。
>
> 三、尔康制药全资子公司尔康柬埔寨存在216吨改性淀粉销售退回未确认,虚增营业收入25 759 338.34元,虚增净利润23 273 318.62元。2016年,尔康柬埔寨销售给加拿大S公司改性淀粉一批,客户提出产品存在均一度指标不达标,要求退货,在得到同意补偿损失的口头承诺后,2016年12月,加方将其中216吨低价处理,尔康制药对销售退回未做账务处理。
>
> 企业已经确认销售商品收入的售出商品发生销售退回时,应当在发生时冲减当期销售商品收入。尔康制药的会计处理不符合《企业会计准则第14号—收入》第九条的规定。

图7 证监局查明的尔康制药涉嫌违法的事实

湖南证监局依据《证券法》的相关规定,对尔康制药做出了相应的处罚决定,如图8所示。

> (一)对尔康制药责令改正,给予警告,并处以60万元罚款;
> (二)对直接负责的主管人员帅放文、刘爱军给予警告,并分别处以30万元罚款;
> (三)对其他责任人员王向峰、杨海明、帅友文、帅瑞文、高振亚、张曲曲给予警告,并分别处以10万元罚款;
> (四)对其他责任人员王健、许中缘、左田芳、罗琅、周伏军、陈文献、李义国给予警告,并分别处以3万元罚款。

图8　湖南证监局对尔康制药的处罚情况

从证监局的处罚公告中我们看到,尔康制药主要是利用合并报表时未予抵销关联交易产生的内部销售交易利润,以及销售之后又进行销售退回等手段,实现了虚增营业收入及净利润的目的,破坏了市场的正常秩序,最终给投资者造成了严重的损失。

尔康制药面临60万元的顶格处罚金,足以证明违法情节之严重。而事实上,区区60万元的罚金根本不足以对公司形成有效惩戒。只有投资者勇敢地拿起法律武器保护自己的合法权益,对其依法进行合理索赔,才会对公司产生实质上的影响。根据司法解释,符合索赔的条件为投资者是在2016年4月6日至2017年8月9日期间买入尔康制药的股票,并在2017年8月10日公司股票复牌后继续持有或卖出股票的。根据尔康制药的交易量以及相应市值进行测算可知,其面临的可能将会是一笔天价赔款。

四、尾声

尔康制药在2017年11月22日晚间发布了会计差错更正公告,紧接着,其股票于23日复牌,随后便遭遇了连续下跌,给投资者带来了非常严重的损失。12月5日,帅放文在接受央视采访时,对投资者表达了自己深深的歉意。他表示,由于能力和水平有限,对各种规章学习不够,造成了广大投资者的重大损失,给行业和社会带来了极坏影响,他感到十分痛心。公司日后将充分吸取这一事件的教训,引以为戒,进一步提高规范意识,加强内部治理和对信息披露的管理,更加严格地按照法律法规的要求,真实、准确、完整、及时地履行信息披露义务。帅放文同时表示,将痛下决心,做好产品,抓好管理,把公司的效益做好,用未来的实际行动来改正这次犯下的过错,回馈投资者。对于投资者的损失,帅放文在采访中承诺,将会尽自己最大的努力去赔偿给投资者造成的损失,即便是要拿出自己的全部身家也在所不惜。

截至 2019 年 3 月 8 日,尔康制药共发布《关于涉及诉讼事项的公告》9 篇,半年多的时间内,公司总共陆陆续续收到了 735 名投资者的起诉,投资者的诉讼理由皆为"证券虚假陈述责任纠纷",要求尔康制药就这一事件中的披露违法行为承担相应的民事赔偿责任,总诉讼金额达到 4.19 亿元。这些诉讼目前为止尚未开庭审理,尔康制药表示将会积极配合、妥善处理。在诉讼审理结束之前,这些诉讼案件对尔康制药的本期利润数或期后利润数的影响仍存在着不确定性。

(执笔人:伍蓓;指导老师:毛丽娟)

企业并购

QIYE BINGGOU

天翔环境海外创新并购融资之路

适用课程： 企业并购　财务管理理论与实务

编写目的： 通过本案例的教学和讨论能够引导学生学习并掌握财务管理中公司并购与融资相关问题。结合对本案例的描述能够帮助学生了解企业在融资道路上遇到融资渠道窄、融资成本高等融资困难时，如何通过设立并购基金这一创新融资方式来实现其融资目的，并了解上市公司通过创立并购基金进行资产收购的措施和特征以及这种方式融资收购对公司财务绩效的影响。

知 识 点： 企业并购融资方式　并购基金概念及运行模式　并购基金收购风险

关 键 词： 并购基金　创新融资　风险管理

案例摘要： 当前是资源整合的并购时代，如果仅仅靠上市公司内部发展，有时会错失市场机遇，因此，通过并购快速做大做强成为很多公司的选择。如何选择好的并购标的，并找到合作伙伴参与联合收购以化解资金不足的难题也是一个重要问题。针对这一"痛点"，上市公司与私募股权投资（以下称为"PE"）合作，能大大提升并购效率。本案例通过天翔环境2015年的一次外延式并购揭示了上市公司究竟如何借助创立并购基金的方式实现与PE的合作，以提升并购效率，以及采用这种融资方式进行并购之后对公司的财务绩效又会产生怎样的影响，这种创新并购融资方式背后又存在着怎样的风险等内容。

2015年5月1日，成都天翔环境股份有限公司（以下称为"天翔环境"）发布公告宣布收购美国Centrisys Corporation（以下称为"圣骑士公司"），而当时天翔环境的现状却是自有资金不足、负债水平高，无法进行债务融资。在面对如此重重的融资困难时,天翔环境究竟是如何实现对美国圣骑士公司的收购呢?

一、案例背景

(一)公司背景介绍

2001年12月21日,天翔环境在四川省成都市成立,并且在2014年于深交所创业板成功实现上市。天翔环境一开始的名称为天保机械制造有限公司,很显然它的业务内容是机械制造,之后借着其主营业务成为所在地区一家规模和实力都为世人所熟知的传统机械制造企业。2008年7月,天保机械制造有限公司变更了企业性质成为股份制企业。公司主要生产的产品为分离机械等设备和水轮发电机组设备,以及整合了公司优质资源向市场重点推广的分离设备与水电设备,合作的客户分布于全国20多个省市和国外10多个国家。2016年1月5日,天保机械制造有限公司更名为成都天翔环境股份有限公司,同时主营业务内容也变更为大型节能清洁能源设备的研发生产以及后续一系列的销售,该设备包含分离机械系列设备和水轮发电机组设备。

在国家加快生态文明建设的背景下,公司充分发挥在先进装备制造方面的优势和国际化整合优势。通过采用自主创新、并购、战略联合、外延式扩张等方式,从市政水处理、污泥处理产业链延伸至含油污泥、压裂返排液等油气田环保领域和乡镇污水处理、餐厨及有机废弃物处置、环境监测等环保战略新领域。

圣骑士公司同样是一家环保设备制造商公司,早在1987年4月28日便成立于美国。圣骑士公司主要是为天翔环境这种主营业务内容类似的企业以及该产业链的前端设备制造商提供和设计一些其所需要的辅助设备,例如污泥增厚和助脱水设备、离心机系统,两者在业务上的联系度非常高。另外圣骑士公司处置污泥的技术在世界上都具有领先的地位,其工艺堪称"零耗能",是行业内非常成熟的一家企业。

(二)再融资新规的出台

2006年起实施的上市公司再融资制度,在增进社会资本的形成以及支持实体经济发展等方面发挥了重要作用。但因为市场环境发生变化,再融资制度也出现了一些问题,比如非公开发行背景下容易在制定价格方面存在较大的可操作性的获利空间,从而滋生一系列的相关问题,另外也可能造成再融资的构成过于单一而导致不平衡等。2017年颁布的再融资新政的重点则在于以下3点。

一是坚持服务实体经济，积极配合供给侧改革，帮助产业转型和调整经济结构，疏导资金流向实体经济最需要的地方。二是坚持疏堵结合的原则，将中小投资者的合法权益作为打击行动的出发点，堵上当前市场上存在的不正当谋取私利的监管漏洞，同时也可以减少一些市场上不法行为而形成的泡沫经济。三是坚持稳中求进原则，任何新规都不是对老规的彻底否定，取其精华去其糟粕，在老规合理性部分的基础上慢慢推行新规，从而使市场变得更有秩序。

以上新规内容严格规范了不法融资和非正当套利行为，这对当前发展战略急需扩张以及提高业绩但现金流并不充裕的上市公司而言具有非常重大的意义，对在此之前步步为营的并购风格也存在着不小的影响。创新并购融资方式的迫切性慢慢成为民营企业都需要关注的问题。

二、天翔环境融资并购过程

天翔环境为了转型后可以做大做强自身的环保业务，需要不断拓展线上线下产业布局，并大幅提升产品产值与产能，以扩大公司在产品制造方面的成熟装配生产线的优势，最终实现公司产品在国内的市场份额和竞争力的提升。虽然现在融资的条件审查越来越严格，但还是不能停止并购的步伐，相反更应该主动去寻求一条符合自身条件的并购融资之路。放眼全球，圣骑士公司制造的与环保工程相关的设备工艺技术在全球占据一席之地，代表了同行业的全球领先水平，其客户类型不管是政府部门还是大型国企以及中小私企均有所涉及。与此同时世界各地都可以发现圣骑士产品的痕迹。因此，选择并购圣骑士公司是天翔环境并购扩张道路上的首要抉择，可以同时收获设备技术和行业声誉，为自身接下来的战略扩张和市场影响力的增加做好铺垫。

（一）成立并购基金

2015年2月9日，天翔环境使用自有资金3 000万元与东证融成资本管理有限公司（以下称为"东证融成"）共同设立了东证天圣环保产业并购基金，用于收购海外优质环保企业，投资侧重行业整合。在确定好了收购目的后，圣骑士公司很快成为天翔环境愿意用这份基金来实现既定战略的收购对象。这是一种"PE过桥"的海外并购新模式，其中作为"桥梁"的PE主要由东北证券旗下的公司出资组成。而另外表示有意愿参与到天翔环境此次定向增发的投资者中，很多都与帮助天翔环境上市的证券公司东北证券有着一定"关联度",这也降低了天翔环境并购的融资难度。

天翔环境出资3 000万元,并购基金的份额由东证融成负责销售给特定的投资者,东证融成联合其他投资者出资4.7亿元,基金规模为5亿元,存续期3年。其他的投资方主要有长城国融、天风证券、光大资本、东海瑞京-瑞龙11号等。另外东海瑞京-瑞龙11号由特定投资者直接独立出资设立,包括游族网络的原实际控制人王安邦、伟星股份董事长章卡鹏和副董事长张三云以及东北证券前任副总裁宋德清等,这些人之间也都是有些渊源的。

并购基金成立后,东证融成就一直在筛选符合天翔环境发展要求的国内外环保产业,针对天翔环境的业务发展方向建立了项目备选库,进行项目备选和尽职调查。此时天翔环境偶然得知,与其有过长久合作的美国圣骑士公司正好有出售的意愿。最终天翔环境由东证融成委派,由投资总监、行业研究员、注册会计师和律师等专业人员组成的尽职调查团队,对此次并购的标的公司进行了调查与分析,并购标的为美国圣骑士公司80%股权和圣骑士地产100%股权,天翔环境另外聘请信用中和、中企华等专业的中介机构对此次海外并购进行评估和审计,并购标的估值分别为6 240万美元、850万美元,共计7 090万美元。为了实现对圣骑士集团资产的彻底处置,天翔环境一并完成了对圣骑士房产公司的收购。因为圣骑士公司生产经营所使用的土地以及厂房产权都在圣骑士房地产公司名下。如果仅收购圣骑士公司,那么在以后经营方面会出现较多的问题。同时圣骑士房地产公司的股权结构与圣骑士公司均为德籍自然人Michael Kopper占50%股权和瑞士企业ABG Holding AG占50%股权,这样同时并购圣骑士公司及其房地产公司在手续操作上可以减少很多工作量,也算是一举多得的做法。

(二)确定并购基金模式

并购基金模式,即"PE+上市公司"的合作并购模式。当前上市公司参与设立并购基金主要有三大模式:成立有限合伙公司、成立有限责任公司和专项资产管理计划。在多数情况下,当并购基金为合伙人制时,上市公司和外部投资人均为有限合伙人,而PE则是普通合伙人。在此类并购基金真正运行过程中,PE通常负责运作并购基金、筛选调查项目等工作,并收取1%—2%的顾问费及管理费。在并购基金完成对并购标的投资后再将相应资产转让给上市公司。而天翔环境此次选择的并购基金模式便是以上所述的有限合伙公司模式。

其中天翔环境借助自有资金在该并购基金中出资3 000万元,成为并购基金的有限合伙人,同时依据其相应的出资额对基金的债务方面承担相应比重的责任。

东证融成通过并购基金的私募销售筹资,最终出资4.7亿元,成为并购基金的普通合伙人和事务执行人对债务承担无限责任。

一般的有限合伙公司模式的并购基金,普通合伙人作为执行事务人,一般出资额只占并购基金总额的1%—2%。而东证天圣基金在这方面则有着自己的独特性,和其他相同模式的并购基金不同,在东证天圣基金中,普通合伙人作为基金的执行事务人不仅要负责基金之后的运作管理以及一些投资方面的决策,还需要负担94%的出资额。这不同于其他并购基金的独特性直接缓解了天翔环境独自融资的压力,以较少的资金参股并购基金,直接获得了充足的海外并购基金,节省了融资时间的同时也为后续的融资提供了时间。此外,东证天圣合伙企业以合伙协议为基础来进行公司运作,灵活度高,投资人和基金管理人可以共同商定协议内容,保持双方极大程度的协调,约定相应的责任和义务。

(三) 投后管理及项目退出

天翔环境在完成并购后在基金管理人的选择上,也不同于一般直接采用PE承担管理人的角色,而是由出资双方的天翔环境和东证融成的合资公司——东证天圣股权投资基金合伙企业,来管理基金以及后续的海外并购。这种结构的设计使得共同基金管理人对基金整个运作过程中一开始的投资决策以及在完成投资以后的管理等方面拥有了较高的话语权,从而使民营企业和私募股权基金双方的利益有机结合,一定程度上避免了双方在利益上的冲突风险。

此外,并购基金在海外并购的交易设计中也起着桥梁作用。如图1所示,在此案例中并购基金首先在国内成立了子公司成都圣骑士环保科技有限公司,从组织上保证了天翔环境可以全面参与整个交易。然后天翔环境筹资直接回购并购基金所持子公司成都圣骑士环保公司来实现对圣骑士的并购。

这种多层SPV[①]的交易设计实现了并购基金在并购交易层面上的创新,使天翔环境的海外并购成为国内并购。由东证天圣并购基金的境外子公司来完成对并购企业的收购,首先,有利于避免国外的一些政策和法规限制,降低并购的政治风险。其次,多层SPV保证了交易过程中企业的高股权的控制,有利于保证交易的完整性。再

---

① SPV(Special Purpose Vehicle):在证券行业,SPV指特殊目的的载体,也称为特殊目的机构/公司,其职能是在离岸资产证券化过程中,购买、包装证券化资产和以此为基础发行资产化证券,向国外投资者融资。

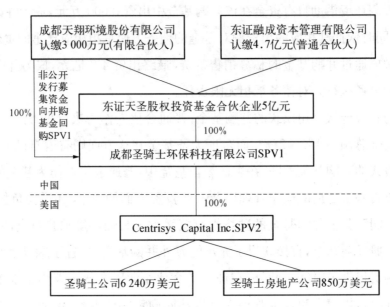

图 1　天翔环境收购圣骑士交易框架图
资料来源：公司《2015年非公开发行股票预案》

次,并购基金在设立之初规定了退出方式和回购方。最终,天翔环境收购并购基金境内子公司,真正实现了对圣骑士集团的收购。

(四)增发融资回购圣骑士

在借助并购基金完成对圣骑士集团的并购后,天翔环境最终通过非公开增发募集资金回购圣骑士集团。根据协议约定,股权转让价格包括东证天圣支付的交易对价、相关税费及按12%的年化收益率计算的利息费用等,以现金分别在非公开发行股票资金到位后10日和完成股权交割后10日分两次各按50%支付。所以天翔环境并购圣骑士集团主要进行了两次融资,第一次融资以自有资金成立并购基金,使并购基金有充足的资金完成对圣骑士集团的并购;第二次融资通过非公开发行股票筹资,使天翔环境方便从并购基金手里收购圣骑士集团。

此次融资不仅为天翔环境回购圣骑士集团提供了资金支持,缩短了融资时间、缓解了融资压力,还可以有多余的资金用于偿还之前的借款并补充运营资金,有利于减少利息费用支出,优化资产负债状况,提高天翔环境抵抗危机的能力。而天翔环境在第二次非公开发行股票融资时,主要的认购人及机构都是和东证融成的母公司东北证券有过合作的个人与企业。东证融成作为中间人也为其融资发挥了人脉优势,帮助天翔环境成功增发股票。

三、天翔环境并购前后财务状况

究竟天翔环境通过并购基金收购海外公司圣骑士集团是否真正地缩短了融资时间、缓解了融资压力,可以从公司财务状况中清楚地了解到。下面通过对比考察并购前后天翔环境财务指标来分析其经营变化,进而分析此次融资对企业经营的影响。

(一)偿债能力分析

从偿债能力分析来看,如表1所示。

表1 天翔环境2014—2017年偿债能力状况

年 度	流动比率	资产负债率(%)
2014	1.40	60.78
2015	1.76	56.81
2016	1.84	57.88
2017	1.55	64.21

资料来源:雪球网

此次并购前后,天翔环境流动比率不断增长至2016年,尽管在2017年有所下降,仍高于2014年数据,说明该公司的短期偿债能力逐渐增强。并且在其完成并购后的2015年、2016年期间,公司的资产负债率有所下降,并购之后的天翔环境运行更稳健。

(二)运营能力分析

如表2所示,天翔环境在并购前后的存货周转率先是下降,后来在2016年、2017年又实现了快速上升,说明企业销售能力先减弱后又得到了大幅提升,资金利用率也在短暂的下降后得到了提升。应收账款周转率在逐年下降,流动资产周转率在2015年下降后在2016年立马上涨,说明天翔环境实现并购以后公司的销售状况和运营能力始终保持在一个较好的状态。

表2 天翔环境2014—2017年运营能力状况　　　　　　　单位:%

年 度	应收账款周转率	存货周转率	流动资产周转率
2014	2.00	0.56	0.44
2015	1.73	0.44	0.27

(续表)

年　度	应收账款周转率	存货周转率	流动资产周转率
2016	1.63	1.23	0.39
2017	1.25	1.20	0.32

资料来源：雪球网

(三) 盈利能力分析

从表3可以看出，净资产收益率、总资产报酬率在并购前后先下降后上升，说明公司获利能力在并购之后一段时间内得到了提升。而销售净利润率在2015年、2016年呈现上升的趋势，说明此次海外并购带来了预期的盈利提升。

表3　天翔环境2014—2017年盈利能力状况　　　　　　　单位：%

年　度	净资产收益率	总资产报酬率	销售净利润率
2014	7.04	2.28	8.36
2015	4.23	1.99	10.93
2016	7.53	3.29	12.4
2017	3.68	1.49	7.51

资料来源：雪球网

通过以上分析，天翔环境此次通过并购基金进行融资收购圣骑士集团的并购行为，有利于提高天翔环境整体的经营绩效，降低了融资成本，减轻了财务风险，说明并购基金在天翔环境海外并购融资中确实发挥了作用。

四、风险管理

我国并购基金在近几年高速成长，越来越多的有并购需求的上市公司在面对如何并购时做出了与PE机构合作设立并购基金的并购决策。然而"PE＋上市公司"型并购基金并非毫无风险，要想真正管理好一个并购基金需要考虑到很多因素。因为上市公司争先与PE机构共同设立并购基金，导致PE机构供不应求。优质项目的缺少、政策监管逐渐趋严等原因导致实际操作并购基金并没有理想中的顺利。因此如何对并购基金进行风险管理将成为并购重组中非常关键的一个部分。

（一）监管层面

在非理性的市场环境下，不能避免并购基金单纯逐利的现象，所以为了使并购基金更理性地在市场中运行，则需要监管部门进行有效的规范。首先，这种单纯逐利的现象可能会导致内幕交易、利益输送等问题的出现，这就需要监管部门明确界定这些不正当行为的法律法规，并制定相应的处罚措施。监管部门应在事前、事中、事后都做好严格的防范，提高准入门槛。其次，还要加强对并购基金公开信息披露的监管。当前上市公司虽然都做到了披露并购基金信息，但披露的信息质量存在很多待改善的问题。例如，披露信息少、披露内容表达不充分。在并购基金交易结构复杂的背后，简化的信息披露会使其中的利益关系更加隐蔽。所以针对以上两点，监管部门应针对"PE＋上市公司"这种新交易模式，制定与之适应的能实现公开信息合理披露的制度，以维护上市公司中小股东们合法的知情权和监督权，从而促进对并购基金的规范治理。最后，可以考虑设立独立的监管部门、建立集中监管的框架，并带动行权部门和行业协会对并购基金进行多个部门与各个层级的共同约束监督。

（二）上市公司层面

对于上市公司而言，其自身应坚持价值投资，而非盲目抉择。在PE机构专业的辅助下，可以发现并购标的企业真正值得并购的价值，并在做出并购决定时充分考虑产业链协调效应、合作质量、并购基金设计方案和项目质量情况等问题，避免因为盲目进入而成为"僵尸基金"。另外在与PE机构合作时，应充分利用PE机构在行业方面专业的分析能力，并借此来优化自身发展战略，制定更合理的长期规划和并购方案。为避免与PE机构存在利益冲突，应在基金发起设立时就签订协议界定各自责任权限以及其他决策机制、回购条件等重要问题。因为国内并购基金起步较晚，大多数上市公司对于这种模式的并购基金都没有很充足的经验，尤其是并购基金的管理分工、投资决策和退出约定等关键部分。因此上市公司可以多了解市场上一些成功的合作模式，再结合当下市场环境和企业自身状况来制定合适的合作方案。切忌设置过高的业绩承诺条款，正确发挥业绩承诺的激励作用。

（三）PE机构层面

PE机构应同上市公司共同合作，致力于实现对并购基金的管理的相关方案的不断优化，在并购基金项目的筛选评议过程中，可以外聘一些行业专家、法律顾问以及投资并购领域的专家们等来组成投资项目审议的外部意见组，作为独立的外部机构来达到提高项目尽调质量的目的。且机构也可共同审议讨论投资事项，在整个并购基金运行的过程中反复讨论,为并购基金的投资方向问题及投资后管理方面提出更多可行性意见。在考虑退出风险问题时,PE机构可以选择那些急需转型、试图布局产业链等并购主观性较强的对象作为合作对象,并在合作的谈判过程中确认这一意愿,这样可以预测这个项目最终退出的可能性大小。此外,PE机构还需考量上市公司的经营状况和财务状况。如果上市公司对行业有较为深刻的行业认识,并具备较强的融资能力,那么对其而言最主要的问题就是如何发现和找到最合适的并购对象。另外不断培养和引进PE机构内部所需的专业人才也是非常重要的,要创造出一批了解我国市场又具有世界先进理念的队伍来帮助PE机构更好地实现与上市公司之间的并购合作。

五、尾声

民营企业并购基金融资是一种有益的尝试。天翔环境设立东证天圣并购基金参与海外并购,并购基金总规模高达5亿元,可以直接满足并购圣骑士集团共计7 090万美元的资金需求。天翔环境作为有限合伙人,以其自身在环保产业的优势和地位,与东证融成合作成立并购基金,形成"产业+资本"的巧妙结合。这种模式有利于吸引二级市场投资者对天翔环境在未来经营业绩的较好预期,同时也会降低投资者在资本市场的风险。

利用东证天圣环保基金实施海外并购,借助自身在资金、人员及产业运作等方面的优势,通过设立壳公司,直接通过海外子公司进行收购,减少国外审核风险的同时,也节省了海外并购融资中到外汇管理局审批的手续,提高了海外并购成功的可能性,在并购的操作层面上实现了创新。

六、问题讨论

(1)"PE+上市公司"型并购基金存在哪些运作模式?

(2)简述天翔环境如何通过与东证融成共同设立并购基金实现对美国圣骑士集团的并购。

(3)通过运用并购基金进行融资可能存在哪些问题?

(4)为了降低并购基金融资模式的风险,在创立并购基金时需要注意哪些关键因素?

附录1 2012—2017年全球私募股权投资市场募集情况

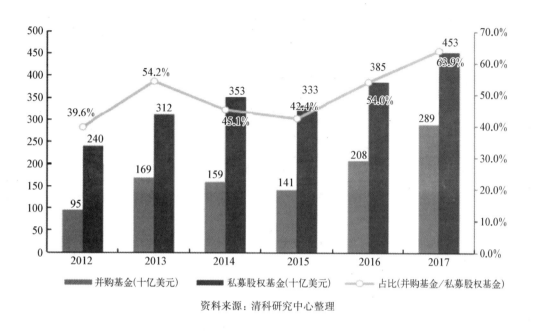

资料来源：清科研究中心整理

附录2 2010—2017年中国并购基金募集情况

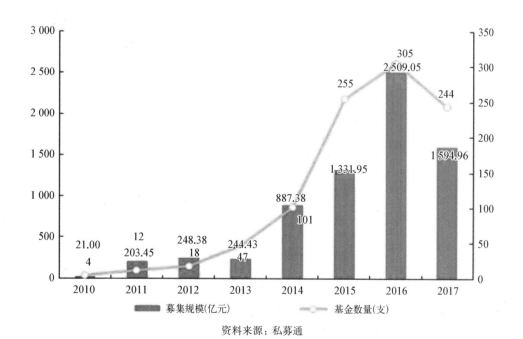

资料来源：私募通

附录3　中国企业海外并购扩张三阶段可能主要面临的风险因素

项　目	经　济　风　险	非经济风险
战略选择	战略定位失误 行业选择失误 目标企业选择失误	政治 社会 军事
评估实施	低估目标成本 交易方案设计缺陷 融资失利 汇率与利率波动	政治 法律 舆论
并购整合	文化冲突 资金链断裂 企业管理模式冲突 人才流失	政策 法律 社会 宗教

资料来源：中国企业财务管理案例

（执笔人：陈璇璇；指导老师：李寿喜）

IDG助力华灿光电跨境并购MEMSIC

适用课程： 企业并购

编写目的： 通过本案例的讨论与学习，使学生加深对企业并购、私募股权投资(PE)、产业并购基金等问题的理解。

知 识 点： 企业并购

关 键 词： 并购基金　跨境并购　MEMSIC

案例摘要： IDG资本是最早一批成功转型为并购基金的典范，IDG于2013年看中美股上市公司美新半导体，在其盈利亏损的困境下将其私有化，成为其最大的控股股东。拿到标的后，IDG开始寻找合适买家。华灿光电于2012年在A股上市，自上市起一直潜心经营，稳扎稳打地扩大半导体产业帝国，连续收购了多家国内半导体行业公司的100%股权。MEMS行业对技术要求高，相较于自行研发芯片周期长，A股上市公司更愿意选择通过并购技术成熟的标的企业完善产业链。IDG与华灿光电一拍即合，于2016年通过搭建并购框架，成功实现跨境并购，达到并购基金、标的与上市公司三者共赢的局面。

一、跨境并购参与者介绍

（一）并购基金——IDG

IDG资本自从1992年进入中国市场以来，扶植了众多优秀企业，为中国大批企业的成长打下坚实的基础。IDG管理20多只股权投资基金，累计管理的资金规模超过1000亿元。IDG投资于各个成长阶段的公司，主要集中于互联网、通信、无线、数字媒体、半导体等高科技领域。其目前已经在中国投资了500多个优秀的创业公司，包括携程、百度、搜狐、腾讯等公司,已有150多家所投公司公开上市或并购。IDG从1999年开始就关注半导体行业,在天使轮投资境外公司MEMSIC(以下称为"美新"),也是华灿光电的早期股东之一。这也为后期华灿并购美新奠定了基础。

(二)并购标的——美新

美新成立于1999年,总部位于美国马萨诸塞州的波士顿,美国美新于2007年在纳斯达克上市,成为当时第一家也是唯一一家纯MEMS产品上市公司。美新是为数不多的实现高端MEMS器件及系统产品大规模产业化的公司之一,年销量超过2亿颗。其生产的传感器主要应用于消费电子、汽车、医学等领域。自2010年智能手机普及,汽车性能不断优化升级,传感器的需求量陡然增加,美新市场前景明朗。美新在惯性传感器、地磁传感器等领域处于国际先进水平,具有较强的市场竞争力,在国内位居第一。其中,美新半导体在国内地磁传感器市场约占30%,而加速度传感器约占25%(在全球占3%),处于领先地位。

(三)上市公司——华灿光电

华灿光电成立于2005年,2012年4月于创业板上市,华灿光电是国内领先的发光二极管芯片供应商,从事LED外延片及芯片的研发、生产和销售业务,主要产品为以GaN基蓝、绿光系列产品为主的高质量LED外延材料与芯片。华灿光电自2015年开始,不断整合产业链上下游。2016年5月,华灿光电以10.8亿元收购蓝宝石衬底供应商蓝晶科技,公司新增蓝宝石单晶、外延衬底以及其他蓝宝石窗口材料业务。收购蓝晶科技之后,华灿光电的产销规模已经稳定处于国内前两位。

二、IDG精选标的,私有化潜力股美新半导体

(一)标的技术先进,前景光明

美新半导体创始人赵阳博士曾在美国模拟器件公司工作了7年,在积攒了大量MEMS制造领域的技术与人脉之后,他于1999年创办了美新半导体。他在美国与中国分别建立公司,美国的公司主要负责技术研发,中国无锡建立的工厂负责生产制造。

从1999年创立至2007年上市,美新半导体获得多项发明专利,其加速度计、地磁传感器等技术应用于手机、汽车、医疗等诸多领域,带来了可观的收入。根据美新的2007年年报显示,美新2003—2007年的营业收入分别是185万美元、689.5万美

元、905.3万美元、1 311.8万美元和2 527万美元,2004—2007年的净利润分别是162万美元、5.5万美元、49.8万美元和608万美元。

(二)美股暴跌,标的价值暴跌

然而,未来前景无限的美新却选择了错误的上市时间。公司于2007年11月在纳斯达克上市,IPO价格为10美元/股,IPO后总股本为2 261.6万股,对应的估值为2.26亿美元(按当时7.423 3的汇率计算,约为人民币16.78亿元)。

但是,在随后的一年里,美股在2008年次贷危机的影响下全面崩盘,美新的股价一路暴跌,市场估值也被严重低估。2008年11月,离上市仅过去一年,收盘价跌到了历史最低1.5美元/股,相当于最高价10.63美元/股的14%。

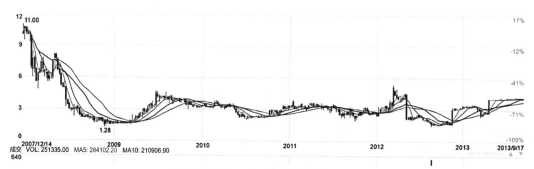

图1　2007—2013年美新的美股股价

资料来源:新浪财经

随着金融危机影响的减小,美新开始缓慢上涨,但是直到2013年9月退市,股价只涨到4美元/股,相当于IPO价格的40%。同时,美新的市场估值也被低估,退市时按2 429.6万股的总股本计算,市值约为0.97亿美元(按当时汇率6.158 8计算,约为人民币5.99亿元)。从上市到退市,美新的市值下降了57.08%,如图1所示。

(三)大股东IDG乘机私有化标的

IDG独具慧眼,看好美新的高端技术与MEMS的市场前景,在美新上市前便购入美新股份,根据2017年年报显示,IDG于2007年持有美新11.8%的股份。至此之后IDG股份始终保持在19%以上。2012年11月,IDG-Accel中国成长基金以及旗下附属基金向美新半导体公司发起了不具约束力的私有化要约,计划以每股4美元的价格收购所有目前不属于IDG的流通股。此时,IDG持有美新半导体18 328股普通股,持股比例为19.5%。

2013年4月23日,美新半导体宣布公司同意接受IDG发起的私有化要约,收购价格为每股4.225美元,此时美新的估值约10 676.90万美元,按当时汇率6.247 1计算,约为人民币 6.67 亿元。IDG 以及其附属基金将完全收购其未持有的全部美新半导体的股份,总价值约为 5.64 亿元。

为了实现此次私有化收购,IDG 资本设立并购基金 MZ Investment Holdings Limited(以下称为"MZ")担任收购主体。如表 1 所示,MZ 主要由 IDG 的 7 只美元基金和美新半导体的管理层团队等 24 个自然人股东组成。7 只 IDG 美元基金在私有化之前持有美新半导体 19.5% 的股权,为保证 IDG 成为美新实际控制人,7 只美元基金购入 52.7% 的股权,最终 IDG 持股 72.2%,达 6 235.91 万美元。而以赵阳为主的美新管理层团队共持有 27.8% 的股权,达 2 401.08 万美元。美新管理层入股 MZ 一是有利于美新半导体技术持续发展,保障私有化的美新可以继续生产盈利,降低 IDG 的投资风险;二是有利于美新管理层后期退出并购主体时获得更高额的收益。

表 1　MZ 的股权情况

股　　东	股份数	股权比例
IDG - Accel China Capital II L.P.	47 011 098	49.91%
IDG - Accel China Growth Fund II L.P.	16 585 576	17.61%
IDG - Accel China Investors II L.P.	1 356 432	1.44%
IDG - Accel China Capital II INVESTORS L.P.	2 096 912	2.23%
IDG Technology Venture Investments, LLC	285 572	0.3%
IDG Technology Venture Investment III, L.P.	73 312	0.08%
IDG Technology Venture Investments, L.P.	600 000	0.64%
美新管理团队	26 177 754	27.78%
合计	94 186 656	100%

(四) 剥离美新亏损产业

1. 设立两家公司

美新主营业务分为传感器和系统集成两个板块。为实现并购,美新将业务重新整合,拆分为两家公司,即以传感器业务为主体的美新半导体和以系统集成业务为主体的美新微纳。

美新半导体是美新于 1999 年 11 月在中国无锡设立的,为传感器生产基地,也拥有部分传感器销售团队和制造流程研发团队。美新作为美新半导体的母公司,在美国本部负责产品的设计、研发与销售。虽然美新的报表显示长期亏损,但是亏损的根源是集成业务难以盈利,传感器业务一直是美新的主要收入来源。

如图 2 所示,在此次跨境并购的前期,美新半导体将涉及系统集成业务的相关人员转移至美新微纳。股东 IDG、赵阳、境外身份的管理层团队新设立一家开曼公司 MX,美新将其持有的美新微纳 100% 股权以 1 元人民币的对价转让给 MX。境外主体方面,美国美新中系统集成相关的人员、资产、财务、机构随系统集成业务从原主体剥离,由 Aceinna 公司承接。

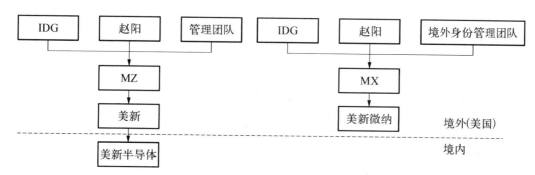

图 2　美新拆分为美新半导体与美新微纳

2. 剥离后盈利可期

因为传感器业务及系统集成业务所处产业链环节不同、面对的下游客户群不同,两个业务板块营业收入能够清晰划分,这为美新剥离业务的实现提供了基础。美新将利润表反映与传感器业务直接相关的收入和费用的明细科目单独拎出来,对于共享的销售费用和管理费用按照业务线的员工人数比例进行分摊,剥离后的各业务单元均被视为独立的纳税主体分别确认所得税。

剥离后的美新半导体净利润产生了巨大的变化。如表 2 所示,在 2016 年、2017 年,剥离前美新的净利润分别为 -1 815 万元、-8 085 万元,剥离之后数据就变成盈利 5 332 万元、3 953 万元。由此也可以看出美新剥离前 90% 以上的销售收入与传感器业务相关。

表 2　美新剥离前后净利润变化

项目	2016 年			2017 年		
	剥离前数据(万元)	剥离后数据(万元)	剥离后金额/剥离前金额占比	剥离前数据(万元)	剥离后数据(万元)	剥离后金额/剥离前金额占比
收　入	3 816 289	34 769.74	91.11%	33 282.76	31 578.28	94.88%
净利润	-1 815.22	5 332.27	—	-8 085.47	3 953.18	—

三、搭建并购基金——和谐光电

在"募投管退"的过程中,不同投资者对于资金的退出有不同的退出途径需求。MZ 收购美新后,在后期搭建和谐光电的过程中,投资者们对资金退出提出了不同的要求。MZ 部分股东希望能早期获取现金退出,于是设立了全资境外 SPV Total Force Limited(TFL);剩余的股东希望获得上市公司华灿光电的股份,于是剩余股东设立了 PTL。

(一)搭建 TFL,实现部分资金退出

因为和谐光电是境内并购基金,为了方便收购美新,通过美国外资投资委员会(CFIUS)的审核,同时满足不同股东的投资需求,IDG 美元基金及美新原管理层首先设立 TFL。2016 年 10 月 13 日,MZ 与 TFL、PTL、IDG 美元基金等签署《股权转让协议》,约定 MZ 将其持有美新 100%股权转让给 TFL,价格为 2.42 亿美元。后因 CFIUS 审查及各方沟通,各方于 2017 年 4 月 11 日签署了第二份《股份转让协议》,全面取代第一份转让协议。根据新协议,美新 100%股权作价为 2.3 亿美元,并由 TFL 承担美新微纳 7 829.57 万元债务。此次交易以现金方式进行,方便了原美新管理层部分股东的退出。

(二)设置境内 SPV 和谐光电

和谐光电无实质的经营,主要资产为间接持有美新的股权。如图 3 所示,和谐光电的出资方为和谐芯光与 New Sure Limited(NSL)。其中,和谐芯光持股比例为 76.24%,NSL 持股比例为 23.76%。

NSL 于 2016 年 3 月在香港成立,认缴出资额 5.75 亿元。NSL 的唯一资产为和谐光电 23.76%股权。NSL 的股东包括 IDG 成立的 4 只美元基金(出资 5 亿元,持股比例为 86.96%)。4 只美元基金的有限合伙人出资主要来源于境外的投资银行、基金的基金(FoF)、养老金与退休金、非盈利组织。NSL 的另一股东为 Pilot Team Limited(PTL),PTL 由美新原 7 名股东组成。这 7 名股东在 PTL 收购美新时并未选择领取现金直接退出,而是将获得的部分现金对价设立投资主体 NSL,目的是未来换汇入境投资于标的公司和谐光电。

和谐芯光成立于 2016 年 6 月,为私募基金,认缴出资额为 13.10 亿元。和谐芯光由 2 个普通合伙人(GP)光控浦益、和谐卓越与 3 个特殊合伙人(LP)和谐浩数、义务工业园、宜兴光控构成。和谐芯光的两位 GP 出资仅为 200 万元,持股比例合计为 0.02%。和谐芯光的 LP 出资合计为 13.10 亿元,持股比例为 99.98%。GP 光控浦益、GP 和谐卓越按照 7∶3 的投票比例决策合伙事务。和谐芯光的普通合伙人设投资决策委员会,由 5 名成员组成,GP 光控浦益委派 3 名委员、GP 和谐卓越委派 2 名委员。因此,和谐芯光由光控浦益实际控制。

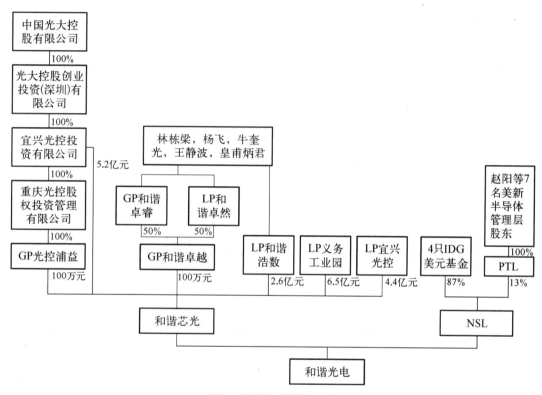

图 3　和谐光电股权结构

(三) 和谐光电收购 TFL,MZ 作出平行对赌

如图 4 所示,和谐光电搭建完成后,出资 2.3 亿美元收购 TFL100% 股权,美新由此被境内 SPV 和谐光电控制。在本次收购中,MZ 的股东 PTL(标的管理层)、IDG 美元基金对并购基金和谐芯光、NSL 出具了业绩承诺:承诺目标公司的净利润在 2017 年、2018 年、2019 年分别不低于 1 378 万美元、1 662 万美元、1 986.4 万美元。如果标的公司业绩不达标,PTL(标的管理层)、IDG 美元基金将进行现金补偿。美新管理层身为 NSL 的出资方,又进行平行对赌的承诺,为后进入的投资者如 LP 义务工业园、LP 宜兴光控资金投入加上双重保险。

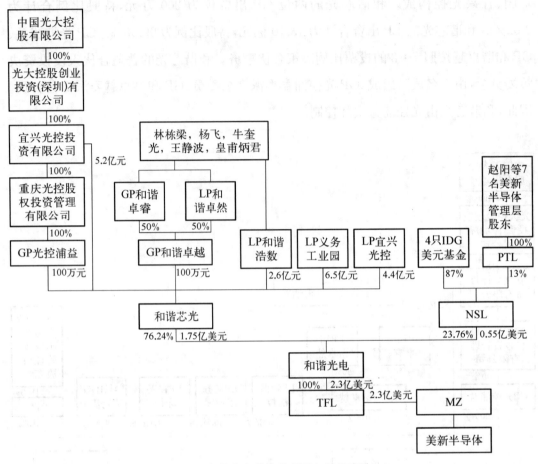

图4 和谐光电收购美新股权结构变化

四、IDG助力华灿光电,实现跨境并购

(一) IDG是华灿光电的股东

Jing Tian I 和 Jing Tian II 均于2007年12月7日在香港注册成立,是IDG-Accel基金为投资华灿有限(华灿光电前身)而专门设立的两家公司。华灿光电于2012年上市,此时Jing Tian I 和 Jing Tian II 合计持有华灿光电3 634.5万股,股权共计24.23%,为华灿光电的第二大股东,如图5所示。华灿光电IPO之后,其所持股份锁定期均为36个月。按IPO价格20元/股计算,所持股份合计应为7.27亿元。

2012年华灿光电上市后,IDG通过这两只基金合计持有上市公司18.17%的股权。自此,IDG一直处于上市公司第一大股东位置。但公司披露:由于公司股权比例

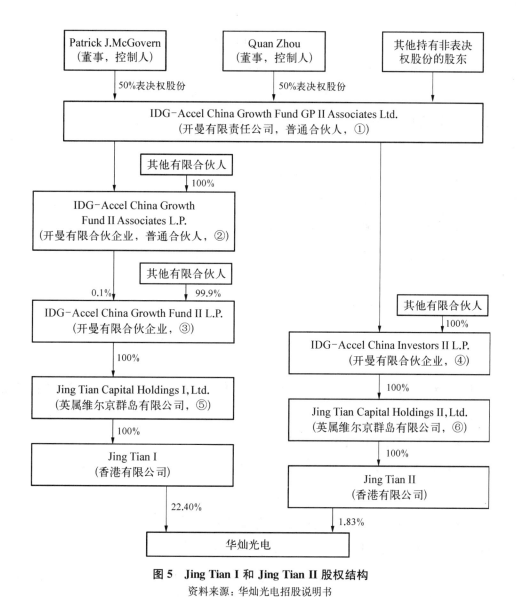

图 5　Jing Tian I 和 Jing Tian II 股权结构
资料来源：华灿光电招股说明书

比较分散，股东推荐的董事会成员结构较为均衡，不存在单一股东能够控制董事会的情形，所以公司无实际控制人。

(二) 再设平行对赌，保障华灿利益

从 2016 年 7 月开始，华灿光电就开始向美新发起并购交易。为了实现跨境并购美新，IDG 资本通过设置多重并购基金，为这场并购做铺垫。最终历时一年半，于 2018 年 1 月 24 日，华灿光电收购和谐光电的方案通过。上市公司华灿光电向和谐芯光、NSL 发行股份购买资产，以每股 6.95 元发行 2.37 亿股、作价人民币 16.5 亿元的换股形式间接购买美新 100% 股权。

在这场收购交易中,和谐芯光、NSL对上市公司进行平行对赌,向华灿光电承诺标的公司在2017年、2018年、2019年的净利润分别不低于1 378万美元、1 662.10万美元、1 986.40万美元,约合人民币0.91亿元、1.10亿元、1.32亿元。因为美新历史业绩曾有亏损,业绩波动幅度较大,此次平行对赌帮助华灿光电吃下了定心丸,保护了华灿光电后期的利益。

本次交易完成后,Jing Tian I、Jing Tian II、Kai Le与NSL(本次交易对手之一)将合计持有上市公司19.56%股份,仍为第一大股东。但是因为上市公司的股权结构仍较为分散,且股东推荐的董事会主要成员依然维持原状,无法出现单一股东能够控制董事会的情形,所以交易之后,华灿光电仍然没有实际控制人。

五、并购后的三者共赢

(一)IDG实现的收益

IDG主导了此次并购交易,虽然步骤烦琐,但是IDG却在本次并购过程中实现了多次收益,实现资金翻倍的效果。

第一次收益是2013年IDG以每股4.225美元向美新发起收购要约,以10 676.90万美元的估值水平将美新收入囊中。随后TFL以2.3亿美元现金对价收购美新,此时IDG实现收益1.24亿美元,回报率约为124%。

在本次收购后,IDG并未就此彻底将资金退出,而是参与NSL的设立,成为并购基金和谐光电的股东,以此再获得上市公司华灿光电的股份。截至2019年3月11日,华灿光电收盘价为10.76元/股,相比发行价格6.95元/股上涨了3.81元,回报率为55%。

(二)华灿光电一跃成为国内龙头

华灿光电收购美新之后,有利于其未来销售业绩大幅增长与行业地位的快速提升。

华灿光电的公告认为公司通过发行股份购买资产的方式收购和谐芯光、NSL持有的和谐光电股权,从而实现收购目标公司美新的目的,有利于华灿光电抓住我国集成电路产业发展的历史机遇拓展业务体系,并借助MEMS传感器业务实现在消费电子市场领域、工业应用领域的布局,增强华灿光电抗风险能力,提高盈利能力。美新是中国大陆少数能够采用标准CMOS工艺实现MEMS大规模量产的公司之一,技术壁垒较高,拥有强大的行业竞争力。

华灿光电 2017 年前三季度营业收入为 18.7 亿元,同比增长 75%,归属上市公司母公司的净利润为 3.7 亿元,同比增长 164%;前三季度扣非归属上市公司母公司净利润为 2.2 亿元,同比增长 1 243%。华灿光电指出,其净利润大幅增长的原因一部分是因为美新利润并入华灿的合并报表。

如表 3 所示,对于未来的盈利状况,华灿光电根据目前 MEMS 传感器的应用领域进行了分析,预测了未来几年美新的销售收入。MEMS 传感器领域作为半导体产业链中的一个细分行业,在航空、航天、汽车、生物医学、环境监控、军事以及人们日常生活中常用的消费电子中都有着十分广阔的应用前景,随着智能化时代来临,消费电子、医疗电子、物联网的快速发展有望带动 MEMS 传感器进入新一轮快速成长期。

表 3　华灿光电预测未来几年美新销售收入　　　　　　　　　　单位:万元

年份 项目	2017	2018	2019	2020	2021	2022
汽车	1 794.20	2 262.49	2 911.82	3 348.59	3 750.42	4 125.47
加速度	2 777.69	3 106.28	3 557.64	3 954.30	4 405.88	4 869.84
磁	1 637.34	1 909.00	2 269.26	3 152.11	3 785.37	4 422.67
合计	6 209.23	7 277.76	8 738.71	8 738.71	11 941.68	13 417.98

(三)满足美新原管理层不同需求

美新原管理层的需求可以分为两种。第一种是 TFL 以 2.3 亿美元收购 MZ,实现了原管理层部分股东的收益。第二种是剩余美新管理层将部分现金投入设立 NSL,参与到华灿光电收购和谐光电的过程中,通过持有华灿光电股票的方式实现更高额的资金收益。

六、总结

IDG 资本在 2013 年私有化美新时,仿佛就开始筹划这场 5 年马拉松式的并购。该并购步骤烦琐,历经私有化、剥离亏损业务、引入投资人现金收购标的、上市公司发行股份购买资产,通过 CFIUS 审查和证监会的审核,最终达到了并购的预期与投入资金翻倍的愿望。在这场交易中,IDG 作为成熟的机构投资者,陪伴上市公司华灿光电的成长,帮助华灿光电实现产业链的整合,为华灿光电成为行业巨头铺平道路。但路漫漫其修远兮,美新作出3年净利润年均过亿的平行对赌,曾负债累累的美新通过这次并购是否能脱胎换骨仍需用时间证明。

参考文献

[1] 张瑞君,王璐璐.中美私募股权基金退出机制比较研究[J].财务与会计,2017(10).

[2] 赵晴,袁天荣,许汝俊.我国企业海外并购融资方式创新——以艾派克并购利盟国际为例[J].财会月刊,2018(19).

[3] 东方资讯.IDG熊晓鸽:资本"赋能"中国先进制造[EB/OL].(2018-05-14). http://mini.eastday.com/a/180514081806678-3.html.

(执笔人:孙婕;指导老师:王则灵)

沃森生物业绩变脸风波

适用课程： 企业并购　财务管理理论与实务

编写目的： 近年来，随着资本市场并购重组的盛行，并购重组中产生的商誉也出现井喷式增长，随之而来的由商誉而产生的资产减值损失比比皆是。本案例希望通过对沃森生物业绩变脸风波事件始末的分析，引导学生理解和掌握对赌协议、资产减值与商誉处理的相关知识，提升对企业信息披露重要性的认识，提高学生剖析财务报表的能力。

知 识 点： 商誉确认与后续计量　对赌协议条款设计与潜在风险的识别　信息披露

关 键 词： 沃森生物　业绩变脸　对赌协议　商誉减值　信息披露

案例摘要： 沃森生物是云南省首家在创业板上市的企业，曾经获赞无数，被称为股票市场中的白马股。然而，2018年初沃森生物的一则业绩预告修正公告中，修正后的业绩由盈利变成了亏损，这意味着短短两个月过去，沃森生物净利润突然"蒸发"超5亿元。这则公告在市场上引起轩然大波，这一切都是一纸资产出售对赌协议惹的祸。

2017年冬天，突如其来的一场流感席卷全国，流感疫情的蔓延引发了公众的普遍忧虑。而股市作为各路资本追逐的风口浪尖，当然少不了炒作流感概念股。于是，制药行业主营流感疫苗的鲁抗医药、康缘药业等股票就呈现出持续增长的态势。主要从事人用疫苗的研发、生产与销售的创业板上市公司云南沃森生物技术股份有限公司（以下称为"沃森生物"）也走出了连续9天上升的可喜涨势。然而2018年1月12日晚，沃森生物突发公告，2017年度公司预计净利润亏损5.33亿—5.38亿元,与上年同期相比下降了857.17%—864.26%。而早在两个月前的2017年11月2日,公司在2017年度业绩预告中宣告,该年度净利润预计盈利0.3亿—0.51亿元,比上年同期下降27%—57%。在短短两个多月间,净利润已从盈利变成了巨亏,金额居然高达5亿元,如此巨幅的业绩变脸,将沃森生物迅速推上了风口浪尖。然而,这并不是沃森生物第一次业绩变脸了。

一、沃森生物概况

沃森生物成立于2001年,是一家现代化的生物制药企业,从事疫苗和血液制品的研发、生产与销售。2010年11月该公司在深交所创业板上市(股票简称:沃森生物;股票代码:300142),是云南省第一家在创业板挂牌上市的企业。

公司总部位于云南省昆明市,拥有1 200多名员工,并在昆明国家高新区设有现代化研发中心,在云南玉溪高新区和江苏泰州中医药城各有一现代化的疫苗生产基地和试点基地。经过10多年的发展,公司在新型疫苗和抗体药物领域形成了结构合理、产品丰富的产品线,并建立了国内领先的研究开发和产业化技术平台。公司汇聚了国内外大量的专业技术和管理人才,并赢得了多项国家"863计划"和"重大新药创制"的科技重大专项支持,并且与盖茨基金会等国际知名机构建立了密切的合作关系。公司自主承担了科技部"863计划"3项重大攻关课题、国家发展与改革委员会2项高新技术产业化项目,国家卫生部1项传染病重大防治项目,1项国家科技部支持计划和国际互助项目,以及云南省和昆明市10余项科技项目,它是中国第一个在市场上销售两个细菌结合疫苗的企业。

二、从"集宠爱于一身"到"饱受争议"

沃森生物曾风光无限,2010年首次公开募股集资的发行价为95元/股,市盈率高达133倍,上市首日市值最高时超150亿元,某些机构曾高度评价其为"值得珍藏一生的创业板精英企业"。上市后,沃森生物连续3年的营业总收入、净利润以及扣非净利润曾一路高歌领航(如表1所示),被投资者认为是股票市场中的白马股。

表1 沃森生物2010—2012年度相关利润数据　　　　　　　　单位：元

项目 \ 年份	2010	2011	2012
营业总收入	358 792 291.69	473 810 891.63	537 558 541.09
利润总额	183 187 031.55	245 907 482.13	267 467 263.96
归属于上市公司股东的净利润	154 416 606.80	207 537 629.33	232 803 217.49
归属于上市公司股东的扣除非经常性损益的净利润	146 112 169.21	166 435 531.72	192 430 909.55

资料来源：沃森生物年度报告

可惜好景不长，在市值较高的前景优势下，沃森生物却表现平平，令人失望。2017年上半年，沃森生物的营业收入为2.57亿元，与同期相比下降12.39%；净利润亏损0.430 2亿元。截至2018年1月26日，沃森生物股票收盘价仅19.83元/股，总市值304.87亿元。沃森生物业绩出现如此程度的"大变脸"，股价早已跌破发行价，投资者纷纷投来怀疑的目光，在市场上真可谓是一石激起千层浪。

这一切都与沃森生物的"外延式并购模式"脱不开干系。诚然，"外延式并购模式"为沃森生物实现了横纵向产业链整合，给公司带来了规模与利润的增长，但同时并购产生的巨额商誉与后续转让股份达成的对赌协议也为公司埋下了一颗隐形的地雷。正所谓"成也萧何，败也萧何"。

（一）疯狂的并购之路

从2012年开始，沃森生物制定了"疫苗+血液制品+单克隆抗体"的发展战略，并计划通过向外延展的兼并与收购方式来实现该战略。通过对生产新疫苗、血制品和单克隆抗体企业的并购，在横向进行产业整合的基础上，同时纵向对行业内的营销与流通企业进行整合，使得沃森生物的营销水平得到火速提升，并因此迅速进军疫苗和药品的分销领域。于是，公司开始走上并购之路。外延式扩张的道路并不好走，可以说是坎坷万分。

2012年8月，沃森生物取得河北大安制药有限公司（以下称为"河北大安"）55%的股份，交易价为5.29亿元；同年12月，又计划并购泽润生物50.69%的股权，合计2.65亿元。2013年是沃森生物并购的高峰年度：6月，沃森生物再次拿下河北大安35%的股权，作价3.369 1亿元；一个月后，沃森生物依次用3亿元、3亿元和1.625亿元获得了山东实杰生物科技股份有限公司（以下称为"山东实杰"）、宁波普诺生物医药有限公司（以下称为"宁波普诺"）和圣泰（莆田）药业有限公司〔以下称为"圣泰（莆田）"〕的全部股权，一次性并购了3家公司。同年10月16日，沃森生物又取得嘉和生物药业有限公司（以下称为"嘉和生物"）63.576%的股权，收购价格为2.91亿元；10天之后的10月26日，沃森生物又取得云南鹏侨医药有限公司（以下称为"鹏侨医药"）51%的股权，交易价格为315.76万元。

2014年度沃森生物相对收敛，仅在10月以3.5亿元收购重庆倍宁生物医药有限公司（以下称为"重庆倍宁"）。但在2015年沃森生物又开始了疯狂的并购：3月，沃森生物并购嘉和生物8.384%的股权，作价0.85亿元；7月，拿下21%的广东卫伦生物制药有限公司（以下称为"卫伦生物"）的股权和16.67%的长春华普生物技术股份有限公司（以下称为"长春华普"）的股权，交易金额分别为1.05亿元和0.175亿元；11月，又通过发行股份的方式以5.98亿元取得上海泽润生物科技有限公司（以下称为"上海泽润"）33.53%的股权与嘉和生物15.45%的股权。在短短的4年间，沃森生物并购的次数高达14次，并购公司11家，如表2所示。

表2 沃森生物并购事件

年 度	日 期	并购大事件	交易金额（万元）
2012年	8月4日	河北大安55%股权	52 900
	12月8日	泽润生物50.69%股权	26 500
2013年	6月14日	河北大安35%股权	33 691
	7月12日	山东实杰100%股权	30 000
		宁波普诺100%股权	30 000
		圣泰（莆田）100%股权	16 250
	10月16日	嘉和生物63.576%股权	29 100
	10月26日	鹏侨医药51%股权	31 576
2014年	10月10日	重庆倍宁100%股权	35 000
2015年	3月21日	嘉和生物8.384%股权	8 500
	7月28日	卫伦生物21%股权	10 500
		长春华普16.67%股权	1 750
	11月2日	上海泽润33.53%股权	59 800
		嘉和生物15.45%股权	

资料来源：沃森生物年度报告

通常情况下，并购后的公司即便不是根据业绩承诺那样赚取大额利润，但盈利还是很容易的，顶多只是营业收入增长而利润不长。然而，如表3所示，在2013年，河北大安、嘉和生物与泽润生物这3家子公司在沃森生物的年报中呈亏损状态;2014年度造成亏损的仍是这3家子公司;而一年之后,子公司的亏损状况依旧没有发生好转,反而出现了新的亏损点——山东实杰,其他亏损的依旧是"老面孔"泽润生物与嘉和生物。

表3 沃森生物亏损子公司净利润　　　　　　　　　　　　单位:元

年份 公司	2013	2014	2015
河北大安	−24 382 729.19	−59 433 354.34	—
泽润生物	−61 916 085.65	−22 469 308.58	−20 068 231.32
嘉和生物	−56 092 036.31	−63 578 994.53	−70 504 360.07
山东实杰	24 357 202.35	27 584 813.23	−265 657 140.90

资料来源:沃森生物年度报告

平静的地表下隐雷已经蠢蠢欲动了,沃森生物"业绩踩雷"事件即将爆发。而与此次"业绩踩雷"相关的正是前文中提到的两家控股子公司:一直在亏损的河北大安与2015年新增加的亏损点山东实杰。

(二)突发"黑天鹅",第一次业绩变脸

随着2015年年报的公布,沃森生物实现营收10亿元,净利润亏损8.4亿元,公司业绩陷入上市以来的第一次亏损。值得一提的是,早在此前,沃森生物就提前预告说可能会亏损4.5亿元。正式业绩公布前夕,公司业绩快报说亏损为3.98亿元。因此,大家长舒一口气,认为绩效快报应该是上市公司的统计数据,不再是预测数据,而现在统计数据的损失要好于预期。可随着年报的正式公布,亏损金额居然高达8.41亿元,散户们欲哭无泪。对于突然蒸发的4.5亿元净利润,公司解释是受2016年3月轰动全国的"山东非法疫苗案"的影响。此次突发的"黑天鹅"事件,引发了沃森生物第一次业绩变脸,而这一切都要从山东实杰成为其全资子公司开始说起了。

2013年7月,沃森生物横向并购生物制药企业山东实杰。山东实杰成立于2009年6月,主要从事生物医药的研发、推广、技术转让与咨询服务。自并购以来,其整体的经营状况一直良好,2013年实现营收2.02亿元,净利润0.243 5亿元;2014年营收1.82亿元,净利润0.275 8万元,是沃森生物比较得意的"作品"。谁承想,2015年就给了沃森生物重重的一击,山东实杰先是遭受了2亿元的巨额亏损,更大的灾难还将出现在接下来的一年。2016年3月22日,沃森生物发布公告,称接山东实杰通知,"国家药监总局要求当地监管部门立即调查9家药品批发企业,其中包括山东实杰。

作为公司收购的4家生物制品分销渠道公司之一的山东实杰,正积极配合调查"。突如其来的重击一个接着一个,让沃森生物不知所措,却不得不面对。

当时,骇人听闻的"山东非法疫苗案"轰动全国——2011年以来,未取得任何药品营业执照的两名犯罪嫌疑人,通过网络在10多个省(市)联系了100多名制药公司销售员或非法经营疫苗者,购买了25种人用二类疫苗或生物制品,抬价出售给国内300多名非法经营疫苗者以及少许疾控部门的基层站点,涉案金额高达5.7亿元。

山东实杰就被裹挟进这起非法疫苗案,此后不久沃森生物回应,山东非法疫苗案后,山东实杰及其子公司圣泰(莆田)的GSP证书[①]被撤销收回,同时还受到了吊销药品经营许可证的行政处罚。受非法疫苗案的影响,山东实杰基本上不可能再拿到GSP证书,与此同时,山东实杰在多个疫苗流通领域所占有的市场份额可能全部丢失。这对于沃森生物而言真可谓是"灭顶之灾"!

作为一张好牌,山东实杰在过去几年内一直是沃森生物重点打造的子公司,并且为了使其顺利登上新三板,沃森生物在过去两年内做了不少功课。自并购山东实杰后,沃森生物又陆续并购宁波普诺、圣泰(莆田)和重庆倍宁3家公司,且最终都装在山东实杰名下。短短3年不到的时间里,山东实杰花费了沃森生物近11亿元。

然而,在非法疫苗事件爆发后,沃森生物及山东实杰在业内的一切努力都付之东流:山东实杰受到了一重又一重的打击,先是董事被警方控制,然后GSP证书及药品经营许可证被相关部门吊销,以及股票被列为ST等。最终,在2016年5月17日,沃森生物发布提示性公告,称其控股子公司山东实杰拟申请在新三板终止交易股票,但这距离山东实杰登录该系统挂牌才5个多月的时间,真是计划赶不上变化。谁承想,几年间这么大的投入瞬间灰飞烟灭,沃森生物的股价也一度跌至上市以来的最低值8.25元/股。

在山东实杰退市后,"自己人"德润天清和玉溪沃云充当"接盘侠"接下了山东实杰85%的股权,而保护山东实杰的代价就是山东实杰的原股东、沃森生物大股东兼董事长李云春被迫让出了控制权。自此,沃森生物的最大股东易主。然而,度过了此次"黑天鹅"危机,沃森生物的日子仍然不好过,依旧面临着重重危机。

(三)触雷对赌协议,第二次业绩变脸

2018年1月12日晚间,沃森生物发布业绩预告修正案,修正后的业绩由盈利变成了亏损,净利润突然"蒸发"超5亿元,沃森生物再一次陷入业绩变脸风波。此次业

---

① GSP证书,即Good Supply Practice的缩写,我国称之为《药品经营质量管理规范》认证证书。

绩变脸，原因直指其在寻求外延式发展时的一个并购企业——河北大安及其相关的业绩对赌。4年内，沃森生物斥巨资购买濒临破产的河北大安，继而又陆续转让该公司的大量股份，如今更因此遭受巨幅业绩变脸。

河北大安成立于2004年5月18日，公司主营血液制品，包括人血白蛋白、静脉注射免疫球蛋白等。受历史上血源事故的影响，国家对血制品行业进行了严格管控，自2001年以来，国家尚未批准任何新的血制品许可证。河北大安不仅拥有极其稀缺的血制品许可证，而且还拥有自己的血站，除了连年亏损之外，它可以说是绝对的优质资产。通过两次交易，沃森生物分别取得了河北大安55%与35%的股权，交易金额分别为5.29亿元和3.37亿元。半年时间内，沃森生物持有了河北大安90%的股权，共花费8.66亿元。

河北大安作为控股子公司仅仅才一年多的时间，沃森生物就迫不及待地将河北大安的股权转手让人。2014年10月9日，沃森生物拟转让给北京博晖创新光电技术股份有限公司（以下称为"博晖创新"）的控股股东杜江涛46%的河北大安股权，股权转让金额6.35亿元。2016年12月12日，沃森生物又以4.53亿元的价格转让河北大安31.65%的股权给杜江涛。同时，沃森生物与博晖创新关于河北大安达成如下承诺：当河北大安在2017—2019年的年血浆采集量未达到承诺值时，沃森生物应向博晖创新履行以所持河北大安股权进行补偿的责任；杜江涛拟受让沃森生物所持河北大安31.65%股权，并将以其所受让河北大安部分股权代替沃森生物履行股权补偿的责任。[①]

正是这一纸转让协议，为此次业绩变脸风波埋下了又一颗"地雷"。

三、寻踪业绩变脸

（一）巨额商誉大幅缩水

在非法疫苗案曝光后，沃森生物控股子公司山东实杰和圣泰（莆田）的GSP证书被撤销。基于此，沃森生物的巨额商誉面临着大幅缩水、年度利润巨亏的窘境。在2016年4月的最后一天，沃森生物发布了数十条公告，其中不仅包括2015年年度报告，一封长长的致歉信也赫然在列。

沃森生物致歉公告中，对2015年度的亏损情况进行了解释：公司在2015年度业绩

---

① 参考了北京博晖创新光电技术股份有限公司的公告：关于与控股股东签署《权利义务转移协议》《股权托管协议》暨关联交易事项的公告。

快报中预计净利润亏损3.89亿元,与同期相比下降371.48%。但受到非法疫苗案的影响,2015年公司实际的净利润为亏损8.41亿元,与同期相比下降686.30%。造成两者差异的亏损来自商誉和无形资产计提的减值准备,其中,商誉计提减值准备金额为4.81亿元;无形资产计提减值准备0.2839亿元,两项减值合计达5.1亿元。而此5.1亿元全部计入2015年业绩,致使亏损从业绩预告的3.89亿元增加至年报中的8.41亿元。

与此同时,负责审计本年度报告的信永中和会计师事务所对山东实杰的持续经营能力发表了保留意见。对商誉和无形资产的减值准备数据的合理性,会计师事务所也存在质疑:截至2015年底,收购山东实杰、圣泰(莆田)、宁波普诺和重庆倍宁所形成的商誉达8.43亿元、无形资产净值为1.3亿元。依据评估机构的报告,共计提商誉减值准备4.81亿元、无形资产减值准备0.28亿元。减值后的商誉净额为3.62亿元、无形资产净额1.02亿元。与此同时,沃森生物母公司的财务报表显示对山东实杰的长期股权投资原值为9.86亿元,在计提减值准备3.13亿元后,对山东实杰的长期股权投资净额为6.73亿元。对此,会计师事务所表示无法确认上述计提的减值准备数据的合理性,对当年度审计报告出具了无法表示意见。[①]

与山东实杰的持续经营能力相比,沃森生物对于由"黑天鹅"事件导致的巨额商誉与无形资产减值的处理更值得引起大众关注。

早在2013年,沃森生物并购山东实杰时,资产评估机构使用收益法对山东实杰进行评估,最终的评估结果为3.21亿元。经双方协商,沃森生物以3亿元拿下山东实杰,并购时确认商誉金额为229 631 087.76元。在2013年和2014年沃森生物对此商誉都未进行减值测试或计提减值准备,而2015年一次性计提巨额减值准备,造成公司业绩巨亏。但沃森生物在年报中未详细披露商誉减值准备计提时的关键指标,注册会计师由于无法验证减值金额的合理性,出具了保留意见的审计报告。由此说明,沃森生物此次计提巨额商誉很可能存在不合理的动机,其商誉后续计量方法不一定合理。而沃森生物通过多计提商誉减值损失金额来扩大2015年亏损状况,一次性"洗大澡",便于后续会计期间业绩的回升,也不免给人对公司后期的盈余管理留出无尽想象空间。

根据我国企业会计准则的规定,"因企业合并所形成的商誉和使用寿命不确定的无形资产,无论是否存在减值迹象,每年都应当进行减值测试"[②]。

---

① 参考沃森生物2015年度财务报告。
② 企业会计准则第8号—资产减值[EB/OL]. http://kjs.mof.gov.cn/zhuantilanmu/kuaijizhuanzeshishi/200806/t20080618_46240.html.

然而,在 2015 年业绩预报中,沃森生物并没有发布对商誉进行减值测试和计提减值准备的相关说明。而非法疫苗案爆发后,商誉必然出现减值情况,且数额巨大,资产减值来得如此突然,让投资者措手不及。巨额的减值计提不仅直接导致公司当年的利润锐减,也对公司之后的业绩情况造成了巨大影响。

(二)业绩豪赌失败,信息披露存质疑

河北大安及其相关的对赌协议是引发沃森生物业绩变脸的直接原因。

2012 年 9 月,在沃森生物收购河北大安时,据立信资产评估公司出具的报告,河北大安自 2007 年停产至彼时始终未能生产及对外销售,直到 2012 年并购前夕,河北大安都处于利润亏损的状态,2012 年河北大安的亏损额更是高达 0.68 亿元。此外,在关停期间,依靠大量的股东借款和民间借贷维持血浆采集、新工厂固定资产建设,以及公司的日常运营,导致公司濒临破产边缘。即便是在盈利能力如此薄弱的境地下,沃森生物仍坚持要斥巨资收购河北大安。

可惜好景不长,河北大安还没坐稳"富二代"的宝座,噩梦又相继到来。仅一年之后,沃森生物就开始充当"甩手掌柜",大量出售河北大安的股权。2014 年 10 月,沃森生物将 46% 的股份转让给杜江涛,并签署了相关对赌协议。2016 年 3 月,受河北大安增资的影响,沃森生物持有的河北大安剩余的股权从 44% 增加至 45.65%。当时,河北大安已摆脱亏损,转亏为盈,2015 年共盈利 877.05 万元。2016 年 12 月,沃森生物再次与杜江涛达成协议,转让河北大安 31.65% 的股权。此次转让后,沃森生物手中持有的河北大安股权仅剩 14%。

在关于河北大安的对赌协议中,沃森生物承诺将帮助河北大安提高血浆采集规模,确保河北大安 2017—2019 年采血量不低于 150 吨、200 吨和 250 吨。当河北大安达到以上血浆采集量的 95% 时,则视为业绩承诺完成。否则,沃森生物将以 1 元/股的价格将河北大安的一定比例股权转让给博晖创新,股权补偿仅限于沃森生物所持有的河北大安 14% 的股权。

据公告显示,截至 2017 年底,河北大安已实现的采血量为 91.13 吨,与最低承诺值 142.5 吨相差甚远,这就表明 2017 年度的业绩承诺未达标。

沃森生物在 2017 年业绩修正公告中称,公司预计 2017 年度净利润亏损 4.57 亿元,包括公司对河北大安担负的赔付责任,其中,应收账款损失 3.34 亿元,因计提长期股权投资减值准备和坏账准备而导致的资产减值损失 1.22 亿元。由于血浆采集数据由河北大安统计,未经审计及最终核实,此数据对公司 2017 年度业绩测算具有不确定性。此外,公司因债转股计划未能实现,导致财务费用和应收账款坏账准备增加,致使2017年度净利润亏损额增加了1.1亿元。

本以为此次修正公告的发布能安抚一下投资者的情绪,谁承想,却引来了投资者对沃森生物信息披露规范性的质疑,真可谓是"一波未平一波又起"。

此前,在沃森生物2017年11月初发布的业绩预告中,并未向投资者提示河北大安相关的对赌协议会对业绩产生潜在影响。直至2个月后,沃森生物突然对外发布一则业绩修正公告,2017年度的业绩被大幅下调,净利润从预计盈利变成了巨额亏损。如此惊人的变脸,令满怀期待的投资者欲哭无泪。值得一提的是,博晖创新早在沃森生物发布业绩预告的前10天,也就是2017年10月20日就曾对外发布预告称,从截至报告期内河北大安的实际采浆状况来看,预计本年度采浆量达标的可能性较低,存在以河北大安股权进行赔付的可能,因此公司需计提部分商誉减值。

相比之下,在发布业绩预告时,沃森生物是否真的不知河北大安2017年采浆量可能对赌不达标的情况呢?这个问题或许只有沃森生物自己才能回答了。

然而,这并不是沃森生物第一次突发业绩变脸。早在2015年沃森生物第一次业绩变脸时,公司发布的公告从提前预告可能亏损4.5亿元到业绩快报亏损3.98亿元,再到年报发布最终亏损8.51亿元。净利润毫无征兆地蒸发4.5亿元,沃森生物从未在此前的公告中发布业绩相关的提示性信息,此次亦然。这不由得让投资者们质疑:一次又一次的业绩变脸,是有意为之,还是无心之过?是刻意隐瞒,释放虚假消息,还是有何难言之隐?这一问题值得投资者们好好推敲推敲。

四、尾声

在上演了一出变脸风波之后,沃森生物还未摆脱危机。沃森生物的投资者和管理层依旧一筹莫展。自己埋下的雷终归有踩爆的一天,当年许下的业绩承诺已经到了检验的时候,接下来还有要履行的业绩承诺在等着沃森生物,投资者们该是喜,还是忧呢?让我们拭目以待。

(执笔人:董璇影;指导老师:任永平)

背后的故事：方正电机的"爆雷谜团"

适用课程： 企业并购　财务会计理论与实务

编写目的： 本案例通过研究方正电机的两起并购案，旨在让学生充分认识商誉减值的基本原理和会计处理，了解长期股权投资减值的迹象的判断以及相应的会计处理，思考商誉减值与长期股权投资减值的潜在关系，掌握收益法对并购标的评价的优缺点以及学会对并购效果进行多角度的评价。

知　识　点： 高溢价收购　业绩承诺　商誉减值

关　键　词： 方正电机　高溢价收购　业绩承诺　商誉减值　业绩暴雷

案例摘要： 随着中国产业结构的调整和升级以及监管的放松管制，近年来我国的并购市场经历了爆炸式的增长。2015年全年公布的交易数量达到6 066个，交易量为31 149亿元。并购对企业业绩的优化作用明显，不少企业铤而走险进行高溢价收购，由此产生的高商誉便成为公司头上的达摩克利斯之剑。本案例从方正电机业绩"爆雷"入手，深挖其诱发机理，以引起学生对高溢价收购的关注。

2019年首月，股市的"天雷"可以说是滚滚而来。截至1月24日，已有68家A股上市公司发布业绩预告，预计业绩将被商誉拖累，不考虑未披露具体金额的公司，总涉及金额高达200亿元，其中29家公司发生首亏。

其中，浙江方正电机股份有限公司（以下称为"方正电机"）1月15日发布修正版业绩预告，预告中称预计2018年实现归母净利－3.3亿——－4.1亿元，较上年同期下降349%—410%。而方正电机2017年实现的净利润仅仅为1.32亿元。对于业绩下滑的原因，方正电机表示，主要是子公司上海海能信息科技有限公司（以下称为"上海海能"）、杭州德沃仕电动科技有限公司（以下称为"德沃仕"）业绩下滑明显，需要计提相应的商誉减值准备所致,其中上海海能预计计提减值准备约3.5亿—4亿元,德沃仕预计计提减值准备约0.3亿—0.6亿元。

然而,公司1月22日发布《关于控股股东部分股份质押的公告》,其中列明实际控制人张敏本次质押其所持公司股票的94.8万股,累计质押其持有的本公司股份7 419.31万股,占其所持公司股份的99.91%,占公司股本总额的16.73%。

所以,方正电机业绩"爆雷"究竟只是公告中所说的行业不景气,还是早有预谋?接下来,让我们一起挖掘方正电机业绩"爆雷"背后的故事。

一、并购背景

(一) 公司背景

方正电机前身为1995年设立的丽水方正电机制造有限公司,6年后,张敏、钱进、章则余、李锦火、胡宏等16位自然人发起设立股份公司,股本总计为3 800股。

2007年11月20日,经中国证券监督管理委员会批准,方正电机向公众公开发行20万元普通股。2007年12月12日,公司股票在深圳证券交易所上市,股票代码:002196。

据方正电机2007年年报显示,公司初上市时的主营业务为微特电机的研发、生产、销售以及相关设备、产品的进出口,公司将以上业务均划归缝纫机行业,主要产品有家用缝纫机电机、工业缝纫机电机、缝纫机变频伺服电机、电脑高速自动缝纫机、汽车电机等。

(二) 政策支持

自改革开放以来,我国处于高速发展阶段,随之而来的却是能源消耗的不断增加和环境污染问题的不断显现。在空气质量恶化的同时,我国石油对外依存度也在逐年攀升。因此,发展新能源汽车是实现交通运输上节能减排和降低石油对外依存的重要途径。

"十五"期间,我国启动了"863"计划电动汽车专项工程,建立了三纵三横的研发布局,取得了大量电动汽车技术创新成果。"十一五"期间,我国组织实施了多项与该计划相关的重大项目,将关注的焦点聚集于动力系统技术平台和关键零部件的研发。经过10年的科技攻关和北京奥运会、上海世博会、深圳大运会、"十城千辆"等示范项目的实施,中国的电动汽车"从0到1",在关键部件、车辆集成技术、技术标准、测试技术和示范运行方面取得了重大进展,初步建立了电动汽车技术体系。科技创新为中国新能源汽车产业的发展奠定了良好的基础。

2012年,国务院发布了《节能与新能源汽车产业发展规划》,提出电动汽车2015年及之前累计销售50万辆、2020年产能200万辆、2020年及之前累计产销500万辆的目标,该政策的出台进一步加速了电动汽车产业的发展。2014年,我国新能源汽车产业的补贴高达89亿元,平均每辆车补贴近12万元。随着国家对新能源汽车产业支持力度的加大,相关政策与补贴得到进一步加强。如图1所示,2014年新能源汽车补贴政策一出,我国新能源汽车产销量便产生了一个质的飞跃,由2013年产销量均不足2万辆激增至2014年产销量均超7万辆。

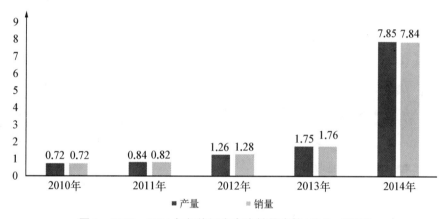

图1 2010—2014年新能源汽车产销量走势(单位:万辆)

截至2018年底,新能源汽车产销量分别达到127万辆和125.6万辆,同比分别增长59.9%和61.7%。根据乘用车市场信息协会的统计,2018年,比亚迪汽车在销售榜单中排名第一,销售23万辆汽车。北汽和上汽分别排名第二和第三,销售量分别为15万辆和10万辆,分别增长49%和119%。

新能源汽车产业的发展带动了一系列周边产业的崛起,不仅包括上游的动力电池产业,还包括汽车电机和电子控制系统产业以及充电桩产业等。

就汽车电机产业而言,西安汽车零部件产业园的刘少利等人就曾按每车一套电机电控计算,2018—2020年3年间,新能源汽车电机电控总需求高达460万套,总市场空间约270亿元。按照2017年乘用车及专用车电机电控和客车电机电控单价各1.2万元/台与2万元/台计算,假设每台新能源车辆配均备有一套电动机电子控制系统,可以预计,2020年乘用车、客车和专用车的电机电控市场规模预计能分别达到220亿元、33亿元和19亿元。其中,乘用车电机控制市场规模是商用车市场规模的4倍以上,市场前景和产业机会非常可观。

(三)发展桎梏

在首次公开发行股票前,方正电机于2004年、2005年、2006年及2007年1—6月连续盈利,且呈现逐年递增的态势。因而,保荐人王东明对方正电机做出评价,认为方正电机具有持续盈利能力,财务状况良好,在缝纫机电机产业、汽车电机行业均有较强的竞争力,并且在募集资金投资项目实施成功后,公司的核心竞争力将得到进一步提升,将促使公司进入快速发展阶段。

2007年,方正电机总营收达到4.13亿元,总营业利润率为8.59%,虽然此时方正电机已涉足汽车行业,但产品还仅限于汽车座椅电机、汽车摇窗电机等汽车配件,而且汽车马达是仅有的营业利润率为负的产品,此时公司利润还是主要依赖于电脑高速自动平缝机和传统缝纫机电机的生产与销售业务。方正电机2007年营业收入构成如图2所示。

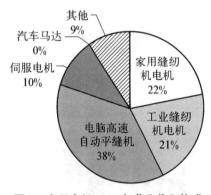

图2 方正电机2007年营业收入构成

然而"生不逢时",方正电机刚刚上市,好不容易募集来的资金还没焐热,金融危机有如一记闷棍,给了张敏等一众股东当头一棒。虽然在缝纫机行业摸爬滚打多年,深知企业对原材料价格和汇率波动非常敏感,可是,金融危机对全球经济的影响仍远远超出张敏等人的预期。受金融危机影响,产业下游对缝纫机需求猛降,导致缝纫机行业竞争加剧,而产业上游的原材料价格却不降反增,一边人工越来越贵,另一边却又不得不支付前期欠款。方正电机犹如落入马蜂窝,被蜇了一头包。直至2009年,其当年营业收入只有2007年的70%,而归属于母公司的净利润甚至不及两年前的20%。

好在我国政府"下了场及时雨",积极采取保持经济稳定增长、扩大内需、调整产业结构等一系列政策,整体经济形势才逐季度好转。面对逐步好转的宏观经济环境,仿佛久旱逢甘霖,方正电机抓住市场机遇,努力拓展国内外市场,扩大产品销售规模,同时不断强化公司内部管理基础,优化产品结构,提高产品品质,在2010年打了场漂亮的翻身仗。

好景不长,国家政策这一"香饽饽"才刚刚下肚,仅在2012年,整个产业的发展颓势就暴露了出来。随着外部经济形势持续严峻化影响,国内经济下行压力增大,经济增长呈现持续下行态势,尤其是公司所处的缝制机械行业,受下游服装行业需求下降和上游生产要素成本上升等一系列因素影响,缝制机械行业呈现产销量同比下滑、企业效益减半、利润空间缩减等症状。多项数据表明,行业规模整体收缩、行业不景气导致企业产销走低,产品库存量高,盈利能力下降成为电机类企业的普遍现象。到了2013年,曾让公司引以为傲的三大支柱产品给企业带来的收益下降为2011年的3/4。其中,以工业用缝纫机电机最为明显,方正电机2013年在这类产品上仅实现了9万元收入,如图3所示。

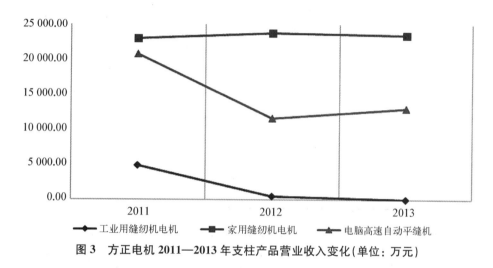

图3 方正电机2011—2013年支柱产品营业收入变化(单位:万元)

反观汽车电机产品也是过山车似的一年好完一年坏,2007—2009年年累计毛利－178万元,不知是潜心钻研还是羞于示人,2010—2012年间的报表并未显示汽车电机,却在2013年突然出现,还带来了776万元的毛利(如图4所示)。

俗话说,人贵在有自知之明。自上市以来,一双名叫风险的手拨动着方正电机的业绩图,张敏等一众股东深知方正电机的痛点,立即转换发展战略,确定了"转型升级到汽车行业,成为节能和新能源汽车的核心零部件供应商"的战略目标。之后便执行了公司发展史上有里程碑意义的几件合并案以提升方正电机的抗风险能力。

其中,2015年并购德沃仕使得方正电机的新能源汽车驱动电机产品从仅有7.5 kW功率丰富为覆盖了7.5 kW—45 kW等多种功率,此举有助于完善公司产品结构,将覆盖车型从低速电动车和轻卡扩大至乘用车、中巴、大巴等全系列车型。而并购上海海能,拥有其在电动汽车行业领先的电子控制技术,进一步将公司业务从汽车执行零部件扩大至控制系统,加快公司向节能与新能源汽车核心零部件供应商转型的步伐。再加上2014年对深圳市高科润电子有限公司(以下称为"高科润")的并购,

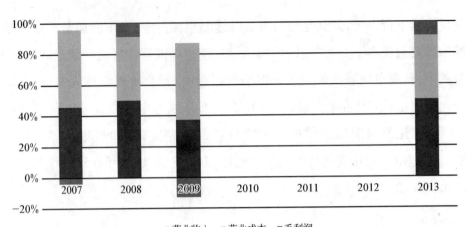

图 4 汽车电机产品 2007—2013 年营业收入构成

使得方正电机的业绩一路飘红,在 2016 年实现了自上市以来的最高点,如图 5 所示。

成也萧何败也萧何,正是德沃仕和上海海能两桩并购案使得方正电机落入了 2019 年新年伊始的窘境。

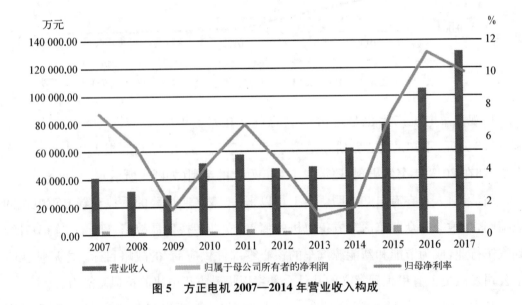

图 5 方正电机 2007—2014 年营业收入构成

二、并购过程

(一)时间进程

2015 年 3 月 16 日,方正电机发布《关于公司股票临时停牌的公告》;3 月 26 日继续发布公告,将该事项认定为重大资产重组事项。为避免公司股价出现异常波动,维护投资者利益,公司股票于2015年3月26日上午继续停牌。

2015年6月9日,方正电机发布《发行股份及支付现金购买资产并募集配套资金暨关联交易报告书(草案)》,据报告书称,此次交易构成重大资产重组,不构成关联交易和借壳上市。6月16日的修订稿仍维持上述说法。

2015年6月16日,方正电机正式恢复交易,并于16日和17日经历两个暴涨,收盘价格涨幅偏离值累计达到20%以上。

2015年7月10日,方正电机并购案获证监会的批准。

2015年11月30日,方正电机正式取得上海海能和德沃仕的所有权。

2015年12月1日,上海海能完成工商变更登记。

2015年12月2日,杭州德沃仕完成工商变更登记。

(二)前期调研

在对上海海能和德沃仕进行并购前,方正电机聘请杭州天健会计师事务所对两家公司分别进行审计。在对德沃仕的审计报告中却出现了以下一幕:德沃仕在2013年与2014年均为亏损状态。2014年即使除去官方说法的股权支付,其盈利状况也与2013年亏损近300万元的情况相近。此外,德沃仕2013—2015年一季度的经营活动现金流量净额均为负,但是营业收入的年化增长率高达882.57%,具体财务状况,如表1、表2、表3所示。

表1 德沃仕2013—2015年一季度审计后利润 单位:元

项　目	2015年1—3月	2014年度	2013年度
一、营业收入	9 082 695.41	8 020 225.68	53 136.76
减:营业成本	6 236 791.13	5 829 039.65	38 629.37
营业税金及附加	6 837.91		
销售费用	784 989.53	908 952.64	319 200.33
管理费用	1 351 655.78	15 198 829.03	2 482 945.71
财务费用	−107 320.96	−154 287.71	−34 472.77
资产减值损失	−313 201.75	698 817.96	178 947.69
加:公允价值变动损益			
投资收益			

(续表)

项　目	2015年1—3月	2014年度	2013年度
二、营业利润	1 122 943.77	−14 461 125.89	−2 932 113.57
加：营业外收入		1 400.00	80 400.00
减：营业外支出	9 082.69	8 008.66	53.14
三、利润总额	1 113 861.08	−14 467 734.55	−2 851 766.71
减：所得税费用			
四、净利润	1 113 861.08	−14 467 734.55	−2 851 766.71

表2　德沃仕2013—2015年一季度审计后现金流量　　　　　　　　单位：元

项　目	2015年1—3月	2014年度	2013年度
一、经营活动产生的现金流量			
销售商品、提供劳务收到的现金	2 446 290.00	786 689.24	23 353.76
收到的税费返还			
收到其他与经营活动有关的现金	110 403.14	2 122.92	91 391.87
二、经营活动现金流入小计	2 556 693.14	788 812.16	114 745.63
购买商品、接受劳务支付的现金	1 174 409.68	4 114 905.80	664 934.32
支付给职工以及为职工支付的现金	988 657.54	1 671 330.84	952 395.79
支付的各项税费	52 328.71	18 064.29	9 399.96
支付其他与经营活动有关的现金	959 175.40	3 362 193.63	1 193 887.67
三、经营活动现金流出小计	3 174 571.33	9 166 494.56	2 820 617.74
四、经营活动产生的现金流量净额	−617 878.19	−8 377 682.40	−2 705 872.11

表3　公司主要财务报表项目的异常情况及原因说明

利润表项目	2014年度	2013年度	变动幅度	变动原因说明
营业收入	802.02万元	5.31万元	150 093.95%	主要系业务规模扩大,销售收入增加所致
营业成本	582.9万元	3.86万元	15 000.04%	主要系销售收入增加,相应成本增加所致
管理费用	1 519.88万元	248.29万元	512.14%	主要系2014年度确认股份支付所致
资产减值损失	69.88万元	17.89万元	290.61%	主要系应收账款增加,相应的坏账准备增加所致

（三）标的资产评估情况

方正电机可谓是将宝都押在对上海海能和德沃仕的并购案上了。被并购前上海海能经审计的账面净资产为19 401.80万元,德沃仕经审计的账面净资产为1 884.92万元。

方正电机十分看好这两家公司对公司转型所发挥的作用,认为通过收购上海海能的股权,利用上海海能在汽车电子控制领域的技术和行业地位,能帮助方正电机从传统的燃料汽车零部件业务扩展到汽车动力系统的电子控制领域,使其兼具硬件执行机构及软件控制系统的完善的产品结构。同时,通过对德沃仕的并购,将使得公司从新能源汽车驱动系统供应商升级为国内少数的整车动力总成等系统集成商之一,拥有基于整车控制器、转向控制、电机控制等控制平台之上配套驱动电机等执行机构的系统集成能力,从而扩大销售规模,增强盈利能力。

评估人员使用收益法和资产法对上海海能和德沃仕进行评估,最终以收益法评估结果作为本次交易标的的最终评估结论。

方正电机使用收益法评估的上海海能100%股权价值为110 165.96万元,增值额为90 764.1万元,增值率高达467.81%。德沃仕100%股权价值为24 502.04万元,增值额为22 617.12万元,增值率更是高达1 199.90%。交易参考收益法的评估结果,经各方友好协商,确定上海海能100%股权的交易价格为110 000万元,德沃仕100%的交易价格为24 500万元,实际增值率分别为466.96%和1 199.79%。

(四)支付方式

两项合购的对价形式包括股份代价及现金代价,其所需现金对价来源于通过锁价方式向青岛金石灏汭投资有限公司(以下称为"金石灏汭")、自然人张敏和自然人翁伟文非公开发行股份募集配套资金,拟募集资金总额为6.3亿元。其中6.13亿元将用于支付本次交易的现金对价款,其余用于支付与本次交易相关的交易费用。两个交易标的的交易定价如表4所示。

表4 并购项目交易价格、现金对价和股份对价信息

项 目	交易价格(万元)	现金对价(万元)	股份对价(万元)	发行股份数量(股)
上海海能100%股权	110 000	55 000	55 000	35 971 221
德沃仕100%股权	24 500	6 300	18 200	11 903 201
合 计	134 500	61 300	73 200	47 874 422

值得一提的是,金石灏汭曾于2014年12月17日向德沃仕增资1 500万元,截至并购前金石灏汭持有德沃仕10.09%的股份。

(五) 业绩承诺

2015年6月5日,方正电机分别与上海海能的6名股东和德沃仕的3名股东签署了盈利预测补偿协议。

其中,上海海能承诺2015年、2016年及2017年实现的扣非归母净利分别不低于7 600万元、8 000万元及8 400万元。德沃仕承诺2015年、2016年及2017年实现的扣非归母净利分别不低于1 650万元、2 400万元及3 500万元。若实际盈利情况未及上述数据的,则承诺方(上海海能、德沃仕)以其在本次交易中获得的股份对价为限按协议约定进行补偿。

如果上海海能2015—2017年累计扣非归母净利未达到2.4亿元,德沃斯3年累计扣非归母净利未达到7 550万元,方正电机有权以1元/股的价格回购相应于上述补偿金额的股份。

三、并购之后

(一) 发行股份前后上市公司的股权结构及控制权变化情况

如果考虑配套融资,方正电机在交易完成前后的股权结构变动如表5所示。

表5 方正电机的股权结构变化情况

股东名称	交易前		交易后(考虑募集配套资金)	
	持股数量(股)	持股比例(%)	持股数量(股)	持股比例(%)
张敏	29 664 335	16.63	46 831 716	17.68
华鑫国际信托有限公司	19 743 336	11.07	19 743 336	7.46
钱进	12 048 668	6.76	12 048 668	4.55
通联创业投资股份有限公司	8 880 000	4.98	8 880 000	4.55
翁伟文	8 144 704	4.57	11 210 307	4.23
其他股东	99 850 001	55.99	99 850 001	37.70
卓斌	—	—	29 151 079	11.01
金石灏汭	—	—	20 007 498	7.55
杭州杭开电气有限公司	—	—	3 383 864	1.28
徐正敏	—	—	2 827 338	1.07
吴宝才	—	—	2 449 647	0.92

(续表)

股 东 名 称	交易前		交易后(考虑募集配套资金)	
	持股数量(股)	持股比例(%)	持股数量(股)	持股比例(%)
曹冠晖	—	—	1 966 299	0.74
冒晓健	—	—	1 798 561	0.68
徐迪	—	—	1 618 705	0.61
马文奇	—	—	1 440 965	0.54
吴进山	—	—	976 510	0.37
朱玥奋	—	—	287 769	0.11
祝轲卿	—	—	287 769	0.11
浙江德石投资管理有限公司	—	—	72 041	0.03
合计	178 331 044	100	264 832 073	100

(二)主营业务变化

在此次战略并购前,方正电机于2014年并购合作商高科润,所以当年的报表上智能控制器产品也贡献了9 000万元的收入,但是多年主营业务缝纫机应用类产品对于营业收入的贡献仍是无法超越的,如图6所示。

在完成对上海海能和德沃仕的战略性并购之后,方正电机将缝纫机应用类产品的生产业务完全划拨给了越南子公司,将生产销售的重点转移至新能源汽车电机及配件上。

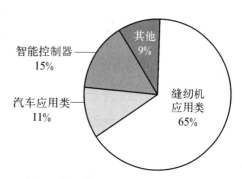

图6 方正电机2014年营业收入构成

在之后的3年中,汽车应用类产品所带来的业绩优化作用日渐明显,只2017年就为方正电机贡献了7亿元的营业收入。而对比较为强烈的是缝纫机应用类产品,2017年贡献的营业收入仅为2014年的一半,如图7所示。而汽车应用类产品的毛利率也在稳中求进,缝纫机应用类产品的毛利率在经历2016年的小高潮后又迅速下跌,智能控制器的毛利更是逐年下滑,如图8所示。

(三)业绩完成情况

在并购完成后的3年间,方正电机的利润一路高歌猛进,净利润年化增长率高达135%,新任全资子公司上海海能和德沃仕可谓功不可没。

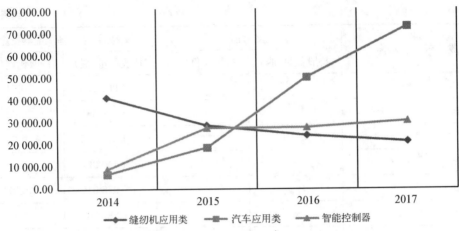

图7 方正电机2014—2017年主营业务变化(单位：万元)

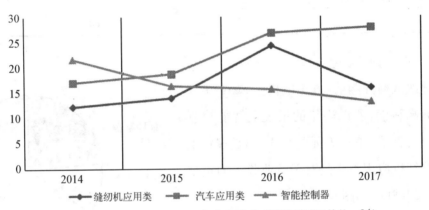

图8 方正电机2014—2017年主营业务毛利率变化(单位：%)

上海海能2015年、2016年、2017年净利润分别为8 106.30万元、7 877.06万元、9 537.39万元。德沃仕2015年、2016年、2017年净利润分别为1 684.53万元、1 246.91万元、2 589.99万元。其中由于两家子公司于2015年12月实现合并报表，2015年合并净利润为2 805.62万元。在3年承诺期内，方正电机的业绩对两家子公司越来越依赖（如图9所示），两家子公司对合并报表净利润的贡献率由2014年的49%演变为2017年的超过90%。

然而，天再次不随人愿。受2016年油气价差缩小、天然气商用车市场低迷以及新能源汽车补贴政策调整影响，上海海能的天然气发动机控制器以及德沃仕产品销量均不及预期。虽然两家子公司促使方正电机实现了业绩的连级跳，但是两家公司均出现了业绩补偿的情况，尤其是德沃仕。如表6所示，德沃仕仅在2015年完成了履约承诺，3年累计差异高达2 048万元。为此，方正电机于3年间向杭开电气、曹冠晖、吴进山合计

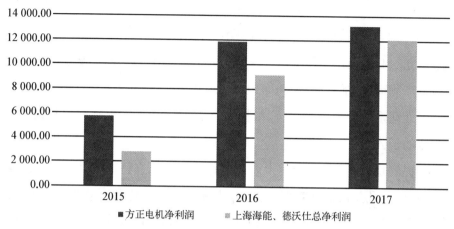

图 9 业绩承诺期母子公司利润完成情况(单位：万元)

回购 7 389 602 股,向卓斌、冒晓健、徐正敏、朱玥奋、徐迪、祝轲卿合计回购 384 153 股。

正是由于两家子公司业绩承诺完成状况极差,便有了本案例开头方正电机计提 4 亿元商誉减值准备的一幕。值得一提的是,方正电机自 2015 年合并上海海能和德沃仕至 2018 年前 3 季度,在累计净利润 3.65 亿元后,又回归了原点。

表 6 上海海能、德沃仕业绩承诺完成情况

上海海能业绩承诺完成情况				
项 目	2015 年	2016 年	2017 年	累计
实现净利润(万元)	7 630.45	7 412.63	9 092.15	24 135.23
承诺净利润(万元)	7 600.00	8 000.00	8 400.00	24 000.00
差异(万元)	30.45	−587.37	692.15	135.23
完成率(%)	100.40	92.66	108.24	100.56
德沃仕业绩承诺完成情况				
项 目	2015 年	2016 年	2017 年	累计
实现净利润(万元)	1 684.82	1 220.13	2 596.91	5 501.86
承诺净利润(万元)	1 650.00	2 400.00	3 500.00	7 550.00
差异(万元)	34.82	−1 179.87	−903.09	−2 048.14
完成率(%)	102.11	50.84	74.20	72.87

(四) 出售广西三立

2018 年 11 月底,方正电机突然发布公告,全资子公司上海海能拟以 2 660 万元的

对价分别向祝强、梁锋转让广西三立科技发展有限公司(以下称为"广西三立")95%和5%股权,本次转让完成后,方正电机将不再持有广西三立的股权。

广西三立的业务范围主要集中在汽车零部件的销售和维护服务,新能源汽车动力总成的生产和销售、维护服务,汽车电子维护测试设备的生产和销售、维护服务,以及发动机后处理系统的生产和销售、维护服务上,在2011年至本次出售前,广西三立为上海海能的子公司。

值得一提的是,2016年11月,上海海能作为广西三立持股51%的实控人,出于整合公司产品链、提升公司管理效率的目的,从剩余股东梁锋和卓欢的手中购入广西三立剩余49%的股权,使得广西三立成为其全资子公司。广西三立的法人直至2017年前一直由卓斌担任,而前股东卓欢正是卓斌之女,与卓斌属同一行动人。2017年2月22日,广西三立发生高层洗牌,卓斌、卓欢、蔡小红、林志强、徐权圭纷纷退出管理层,原管理层仅保留梁锋一人,同时法人由卓斌变更为张驰。而据《关于广西三立科技发展有限公司股权转让的公告》显示,广西三立2017年和2018年三季度审计后净利润分别为-413.48万元和-208.55万元。广西三立的出售有利于公司优化资源配置,提高公司的资金使用效率和管理效率。股权转让实施后,收到的股权转让价款还可补充流动资金,支持公司业务发展。

(五)高管减持

2017年8月11日,方正电机发布"董监高"及大股东减持公告。公告注明公司董事兼总经理蔡军彪、董事会秘书兼财务总监牟健、董事翁伟文、董事长直系亲属张驰以及持股5%以上的股东卓斌(原上海海能控股股东)、金石灏汭拟减持公司股份合计10 323 610股,约占公司总股本2.29%。而在此次减持之前,金石灏汭已于5月5—24日通过集中竞价交易方式减持股份874 575股,占公司总股本的0.19%。

股东们名义上以个人原因搪塞过去,但由于上海海能和德沃仕2016年业绩承诺履行情况于4月24日才公布,此次减持还是让人浮想联翩,高管和股东们真的只是去改善生活了吗?而2017年的一系列操作也让人心生疑惑。

其实早在3月9日,公司实控人张敏就曾减持314.75万股,并承诺在两个交易日后的6个月内减持不超过1 000万股。在2016年业绩承诺情况公布后一周时间,方正电机又公布称张敏减持计划实施完毕并且在接下来的6个月内不再减持。张敏此举不禁让人怀疑是否暗藏玄机,真的只是维护中小股东利益?而接下来的20天,金石灏汭便给出答案,原来张敏在给业绩承诺"擦屁股"的同时还要安抚群众:"金石灏汭减持得不多,没关系,我还是对公司很有信心的。"

6月3日,方正电机实施2016年年度权益分派,以公司总股本为基数,向全体股东每10股派送0.5元现金,并且以资本公积金向全体股东每10股转增7股。经历此次高送转,市场立马接到信号,从9.89元/股直逼13元/股。股价回暖之后,高管和股东便掐准时间减持。可是这次运气就没有那么好了,权益分派完成了,实控人也承诺不再减持了,无招可用,只能眼睁睁看着大厦倾颓。高管减持仅一天,方正电机盘中股价最高跌幅便超过6.5%,截至收盘股价下跌2.63%,市值整整蒸发了1.71亿元。

为高管减持垫后之后,张敏本人却在陆陆续续质押其所持股份,截至2019年1月22日,张敏本人已质押其所持股份的99.91%,虽说官方称没有平仓风险,也不禁让中小股东心悬不已:"实控人是不是也想跑?"

四、尾声

过去几年企业间高估值高溢价收购的风潮,与此次历史上规模最大的A股市场"爆雷"脱不了干系。由于IPO政策收紧,企业或是出于借壳上市,或是出于战略转型,抑或是出于短期内调整业绩的目的,纷纷将目光投向了并购重组。但是,欲速则不达,上市公司的外延式并购重组可能给公司带来活力,也可能成为炒作的题材,但是,一旦所收购资产的表现达不到标准,商誉减值的"雷"就可能随时爆炸。

方正电机此次"以身试险"不仅告诫各企业应脚踏实地搞建设,不冒进、不盲从,也给相关监管部门敲响警钟,有关部门还应当从根源上对业绩"爆雷"予以防范,保障A股市场的健康发展。

参考文献

[1] 刘少利,李辛.新能源汽车产业链产业机会分析[J].汽车实用技术,2018(7).

[2] 郑宝成.比亚迪新能源汽车发展战略研究[D].天津:天津大学,2016.

[3] 中国证券监督管理委员会甘肃监管局课题组,李康莉,贾汝明.从盈余管理视角看商誉的确认与计量——以甘肃上市公司为例引发的监管思考[J].甘肃金融,2018(12).

[4] 姜维.高管减持行为对创业板公司价值的影响分析[D].北京:首都经济贸易

大学,2018.

[5] 颜雅晴.企业合并商誉减值问题研究——以宇顺电子并购雅视科技为例[D].上海:上海国家会计学院,2018.

(执笔人:闵睿;指导老师:徐宗宇)

科恒股份重组转型之路

适用课程： 企业并购　财务管理理论与实务

编写目的： 本案例通过选取科恒股份为例,全面分析其扭亏为盈的逆袭之路,希望通过对其重组转型之路的全面分析,引导学生学习企业战略转型的相关举措,了解资产重组对公司发展的重要影响,理解资产重组失败的常见原因,学习总结企业重组的成功经验。

知 识 点： 资产重组　企业转型　锂电池

关 键 词： 科恒股份　稀土行业　锂电池　新能源　企业转型

案例摘要： 科恒股份凭借在稀土发光材料行业中领先的技术实力和出色业绩,于2012年成功上市。但上市并没有帮助公司进一步发挥优势获得更大发展,相反,进入资本市场之后,公司财务情况就开始走起了下坡路,甚至上市的第四天就被媒体批道"业绩变脸"。2012年起财务情况急转直下,2014年和2015年的亏损更是将公司带进退市"旋涡"。但科恒股份2016年成功扭亏转盈,股价从低谷一路飙升,甚至因为股票交易价格涨幅过大多次遭证监会停牌核查。本案例将详细讲述科恒股份重组转型升级过程,详细分析科恒股份究竟做了哪些努力,如何使公司从稀土发光材料行业转型至当时最热门的锂电行业,成功搭上新能源"顺风车"使公司"起死回生"甚至创造"妖股神话"。

"生存,还是毁灭,这是一个问题",这是莎士比亚的《哈姆雷特》中的名句,同时,也是横亘在那些存在退市风险的上市公司面前的一个问题。2016年深交所就将这个问题抛给了江门市科恒实业股份有限公司(以下称为"科恒股份"),同年4月科恒股份发布的2015年年度报告中表明本年度业绩亏损加重:营业总收入为391 328 211.45

元,较上年同期增加0.42%,营业利润为亏损96 510 723.71元,较上年同期下降了77.34%,利润总额为亏损97 400 190.19元,较上年同期下降73.65%,股票价格从发行价48元/股跌至17.02元/股。8月,科恒股份发布了第一则风险提示公告,向投资者提示,公司若2016年业绩继续亏损股票将被暂停上市。

对于那些连年亏损、面临退市的上市公司来说,在这样的尴尬窘境之下,并购重组因其可以增加企业的营业外收入、改善公司财务状况的特点,成为上市公司力求实现扭亏为盈的常用手段之一。但重组也伴随着风险,有很多上市公司没能成功摆脱困境,也有很多上市公司虽在短期内成功"摘星脱帽",但后续依然陷入经营、财务困境。而科恒股份2016年成功收购锂电池装备制造企业深圳市浩能科技有限公司(以下称为"浩能科技")后,从持续走低的"稀土发光材料"行业成功转向当时最热门的"新能源"行业,并且在2016年5月复牌后股价一路上涨,在7月达到了惊人的91.66元/股,这也是科恒股份上市以来的最高股价,说明此次转型也得到了投资者们的认可。那么它到底采取了什么公司战略使得公司成功转型实现扭亏,甚至还成为当年"妖股神话"的呢?本案例系回顾科恒股份的重组转型之路,全面分析其如何扭亏为盈、成功逆袭,也可以为其他企业的战略性转型发展提供参考和借鉴。

一、公司简介

科恒股份由万国江创办,成立于1994年,地处广东省珠三角西北交通枢纽的江门市。

科恒股份创始人兼董事长万国江,1983年进入复旦大学化学系学习,以市优秀大学生称号荣誉毕业,因其在校期间的优秀表现被复旦大学留校任教,从事化学和材料方面的教学、科研工作。1994年,全国掀起了知识分子下海经商的热潮,本准备出国攻读研究生的万国江在这时发现国内纺织浆料领域技术相比于国外非常薄弱,国内相关企业只负责生产,原材料、厂内机器设备都是进口的,而由自己主持的课题组研制出来的纺织浆料,已经可以填补国内这部分的空白。于是1994年这位曾经的"复旦学霸"回到家乡江门自主创业,与江海区滘头办事处联星村联合创办联星科恒助剂厂,即科恒股份的前身,主要从事工业助剂和纺织浆料的生产,食品添加剂CMS、纺织助剂KF系列等一经推出,销售十分火爆,一年后便被评为国内领先的产品。联星科恒助剂厂的出现打破了德国、美国和英国知名企业在纺织浆料行业的垄断,投资仅 200 万元的这家助剂厂短短两年利润已经超过了 100 万元。诸多荣誉加身,使得其产品市场份额急速上升,公司步入了高速发展的轨道。

在进入纺织浆料行业的第三年,联星科恒助剂厂发现中国的稀土储量、产量、消费量均是世界第一,但同时受国内技术限制,我国稀土原料常被出口,经加工再以成品进口,不仅造成珍稀资源大量贱卖,且资金外流严重。联星科恒助剂厂极具前瞻性地开始加大对稀土加工技术的研发力度,开启了第一次转型,将稀土荧光粉,即稀土发光材料业务作为其传统主营业务。

1997 年 10 月联星科恒助剂厂成立荧光粉厂,成功研发出多项国内首创产品,如双峰蓝粉、耐高温红粉、全光谱荧光粉等。两年后,公司被成功评为国家级高新技术企业。2000 年 9 月,联星科恒助剂厂转制成为科恒实业有限责任公司。自 2002 年以来,其主要产品是节能灯用和新兴领域用稀土发光材料,稀土荧光粉类产品销量稳居冠军。由于拥有着强大的自主研发创新能力,其技术水平一直在同行业处于领先,逐渐成为国内最大的稀土发光材料生产商,拥有专利几十项,并且主持修订了 7 项国家标准、参与多项国家标准的制定。

2007 年 11 月,科恒实业有限责任公司整体变更为股份有限公司;随后,2012 年 7 月 26 日成功在深圳证券交易所创业板上市,股票代码为 300340,并且科恒股份也成为所有上市公司中唯一一家将稀土发光材料设为主营业务的企业。

二、连续亏损

2012 年科恒股份发布的首次招股意向书上显示:2011 年内创造营业收入 10.8 亿元,取得营业利润 2.17 亿元,较上年同期增长 458.85%;净利润达到 1.88 亿元,同比增长 429.24%,增长率十分惊人。科恒股份也凭借这样优秀的经营业绩于 2012 年 7 月以 48 元/股的发行价成功上市,但并未如期待一般,进入资本市场后充分利用上市公司平台进一步扩大自身优势,反而上市一成功就爆出"业绩变脸",营业收入、营业利润等财务指标大幅下降。

由表 1 可以看出,2012 年,公司营业收入减半至 5.27 亿元,净利润缩减至 4 259.93 万元,下降率高达 77.30%;2013 年情况也并未好转,公司营业收入同向下降至 3.8 亿元,净利润仅 390.19 万元,较上年同期下降了 90.84%。公司股票价格也是持续低迷,只跌不涨;到 2012 年 11 月底时,股价跌至谷底 15.82 元/股。

表1 2011—2015年科恒股份营业收入情况   单位：元

年份 项目	2010	2011	2012	2013	2014	2015
营业收入	362 043 760.54	1 088 430 175.41	527 294 787.81	379 671 825.84	389 697 552.61	391 328 211.45
营业利润	38 911 959.08	217 461 252.30	45 846 594.34	1 215 675.25	−54 420 594.43	−96 510 723.71
利润总额	41 120 636.27	220 024 923.57	49 253 298.48	4 982 041.38	−56 088 366.11	−97 400 190.19
净利润	35 455 076.12	187 642 274.17	42 599 333.23	3 901 884.41	−49 080 078.00	−83 404 308.82

资料来源：科恒股份2011—2015年年报整理所得

倘若说上市后的这两年科恒股份的净利润还能勉强维持为正数，接下来两年的业绩表现就没有这么乐观了。2014年，公司业绩直接由盈转亏，营业利润亏损0.54亿元，同比下降4 576.57%，净利润亏损0.49亿元；2015年，亏损进一步加重，营业利润亏损0.97亿元，几乎是2014年数据的两倍，净利润亏损也加大至0.83亿元，幅度之大、变化之突然令人咋舌。

这其中的缘由究竟如何呢？

2010年，稀土被列入国家重点支持的材料产业类别，政府宣布对稀土在内的优势资源实施指令性开采，并且减少四成的稀土出口配额、大幅度提高出口关税，加上稀土政策的实施，稀土价格飙升，同时国内需求猛增。科恒股份作为国内销售量最大的稀土发光材料供应商在2011年赶上了稀土大热的时机，公司迎来跨越式发展，营业收入突破10亿元大关，同比增长了106.42%，正是凭借这华丽的业绩，公司才能成功挂牌上市。

但好景不长，中国稀土廉价出口的大格局仍未得到根本性的扭转，稀土价格持续下滑，并持续在低位运行。稀土行业的不景气导致科恒股份原材料稀土氧化物价格持续性、较大幅度地下降；行业内竞争愈发激烈导致产品售价降低，公司毛利率下降；公司上市后管理人员的增加也导致管理费用的走高；再加上近年来受国内LED对其他光源包括节能灯的取代，节能灯市场出现萎缩，稀土发光材料市场份额也不断向下调整。而且在客户方面，由于全球经济形势持续低迷，下游客户采购需求降低，导致公司相应产品产销量及收入逐年下滑。

由此带来的连锁反应是，公司的募投项目也进展不利。首次招股意向书中说明，本次发行的募集资金按重要性排序，3 086万元首要用于研发中心扩建项目；然后使用8 931万元扩建项目，提高公司稀土发光材料产能；5 335.7万元用于新型稀土发光材料产业化项目。可以看出，3个募投项目都是围绕公司主营业务稀土发光材料展开的,目的是想进一步扩大产能,扩大行业优势。然而随着主营业务市场萎缩,科恒股份为避免产能过剩,先将募投项目投产时间延期、缩小项目规模,后来将全部3个募投项目提前结项,承诺取得的利润更是未能达到,致使公司损失了9 000多万元。

三、扭亏背后的秘密

由于面临着"内忧外患"的惨淡局面,科恒股份稀土发光材料业务营业收入2011—2015年年均下降幅度达30%以上。2014年,由于稀土发光材料售价的持续下降,公司计提存货跌价准备也随之增加;公司超期应收账款的数额每年递增,使得公司应收账款坏账准备的计提大幅增加。到2015年,情况持续恶化,以上问题都未解决的同时,由于公司募投设备和厂房的转固,本期内折旧费用也大幅增加。与主板上市的公司不同,创业板上市公司符合退市条件的,实行直接退市机制,且没有重新上市的制度安排。如果2016年科恒股份仍旧亏损,公司股票则会面临被暂停上市的风险,因此2016年的盈利对于科恒股份来说至关重要。随着单一的主营业务的优势持续减弱,面对严峻的市场环境,科恒股份将该何去何从呢?它采取了哪些措施力挽狂澜,成功从亏损阴影中走出、解除暂停上市的危机呢?它的转型是否能走向一个全新的希望,又是否能够重新赢回投资者们的信心呢?

为了提升公司业绩,科恒股份采取了多项措施。一方面不断研究新品开发和技术改造,巩固原有业务市场地位并开发稀土发光材料新兴应用领域,如加大了对转光材料和稀土催化材料的推进力度,实现稀土发光材料效益最大化;另一方面也在积极加大新项目的拓展。

但寻求转型升级之路并不是一帆风顺的,过程一定是充满着各种艰难险阻的。在2015年并购浩能科技迎来巨大成功之前,科恒股份也在不断跳出舒适区,寻找着新的业务增长点,虽然这些尝试并没有起到预期的效果。

(一)布局LED光电显示产业

节能灯用稀土发光材料占据科恒股份主营业务收入的85%以上,但受到新一代LED光源的冲击,稀土节能灯行业走向萧条。因此科恒股份在研究主业新品开发和技术改造、巩固原有业务市场地位的同时,还开始了在LED产业链上的布局。由于在此之前,其已涉猎LED灯用荧光粉,所以公司希望通过并购重组来快速进入并不陌生的LED产品应用终端领域,并将此作为上市后选择尝试的第一个新领域。

2013年7月,科恒股份以自有资金1 095万元收购深圳市联腾科技有限公司(以下称为"联腾科技")51%的股份。该公司是LED光电显示领域的国家级高新技术品牌企业。由于全球倡导环保节能,LED作为一种新型发光器件,以其诸多优点使应用领域不断迅速扩大。公司试图通过收购联腾科技,不仅可以共同在稀土发光材料关键技术领域进行研发、形成自由核心技术,还使得公司成功涉足LED终端行业,向下游延伸LED业务,完善公司在LED产业链上的布局,完成上下游产业链的发展,开发稀土发光材料新的应用领域、实现稀土发光材料效益最大化。

如表2所示,2013年公司成功并购联腾科技,合并联腾科技8—12月数据,实现收入640.44万元,形成上市公司新的利润来源,其中LED工程实现营业收入603.88万元。从表现来看,确实帮助上市公司形成了新的盈利增长点。同时科恒股份在2013年年报中表明,通过并购手段实现公司业务的发展将成为公司发展的重要途径,一切好像都在朝着一个美好的方向发展着。

表2 2011—2013年公司产品的销售收入及其占营业收入的比例

年份 项目	2011		2012		2013	
	营业收入(元)	比例(%)	营业收入(元)	比例(%)	营业收入(元)	比例(%)
节能灯用稀土发光材料	1 042 516 265.42	95.78	461 888 085.39	87.60	294 183 183.98	77.48
新兴领域用稀土发光材料	45 913 909.99	4.22	65 406 702.42	12.40	44 376 546.96	11.69
锂电正极材料	—	—	—	—	34 693 841.79	9.14
LED工程	—	—	—	—	6 038 847.38	1.59
其他	—	—	—	—	379 405.73	0.10
主营业务合计	1 088 430 175.41	100.00	527 294 787.81	100.00	379 671 825.84	100.00

资料来源:科恒股份2012—2013年年报整理所得

但是,由于LED材料市场的不乐观,企业集中化、产品同质化现象严重,再加上价格战不断上演,联腾科技运营两年,2014年及2015年分别取得净利润—179.52万元及—1 852.68万元,未实现当初收购时的业绩承诺。不仅如此,公司2015年将收购联腾科技形成的8 112 963.98元商誉全额计提减值准备,对联腾科技应收款计提3 125.73万元坏账准备,使公司亏损进一步加大。公司股价跌至历史最低值12.88元,两年间股价持续保持低位。

2015年12月30日,科恒股份将控股子公司联腾科技10%股权转让给深圳市斯坦梦卫星传播有限公司,股权转让价款为250万元;2016年12月29日,由于无力支付业绩补偿款,联腾科技股东以125万元回购股份5%,然后深圳市富士腾投资合伙企业再以作价500万元收购股权20%,科恒股份对剩余的联腾科技16%股权投资全额计提减值准备,最后回收资产1 841.35万元。至此,第一次的并购尝试正式宣告失败。

(二)进入锂电池正极材料行业

如上所述,科恒股份原主营业务中的新兴领域用稀土发光材料中包含LED等用荧光粉的开发和生产,以及2013年对LED产品终端领域的布局,将联腾科技纳入子公司的第一年虽小有起色,但因为联腾科技的业绩不理想且LED灯用荧光粉的市场体量本就不大,科恒股份的营业收入持续下降。然而在这时科恒股份管理层敏锐地发现国家政策对新能源及其设备制造行业的大力支持,加上锂电池市场需求的不断增加,科恒股份除了布局LED,还把目光瞄准了新能源材料,尤其是锂离子电池材料行业。于是公司再次调整企业经营发展战略,计划进入新能源材料领域,加大对锂电材料的研发力度。

2013年科恒股份推出首款锂电池正极材料产品LCO-1,主要应用于电子产品领域的钴酸锂形成量产,同时公司也已掌握高压钴酸锂关键技术,以上标志着科恒股份正式进入锂电池正极材料领域。由表3可见,2013年锂电正极材料全年实现营业收入3 469.38万元,表现喜人,但形成的营业利润想要对冲稀土发光材料业务下降的影响仍是杯水车薪。

2014年9月,科恒股份使用超募资金2 700万元,联合关联法人共同投资湖南雅城新材料发展有限公司(以下称为"雅城新材"),共占增资后注册资本的26.54%。雅城新材是一家电池材料供应商,是中国锂电池正极材料市场上前驱体行业品类最齐全的公司之一。公司生产的大颗粒四氧化三钴通过韩国三星SDI认证,纳米级氢氧化亚钴为国内首创产品,能够显著改善电池的各项性能,已批量供应国际市场,收购后将为科恒股份提供锂电正极材料产品。

科恒股份计划通过这次参股,能够借助雅城新材的技术储备,进一步提升公司锂电材料竞争力,与上游企业共同优化锂离子电池材料产业链资源。参股后确实也对公司起到了正面作用:2014年公司研发的锂电正极材料向动力锂电方向拓展,同时针对数码产品的三元材料开始进行小批量销售;2015年,主要应用于小动力电池方面的三元材料实现量产,公司取得快速发展,股价也从最低17.02元/股一路上涨至历史最高值50.60元/股。如表3所示,2015年,锂电正极材料业务实现收入达2.05亿元,占公司主营业务收入的52.46%,相比于2014年在这方面取得的0.86亿元收入同比增加1.12亿元,增幅达到138.83%。并且此次锂电正极材料主营业务收入首次超过稀土发光材料,成为公司最主要的收入来源和利润来源。

表3 2013—2015年科恒股份主营业务收入及利润   单位:元

年份 项目	2013 主营业务收入	2013 主营业务利润	2014 主营业务收入	2014 主营业务利润	2015 主营业务收入	2015 主营业务毛利
节能灯用稀土发光材料	294 183 183.98	23 155 263.76	216 168 380.04	−3 198 396.32	133 968 314.42	140 313 157.7
新兴领域用稀土发光材料	44 376 546.96	12 309 258.51	41 041 116.17	10 784 466.03	27 975 821.71	20 420 261.96
锂电正极材料	34 693 841.79	1 916 953.04	85 957 593.75	270 158.89	205 292 432.16	195 490 215.8
LED工程	6 038 847.38	3 376 898.50	45 644 430.06	17 007 051.41	20 587 991.31	未披露
其他	379 405.73	234 662.42	886 032.59	28 459.15	3 503 651.85	未披露
主营业务合计	379 671 825.84	40 993 036.23	389 697 552.61	389 697 552.61	391 328 211.45	—

资料来源:科恒股份2013—2015年年报整理所得;2015年未披露相关数据,展示的是营业收入和营业成本做差得到的毛利润

随着消费电子、新能源汽车行业的快速发展,加上锂电池产业正慢慢朝着发展中国家转移,再加上中国政府的大力支持,我国锂电池市场份额增长迅猛,整个行业处于快速成长期。科恒股份在这段战略机遇期内积极开拓的锂电正极材料业务,在市场发展的影响下,成功迈入国内领先的锂电正极材料供应商行列。

但科恒股份的锂电正极材料业务主要是应用在消费类电子的钴酸锂,所以虽然公司收入增长较快,但由于钴酸锂毛利率并不高,导致盈利成绩并没有那么理想。而在三元材料方面,公司目前只实现了针对数码产品的三元材料的小批量生产销售,占比又比较低。要想真正坐上新能源的"顺风车",还需要发展动力电池的三元材料,而这块内容目前还处于研发过程中。加上急于扭亏,种种原因之下,公司在2016年12月29日,以价格101 379 642元将所持有雅城新材的19.08%股权转让给北京合纵科技股份有限公司,第二次的产业投资就这样惨淡收场。

四、真正的转折

转型升级之路是艰难的,2013—2015年这3年间,面对严峻的市场环境,科恒股

份从没有一刻放弃过努力。其不断的研发升级和对新兴领域的尝试,都为自身形成了新的盈利增长点,但力量实在是太微小了,这些新领域实现的利润依旧无法对冲稀土发光材料业务下降的影响。2015年收获的"成绩单"依然不尽如人意,年报显示亏损进一步加重,净利润亏损增加至0.83亿元。

真正的转折发生在2016年,对浩能科技的成功收购让科恒股份贴牢了"锂电池"的标签,一时股价大涨,营业利润上升,获得了极大成功。2016年1月19日,公司停牌并发布公告称正在筹划收购锂电池装备制造企业。2月2日,将公告从重大事项更改为重大资产重组,表明经确认,公司正在筹划重大资产重组,拟采用发行股份和现金支付相结合的交易方式购买某锂电池设备相关企业。4月12日,又发布一则公告:公司使用超募资金向浩能科技增资5 000万元,增资后公司将持有浩能科技10%的股权。经过两次延期复牌公告,此次并购终于在第二次延期复牌公告中承诺的最后一日2016年4月20日正式官宣:以4.5亿元的交易价格购买浩能科技90%的股权,交易完成后公司将持有浩能科技全部股权。

浩能科技主营涂布机业务,产品技术处于行业一线水平,主要客户都是扩产意愿最强的国内外顶级锂电池制造商。收购浩能科技后,科恒股份成功实现产业链外延式扩张,在锂电领域形成"设备+材料"的双龙头业务布局,此布局为消除稀土发光材料业务下降的负面影响带来强大的推动力。通过内部整合,公司可以实现技术研发、客户资源的共享,还能增强客户黏性、扩大市场份额,促进材料和设备业务共同发展,进一步增强市场竞争力。

在2015年5月印发的《中国制造2025》中,新能源、新材料被定位为中国制造的重点领域。在此背景下,新能源、新材料领域迎来快速发展机遇,因此锂电池产能扩张。因为锂电设备领域技术先进、深度绑定龙头厂商,浩能科技充分受益于CATL等快速扩产带来的充沛订单,加之国外市场拓展顺利,与CIS公司合作,成为LG供应商,浩能科技2016年底在手订单约10亿元,业绩大幅增长。

2016年5月9日,科恒股份复牌当天开盘即涨停,股价一路直冲云霄,两个月后达到惊人的91.66元/股,为上市以来最高股价,也因此科恒股份被股民戏称为当年的"妖股NO.1"。2016年11月,浩能科技完成工商变更登记手续,11、12月份正式并入合并报表范围,仅仅两月,就为母公司贡献了1.72亿元的营业收入,业绩承诺完成率高达132.88%,为公司扭亏为盈增添一大助力。

由于浩能科技的并表,2016年第四季度科恒股份单季实现营业收入3.70亿元,同比增长225.58%,实现扣非后的归母净利2 139万元,同比大幅扭亏,环比增长1 967万元,浩能科技可谓功不可没。

2016年,科恒股份营业收入达到7.87亿元,同比增长101.11%,实现营业利润3 157万元,同比增长132.71%;加上此前联腾科技25%的股权转让收入、雅城新材51%的股权的转让收入1.01亿元,共实现净利润3 388万元,同比增长140.63%,归属于上市公司股东的扣除非经常性损益的净利润3 047万元,同比上涨139.94%。

至此,科恒股份力挽狂澜、扭亏为盈、水到渠成,成功解除退市警报。市场对此也给予了正面回应,多家证券公司认为公司锂电板块有望高速增长,纷纷给出"推荐""买入""增持"评级。

五、迎来业绩拐点

在国家鼓励新能源产业发展的背景下,科恒股份及时抓住机遇,主营业务成功转为锂电正极材料和锂电设备,继2016年成功扭亏之后,2017年业绩也迎来复苏之春。由于2016年科恒股份对动力用三元材料取得突破,加上全资子公司浩能科技的主要产品属于新能源汽车产业链,公司充分抓住了新能源产业的历史性机遇。2017年第一季度实现归母净利润2 067.59万元,比上年同期增长率达到832.21%之多,高于公司发布的2017年第一季度业绩预告上限,成为上市以来第二季度最佳业绩,迎来业绩拐点。

之前由于稀土原材料价格持续走低,随着市场恶化,公司亏损较大。2017年第一季度稀土价格出现回暖,公司在此期间完成稀土低端产能的改造、传统稀土结构的调整,依靠公司原有的优质客户与核心技术,加上产业回暖,在高端产品方面进一步提高市占率。

除此之外,一方面,随着三元材料在正极材料中的市场份额逐渐提高,加之随着上游钴资源的涨价,下游钴酸锂和三元材料价格也随之上涨,毛利率得到提升,公司三元锂电材料业务未来将成为主流技术路线。科恒股份材料端的主营业务也要从钴酸锂及低端三元,逐渐向高端三元动力延伸,以期能够搭上新能源汽车行业高速发展的"快车",迎来进一步突破。另一方面,由于公司正极材料方面基本满产,公司也在积极推进产能扩张,2016年8月25日设立全资子公司英德能源为锂电正极材料生产基地,3 000吨/年的高端动力三元产能于2017年7月全部建成并开始量产。

锂电设备方面,浩能科技发展迅猛,光 2017 年上半年营收 2.64 亿元,净利润 3 303 万元。伴随着 CATL、珠海银隆等主流电池厂的大幅扩产,2017 年年中,浩能科技在手订单已经达到约 15 亿元,远超上一年全年水平,业绩一直维持较高水平,以 181.12% 的承诺完成率,超额完成 2017 年的业绩承诺。2018 年第三季度又陆续中标 CATL、与珠海格力签订重大合同,前途可谓一片光明。

此外,公司持续推进锂电设备业务拓展和相关并购工作。2017 年 7 月,科恒股份试图收购浙江万好万家智能设备股份有限公司,希望打通前端锂电设备产业链,实现锂电前端设备一体化供货能力(如图 1 所示),后来由于标的公司实际控制人被证监会立案调查,交易终止。

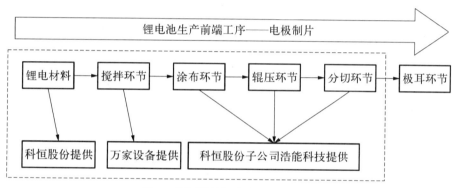

图 1 科恒股份锂电方面收购战略

但科恒股份并没有放弃,2018 年 8 月 20 日公司公告称计划收购深圳市誉辰自动化设备有限公司(以下称为"深圳誉辰")全部股权,2018 年 10 月 29 日在进展公告中宣布要增加标的公司深圳市诚捷智能装备股份有限公司(以下称为"诚捷智能")。由于诚捷智能的产品主要是电芯生产的中段核心设备,而深圳誉辰生产的锂电设备用于电芯生产的中后段,诚捷智能可以为浩能科技以及深圳誉辰的锂电设备相关业务产生很好的协同效应。

尽管浩能科技目前来说在高精度涂布、复合、分切、辊压设备等领域已经达到国内领先水平,产品获行业认可度高,但是浩能科技所属的锂电池智能装备服务于锂离子电池生产的前端领域,整个前端领域在锂离子电池加工整线设备中价值量仅占份额的 30%—35%,而生产中后段所占价值量份额高达 65%—70%。此次计划收购的标的公司诚捷智能是中端卷绕及制片设备领域领先企业,深圳誉辰为锂离子电池加工整线的后段设备的核心供应商。若此次并购能够获得成功,那么上市公司可以完成一个对锂电设备较为完整的整线布局,这3家以锂电设备为主营业务的子公司也将在科恒股份这个上市平台形成良好的协同效应,进一步拓宽上市公司锂电设备的市场份额。但到目前为止,并购工作仍在进行中。

六、尾声

时间浪潮滚滚向前,证券市场瞬息万变,科恒股份经过多次的经验、教训,通过并购浩能科技成功带领公司从亏损退市的"泥沼"逐步走到锂电行业的"康庄大道",及时抓住了新能源发展的历史机遇。未来是充满挑战与机遇的,从这次的退市危机中,科恒股份也明白了"鸡蛋不要放在同一个篮子里"的道理,除了锂电领域,科恒股份也在规划进入最近大热的医药健康版图。此次科恒股份收购深圳誉辰和诚捷智能未来会如何我们无法预测,快速扩张给公司带来收益的同时带来风险几何我们也无法确定,科恒股份在此后是否会遇到更大的危机又能否继续化险为夷我们更是无法预料,就让时间来替我们去求证吧。

(执笔人:冷静;指导老师:任永平)

审计理论与实务

SHENJI LILUN YU SHIWU

第一份否定意见内控审计报告"花落"新华制药

适用课程： 审计理论与实务

编写目的： 通过对案例公司——新华制药的内部控制要素的分析，引导学生了解如何分析企业的内部控制要素，如何发现内部控制重大缺陷，如何改进内部控制。

知 识 点： 内部控制审计的概念　内部控制五要素

关 键 词： 内部控制　缺陷　原因

案例摘要： 最近几年，财务造假的发生多源于企业的内部控制问题。内部控制失效会使企业失去投资者并且引发证券市场的动荡。越来越多的公司开始关注与企业内部控制相关的问题。本案例根据新华制药被出具否定意见的审计报告这一结果顺藤摸瓜，研究了新华制药内部控制的缺陷，以及缺陷产生的原因。

一、引言

近年来，出现财务造假事件多数是由于企业的内部控制存在缺陷，从而使得企业难以继续经营。内部控制失效会使企业失去投资者并且引发证券市场的动荡。越来越多的公司开始关注内部控制的建立和实施的有效性。

内部控制审计的流程如图1所示。

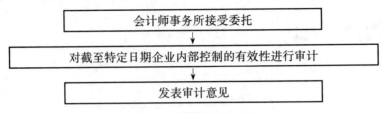

图 1　内部控制审计流程

内部控制审计涉及以下 3 个方面的内容：第一，内部控制审计的"特定日期"。注册会计师在特定的时点利用有限的人力和财力对被审计单位的内部控制开展审计工作。第二，内部控制审计的范围。通常指的是与财务报告有关的企业内部控制。第三，内部控制审计的保证程度。注册会计师提供的是合理保证。

二、新华制药简介

（一）新华制药基本情况

山东新华制药股份有限公司（以下称为"新华制药"）于 1943 年成立，其在我国生物医药领域非常具有影响力，是 H 股和 A 股的上市公司。新华制药是一家大型国有骨干制药企业，也是首家实施内部控制审核的上市公司，其作为医药行业 50 强上市公司之一，具有较强的科研能力和完善的科研开发体系。

（二）新华制药内部结构与治理

1. 内部结构

新华制药在公司结构上设立了董事会、监事会和经理层，在经理层下设了 19 个职能部门和生产车间，此外还拥有 9 家控股公司。图 2 展示了新华制药机构设置的情况。

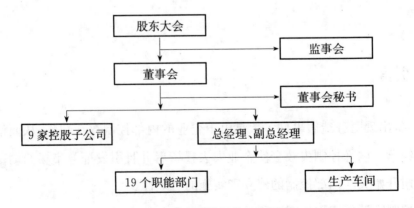

图 2　新华制药公司的机构设置

通过内部控制体系的制定和实施,新华制药扩大了经营规模,增加了销售额,提高了产品质量,创新了技术,增强了综合实力。然而,严重的内部控制问题出现在这些"繁荣"的景象之后,如:多头授信(同一集团内的几家公司向同一客户提供多项信贷)、应收账款不能及时收回、坏账的预警机制不完善等。

2. 控制环境

企业建立并实施内部控制的基础是企业的内部环境,它是经营管理目标能否实现的影响因素之一。企业的内部环境影响文化氛围和员工的控制意识,主要包括治理结构和人力资源政策这两个方面。

(1)在治理结构层面,为了规范企业的健康运作,新华制药按照相关规定在内部设立了董事会和监事会。

自2007年以来,公司前三大股东和控股股东见表1与图3。

表1 新华制药前三大股东持股情况

序号	股东名称	股本性质	持股比例(%)				
			2011年	2010年	2009年	2008年	2007年
1	山东新华医药集团有限公司	流通A股	36.32	36.31	35.91	35.70	35.70
2	香港中央结算(代理人)有限公司	流通H股	32.34	32.40	32.53	32.52	32.55
3	青岛豪威投资发展有限公司	流通A股	2.52	2.52	3.28	3.28	3.28

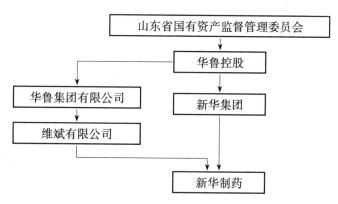

图3 新华制药控股股东结构

从表1和图3中我们可以清楚地看到新华制药企业的控股情况,现将具体情况分析如下。

新华制药的第一大股东是山东新华医药集团有限公司,从2007年到2011年,其持股比例由原来的35.70%增长到了36.32%;第二大股东是香港中央结算(代理人)有限公司,它的持股比例基本上在逐年下降,由2007年的32.55%下降到了2011年的32.34%,所持的股份是所有流通的H股股份的总和;而青岛豪威投资发展有限公司作为新华制药的第三大股东,其持股比例不到4%。

另外,在新华制药召开的股东大会上参会的都是国内A股的股东,而H股股东从来没有参加过股东大会,综上可以看出新华制药是一家"一股独大,国有控股"的企业,对于讨论的议案只要第一大股东认为可行,便会被通过。

由此看来,虽然新华制药按要求建立了相对较好的内部治理结构,但是高度集中的股权结构使得这种控制环境不适宜企业良性发展。第一大股东在股东大会中具有决定性作用,基本上控制着企业的经营战略,这样下去有可能侵害小股东的利益。所以从治理结构这个角度出发新华制药的内部控制具有一定的缺陷。

(2) 在人力资源政策层面,员工构成情况如表2所示。

分析员工职能和受教育程度,可以发现:

在职能构成上,生产人员是公司的主要人员,数量庞大,2007—2011年生产人员数量占比达到了65%以上但是逐年下降。然而,销售人员数量占比呈上升趋势,2007—2011年5年的时间由原来的5.41%增加到了18.07%。

在员工受教育程度上,员工的受教育程度普遍不高,主要集中在高中、中专及大专这3类。具体数据见表2、表3和图4、图5。

表2 新华制药员工职能构成

年份 员工职能	2011 人数(人)	2011 比例(%)	2010 人数(人)	2010 比例(%)	2009 人数(人)	2009 比例(%)	2008 人数(人)	2008 比例(%)	2007 人数(人)	2007 比例(%)
生产人员	3 931	65.36	4 062	68.81	4 184	65.36	3 935	78.83	3 774	75.40
工程技术人员	112	1.86	118	2.00	161	1.86	134	2.68	299	5.97
行政管理人员	284	4.72	433	7.34	150	4.72	143	2.86	202	4.04
财务人员	78	1.30	79	1.34	84	1.30	83	1.66	79	1.58
产品开发人员	157	2.61	143	2.42	127	2.61	131	2.62	130	2.60
采购人员	38	0.63	30	0.51	31	0.63	25	0.50	26	0.52
销售人员	1 087	18.07	714	12.10	245	18.07	241	4.83	271	5.41
质量监督检测人员	327	5.44	324	5.49	316	5.44	300	6.01	224	4.48
合计	6 014	—	5 903	—	5 298	—	4 992	—	5 005	—

表3　新华制药员工受教育程度构成

年份 教育程度	2011 人数（人）	2011 比例（%）	2010 人数（人）	2010 比例（%）	2009 人数（人）	2009 比例（%）	2008 人数（人）	2008 比例（%）	2007 人数（人）	2007 比例（%）
大学及以上学历	728	12.11	658	11.15	614	12.11	582	11.66	543	10.85
大专学历	1 363	22.66	1 172	19.85	1 058	22.66	902	18.07	846	16.90
中专学历	1 335	22.20	1 209	20.48	1 076	22.20	1 005	20.13	978	19.54
高中及技校学历	1 879	31.24	2 134	36.15	1 843	31.24	1 758	35.22	1 807	36.10
初中及以下学历	709	11.79	730	12.37	707	11.79	745	14.92	831	16.60
合计	6 014	—	5 903	—	5 298	—	4 992	—	5 005	—

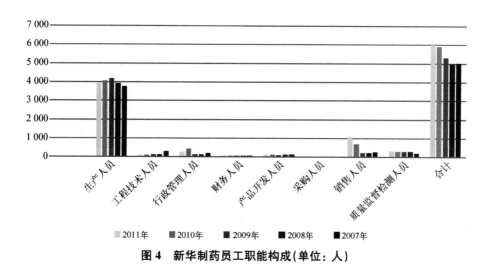

图4　新华制药员工职能构成（单位：人）

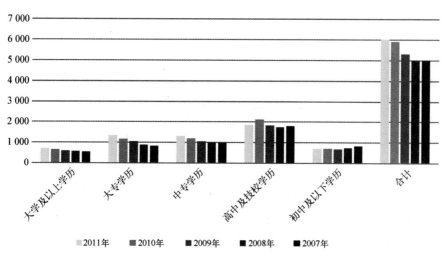

图5　新华制药员工受教育程度构成（单位：人）

三、新华制药内部控制缺陷

2011年,信永中和会计师事务所(以下称为"信永中和")认为新华制药的内部控制系统存在重大缺陷,并最终出具了否定意见的内部控制审计报告。

(一) 子公司的缺陷

新华制药子公司在内部控制方面主要存在两个方面的缺陷,第一个方面的缺陷是信息与沟通不及时,第二个方面的缺陷是没有进行严格的风险评估。

1. 信息与沟通不及时

信息与沟通作为内部控制五要素之一,它指的是在合适的时间以恰当的方式识别、取得和汇报在经营、财务以及法律中需要遵循的内容的有效程序与系统。建立这个内部控制机制有助于最高管理层将重要信息有效传达给下级,也保证下级具有合适的渠道向上级及时汇报,同时使企业可以及时与企业外部利益相关者进行沟通。根据COSO报告可知,良好的信息与沟通可以降低各方被误解的可能性,也可以提升企业内部控制的效率和效果,从而达到控制风险的目的,是企业在建立内部控制机制时需要考虑的重要一环。

新华制药的子公司(新华医贸)由于内部没有进行合理、有效、及时的沟通,最终导致在业务中该子公司的分公司与销售部同时对同一客户给予严重超额授信,使得内部控制体系失效。针对这一情况,新华医贸应该对多头授信有个严格明确的规定,并制定较大力度的惩罚措施,同时各部门与各分公司之间也要定期进行信息沟通,将有风险的行为扼杀在摇篮里。

2. 没有进行严格的风险评估

在新华医贸的内部控制制度上写着要在客户的注册资本额度内对客户进行授信,但是在实际贸易过程中,这条制度形同虚设,出现了授予一些客户严重超过限度的信贷的情况,造成授信额度数字巨大。另外,还有最糟糕的情况是新华医贸对还没有授信的客户先行发货。下面是新华医贸无视内控制度的具体实例。

从新华医贸2011年年报中可以看到有关山东欣康棋医药有限公司(以下称为"欣康棋医药")的基本信息和新华医贸对欣康棋医药的应收账款额。欣康棋医药的注册资本为2 180万元,欣康棋医药所提供的担保中与新华医药相关的公司情况见表4。

表 4　欣康棋医药所提供的担保中与新华医药相关的公司

欣康棋医药所提供的担保中与新华医药相关的公司	华邦医药
	百易美医药
	山东药材高新分公司
	新宝医药

新华医贸应收欣康棋医药及与其存在担保关系公司款项如表 5 所示。

表 5　新华医贸应收欣康棋医药及与其存在担保关系公司款项情况　单位：万元

应收账款所对应的公司	应收账款额
欣康棋医药	4 060.6
华邦医药	979.6
百易美医药	399.6
山东药材高新分公司	334.3
新宝医药	299.1
合计	6 073.1

根据以上数据统计可以看出新华医贸对欣康棋医药的应收账款额 4 060.6 万元，已经远远高于欣康棋医药的注册资本 2 180 万元，这严重违反了新华医贸公司的内部控制制度。此外，新华医贸还存在未授信就发货的情况，我们从这也可以看出企业内部除了信息沟通存在问题外，监督机制也不是很完备。

更让人大跌眼镜的是新华医贸平时没有对欣康棋医药的财务状况进行合理的风险评估，直到知道欣康棋医药资金链发生断裂了才对其计提大比例的坏账准备，比例高达 80%，最终计提了 4 858.5 万元的坏账准备。由此看出新华医贸对应收账款的管理不到位，在过程中没有及时对对方单位的财务状况进行风险识别和评估。所以新华医贸在内部控制方面存在极其重大的缺陷，内部控制无效。

（二）母公司的缺陷

新华制药的子公司新华医贸在以上两个方面存在内控缺陷，作为母公司的新华制药的内部控制也是问题多多。

1. 新华制药的风险意识较弱，风险识别与评估能力不足

新华制药不具备事前风险识别与预防的能力，在 2011 年当年一年的时间里，公司的应收账款坏账准备从年初的 0.31 亿元激增至年末的 5.45 亿元，补提的 5.14 亿元均

发生在事后。由此可以看出,新华制药未能在信用销售前进行充分的风险评估,直接导致坏账。

2. 新华制药缺乏对子公司的监督和信息沟通

从新华医贸存在的内部控制缺陷中可以看出母公司对子公司的内部监督方面存在严重缺陷,信息与沟通方面母、子公司更是存有重大缺陷,倘若新华制药在过程中能够定时与子公司进行沟通交流,实施好过程监督,那么像多头授信等严重的内部控制缺陷极大可能不会发生。

综上,信永中和根据母、子公司出现的一系列的内部控制重大缺陷,最终决定出具否定意见的内部控制审计报告。

四、新华制药公司内部控制缺陷问题产生的原因

(一) 公司治理存在漏洞

新华制药的公司内部治理存在严重的问题,具体体现在以下 3 个方面。

1. 控股股东一股独大

新华制药几乎是由华鲁控股集团一手操控着,控制着企业的经营战略方向,在这种情况下华鲁控股集团所做出的决策很可能只是符合自身的利益而侵犯了中小股东的权益,降低了内部控制的有效性。

2. 监事会和经理层没有独立于董事会

从表面上看,公司创造了良好的控制环境,即按照制度要求设立了董事会、监事会和经理层,每个层级相互独立、协调制约,但是事实上监事会是由董事会直接选聘的,经理层也由董事会中的人员担任。

所以,从这个角度来看公司的监事会形同虚设,只是表面存在,受制于董事会,不能独立地做出决策。另外公司的总经理和财务经理都是由董事会中的人员兼任,企业的核心员工同时控制多个重要职位,使得公司的决策、经营、财务大权基本掌握在少数人手中,这是内部控制产生缺陷的制度背景和控制环境。通常,从审计角度看,这种控制环境导致的内控的缺陷会对报表整体产生影响。

3. 公司人员受教育水平不高

从表 3 和图 5 中可以看出新华制药内部员工受教育水平普遍较低,2011 年大学及以上学历的员工占总人数的 12% 左右,在这样的情况下员工整体素质较低,

对日常事务的认知与处理的水平不高,快速识别并应对风险对企业的员工来讲是一个挑战。

(二)缺乏风险评估和风险应对的意识

新华制药的老客户欣康棋医药资金链的断裂导致新华制药内部控制失效的影响显现,欣康棋医药的经济危机使得新华制药对其授信的大额应收款项无法收回,进而使新华制药遭受巨大的经济损失。

作为一家医药公司,欣康棋医药已经将自己转变为"金融业"。它先从上游获得信贷取货,接着通过现销的方式以低于成本价3%—5%的价格出售给下游企业。通过这种方式欣康棋医药可以拿到数额巨大的现金,并运用这笔资金进行投资以获得收益,以此来弥补之前的差价,但是这么做存在很大的风险,欣康棋医药的案例就是很好的反面教材。

表6 新华制药面向欣康棋医药销售情况统计

时间 项目	2009年	2010年	2011年中期	2011年年底
欣康棋医药的采购额(万元)	18 147	11 039	1 999	14 931
主营业务收入(万元)	228 431	257 302	150 156	290 342
占主营业务收入百分比(%)	7.94	5.36	0.08	8.96

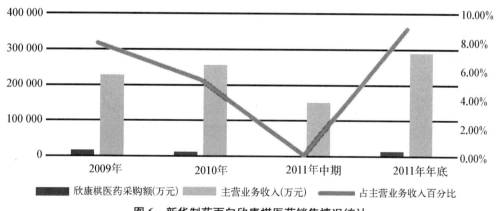

图6 新华制药面向欣康棋医药销售情况统计

如表6所示,2009年,从采购额大小中我们可以看到欣康棋医药是新华制药第一大买家,2010年欣康棋医药采购额也不算低,有11 039万元,此时也还是新华制药的第二大客户。但是在2011年中期我们从表6和图6中可以看到欣康棋医药的采购额骤减至1 999万元,其采购额占主营业务收入的百分比曲线呈现急剧下降的状态,由此可以看到欣康棋医药陷入了困境。在这样一个欣康棋医药起到举足轻重作用的格局里,新华制药却始终没有将欣康棋医药纳入应收账款前5位的名单之中,可见新华制药在过程中几乎没有对欣康棋医药这个大客户进行风险评估,更没有风险应对的措施。

让人觉得滑稽的是,2011年中期山东制药(寿光)有限公司的欠款额为890万元,排在新华制药应收账款对象中的第5名,然而从表5中我们可以看到新华制药面向欣康棋医药的应收账款额为4 060.6万元,却在前5位的名单中不见踪影,可见新华制药的内部控制制度存在很大的缺陷。事实上2011年中期新华制药的应收账款前5名客户情况如表7和图7所示。

表7 新华制药2011年中期应收账款前5名客户情况

单 位 名 称	金额(万元)	占应收账款期末余额比例(%)
山东新华医药贸易有限公司	15 551	53.69
Mtsubishi corporation	2 233	7.71
山东新华制药(欧洲)有限公司	1 910	6.59
PEPSI COLASALES&DISTRI BUTION	1 267	4.38
山东制药(寿光)有限公司	890	3.07
合计	21 851	75.44

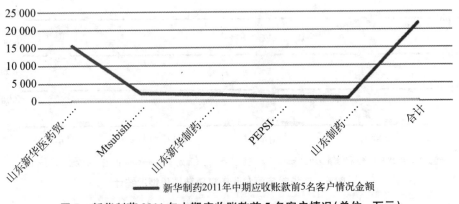

图7 新华制药2011年中期应收账款前5名客户情况(单位:万元)

在2011年年中时欣康棋医药已经遇到危机,资金链断裂了,此时其采购额为1 999万元,但是到2011年年底的时候欣康棋医药向新华制药的采购额达到了14 931万元。我们可以看到在欣康棋医药出现问题时,新华制药没有及时察觉并终止交易,反而加大了交易额。另外新华制药在知道欣康棋医药资金链断裂后才开始对其应收账款进行大量补提坏账准备,坏账准备由年初的313万元提到了5 448万元。综上可以看出新华制药风险意识堪忧。企业在信贷前要对客户进行尽职调查,对客户要进行资信评估,综合分析后再决定是否要对其进行信用销售;在信贷中企业需要准确识别相关风险并做好应急措施,在售出商品到商品款回收的过程中要保持警觉,对客户的财务状况要非常了解才行。

(三) 内控审计的有效性受制于内部审计

为什么说新华制药的内控审计受制于内部审计呢？因为其内部审计一片混乱,在这种情况下内控审计基本无效。新华制药的内控审计机构受公司总经理领导,帮助总经理发现问题并提出解决方案。新华制药的审计部门存在以下3个方面的问题。

第一,审计部形同虚设。了解了新华制药企业内部各部门的设置情况,我们不难发现审计部和其他职能部门属于平行关系,这样的话审计部很容易受到人情世故的影响,难以保持独立性和权威性,发挥不了监督的作用。

第二,内部审计方法单一。新华制药只把监督的重点放在财务工作上,在其他环节上放松了警惕,要知道企业的各个部门的工作是相辅相成的,其间存在着千丝万缕的关系,要监督需要一起监督,像新华制药这样有所偏重势必会使内部控制审计失效。

第三,违反不相容职务不得兼任原则。经过后期调查发现新华制药审计的人员基本都来自公司的财务部,要知道这两个部门的工作应是不相容的,财务部应该受制于审计部并且与审计部相独立,从而达到监督的目的。另外公司的审计部人员来自财务部,从侧面反映了审计人员缺少专业性。退一万步讲就算公司内部的财务人员素质非常高,可以同时做财务工作和审计工作且不会做违法乱纪的事情,但是人的精力是有限的,同时做这两样工作势必将人的精力分散,难以达到非常专业的水平。

所以从这里可以看出新华制药的内部控制确实存在着重大缺陷。

(四) 业务流程方面的缺陷

新华制药的内部控制缺陷还体现在销售过程中的信用管理和应收账款管理上。

1. 信用管理

新华制药在职责分工方面太过随意,对于重大事项的管理都是采用到别的部门拉几个员工来做一下的方法。企业内部没有成立专门的信用管理部门来管理客户的信用,而是让财务部和营销部的人员兼任。但是我们都知道财务部门和营销部门的职能目标不同,财务部是保守派,倾向于做出有利于规避风险的决策,这样做不利于企业的对外销售;营销部是激进派,追求的是帮企业赢得更多的订单,却对企业接受订单面临的风险置之不理。让这样两个部门的人员组合成信用管理部的工作人员,工作中遇到的困难可想而知,从新华制药对欣康棋医药多头授信和授信额度超过其注册资本的角度看,在信用管理这项工作中明显营销部占了上风。

新华制药对客户进行信用管理的人员不具备风险管理人员应有的素质与专业水平,在销售过程中没有对欣康棋医药的经营模式进行具体分析,没有发现其中的风险,更没有对欣康棋医药进行风险重估,所以我们可以看到新华制药的客户信用管理存在重大缺陷。

2. 应收账款管理

应收账款管理分为两个环节,一个环节是在决定进行信用贷款销售前,在这个环节公司需要做的就是对客户公司进行尽职调查,对其经营模式、收入来源、信用状况等进行详细的了解,从而对未来的风险进行预估,做到心中有数。另一个环节是在应收账款到期前,在这一环节中公司要增强风险意识,不断对客户公司进行风险重估并充分及时地计提足够的应收账款坏账准备,做到有备无患。

新华制药应收账款的管理中到底哪一环节出现了问题?从新华制药的行为中我们可以分析出它对欣康棋医药的类金融业的经营模式的风险大小评估错误。另一方面新华制药的应收账款管理模块中只限于将各种单据录入并得出分析报表,并无实质性的管理措施,未免过于死板。一直到2011年这种管理模块出现了问题,大量应收账款无法收回,计提的坏账准备金额从2007年的9.84%激增到2011年的28.55%,让人瞠目结舌,具体数据见表8、图8。新华制药的应收账款管理不灵活,对客户公司情况不了解,一味死板地录入输出,最终迎来了这样的局面,所以我们可以看到新华制药应收账款管理的内部控制也是存在重大缺陷的。

表8 新华制药应收账款及坏账准备情况

年份 项目	2011	2010	2009	2008	2007
应收账款年末余额(万元)	26 287.05	15 680.36	15 521.07	20 677.84	22 108.99
坏账准备(万元)	7 505	2 358	1 544	1 893	2 175
坏账准备占应收账款比例(%)	28.55	15.04	9.95	9.15	9.84

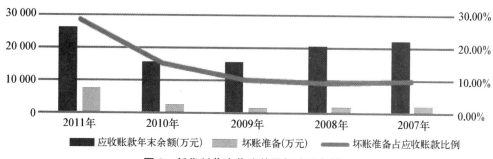

图 8 新华制药应收账款及坏账准备情况

五、结尾

近年来,我国企业无论是外部环境还是企业内部经营都遇到了诸多的困难,因此,企业越来越重视内部控制的风险防范作用。会计师事务所也针对证监会和法律的要求不断加强对企业内部控制的审计力度。内部控制的作用将在企业风险管理中发挥越来越核心的作用。

参考文献

[1] Koegel J. PCAOB's New Integrated Auditing Standard May Offer a Simpler Approach to Compliance[J]. Community Banker,2008(11).

[2] 张继勋,何亚南.内部控制审计意见类型与个体投资者对无保留财务报表审计意见的信心——一项实验证据[J].审计研究,2013(4).

[3] 盛巧玲,吴炎太.基于生命周期、AHP 与 CMM 的信息系统内部控制评价方法[J].统计与决策,2012(2).

[4] 戴文涛,纳鹏杰.我国上市公司内部控制评价及信息披露:现状及改进建议[J].经济与管理,2014(1).

[5] 苟光亮.日本内部控制审计制度实施状况及对中国的启示[J].中国内部审计,2014(4).

[6] 张云彩.新华制药内部控制案例研究[D].北京:对外经济贸易大学,2013.

[7] 新华制药.关于公司内部控制的自我评价报告[EB/OL].(2011 - 03 - 21).

https://www.docin.com/p-1649580776.html.

[8] 张林华.基于"COSO报告"的新华制药内部控制的分析研究[D].兰州:兰州大学,2013.

[9] 马燕.多年无视新华制药内控重大缺陷 信永中和被指严重失职[N].证券日报,2012-04-06.

[10] 邓越,符丹.新华制药内部控制失效案例分析[J].合作经济与科技,2013(15).

(执笔人:沈萍萍;指导老师:陈溪)

盈方微违规案例研究

适用课程： 审计理论与实务　财务管理理论与实务

编写目的： 本案例分析了盈方微的财务违规，目的在于：首先，使学生了解到盈方微涉嫌财务造假的事件详情；其次，使学生对会计信息质量要求有更深层次的认识，提高学生剖析财务报表的能力；最后，引导学生深入思考，进一步分析公司进行财务造假的动机和造假方法。

知 识 点： 业绩变脸　内部控制　财务重述

关 键 词： 业绩变脸　内部控制　财务重述

案例摘要： 盈方微是一家从事电子信息产业的公司，于2014年通过"买壳"的方式成功上市。借助借壳上市后的平台，盈方微本应发展迅猛，实力获得进一步增强，但是自上市后，盈方微频频传出各种负面消息：2014年财报业绩遭遇滑铁卢；2015年度财报被会计师事务所出具无法表示意见报告，内部控制也被出具否定意见；多次收到深交所关注函，2015年度财务报告进行财务重述；2016年5月被"*ST"处理，同年10月被证监会立案调查；2017年财报被出具带强调事项的保留意见。盈方微在买壳上市后的短短一段时间内就发生了如此多的事件，有涉嫌财务造假的嫌疑。

与国外相比，中国证券市场虽然起步较晚，但成长迅速，近20年来取得了巨大发展。中国证券市场从无到有，上交所、深交所、港交所的交易和结算网络覆盖了全国各地，中国经济也迅速腾飞，与世界接轨。但凡事有利有弊，飞速发展的背后也逐渐暴露出了一些问题，上市公司财务舞弊、违规操作的行为屡见不鲜，证券市场的公平性难以保证。由此可见，中国证券市场的监管机制仍有待提升。相关会计、审计人员也应更努力提升自己的业务能力,从而发现并揭露上市公司的违规行为,进而减少上市公司的违规行为对中国证券市场的危害。

一、公司概况

盈方微电子股份有限公司(以下称为"盈方微")作为一家集成电路设计公司和智能系统运营商,总部位于上海,在境内外设有多处分支机构。盈方微在深交所公开交易,股票代码为000670。盈方微主营业务布局于芯片设计、终端产品、智能运营3个板块,主要包括应用处理器、影像处理器、北斗定位芯片、影像终端、智能家居、数字牧场等业务。

二、借壳上市

盈方微在2014年6月借壳上市,壳公司为我国证券市场最后一家进行股权分置改革的舜元实业发展股份有限公司(以下称为"舜元实业")。趁舜元实业股改之际,2014年6月,上海盈方微电子技术有限公司以2亿元现金加上海盈方微电子有限公司99.99%的股权交换舜元实业25.9%的股份,成为其控股股东,并于同年7月将上市公司更名为盈方微,迅速完成了借壳上市的全过程。

因为舜元实业股权分置改革的特殊性,很多人十分关注盈方微的借壳上市这一事件。高估值是此次资产交换的特点,根据表1可以看出,盈方微2011—2013年净利润逐年下降,2012年同比下降20%左右,2013年同比下降率超过50%。虽然盈方微成功借壳舜元实业,但是其公布的合并报表口径下盈利状况并不理想,原股东很难满意,纷纷抛售股票。为了吸引新老股东的加入,盈方微开始抛出了一系列诱饵,包括业绩承诺和一些对企业业绩利好的消息。

表1　2011—2013年盈方微合并报表净利润　　　　　单位:万元

项目＼年份	2011	2012	2013
合并报表口径下净利润	3 355.54	2 719.85	1 181.80

我国上市公司在通过借壳或买壳的方式上市后,往往会通过做出业绩承诺的方式来稳住股民,盈方微也不例外。2014年7月11日,借壳上市后,盈方微做出了相应

的业绩承诺,其中主要包括:2014、2015年合并报表口径下扣非后母公司净利润分别不低于5 000万元和1.25亿元。仅仅是业绩承诺难以留住广大投资者,盈方微在业绩承诺之外,又增加了一项保证措施:若公司最终没有实现2014和2015年度的净利润承诺数,则其控股公司上海盈方微电子技术有限公司或实际控制人陈志成会以现金方式补足承诺的业绩金额[①]。

紧接着,盈方微于7月12日,公布了控股子公司签署战略协议的公告:控股子公司与北京微电子技术研究所签署了战略合作协议,共同开展北斗导航系统的研发,成功为自己贴上了北斗产业的标签。7月15日,盈方微发布了舜元实业和实际控制人陈志成拟增持股份的公告,以提升市场对盈方微的信心。9月5日和30日,盈方微相继发布了关于子公司签署日常经营重大合同的公告,这为盈方微树立了欣欣向荣的良好形象。在公告了一系列的好消息之后,盈方微在市场中成为一家很有发展前景的高新技术产业公司,许多基金重仓持股。

三、业绩变脸

2015年1月盈方微的业绩预报显示2014年度归属于上市公司股东的净利润约为2 800万元。但是到了4月,从盈方微在巨潮资讯网公布的大信会计师事务所出具的2014年度审计报告可以看出其前一年度上市公司股东的收益增加额仅为518.74万元,比它早前公布的业绩预报所列金额减少了81.47%。

对于业绩的大幅下滑,主要有两方面的因素:

(一)土地增值税清算差异

盈方微公布的业绩预报中冲回了子公司多计提的土地增值税,但实际上该笔土地增值税清算差异应该计入收购日前,不应调整其2014年的净利润,这种做法违背了会计做账的谨慎性原则。

(二)过早确认合同收入

2014年9月19日盈方微与多家单位签署了《基于北斗系统的"数字牧场"建设战略合作协议》。根据协议条款的列示可以看出盈方微主要负责芯片的设计业务。截至2014年12月,该芯片受托业务设计完成,相关开发支出确认为无形资产3 866万

---

① 舜元实业发展股份有限公司.舜元实业发展股份有限公司股权分置改革方案实施公告[EB/OL].(2014-07-10).http://pdf.dfcfw.com/pdf/H2_AN201407100006286908_01.pdf.

元。但实际交易事项尚未发生,公司已将其确认为营业收入。

2014年度财务报告业绩变脸反映出盈方微在进行会计处理时,未能满足谨慎性原则,不够认真、严谨。结合盈方微在2014年借壳上市时做出的业绩承诺,有理由认为盈方微有意将土地增值税差异和尚未形成的营业收入记账以完成业绩承诺,向全体股东交代,但被会计师事务所提出异议,遂发出会计处理不够谨慎而非有意为之的公告。

四、财报涉嫌造假

(一)事件经过

盈方微2015年的年报由致同会计师事务所进行审计,2016年4月,事务所对盈方微2015年度财报持无法表示意见,内控持否定意见。

2016年5月5日,盈方微收到证监会湖北监管局的监管关注函,湖北监管局要求盈方微应另行聘请其他的会计师事务所对其2015年盈利的真实性进行核查,确定盈利金额。

2016年5月24日,深交所向盈方微发出年报问询函,要求盈方微就问询函中提出的问题进行书面说明,涉及披露的,应及时履行披露义务。

(二)涉嫌造假详情

1. 与High Sharp的交易业务

High Sharp为2015年盈方微第一大客户,由该项业务形成应收账款6 789.32万元。INFOTM,INC(盈方微美国子公司)向High Sharp提供数据中心维护运营服务和场地租赁服务。盈方微一直没有公布客户High Sharp的公司信息,并且在该项交易中,盈方微许多原始的单据并未保留,无法判断入账价值的真实性。且在盈方微财务重述前后,盈方微所确认的该项服务营业收入相差728.63万元,从侧面证实了盈方微美国子公司的该项交易存在问题。

表2 盈方微与High sharp交易情况

年份	交易金额(万元)	期末应收账款(万元)	赊销比率(%)	已计提坏账准备(万元)	坏账准备计提比例(%)
2016	17 526.79	11 538.54	65.83	576.93	5
2017	14 313.15	14 211.89	99.30	13 561.89	95.43

如表2所示,2016年和2017年High Sharp仍旧为盈方微第一大客户,2017年盈

方微对其应收款项计提了高达百分之 95.43% 的坏账准备,共 13 561.89 万元,远超 2016 年的 576.93 万元。盈方微早在 2015 年就被披露出内控存在问题,与 High Sharp 的交易业务许多单据未保留,而 2017 年审计报告仍显示无法获得证据表明 2017 年相关交易业务的真实性,结合赊销比例高达 99.3%,计提坏账比例高达 95.43%,故有充分理由怀疑该交易属于虚假交易。

2. 与大坦数码的交易业务

深圳大坦数码电子有限公司(以下称为"大坦数码")在 2015 年 4 月与香港盈方微签订的购货合同金额高达 959.8 万美元,预付定金 196.16 万美元,2015 年 6 月大坦数码对盈方微提起诉讼,认为盈方微没有按时交货,要求双倍返还定金人民币 2 355.15 万元。大坦数码成立于 2011 年,注册资本为 50 万元,其注册资本与交易金额难以匹配。另一方面,大坦数码的诉讼金额与交易订单金额缺少勾稽关系,该项交易存在很多疑问,难以辨别交易的真实性。

3. 芯片代理业务

盈方微在 2014 年 6 月借壳上市,上市公司的主营业务进行了大幅变动,因此以前年度的财务数据可参考性不强,对盈方微应收款项所对应的每笔业务的真实性和款项的正确性的审查主要依靠函证。向 9 家大额应收账款方发函询证,发函总金额为 9 224.70 万元,1 家未得到回复,3 家地址经核实发现与工商注册信息不相符,能够确认的函证金额仅为 770 万元,占应收账款期末余额的 8.32%。对涉及业务的应收账款及交易函证,回函也出现异常,因而,无法判断盈方微芯片代理业务交易的真实性。

4. 在建工程、无形资产的价值

盈方微美国子公司的在建工程耗费物资达 5 615.66 万元,该在建工程是为了建立一个数据中心。经审计发现,该在建工程没有采购合同的建设总支出为 1 107.41 万元。物料的报关单、装箱单、提单、清关单等原始单据保存不完整,原始文件中反映的重要信息(日期、印章、集装箱编号或重量等)缺乏合理的逻辑,无法判断在建工程的真实性以及入账价值的完整性。

盈方微的年度报告显示,它于 2015 年以 472.76 万美元的价格在美国德克萨斯州购买了 21.715 英亩(约合 87 877 平方米)土地。将盈方微购入的土地与美国的土地房产估价网站上同等地块、相似的土地的信息进行比较,发现盈方微在年报中列示的购入的土地价值与网站公示信息有巨大差别。盈方微土地价值 472.76 万美元,而同等地块估值仅为 224 万美元。盈方微购买的该土地入账价值与同类资产价值相差一倍之多,远远超出了正常变动范围。

另外,盈方微还曾在 2014 年前后预付了 7 113.36 万元购买了大量技术使用权,但这些技术并没有应用到公司的研发、生产中。实际上可能并不需要使用这些技术,因为盈方微也没有提供过关于未来使用这些外购技术的可行性研究资料。对于这令人费解的行为,盈方微没有给出令人满意的答案。企业都是为了自己的经营业绩出发的,购买不需要的技术的使用权是难以令人相信的,更不用说数额达到 7 千万元之多,这些外购无形资产的真实性令人怀疑。

(三) 财务重述

盈方微重新聘请了亚太(集团)会计师事务所进行审计,在审计后进行了财务重述,相关账目发生了增减变动。

从表 3 可以看出盈方微营业收入财务重述后比重述前少了 729 万元,该项财务数据的前后差异由盈方微与 High Sharp 关于美国数据中心的租赁交易引起。该项交易中,盈方微给予客户两个月费用减免的免租期。但该免租期并不符合免租期确认租金收入的相关规定,故对租赁合同的"免租期"不能平均分摊收入,应将公司原先针对租赁合同按照免租期直线法分摊的租金收入冲回。营业成本在财务重述后比重述前多了 380 万元。盈方微的财务报表数据在财务重述前后变化巨大,其财务报告出现很大纰漏,并且财报总体呈调增收入、调减成本的趋势。根据表 3 中财务重述的相关项目的前后变动,可以看出盈方微有调增收入、调减成本的嫌疑。

表 3 个别科目 2015 年财务重述变动   单位:百万元

科目	财务重述前	财务重述后	变动额
营业收入	375.72	368.43	−7.29
营业成本	245.78	249.58	−3.80
归属于上市公司股东的净利润	21.01	11.35	−9.66

注:数据来源于盈方微电子股份有限公司 2015 年度财务重述后的财务报告

另外盈方微 2015 年营业收入增长了 1 倍,而利润却增长了 4 倍,远高于同行业平均水平。结合 2016 年 10 月盈方微因涉嫌违规被证监会立案调查,2017 年 2 月盈方微实际控制人陈志成因涉嫌票据造假被警方拘留等事件,有理由怀疑盈方微财务造假。

五、造假原因分析

（一）避免或减少业绩承诺

盈方微在借壳上市时，为稳定中小投资者，进行了为期两年的业绩承诺，并保证未达到业绩承诺部分由控股公司或实际控制人补足。盈方微和其控股公司实际控制人均为陈志成，2014年和2015年经营业绩与业绩承诺相差甚远，盈方微可能为了维护大股东的利益而进行财务造假。

（二）增发新股

盈方微在借壳上市后，主营业务发生了重大变更，并且在短期内开始了大幅度扩张的过程，在国内外相继设立、收购、投资多家子公司。盈方微成功上市前为民营企业，企业规模一般，壳公司没有盈利项目，没有发展潜力，在支付股改对价时花费了两亿元现金，另一方面，盈方微的快速扩张需要大量的资金支持，所以资金链相对紧张。上市后不久控股公司就先后多次将其持有的股权进行质押，也印证了盈方微资金链紧张。为获得充足的资金，上市后不久，盈方微就提出了增发预案，准备向陈志成在内的10人非公开发售股票。而增发预案的通过又需要公司有良好的经营业绩、发展前景、盈利空间，所以盈方微有可能因为增发新股的动机而进行财务造假。

六、建议

上市公司财务造假等违规行为严重影响了证券交易市场的公平性，侵犯了广大股民的权益，由此可见采取一些措施减少财务违规行为十分必要。

（一）加强会计人员的职业道德建设

不直接参与公司经营的股民或小股东了解公司运营和盈利能力的方式主要来源于企业披露的财务报告，而会计信息质量受财务人员的会计人员职业道德水平和专业素质的影响，因此，有必要加强会计人员的职业道德建设。会计人员职业道德高尚，能够从根源上杜绝财务报表造假的可行性，当然这也需要相关部门能提出切实可行的措施以达到加强会计职业道德建设的目的。

（二）强化内部控制制度

纵观被披露出来的曾进行财务造假的上市公司，它们的内控体系都存在巨大漏洞,更严重者甚至形同虚设。内部控制制度的落实有助于企业内部的自我检查,对公司的长期发展起辅助作用,因此企业应努力提高内部控制的有效性,真正发挥其审核监督的作用。为强化内部控制制度,企业管理人员需要掌握相关理论、法规、评价指标和管理方法等内容,如此才能发挥内控的作用。

（三）完善法律法规,加大惩罚力度

与违规带来的利益相比,相关法律法规对违规操作的处罚无足轻重,这也就导致了许多人为了利益铤而走险。制定跟违规后果相匹配的惩罚措施,能够对想要违规的上市公司起到震慑作用,减少财务违规。

七、结束语

盈方微借助舜元实业这最后一家完成股权分置改革的公司成功上市,备受关注,其表现却不尽如人意。盈方微上市后的种种迹象表明其存在财务造假的可能,上交所的监管部门显然也有此怀疑,故对其进行了立案调查。然而,两年的时间过去了,上交所的立案调查却迟迟没有一个明确的结果。由此引发深思,上市公司造假行为频发未必没有监管部门监管不严、缺乏有效的审计程序的原因,因此证交所等监管部门也应充分发挥监督职能,制定更好的审计方法和程序,减少违规行为。

参考文献

[1] 李少帅,李慧.盈方微电子股份有限公司内部控制案例分析[J].山东纺织经济,2017(2).

[2] 刘兴龙.盈方微年报业绩变脸[N].中国证券报,2015-04-02.

[3] 秦红亮.会计舞弊的动因及防范[J].会计之友,2013(15).

[4] 盈方微电子股份有限公司.盈方微电子股份有限公司2014年年度业绩预告[EB/OL].(2015-01-28).http://pdf.dfcfw.com/pdf/H2_AN201501280008232633_1.pdf.

[5] 盈方微电子股份有限公司.盈方微电子股份有限公司2014年度报告[EB/OL].(2015-04-01).http://pdf.dfcfw.com/pdf/H2_AN201504010009048159_1.pdf.

[6] 盈方微电子股份有限公司.盈方微电子股份有限公司2015年年度报告[EB/OL].(2016-04-28).http://pdf.dfcfw.com/pdf/H2_AN201604280014610595_1.pdf.

［7］盈方微电子股份有限公司.盈方微电子股份有限公司2015年度内部控制审计报告[EB/OL].(2016-04-29).http://pdf.dfcfw.com/pdf/H2_AN201604280014610592_1.pdf.

［8］*ST盈方.盈方微电子股份有限公司2015年年度报告(修订版)[EB/OL].(2016-07-15).http：//pdf.dfcfw.com/pdf/H2_AN201607140016577193_1.pdf.

(执笔人：贾淑敏；指导老师：邬烈岚)

追踪中毅达财务舞弊的蛛丝马迹

适用课程： 审计理论与实务

编写目的： 一家公司的衰落往往由多方面原因导致，仔细观察才能洞悉它的真实状况，通过本案例的学习，一是引导学生从蛛丝马迹识别公司管理的缺陷；二是启发学生对上市公司内部、外部监督制度进行反思。

知 识 点： 公司治理　信息披露　审计

关 键 词： 中毅达　违规信息披露　财务舞弊

案例摘要： 2015年11月，中毅达曾创下连续8个交易日114.57%的涨幅；紧接着，在2016年1月，连续11个交易日涨幅101.46%的"奇迹"再度重演；与此同时，其2015年的业绩却出现了严重亏损，中毅达因此被冠以"妖股"的称号……本案例深入挖掘中毅达公司股价与经营业绩"冰火两重天"现象背后的故事，探究其信息披露违规、虚构收入、年报信息失真等问题。

    2017年9月8日，《国际金融报》发表独家报道《中毅达连续两年财务造假：项目还没完工，"钱"已到账》，矛头直指上海中毅达股份有限公司（以下称为"中毅达"）财务造假。9月18日，《国际金融报》再度拿出第一手现场资料，批判中毅达"实地苗木规格与报告显示大相径庭"，"2017年3月已完工的2.38亿元的项目在半年后仍在施工中"，以及频现的"高管闹剧"。中毅达事件持续不断地发酵，并表现出了愈演愈烈的态势。

    众人的质疑始于2015年11月。2015年11月10—20日，中毅达创下连续8个交易日114.57%的涨幅，远超同期上证指数0.36%的涨幅；2016年1月12—25日，中毅达再现连续11个交易日101.46%的涨幅,并多次跻身股市龙虎榜,相比同期上证指数-12.14%的涨幅不可谓不惊人;到了2016年2月19日,中毅达股票的累计涨幅竟已经高达148.73%。然而,正当公司股票如日中天之时,中毅达公布了它的2015年年度财务报告,报告显示公司当年业绩为净亏损-654万元,巨大的反差使得中毅达被冠以"2016年第一妖股"的称号。

业绩、股价"冰火两重天"的背后究竟真相为何?中毅达如何做到在业绩巨亏的同时却使股价节节攀升?是否存在舞弊?公司经营是否出现了问题?从中我们应当吸取怎样的教训?

一、"粉墨登场"

中毅达前身——中国纺织机械厂,成立于20世纪20年代,是国内一家专门生产纺织用机械的老牌企业。该厂在20世纪90年代初期完成了股份制改革并上市,A股代码为600610,证券简称"中国纺机"。2014年,正当中国纺机面临退市风险警示之际,中毅达加入了,又接受大申集团以优质资产厦门中毅达的100%股权注资,从而完成了重组;年底,公司取得新的营业执照并正式更名,至此中毅达成功借壳"S*ST中纺"完成上市。

中毅达公司的法定代表人是党悦栋,注册资本约10亿元,注册地位于上海市徐汇区。公司主要经营园林景观、景观建筑与小品、园林及市政工程的施工和投资、生态农庄、绿色旅游、生态环境治理、苗木种植等业务。

二、万众瞩目——中毅达的股价"魔术"

中毅达,这家普普通通的园林公司真正进入人们视野并开始夺人眼球是因为2015年11月上演的一场"股价魔术",如图1所示。

其中最引人关注的是第二次上涨期间,2016年1月12日开盘价为8.25元/股,此后,从1月13日起至1月22日连续出现6个涨停;1月23日,公司股价短暂出现一个跌停,其后又是两个涨停;直到2月19日,公司股价达到了自2016年至今的最高值——22.38元/股,累计涨幅高达148.7%!

2016年4月,公司公布了2015年年度财务报告,报告显示,当年公司业绩净亏

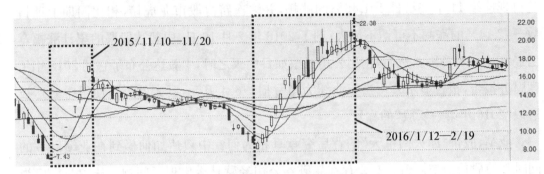

图 1 两轮快速上涨期间的股价走势

损 654 万元。业绩、股价"冰火两重天"的背后究竟有何隐情?

疑惑的众人很快发现,伴随着公司股价的大涨出现了公司大股东高位减持的现象。公司的控股情况如图 2 所示。知情人士爆料称"中毅达的两位股东曾找机构进行大宗交易,要求其进行市值维护,以达到高位减持的目的"。1 月 18 日,某投资者在大宗交易平台上买入中毅达公司股份,其交易对手为持有中毅达 5% 以上股份的股东。同日,中毅达的大股东之一——西藏钱峰投资管理有限公司(以下称为"西藏钱峰")也通过大宗交易进行减持,减持数量为 1 000 万股,减持均价为 12.23 元/股。1 月 21 日的集合竞价开始时,该名投资者曾连续申报卖出公司股票 58 笔,约 107 万股,其中成交约 68 万股,成交金额达 912 万元,占同一时间段内中毅达股票成交数量的

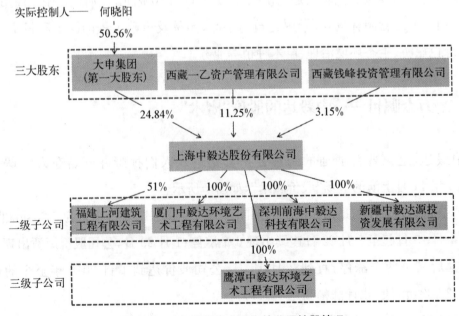

图 2 2016 年度报告中显示的公司控股情况

21.66%,通过打压使公司每股价格下降 0.76 元。同日也正是中毅达另一大股东——西藏一乙资产管理有限公司(以下称为"西藏一乙")大宗减持 55 万股的时间,卖出价格为 13.45 元/股。2015 年 12 月 31 日—2016 年 3 月 31 日期间,中毅达大股东持股比例的变化如图 3 所示。

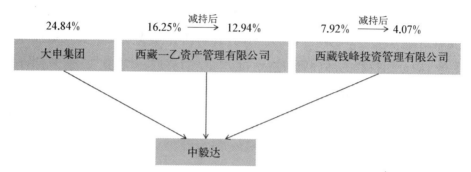

图 3　2015-12-31—2016-03-31 中毅达大股东持股比例变化

据统计,中毅达的三大重要股东——上海申达股份有限公司、西藏一乙、西藏钱峰于 2016 年 1 月公司股价大涨之时数次减持公司股份,套现金额超过 10 亿元。上述投资者与公司两大股东进行大宗交易之"神同步",其中是否存在某种联系?

一时间,市场中关于"妖股"大涨的原因众说纷纭,媒体报道层出不穷。2 月 26 日,上交所公布的一则消息似乎揭示出背后隐情。上交所注意到,在股票上涨过程中,由一些大户以"速进速出"的方式多次轮流参与炒作,主要表现为高价连续买入,第二天遇高价即全数卖出;上述大户的炒作行为引来不少中、小投资者跟风,继续推动股价上涨;此外,个别大户还存在大额或虚假申报、当日或次日逆向高买低卖等非正常的交易行为。为此,上交所对 6 名投资者采取了暂停当日交易的监管措施,对其他 20 余名投资者发出了书面警告,并向其中个别有一致行动嫌疑的投资者实施了问询。

三、"三宗罪"——中毅达信息披露违规受处罚

上交所于 2017 年 2 月 6 日和 12 月 28 日发布的两则对中毅达的纪律处分决定书指出公司存在 3 项严重的信息披露违规。

第一,业绩变化重大信息披露不及时,股票交易异常波动核查不充分。2016 年 1 月,中毅达股票曾先后于 14、18、22、28 日四度发生异常波动,并分别于 19、20、29 日停

牌检查。在此期间,公司于 15、21、23 日 3 次发布公告均称无应披露未披露的重大事项。然而到了 30 日却突然发布了业绩预亏公告;据知情人士称,实际上公司早已于 22 日便向公司全体高管通报了该信息。

第二,重组标的资产被司法冻结的信息未及时披露,重组失败的风险未充分揭示。2016 年 4 月中旬,中毅达曾委托第三方公司对江西立成景观建设有限公司(以下称为"立成景观")开展尽职调查,在此期间,公司获悉立成景观由其控股股东——万源泰投资有限公司持有的部分股权遭到司法冻结的消息,但直到 10 余天后的 4 月 26 日才"姗姗来迟"地向公众披露该事项,并仍丝毫未提及该事项可能造成重组失败的风险。眨眼间到了 2016 年 11 月 11 日,公司毫无预兆地宣布对立成景观的收购计划破产,让众人措手不及。

第三,公司及相关信息披露义务人隐瞒控制权转让事项,有关信息披露存在虚假记载与重大遗漏。中毅达的原实际控制人何晓阳于 2016 年 4 月将所持大申集团 50.56% 的股份转让给包括深圳市乾源资产管理有限公司、贵州贵台实业有限公司、深圳万盛源投资管理有限公司等在内的五方投资者,并隐瞒该信息长达一年之久,最终迫于上交所问询的压力才坦白。尽管如此,在 2017 年 8 月 2 日的公告中,公司仍称"核实最终实际控制人",真是令人啼笑皆非:一家上市公司究竟为何人所控制竟一度成为一个费解之谜。

四、蛛丝马迹——中毅达的年报疑点

一个现象产生的背后可能受到更深层因素的影响,操纵股价、信息披露违规的背后是否暗示公司的经营出现了问题?

2017 年 2 月 6 日上交所发布对中毅达的纪律处分决定书,指出公司"虚构 2015 年三季报收入,财务信息披露严重失实";2017 年 12 月 28 日又发布一则纪律处分决定书,指出公司"2016 年年报错误遗漏较多,信息披露不准确、不完整"。

从公司 2015 年和 2016 年年报抽丝剥茧,似乎能发现一些疑点。

(一)虚构收入

2015 年 7—9 月期间,中毅达将其子公司——厦门中毅达环境艺术工程有限公司(以下称为"厦门中毅达")与井冈山国际山地自行车赛道景观配套项目的发包方签订的总金额为 8 000 余万元的施工合同中理应由第三方完成的 80% 工程量确认为自己的收入,第三季度营业收入因此虚增7 267万元,约占其当季营业收入的99%、全年营业收入的108%;随后,公司在第四季度又冲销了全部第三季度不当确认的营业收入,导致第四季度营业收入仅为-7 447万元,如图4所示。

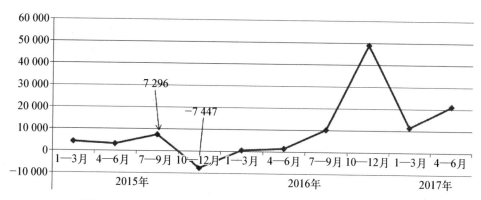

图4 2015—2017年中毅达各季度营业收入变化(单位:万元)

(二)锐减的销售费用

对比2015年和2016年的年报,如表1所示,2016年的销售费用相比上年减少约99.1%。然而反观公司当年的业务状况,子公司厦门中毅达在当年新增"金砖五国"项目工程,刚刚完成收购的福建上河建筑工程有限公司(以下称为"上河建筑")也新增数个大规模工程,都与锐减的销售费用显得格格不入。公司管理层在年度报告中给出的解释是"苗木由销售改作自用,削减了原有的销售机构,余下的销售人员都被分派给了其他管理部门"且"子公司不设销售部门,相关业务由公司高管及工程部负责人洽谈"。然而,管理人员代替销售人员履行了职责使销售费用减少,则理应导致管理成本有所增加,事实却是2016年的管理费用相比上年也减少了约7.2%。

表1 2015—2016年中毅达的销售及管理费用变化

年份 项目	2015	2016
销售费用(元)	676 815.8	5 927.0
管理费用(元)	34 633 683.7	32 147 226.8
增长率(%)	-99.1	-7.2

结合行业环境来看,受到政府大力倡导生态文明建设以及PPP融资模式的助力,园林工程的行业规模正在不断壮大,预期期间费用将逐年有所增长。以行业龙头——北京东方园林股份有限公司(以下称为"东方园林")、棕榈园林股份有限公

司(以下称为"棕榈园林")、广州普邦园林股份有限公司(以下称为"普邦园林")为例,3家公司2016年的销售费用和管理费用均较之上年有不同程度增长,与中毅达的情况形成了鲜明的对比,如表2所示。

表2 2016年园林行业龙头企业的销售及管理费用相比上年的增长率   单位:%

项　　目	东方园林	棕榈园林	普邦园林
销售费用增长率	80.6	30.8	170.8
管理费用增长率	17.3	1.0	20.2

(三) 巨额苗木资产

对园林工程行业24家上市公司在2016年拥有的苗木资产账面价值进行统计,图5列出了其中前十位的上市公司,它们大多都拥有千万元价值级别的苗木资产;其中,东方园林拥有苗木资产约4.79亿元,即便如此,名不见经传的中毅达却拥有9.86亿元苗木资产,是东方园林的两倍多。

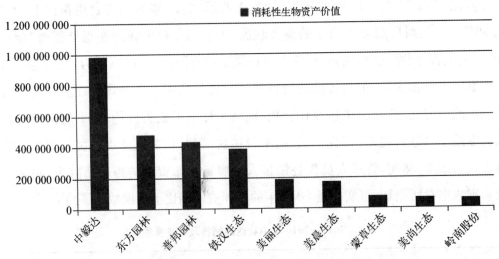

图5 2016年园林行业上市公司苗木资产的账面价值对比(单位:元)

园林行业内曾有一句俗语:"一棵苗八种价",说的是即使是同一棵树,由不同的人能开出八种不同的价格。苗木资产的特殊属性会使外行人对其价值完全摸不着头脑。

(四) 不减反增的苗木金额

如果根据2016年度报告所述,"子公司厦门中毅达将苗木资产由销售转为工程自用",且当年其又新增了"金砖五国"项目工程,苗木资产理应有所消耗。但2016年中毅达所拥有的 9.86 亿元苗木资产与上年的 9.84 亿元相比不减反增。

值得注意的是,中毅达对苗木资产按成本与可变现净值孰低的方法计价,若排除大量外购的可能,则消耗性生物资产的账面价值不可能随苗木的市场价格波动而增加。另外,公司从事苗木种植的业务,苗木应主要靠种植长大后出售或用于工程建设来获利,在种植规模有限的情况下,究竟有无可能一次性购入如此巨额的苗木?

此外,2017 年时,媒体记者在走访中发现,公司的苗圃中"野草遍地、枯木横卧"一片萧条景象,苗情如此,是否应计提更多跌价准备?表 3 列出了业内其他上市公司对苗木资产计提跌价准备的比例,对比可见,尽管苗情堪忧,中毅达对苗木资产计提的跌价准备却少得可怜。

表 3　2016 年度园林行业上市公司计提的存货跌价准备对比

公司名称＼项目	消耗性生物资产价值(元)	跌价准备金额(元)	计提比例(%)
蒙草生态	80 650 661.1	8 741 064.0	10.8
美丽生态	191 868 733.5	18 087 299.0	9.4
中毅达	986 736 121.3	831 000.0	0.1

(五) 工程进度犹如"神助"

2016 年度子公司厦门中毅达的厦门湖滨南路绿化提升工程等 4 个项目为当年业绩贡献了 4 728 万元,约占其全年工程收入的 58.1%。如表 4 所示的 4 个项目均为当年年底开工,且开工仅一个月便完成了过半工程量,如此"神速"不由得令人咋舌。

表 4　厦门中毅达部分工程项目完工进度

项目名称	合同金额(万元)	开工时间	完工比例(%)
1. 厦门湖滨南路绿化提升工程	3 460	2016 年 12 月	70
2. 孙坂北路及国道 324 线修复工程	1 938	2016 年 12 月	50
3. 南山路、南山西路绿化提升	1 835	2016 年 12 月	55
4. 集美大道绿化景观修复工程	655	2016 年 12 月	50

类似的,中毅达当年刚刚收购的上河建筑业绩也如同"开了挂",不仅从大型央企和地方国企源源不断地承接业务、在各个项目上多线作战,并且还能大幅缩短工期。其下半年开工的数个千万级别的工程项目,如表 5 所示,寥寥数月便几近完工,犹如"神助"。

表5 上河建筑部分工程项目完工进度

项 目 名 称	合同金额(万元)	开工时间	完工比例(%)
1. 贵州省息烽县龙泉大道建设项目施工二标段	23 800	2016年6月	87.61
2. 贵阳市花溪区孟溪路二标段	18 536	2016年8月	100
3. 毕节市梨树高铁客运枢纽中心项目土石方及地基处理工程	6 580	2016年8月	100
4. 贵州省修文县桃源大道道路工程设计施工总承包施工一标段	5 109	2016年8月	100
5. 贵阳观山湖区现代制造产业园京东路项目	2 978	2016年10月	100

五、表象之下——中毅达的辞职风波

正所谓"事在人为",背负多宗骂名的中毅达背后是乱成了一锅粥的掌权人,混乱的股权结构和治理状况极大地影响了公司的正常经营,而经营不善又反过来使得公司控制权几经易手,管理层无所适从。

2016年5月24日,中毅达公告称董事长兼总经理刘效军,副总经理、董秘兼财务总监林旭楠申请辞职,并不再担任任何职务。6月2日,董事马庆银、监事谢若锋等11名公司高管也相继离职。仅10日内,公司时任共16名高管人员中的13名已经辞职,人员几乎"大换血"。5月25日时上交所曾对公司发出问询函,要求请刘效军、林旭楠说明公司近期生产经营是否正常、是否存在尚未披露的重大风险事项等,两者均否认,称辞职纯属"个人原因"。

既然不是经营原因,于是众人猜测是否因公司实控人发生变化,但公司方面予以否认。与此同时,辞职风波仍在继续。

2016年10月9日,曾任公司内审部主管的职工监事朱镇义辞职。2017年3月29日独立董事黄琪辞职;4月19日副董事长任鸿虎辞职;6月5日证券事务代表赵工辞职。随后,公司董事会试图解聘董秘李春蓉一事将董事会内斗暴露在公众视野中,引发新一轮有关公司控制权转移的猜疑,但公司始终拒不交代。

2017年9月28日,独立董事刘明旭辞职,其担任审计委员时曾对公司的三季度报告投出弃权票。2018年2月5日,公司董事长沈新民辞职;2月22日,董事兼副总经理李厚泽辞职;6月3日,独立董事张伟辞职。一向温和的张伟曾在辞职书中言辞激烈,揭发公司管理层人员严重违反职责分离规定,无视治理层,恣意妄为;公司实际控制人究竟为谁长时间成谜;子公司违规支付大额款项导致公司利益重度受损;多次发生信息披露违规和重大失误等内情。

风波迭起的高管闹剧暴露出公司的管理乱象。2018年的中毅达正面临因年报难产、信息披露违规受到监管调查、濒临退市的困境,年报迟迟未能获董事会批准是其中主要原因。5月7日的董事会上几乎全部的议案都遭到否决,其中,针对公布2017年的年报、2018年第一季度报告的事项遭到3名董事反对,另有两名董事投了弃权票。

六、反思

从财务视角出发评价一家公司的优劣,财务报告是起点也是途径之一,通过分析公司的财务信息,结合考虑其他信息,能帮助投资者做出正确的决策。随着资本市场的发展,企业的筹资渠道大大拓宽了,从最初独资企业、合伙企业依赖个人及亲朋好友的财富融资,到如今上市公司通过发行证券进行债务或权益融资,然而,投资者对于公司的了解却变得越来越少。虽然上市公司被要求定期公布财务报告将经营和财务状况告知投资者,虽然有社会审计发挥专业能力增强财务报告的可信度,虽然有监管机构约束公司的所作所为,但目前的状况仍有待改进。

财务信息有多么重要呢?一家公司的财务信息从生成到对外披露会涉及一连串的市场主体,仿佛一串环环相扣的链条:债权人通过公司的公开信息判断它的偿债能力,决定是否借钱给它;合作伙伴通过公司的公开信息了解它的能力与信誉,决定是否与它合作;投资者通过公司的公开信息了解它的业绩和发展,决定是否对它进行投资。财务信息是上述行为最基础的依据,上市公司所披露信息的影响范围则更加广泛。

然而,进入21世纪以来,财务舞弊现象层出不穷,极大地损害了股东、债权人等相关者的利益,严重阻碍了资本市场的健康发展。做个不恰当的比喻,薄弱监管下的财务报告更像是一场公司管理者的"自导自演",公司的财务报告唯有在恰当的监督体制下才能发挥重要作用,公司治理、审计和证券监管是其中最主要的3个方面。中毅达事件带给我们的思考是:导致公司违规的根本原因是什么?如何能够改善当前不利的状况?

首先是中毅达控制权几经易手,管理层混乱内斗和内部控制失效。众所周知,股权是一家公司的根基,股权结构是公司治理结构的基础,股权结构不仅决定了公司利益的归属,还决定了公司的战略、组织流程、决策模式等,对经营的影响可谓非常重大。中毅达公司的控制权频繁转移意味着战略、组织、决策等公司经营的"基石"相应地也发生频繁变化,此时的公司就像是一盘散沙,没有稳定的目标、没有有效的组织,甚至没有固定的人员;控制权的转移使得中毅达的管理层人员时常发生变动,与此同时严重的内斗又使其难以做出有效的决策,公司的经营发展缺乏可行的战术。"先修其身后平天下"同样适用于企业,只有在有效的战略引导下,建立健全的管理制度,完善内部控制,企业才有机会谋求未来发展。

其次是审计未能发现问题。中毅达的 2015 年度和 2016 年度财务报告中均出现多处错误和遗漏,会计师事务所竟"毫无察觉":2015 年和 2016 年的审计报告均为无保留意见。审计工作中的第一项任务便是"了解被审计单位及其环境",注册会计师必须采用分析程序分析与被审计单位相关的所有信息(除内部控制以外),其中就包括与行业状况及以前年度数据对比等;根据集团审计及重要性的要求,重要组成部分和超过重要性的报表项目均应被详细审查;对于苗木等具有特殊属性的资产,注册会计师还可利用专家工作进行盘点。无论是注册会计师缺乏专业能力还是缺乏独立性都不足以作为审计失败的借口,如果是前者,则亟待培养出更多实力过硬的注册会计师;如果是后者,则应当以更强有力的制度规范注册会计师的行为。

最后是薄弱的证券市场监管机制。在事件过程中,上交所对中毅达的处分仅是公开谴责和限制相关高管人员 3 年内不得担任高级职务,处罚的力度十分有限;对于涉事会计师事务所无任何实质性的处罚。低廉的违规成本在巨大的利益诱惑面前几乎可以忽略不计。市场监管应当以更严厉的方式来惩戒行为不端者,才能发挥更有力的作用。

七、尾声

前事不忘,后事之师。中毅达事件给所有人敲响了警钟:管理者如何能更好地经营公司?注册会计师如何能肩负起审计重任?监管机构应当如何更有效地发挥作用?投资者如何洞悉一家公司的真实状况并做出正确决策?这些是我们能够从中学习和体悟的。

(执笔人:任沁缘;指导老师:任永平)

雏鹰农牧为什么饿死"佩奇"?

适用课程: 审计理论与实务　财务会计理论与实务

编写目的: 通过对本案例的学习,一是带动学生探讨企业虚增利润手段及扩张过程中资金链循环的风险点;二是帮助学生分析与辨别在当前经济环境下,企业进行盈余管理可能进行的操作行为,并更进一步思考当前在资本市场上如何有效保障投资者的权益。

知 识 点: 生物资产会计处理　存货跌价准备　商誉　资产减值

关 键 词: 虚增利润　资金链　商誉　资产减值　盈余管理

案例摘要: 本案例以2019年初上市公司雏鹰农牧业绩预告修正公告预计2018年度亏损29亿—33亿元的事件为主线,结合生物资产的会计处理,从雏鹰"3.0"背后的财务影响、异常的投资收益、巨额商誉与资产减值准备的突发计提等方面,逐步解开事件谜团,展示了雏鹰农牧虚增利润的手段,深入挖掘其业绩调整的原因。

2019猪年伊始,可爱的卡通猪形象佩奇风靡网络,就在新年新气象之际,1月30日,正处于"而立之年"的雏鹰农牧集团股份有限公司(以下称为"雏鹰农牧")因为发布了业绩预告修正公告,而被推上社会舆论的风口浪尖。公告称公司由于资金流紧张,饲料无法及时供应,导致大量猪被饿死,进而预计带来经营亏损3.91亿元。似曾相识,2018年2月5日,獐子岛宣称大面积扇贝死亡的原因也是资金紧张,无法及时供应饵料。前有饿死扇贝的獐子岛这家公司的前车之鉴,如今雏鹰农牧又重蹈覆辙,将猪活活饿死,同为养殖业的这两家公司的"理由"几乎雷同,究竟是巧合,还是故意之举?

"猪被饿死"事件一出,给资本市场带来惊天巨雷,众多投资者一片哗然,纷纷要求雏鹰农牧对此事件给予合理解释。粗略按照每头猪的价格在1 000元左右计算,饿死的生猪的数量高达39.1万头,相比雏鹰农牧在2018年销售生猪数量277万头,几乎每卖出7头猪就会有1头猪被饿死,饿死生猪究竟是事实,还是用来掩盖事实的借口?"中国养猪第一股"的称号还没焐热乎的行业龙头为什么会犯饲料不及时供应的低级错误,让30多亿元利润灰飞烟灭,给资本市场猝不及防的一记猛击?这些问题萦绕在投资者心头,投资者在疑惑不解中纷纷高喊:活要见猪,死要见肉。

一、事件回放

1988年,22岁的侯建芳3次高考落榜后在家乡河南开始了自己漫长的创业之路,刚开始揣着200元钱养鸡起家的他,经过几年的摸爬滚打,将业务拓宽到养猪领域,成为"中国养猪大王"。2003年,雏鹰农牧成立,7年后在深交所成功上市,作为行业内第一家上市的公司,一时间被捧为"中国养猪第一股",2016年,那个怀揣200元钱创业的穷小子已经登上了胡润百富榜,成为坐拥85亿元资产的成功企业家。

就在一切向好之时,突然"画风"急转,2019年1月底,雏鹰农牧预计上一年的净亏损为29亿—33亿元,相较于前三季度披露的15亿—17亿元,亏损额翻了一倍。公司解释其中约12亿元的亏损来自以下3个"雷":第一个"雷"是猪被饿死,造成经营大幅亏损3.91亿元。公司解释由于政策收紧,越来越难找到融资渠道,在2018年下半年资金流紧张,饲料无法及时供应,导致猪的死亡率上升,成本增加,同时,受到非洲猪瘟疫的影响,猪肉价格压低,收入降低。第二个"雷"是商誉,旗下子公司计提商誉减值0.9亿元,公司解释主要是受到政府拆迁规划的影响。第三个"雷"是存货跌价,公司考虑到成本与收入的现状,计提后预计亏损3.84亿元。此外还包括为投资计提减值准备,计提后将带来亏损约3.46亿元。面对这3个"雷",深交所在第一时间发出关注函,要求雏鹰农牧详细解释生猪死亡的具体影响金额与商誉、存货减值的处理是否是在"大洗澡"。

二、从"雏鹰展翅"到"断臂求生"

(一)斥资为猪建"豪宅"

2014年,为响应吉林省洮南市"年出栏400万头生猪一体化项目"号召,雏鹰农牧将非公开募集的15.2亿元中的12.2亿元用于建设5个生猪养殖场、1个三元仔猪繁育场、1个原种繁育场,而这次"豪宅"工程费用在2017年已经飙高至预算的2倍多,达到28.94亿元。在2014年年报中,雏鹰农牧的固定资产与在建工程合计41.8亿元,占总资产比重超过57.7%,总资产中的一大半都用于猪的"豪宅"建设工程,而此时雏鹰农牧账上仅有5亿元的消耗性生物资产——生猪,消耗性生物资产才是真正为雏鹰农牧创收的主力。作为上进的"养猪郎",将募集来的资金用于建设养猪场,扩大经营规模,似乎显得合情合理。但是雏鹰农牧以卖猪肉维持生计,创收的猪资产对于猪住的"豪宅"来讲,实在是小巫见大巫。

猪舍给雏鹰农牧带来了沉重的担保负担,不仅如此,作为固定资产每年的折旧更是吞噬着雏鹰农牧的利润。2017年年报显示,当年其房屋及建筑物的累积折旧增加2.8亿元,对比雏鹰农牧当年净利润1.08亿元,雏鹰农牧这次真的是下了血本。明明卖猪肉才是主业,雏鹰农牧却无心好好养猪,为5亿元的猪盖起了42亿元的天价"豪宅",从"养猪郎"成为盖猪舍专业户,实在令人匪夷所思。

(二)疯狂投资100亿元

沿着产融结合的思路,上市9年的雏鹰农牧不满足于针对生猪养殖展开的上下游的全产业布局,大肆参股30多家公司,涉足金融投资业务,野心勃勃的"养猪郎"一步步成为"金融新贵"。

2016年,雏鹰农牧以自有资金9.5亿元设立深圳泽赋农业产业投资基金有限合伙企业(以下称为"泽赋基金"),这场横跨互联网、供应链、电竞等诸多行业的投资大戏自此拉开帷幕。在这一年雏鹰农牧找到了新的利润增长跳板,通过投资6只产业基金,实现投资收益1.23亿元,这笔投资收益已经占到当年总净利润的约14.15%。不久,其疯狂投资引起了深交所质疑,怀疑其通过行业布局与主营业务产生协同作用,然而胆大的雏鹰农牧并没有停止疯狂投资的步伐。在2018年三季度报中,雏鹰农牧涉及产业基金的长期股投投资、其他流动资产(债权类基金)、可供出售金融资产合计已经达到104.51亿元。

(三)雏鹰"折翅"违约"肉偿"

2016年后,猪肉价格猛跌,毛利率大幅下降,紧接着,经营性净现金流恶化,负债累累,让刚刚变身"金融新贵"的雏鹰农牧措手不及。2017年,净利润下滑94.58%,扣非后为-3.05亿元,已经出现负值,同期经营性现金流净额为0.76亿元,相比2016年末的18.01亿元,大幅下降。2018年,资金链进一步恶化,半年报与三季度对比,货币资金缩水超过10亿元,较2018年初的26.88亿元,大幅下降52%。祸不单行,货币资金飞速流失的同时,雏鹰农牧债务负担在持续加重,到2018年9月,账面上负债合计超过60亿元,仅一年内到期的非流动负债一项就有38.53亿元。10月起,雏鹰农牧开始入不敷出,债券违约事件频发,在公司未结清信贷信息中,我们可以看出,雏鹰农牧有1.27亿元不良类贷款,欠息1 477.36万元。"买买买"的扩张行为不仅带来了资金风险,也让侯建芳不得不将自己的股权质押。2018年末,侯建芳持有股权的质押比例高达98.65%,高比例的股权质押更是凸显出资金紧张。

从欠债没钱还,到无股权可质押,走投无路的雏鹰农牧另辟蹊径,开创了资本市场的"以肉偿债"先河。公司公告称所欠债务,除本金以外的到期利息全部以公司加工的火腿、生态肉礼盒等产品支付。仅靠自己一拍脑门没用,主要还是要债权人接受。2018年11月15日,雏鹰农牧说服部分债权人达成金额2.71亿元"欠债肉偿"的协议。此外,公司还与银行等多家金融机构达成金额10.33亿元的初步签约意向。2019年,雏鹰农牧的债务负担将会更为严峻,公司有22.98亿元的债务,于2019年集中到期。雏鹰农牧能否通过"肉偿"清除大量库存,并解决债务危机仍是未知数。

三、"机智"的倒买倒卖

对比雏鹰农牧的净利润与扣非净利润,可以发现两者悬殊惊人,如表1所示,2017年净利润4亿元而扣非净利润已经是亏损3亿元,相差7亿元,那雏鹰农牧究竟是怎么做到在资金链濒临断裂的状况下仍然每年净利润为正?又是什么力量在扣非净利润亏损的状况下净利润仍然可以年年为正?

表1 雏鹰农牧2014—2017年净利润与扣非净利润　　　　　　单位:亿元

年份 项目	2014	2015	2016	2017
净利润	−1.895	2.204	8.334	4.519
扣非净利润	−3.208	0.186 8	5.571	−3.053

(一)雏鹰"3.0"倒卖猪圈

2015年以后,雏鹰农牧资产负债率已经超过60%,变得穷困潦倒的雏鹰农牧拿什么继续为猪盖"豪宅"?"穷小子"雏鹰农牧急中生智,在此时推出了"雏鹰3.0"。雏鹰"3.0"通过拉拢合作社,由合作社投资建设养殖场及相关设备,向雏鹰农牧缴纳不少于20%的投资额,其余部分也由合作社向金融机构融资。在这种模式下,雏鹰农牧需要为合作社融资提供信用担保并缴纳30%—50%的保证金。

表2 雏鹰农牧2015—2017年收支现金情况　　　　　　单位:亿元

项 目 \ 年 份	2015	2016	2017
处置固定资产、无形资产和其他长期资产收回的现金净额	15.25	8.89	8.99
构建固定资产、无形资产和其他长期资产支付现金	17.83	11.88	6.72

而令人匪夷所思的是,雏鹰农牧的这波"抱大腿"建养殖场的操作后,并没有相应购置为其主营业务造血的生猪。雏鹰农牧2015—2018上半年的账面消耗性生物资产为7.55亿元、7亿元、10.73亿元及12.23亿元,对比固定资产和在建工程31.17亿元、19.59亿元、49.57亿元及45.91亿元,"豪宅"资金超过真正创收的生猪价值的4倍。从资金流中,也能看出3年中雏鹰农牧购建长期资产支出现金36.43亿元,同时处置长期资产收到现金高达33.13亿元(如表2所示),雏鹰农牧俨然已经成为卖猪圈专业户。这位"养猪郎"究竟为什么一边疯狂建猪圈,一边大肆卖猪圈呢?这样做有什么好处呢?

表3 雏鹰农牧2015—2017年利润情况

项 目 \ 年 份	2015	2016	2017
非流动资产处置利润(亿元)	1.69	2.02	0.81
税前利润总额(亿元)	1.44	9.84	2.74
占比(%)	117.26	20.53	29.42

一方面,雏鹰农牧通过卖猪圈,可以轻松为其净利润造血。2015—2017年,雏鹰农牧仅通过倒卖猪圈就获得收益4.52亿元,2015年最为显眼,非流动资产处置利得已经在利润中占比117.26%(如表3所示),倒卖猪圈已经成为雏鹰农牧利润的主要来源。雏鹰"3.0"模式中实际上并不是由合作社出资,而是由银行贷款出资,但银行贷款又由雏鹰农牧担保,同时由于签订的"代养协议"和"定向收猪承诺",雏鹰农牧将猪圈再次转手卖给合作社形成的收益,本质已经构成关联交易,雏鹰"3.0"将倒卖猪圈包装成非关联交易,实现虚增利润。另一方面,2014年起雏鹰农牧账上的固定资产起起伏伏,通过固定资产的"转移"减少了巨额折旧。纵观这几年的持有待售资产可以发

现 2015 年、2016 年分别是 11.55 亿元、23.64 亿元,而 2017 年账面为 0,意味着雏鹰农牧将 2016 年未出售的 14.99 亿元猪圈又重新转回到固定资产科目。根据会计准则规定划为持有待售资产的条件是转让将在一年内完成,雏鹰农牧将固定资产调入持有待售资产科目,然后再从待售资产转回来的做法显然是不符合会计准则规定的。按照 5% 的折旧率来粗略测算,14.99 亿元的固定资产将会增加 7 500 万元的折旧,带来利润降低,雏鹰农牧这一轮操作通过调减固定资产折旧,从而达到虚增利润的目的。

通过这出"精彩"的倒卖猪圈,雏鹰农牧将募集资金转化成出售资产所得,首先以建猪圈为由募集资金,一边建一边卖,资金一出一入,通过关联交易资金最终又流回到自己手中,并且已经转化成经营所得,拥有了支配自由便可以为所欲为,这笔资金恰好可以用来为雏鹰农牧接下来的烧钱股权投资买账。

(二) 产融结合倒卖股权

雏鹰农牧的可供出售金融资产由 2015 年的 2.79 亿元,到 2017 年猛涨 6 倍,达到 18.27 亿元,令人匪夷所思的是查看 2017 年的报表可以发现,仅占当年总资产比例 8% 的可供出售金融资产,带来的投资收益占到利润总额的 171.20%(如表 4 所示)。雏鹰农牧这 18.27 亿元的可供出售金融资产是如何给雏鹰农牧创造了如此丰厚的利润的?

表 4 2015—2017 年雏鹰农牧可供出售金融资产情况

年份 项目	2015	2016	2017
可供出售金融资产(万元)	27 927.28	64 506.28	182 685.64
总资产(万元)	1 018 138.19	1 703 598.91	2 285 987.62
占比(%)	2.74	3.79	7.99
可供出售金融资产带来的投资收益(万元)	213.92	9 103.21	24 718.55
税前利润总额(万元)	27 428.64	98 370.5	14 438.36
占比(%)	0.78	9.25	171.20

从可供出售金融资产接盘方入手,可以发现 2017 年占当年出售的总额的 70% 多都流向西藏九岭创业投资管理有限公司(以下称为"西藏九岭"),3 笔交易总金额高达 5.64 亿元。西藏九岭不但 2017 年成为雏鹰农牧投资收益增加的头等功臣,2018 年第一季度,更是接盘了雏鹰农牧成立不足一年的新设子公司宁波申星股权投资合伙企业,这也使得一季度的投资收益高达 5.27 亿元,同比暴增超过 7 倍。作为雏鹰农牧

背后的"接盘侠","金主"西藏九岭竟然是一家2016年新成立的创投企业,对比其"买买买"的资金流出,注册资本仅有1000万元,这家既没有实缴出资,也没有任何购买社保员工的多金"接盘侠",很有可能就是一家空壳公司。

雏鹰农牧精心设计的这场股权倒买倒卖,首先运用自有资金进行股权投资,投资大量公司,在持有一段时间后,抛售给"御用接盘"皮包公司,回笼资金,同时创造利润,在这一系列的股权倒卖过程中,最终带来账面上投资收益一路扶摇直上,水涨船高。

四、"深挖坑"以"广积粮"

在2019年春节前,一波上市公司上演了亏损"大戏",这场亏损潮截至1月底已有396家A股上市公司"参演",纷纷发布2018年度业绩亏损公告,其中有100多家亏损额超10亿元,40多家亏损额超20亿元,创下历史新高。这次集体"爆雷"指向了一个词:减值。雏鹰农牧为这场闹剧贡献了存货减值搭上商誉减值的"精彩片段"。

(一)存货成本人为调低,来年业绩保丰收

2018年,雏鹰农牧预计仅生猪一项存货将会计提3.84亿元的跌价准备,半年度报中生猪所在的消耗性生物资产为15.74亿元,也就是说雏鹰农牧计提约1/4存货跌价。对比同行业牧原食品股份有限公司,后者同样称受到非洲猪瘟影响,净利润下降接近80%,但并未做计提存货跌价。雏鹰农牧究竟为何大额计提存货跌价?

2018年受到非洲猪瘟疫情的影响,捕杀生猪导致数量减少,供需变化将使2019年猪价呈现"V"型回暖。雏鹰农牧在2018年末大额计提2018年末的存货减值,或许是在为肉价回暖做准备,当年降低生产成本,未来高价卖出后,将给雏鹰农牧带来漂亮的毛利率与账面利润。

(二)商誉减值防变更,清除包袱"洗大澡"

商誉减值成为A股集中"爆雷"的导火线,雏鹰农牧也玩起了同样的手法,修正公告中称,公司下属基金泽赋基金合并范围内的汕头市东江畜牧有限公司(以下称为"东江畜牧"),由于配合政府规划拆迁部分养殖场,造成养殖效率降低,因此公司拟对泽赋基金投资东江畜牧所产生的商誉计提减值准备约0.9亿元。不足1亿元,在目前集中爆发的商誉减值中还不算最触目的。那为何大家都急着在2018年计提商誉减值呢?

这是因为在2019年1月这个时间节点上,财政部会计准则委员会发布文件讨论拟将商誉计提由减值改成逐年摊销。对比之前的减值测试可以有空间调剂利润,摊销政策实施后,每年都会给上市公司业绩造成负担,一旦连续3年摊销的商誉一直超过净利润,那意味着企业连年亏损,将会被戴上"ST帽子",接下来迎接它们的将会是退市,苦心经营的公司很有可能毁于一旦。在政策正式落地前,上市公司索性一次性计提,将商誉打包处理掉,清除过去的债务包袱,"洗大澡"后未来便可轻装上阵。

这波闹剧也在警示资本市场,上市公司仍有很大空间利用会计手段操纵公司利润。市场监管部门应当针对不足,调整相应制度,赋予中小投资者更多的监督权。特别是这种集中减值闹剧,已经动摇了资本市场的稳定,监管部门更不能听之任之。

五、雏鹰背后4任审计机构

2010年,雏鹰农牧上市时聘请天华会计师事务所担任其第一任审计机构,为其成功上市立下汗马功劳。雏鹰农牧自然也不忘旧情,一直续聘天华到2015年9月,在2012—2014年期间,审计费用分别为100万元、125万元和130万元,这对于当时年营业额已近20亿元的雏鹰农牧而言,审计费用标准算是正常。雏鹰农牧结束了与天华的合作后,接下来3年转聘大信会计师事务所,在2015—2017年期间,审计费一路飙升,2017年已经增加至190万元。雏鹰农牧涉嫌造假的操作,也集中于该公司2016年的经营行为,让人不禁怀疑审计机构是否尽职。"春江水暖鸭先知",2017年在启动审计业务后,大信突然宣布退出,由中兴华会计师事务所赶来接手救场,在这一年,中兴华刚刚被证监会处罚过,职业操守是存在很大问题的。本来"心不细"的中兴华壮胆接手后,突然打起了退堂鼓。2018年6月,当雏鹰农牧被爆出涉嫌造假后股价下跌了近6成,中兴华放弃近200万元报酬,仓皇退场。雏鹰农牧无奈之下又拉来亚太(集团)会计师事务所,在这个风口浪尖上接下雏鹰农牧的年审业务的亚太(集团)会计师事务所在审计历史上可谓劣迹斑斑,作为监管部门警示通告上的"常客",这次不知道又会带来一份质量如何的审计报告。

2019年1月22日,雏鹰农牧大批"董监高"接连辞职,"董监高"辞职没什么大的问题,但是大批同时离职,则说明问题已经非常严重,作为最了解公司情况的内幕知悉者,他们似乎也在告诉资本市场,雏鹰农牧并不清白。生猪养殖业在会计处理、检测监督等方面,对投资者有比较高的知识壁垒,更多要依赖专业审计机构的判断。作为资本市场链条上的重要环节,审计机构理应成为广大投资者的保护屏障,没能保持其独立性的审计机构在雏鹰农牧事件中难辞其咎,它们又将如何向资本市场交代?

六、生猪养殖业何去何从

2018年,对生猪养殖行业来讲,是走在刀尖上异常艰辛的一年。非洲猪瘟已经影响了生猪产业的生产节奏,加重产业的亏损幅度,利润大幅下滑,资金流紧张。除了非洲猪瘟的黑天鹅事件,将视线拉长至2015年,行业内企业纷纷在利润丰厚时大举扩张生猪产能,如今产能持续释放,产能扩张的后遗症已经开始凸显。2019年,生猪养殖企业当前需要面临的问题在于如何做好防疫、消毒,减少疫情所造成的影响。另外,还需要解决生猪出栏不顺、亏损严重等问题。如何获得新的融资,缓解企业的现金流困境,也是当前企业需要直面的重要问题。

在中国A股市场20余年历史中,从前期令人咋舌的"饿死扇贝"的獐子岛,到近期令人匪夷所思"饿死生猪"的雏鹰农牧,引发了人们对养殖业公司新一轮的思考:生物资产为企业带来哪些操纵利润的借口?现有资本市场的投资者该如何识别风险?如何进行规范管理才能避免其他企业重蹈覆辙?

七、尾声

30年前,初出茅庐的"养猪郎"怎么也不会想到白手起家创立的公司,起起伏伏,最终深陷泥潭。让雏鹰农牧落得尴尬处境的导火线不仅仅是非洲猪瘟,早在这之前的盲目扩张,就已经带来债务问题。非洲猪瘟爆发前的4个月,雏鹰农牧一直处于亏损状态,非洲猪瘟的爆发更给了资金流紧张的雏鹰农牧当头一棒。对于雏鹰农牧上演的一出"猪被饿死"的巨亏闹剧,投资者纷纷要求其给予"究竟是为什么饿死'佩奇'"一个客观、公正的答案。雏鹰农牧在资本市场上掀起的这场风波留给我们的思考及其给我国资本市场和会计准则发展所带来的影响仍在继续。

(执笔人:王一汀;指导老师:徐宗宇)

欣泰电气红牌出局：一场由内控失效而引发的"惨案"

适用课程：审计理论与实务

编写目的：本案例旨在引导学生准确理解内部控制的主要内容，充分认识企业内部控制的重要性，并思考如何完善上市公司的内部控制，使其更加有效。

知 识 点：内部控制五要素

关 键 词：欣泰电气　强制退市　内控失效

案例摘要：2017年6月30日晚间，深交所对欣泰电气做出了退市决定。欣泰电气是创业板第一家退市的公司，也是中国资本市场第一家因欺诈发行而退市的公司。欣泰电气为什么会遭遇退市的命运？又是怎么会形成这一欺诈上市事件的？本案例以内部控制的五大要素为立足点，从内部控制的角度分析欣泰电气的此次事件，发现公司在4个方面存在不足，分别是内控环境薄弱、控制措施不足、信息沟通不畅以及内部监督缺失。

2016年7月8日，中国证监会发出公告，对欣泰电气欺诈发行正式作出处罚；随后深交所于2017年6月对欣泰电气做出了退市决定。欣泰电气成为创业板退市第一股，引起资本市场的震荡，那么欣泰电气是一家什么样的公司？为什么会被退市呢？所谓的欣泰电气欺诈发行事件到底是什么情况？又是怎么会形成这一欺诈发行事件的？

一、欣泰电气公司简介

欣泰电气并非由其董事长温德乙所创。21世纪初温德乙开始逐步收购丹东变压器厂、丹东整流器厂和丹东特种变压器厂3家企业。在逐步收购3家企业股份的基础上，温德乙成立辽宁欣泰股份有限公司（以下称为"辽宁欣泰"）。2007年，辽宁欣泰出资成立欣泰电气。公司主要从事变压器和磁控电抗器的研发与生产，向煤炭、石油、电力等资源行业提供供电支持。

二、欣泰电气事件始末

2009年9月，欣泰电气向证监会申请首次公开发行股票。2010年4月收购控股股东辽宁欣泰66 kV及以上油浸式变压器的生产及销售业务的主要资产，但收购后该业务所带来的盈利低微。而后于2011年3月，证监会对欣泰电气的并购资产产生质疑，否决了公司上市的提案。在首次申请失败后，温德乙并未放弃公司上市的梦想，将保荐机构更换为兴业证券，再次向证监会提出上市申请。

在为第二次上市准备财务信息的过程中，公司总会计师刘明胜发现公司连续3年经营性现金流为负、应收账款余额较大，这将成为公司上市之路上的绊脚石，难以获得证监会的审核。温德乙因上市愿望强烈，建议虚增利润和现金流以满足上市条件，总会计师迫于压力以对外借款的方式伪造应收账款的回收，以此达到减少应收账款余额的目的。为了能更快通过审核，大幅减少应收账款的减值准备，虚增公司2011年度、2012年度及2013年半年度的利润和业绩指标。

2014年1月27日，欣泰电气顺利通过审核，在创业板成功上市。

在上市短短一年内，多家媒体开始发文，对欣泰电气的上市财务信息存有疑虑，认为其存在IPO财务信息造假的情况，引发社会关注。证监会因此事件性质恶劣且涉嫌违法，于2015年7月14日对其展开立案调查。调查过程中发现欣泰电气不仅存在上市财务信息欺诈造假的行为，在上市后公布的定期报告中也存在信息披露不实的情况。该事件的公布引发社会关注。

2016年7月8日，证监会公开对欣泰电气的调查结果，正式对其发出《行政处罚决定书》，并对相关责任人员予以处罚。其上市保荐券商兴业证券以及负责审计IPO财务报表的兴华会计师事务所都分别收到了行政处罚的事先告知书。因此事件恶劣，证监会决定停止欣泰电气的所有交易，启动强行退市程序。欣泰电气也因此成为中国资本市场上第一家因上市财务信息造假而被证监会强行退市的公司。

三、造假手段分析

从整体来看,无论是IPO财务数据造假,还是上市后定期报告披露不实,皆与公司应收账款紧密相关。

(一) IPO财务数据造假

在欣泰电气IPO申请提交的虚假财务数据中,涉及最严重的问题就是应收账款的真实性。根据欣泰电气的年度报告,2013年应收账款为20 781.95万元,占总资产的27.67%;2015年应收账款为49 445.77万元,占总资产比例大幅上升至41.38%,如表1所示。应收账款决定了一家公司的流动性水平,应收账款余额越大,资产的流动性越差,公司面临的风险越大。同期欣泰电气的营业收入从47 346.75万元下降至37 231.19万元。如此不成比例的增长变动不免让人"大跌眼镜"。根据证监会的调查结果,欣泰电气应收账款实属伪造,其手段体现在应收账款收回的方式上。

表1 欣泰电气2013—2015年应收账款情况

项目 \ 年份	2013	2014	2015
应收账款(百万元)	207.82	390.1	494.5
总资产(百万元)	751.1	1 043.4	1 194.9
应收账款占总资产比重(%)	27.67	37.38	41.38
营业收入(百万元)	473.5	419	372.3
应收账款周转天数(天)	143	257	404

因为公司长期将产品赊销给偿付能力较低的客户,无法及时收回资金,公司财务部门的人员将自有资金以预付账款的形式"借"给供应商,供应商将该笔账款通过交易支付给欣泰电气的客户,最后以客户回款为由收回资金。这个自由资金"体外循环"的结果就是,公司预付账款增加,应收账款余额减少。

为了进一步减少应收账款余额,董事长温德乙以个人名义向外借款,在办理现金提取时由出纳人员在"付款人"一栏填写客户名称。在资产负债表日后,温德乙将借款提出予以归还。为了消除前后的不匹配,公司于2011—2014年年初都进行前期差错和追溯调整,减少计提的坏账准备,将应收账款余额调回。

表2 2011—2015年欣泰电气调整前后部分科目占总资产的变动比例   单位：%

项　目	2011年	2011年经调整	2012年	2012年经调整	2013年	2013年经调整	2014年	2014年经调整	2015年
货币资金	30.63	21.48	29.09	24.20	29.88	8.26	26.57	24.13	14.88
应收账款	20.90	31.63	24.26	34.28	27.67	37.35	37.35	28.22	31.83
存　货	16.60	14.35	10.82	9.00	9.67	8.82	7.63	6.93	9.94

表2是经整理的2011—2015年欣泰电气调整前后部分科目占总资产的变动比例。可以发现，2011—2013年的差错调整后，应收账款比例大幅上升，而每年调整后的货币资金和存货却大幅下降。不难发现，经调整后的应收账款余额为其真实数值。

（二）大股东占用上市公司资产

根据证监会调查显示，在公司上市后，董事长温德乙以其大股东的身份占用公司资产的情况频频发生。2014年度董事长温德乙个人占用公司资金高达6 388万元，而此并没有在年度报告的相关部分予以披露，公司账面金额也未曾减少该笔款项，该行为严重违反了上市公司的信息披露要求。

此外，温德乙于2015年度将公司的4处房产分别出售给其4位亲属，该事项未经董事会和监事会审议，也未曾对外披露，关联交易情况再次受到隐瞒。

四、欣泰电气内部控制失效

企业内部控制是企业经营管理和防范风险的基石。如果企业内部控制存在重大缺陷，则是为其实施财务舞弊滋生提供了温床。欣泰电气在2015年度内部控制自评报告中称："公司已根据相关法律法规的要求，建立了科学合理的组织架构，并规定了各部门的具体职能权限，确保部门与部门间有明确的分工，由此来使每种业务的审核、运作、记载和资产维护由不同岗位人员负责，并互相监督。"此外根据业务流程，欣泰电气建立了一系列涉及采购、生产、销售流程的内部控制。

然而从欣泰电气欺诈上市这一事件来看，公司仅仅将内部控制停留在表面，并未实际执行年度报告中披露的内部控制条例。欣泰电气控制权过于集中，内部监督和管理没有发挥其应有的作用，这一方面显示欣泰电气内部控制存在重大缺陷，另一方面也反映出公司内部控制的失效将会带来不可预计的风险。下面将从《企业内部控制基本规范》出发，从内部控制失效的角度，分析造成欣泰电气财务舞弊的原因。

（一）内控环境薄弱

企业内部控制环境是企业内部控制的基石，然而欣泰电气的控制环境存在缺陷，促使其内部控制体系失去效力。根据欣泰电气的股权结构图可以发现温德乙作为公司董事长拥有近四成的股份，温德乙的配偶也持有公司一成的股份，夫妇合计持有欣泰电气近五成的股权，可以说温德乙是欣泰电气的绝对控制人。尽管现代公司采取所有权和经营权相分离的形式，可以有效提升经营效率和改善效果，但是如果股东股权非常集中，对企业的经营决策容易产生一股独大的影响。总会计师刘明胜在发现公司财务数据不符合上市规定后没有向董事会报告，而是直接请示董事长温德乙，这已经违反了内部控制基本规范的要求。在董事会不知情的情况下迫于董事长温德乙的压力着手虚构财务数据，酿成了"欺诈上市"的"惨案"。

（二）控制措施不足

1. 不相容职务未能互相制约

销售和收款环节是公司经营过程最重要的两部分，因为这关系到向供应商付款和向客户收款，经手资金重大。因此与之相关的采购部门、销售部门应该相互制约，各部门人员各司其职，不能存在一人身兼数职的情况，财务部门作为独立的第三方部门应该将两部门推送的信息予以比对、定期对账，保证业务发生的准确性和真实性。

从欣泰电气财务造假事件中我们可以发现，公司客户中出现两位客户注销，导致这两位客户在欣泰电气的应收账款应予以核销，但是由于客户信用管理制度的运行失效，并未对此进行处理。显然，欣泰电气原应相互制约和分离的三个部门为了造假已经俨然联合成一个团队，无视内部控制规章制度的要求。

2. 会计系统控制失效

在企业内部控制指引中明确要求企业建立会计系统控制，这一方面促使企业严格执行企业会计准则，保障会计信息的真实和完整性，另一方面也为降低企业风险提供保障。

会计系统控制中很重要的一点就是各财务人员独立处理经手账务。如果没有财务部门人员的共同"协作"，这次的造假事件是无法完成的。因为这需要出纳人员在银行的经手盖章，往来会计对相关账目的减值处理和账款收回，还有主管会计和总会计师的认可盖章。

此外，根据企业内部控制指引，企业在建立会计系统控制时需要建立符合企业业务的会计信息系统，以完善业务处理。欣泰电气为了虚构收回应收账款，在没有客户实际回款的情况下,伪造银行单据,包括回款客户的名称、金额等信息,然后让银行补盖章。这些操作如果没有手工操作是无法完成的,这也从另一方面证明欣泰电气没有按照企业内部控制指引的要求建立相应的会计系统控制,内部财务状况混乱。

3. 缺乏授权审批控制

企业内部控制指引中表示,企业需要建立合理的授权审批控制,它要求企业根据常规授权和特别授权,划分各岗位的权限范围,明确相应责任。

欣泰电气公司内部没有按照要求建立授权审批控制体现在以下3个方面。

首先,欣泰电气存在大量难以收回的应收账款,很大一部分原因是客户偿还能力不足,导致大量赊销金额无法收回。显然,并没有一个独立的部门在销售部门与这些客户签订合同之前对客户的信用状况进行合理的检查和审批,导致了应收账款入账的随意性,也为后来的财务造假埋下了祸根。

其次,公司对外付款需要有专门部门授权的审批单,以明确资金流向。证监会在调查中发现,2011—2015年间欣泰电气存在大量未经审批的付款单,且涉及金额重大。无论是未设立专门部门管理授权,还是付款单未经授权批准就予以支付,欣泰电气在授权审批控制方面皆存在缺陷。

最后,公司印章代表了公司的行为,因而对印章的保管和使用需要有明确的规定。无论是印章的保管,还是印章的使用,都要在授权范围内执行。而欣泰电气在财务造假中的"自有资金体外循环",一个很严重的授权管理失效就是银行汇票印章的保管问题。出纳在银行提取现金前需要加盖公司印章,难道没有专门的人员独立负责印章的保管吗?如果没有,公司在授权审批控制上着实存在疏漏;如果有,那么为何没有对该笔钱款的真实性产生质疑,而是直接盖章了呢?无论从哪个角度来说,欣泰电气在授权审批控制方面都存在重大疏漏。

(三)信息沟通不畅

1. 财务报告内部控制存在重大缺陷

根据企业内部控制指引,对于财务报告产生重大影响,会计政策和会计估计应当遵从谨慎性的原则,以此保障会计信息的真实性和完整性。但是2015年被证监会立案调查后,欣泰电气共发布了两次差错更正报告,分别修正2011—2014年度与2015年半年度财务报告中存在的会计差错。这就说明,欣泰电气没有按照内控指引的要求编制财务报告,其内部财务人员的专业素养也令人怀疑。另外,由于管理层未提供年报审计所需的条件,注册会计师对欣泰电气2015年财务报表出具了无法表示的意见。

2. 信息披露内容不实

2015年8月,欣泰电气将4套房产转卖于高层管理人员的亲属,而未就该关联事项向董事会和监事会递交提案进行审议,也没有对外披露。这一情况体现出欣泰电气没有按照《企业内部控制应用指引第14号——财务报告》第十条中的要求,在财务报告附注中对相关事项予以充分披露。

3. 高管侵占上市公司资产

董事长温德乙为满足个人需求,占用公司大量资金,至2014年末,合计侵占公司资金6388万元,高达当年公司总资产的6%,但未对外披露。

(四) 内部监督缺失

1. 公司机构设置形同虚设

根据欣泰电气的内部控制自评报告,公司由股东大会、董事会和监事会组成,3个独立职能机构确定公司内部职能结构的规划及变更,制定公司章程等具体职责,促使企业经营效率的提升,保障经营的效果。但是董事长及配偶占有公司近五成的股份,产生"一股独大"的情况,股东之间难以互相制衡,欣泰电气的董事会及下设各个委员会在此次事件中形同虚设,未发挥监督管理的作用。这种情况同时也违反了《企业内部控制应用指引第1号——组织架构》中第五条所要求的,在企业组织架构设计与运行的过程中,任何人不得单独进行决策或者擅自改变集体决策意见,各机构职责权限要相互制约、相互协调。

2. 管理层未起到监督的责任

根据企业内部控制指引,企业在确定职权和岗位分工过程中,要履行执行和监督检查的义务。然而这次案件中的董事和监事皆未起到应有的作用,对公司各类会议和决议的内容并不关心,仅仅是负责签字,走个过场。正是管理层未起到监督的作用,给财务造假提供了空间。

五、尾声

截至2018年4月,深交所根据证监会的处罚对欣泰电气作出终止股票交易的决定,这意味着其证券之路也因此走到了尽头。欣泰电气上市财务信息造假事件对中国资本市场带来了深远的影响。欣泰电气的"红牌出局"事件似乎仅与公司相关人员无视法律法规相关,但究其根源是公司不重视内部控制的建设,导致内部控制存在重大缺陷所造成的。

  股权的高集中度在我国民营上市企业中是个值得注意的普遍现象,大股东及其一致行动人掌握着公司大部分股权,也正是因为这个原因,民营上市公司的内部控制都相应存在一定问题。对于中国的上市企业来说,管理层应该如何针对公司自身情况设计内部控制体系?又应该从哪几个方面进行合理设计使得企业能够健康而可持续地发展?企业监管层在设计内部控制规范后又应该如何实施有效的内部控制?如何防止内部控制失效出现企业舞弊行为?政府和相关监督机构该如何监督企业的内部控制是否规范?这些问题都值得我们去深思。

(执笔人:陆心蕾;指导教师:宋彬)

后 记

本案例集是上海大学管理学院会计系近年来持续推出的 MPAcc 教学案例集系列的第四辑,也是对以 2017 级 MPAcc 学生为主创团队的教学型案例开发成果的一次检阅。案例集的出版工作一直以来得到上海大学管理学院领导的大力支持,不仅管理学院对案例集出版给予了宝贵资助,许学国副院长还对案例集的出版工作提出了建设性意见,会计系主任徐宗宇教授更是亲自主持了案例集从策划、遴选到出版的一系列工作。

本书出版工作前后历时半年多,得益于会计系全体教师的大力支持和 2017 级 MPAcc 全体学生的努力。2017 级 MPAcc 学生开发的 100 多篇案例中,经指导老师推荐、案例集编委会筛选审核,所有入选的案例均几经修订,最终结集出版,以飨读者。

同时也感谢上海大学管理学院会计系方宗老师和上海大学出版社农雪玲编辑、邹亚楠助理编辑的辛勤付出,方宗老师负责了案例出版的协调工作,农雪玲编辑、邹亚楠助理编辑在案例集的出版过程中也为我们做了大量的工作。

教学案例开发目前已经成为上海大学管理学院会计系 MPAcc 教育的一大特色,并已形成了一批喜人成果。将来,我们会继续前行,希望通过我们的努力,能将更多优秀的案例呈现给读者,促进 MPAcc 教育的发展。

上海大学管理学院 MPAcc 编写委员会
2019 年 7 月 10 日于上海大学宝山校区